최근 7개년
기출문제

사회

KB159171

신념을 가지고 도전하는 사람은 반드시 그 꿈을 이룰 수 있습니다.

처음에 품은 신념과 열정이 취업 성공의 그 날까지 빛바래지 않도록

서원각이 수험생 여러분을 응원합니다.

시험의 성패를 결정하는 데 있어 가장 중요한 요소 중 하나는 충분한 학습이라고 할 수 있다. 하지만 무작정 많은 양을 학습하는 것은 바람직하지 않다. 시험에 출제되는 모든 과목이 그렇듯, 전통적으로 중요하게 여겨지는 이론이나 내용들이 존재한다. 그리고 이러한 이론이나 내용들은 회를 걸쳐 반복적으로 시험에 출제되는 경향이 나타날 수밖에 없다. 따라서 모든 시험에 앞서 필수적으로 짚고 넘어가야 하는 것이 기출문제에 대한 파악이다.

사회 과목은 2013년 9급 공무원 시험 선택과목에 포함되면서부터 기존의 단답형 문제 출제경향에서 벗어나 수능 문제 유형으로 출제되기 시작하였다. 사회 출제범위는 크게 법과 정치, 사회·문화, 경제 파트로 구분할 수 있는데, 모든 분야에서 자료분석형 문제들이 상당한 비중을 차지하고 있다. 특히 경제 분야는 풀이에 많은 시간을 필요로 하는 계산 문제, 그래프 이해 문제 등을 포함하고 있다. 시간을 각 문항마다 효율적으로 분배하는 능력이 요구될 뿐 아니라, 정형화된 유형의 문제를 빠르고 정확하게 풀기 위해서는 기출문제를 반복해서 풀어보는 것이 무엇보다 중요하다.

9급 공무원 최근 7개년 기출문제 시리즈는 기출문제 완벽분석을 책임진다. 그동안 시행된 국가직·지방직 및 서울시 기출문제를 연도별로 수록하여 매년 빠지지 않고 출제되는 내용을 파악하고, 다양하게 변화하는 출제경향에 적응하여 단기간에 최대의 학습효과를 거둘 수 있도록 하였다. 또한 상세하고 꼼꼼한 해설로 기본서 없이도 효율적인 학습이 가능하도록 하였다.

9급 공무원 시험의 경쟁률이 해마다 점점 더 치열해지고 있다. 이럴 때일수록 기본적인 내용에 대한 탄탄한 학습이 빛을 발한다. 수험생 모두가 자신을 믿고 본서와 함께 끝까지 노력하여 합격의 결실을 맺기를 희망한다.

S tructure

● 기출문제 학습비법

9급 **사회 출제경향**

9급 공무원 공채에 선택과목으로 선정된 후, 수능문제와 비슷한 경향을 보인다. 특히 난도가 높은 시험에서는 공통적으로 경제 문항을 많이 출제하거나 어렵게 하고, 분석하는 데 긴 시간이 걸리는 복잡한 자료·그래프·그림을 제시한다. 최근에는 보기 지문도 까다로워지고 있다. 개념에 대한 정확한 이해를 바탕으로, 기출문제를 통해 다양한 자료 유형을 접해볼 뿐만 아니라 반복풀이로 완전히 익혀서 풀이 시간을 단축하는 것이 큰 힘이 될 것이다.

● 본서 특징 및 구성

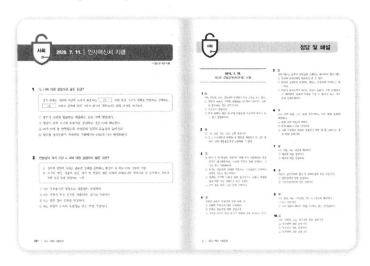

최근 7개년 기출문제 수록

최신 기출문제를 비롯하여 그동안 시행되어 온 9급 공무원 국가직·지방직 및 서울시 등의 기출문제를 최다 수록하였다. 매년 시험마다 반복적으로 출제되는 핵심내용을 확인하고, 변화하는 출제경향을 파악하여 실제 시험을 완벽하게 대비할 수 있도록 구성하였다.

꼼꼼하고 자세한 해설

상세한 해설을 통해 한 문제 한 문제에 대한 완전학습을 꾀하였다. 정답에 대한 설명뿐만 아니라 오답에 대한 보충 설명도 첨부하여 따로 이론서를 찾아볼 필요 없이 효율적인 학습이 될 수 있도록 구성하였다.

Contents

7개년 기출문제 사회

7개년
기출문제

☞ 정답 및 해설 P.2

1 학교 교육을 보는 ㈎, ㈏의 관점에 대한 설명으로 옳은 것은?

> ㈎ 학교 교육은 계층 이동의 사다리로 작용할 수 있다. 학생 각자에게 잠재된 다양한 가능성을 계발하고 다른 계층과 친분 관계를 맺게 하며 학업 과정에서 부딪히는 어려운 상황을 스스로 헤쳐 나가도록 함으로써 교육은 개인의 사회적 성취에 기여한다. 빈곤은 성공할 기회가 주어지지 않은 사람이 아니라 성공에 이르는 과정을 배우지 못한 사람에게 닥치는 것이다.
>
> ㈏ 학교 교육만으로 상류층으로 계층 지위가 상승하는 경우는 극히 일부분에 불과하다. 대부분은 자신의 부모와 비슷한 수준의 계층을 대물림할 뿐이며, 빈곤층보다는 지배 집단의 입장이 학교 교육에 반영되기 십상이다. 학교 교육을 통해 지배 집단의 가치나 문화가 학생들에게 전달되기 때문에 학교에서는 개인의 능력보다는 학생의 사회 · 경제적 배경이 더 중시된다.

① ㈎는 개인의 사회적 성취를 결정하는 성취적 요인보다 귀속적 요인을 강조한다.
② ㈏는 학교 교육이 비용과 보상에 대한 개인의 합리적인 판단에 따라 발생함을 강조한다.
③ ㈎와 달리 ㈏는 학교 교육이 부조리한 사회 구조의 유지 수단에 불과하다고 비판한다.
④ ㈏와 달리 ㈎는 학교 교육이 계층 내 수평 이동만을 가능하게 한다고 본다.

2 밑줄 친 ⓐ~ⓕ에 대한 옳은 설명을 모두 고른 것은?

연구자 갑은 ⓐ불공정한 꾸중이 ⓑ학업 성취 수준에 미치는 영향을 알아보고자 하였다. 이를 위해 ○○대학교 학생들 중 특정 과목을 공통으로 수강한 ⓒ2개 분과 학생들을 대상으로 1차 평가를 실시하였다. 2개 분과의 전반적 성적은 실제로 동일했으나, 갑은 ⓓ한 분과 학생들의 ⓔ성적을 인위적으로 낮추고는 학생들에게 성취도가 낮다고 꾸중하였다. 그 후 일주일 뒤 1차 평가와 유사한 난이도의 2차 평가를 2개 분과에 실시하여 ⓕ불공정한 꾸중을 들은 분과의 성적이 유의미하게 낮게 나타난 것을 확인하였다.

ㄱ ⓐ는 독립 변수, ⓑ는 종속 변수이다.
ㄴ ⓒ는 실험 집단, ⓓ는 통제 집단이다.
ㄷ ⓔ의 과정에 대해 연구 윤리에 위배된다는 비판을 받을 수 있다.
ㄹ ⓕ의 결과만으로도 전체 대학생들에게 일반화할 수 있다.

① ㄱㄴ ② ㄱㄷ
③ ㄴㄹ ④ ㄷㄹ

3 밑줄 친 ㉠~㉤에 대한 설명으로 옳은 것은?

㉠○○ 회사에 입사하여 25년 동안 근무한 갑은 내년에 퇴직을 앞두고 있다. 3개월 전부터 퇴직 이후 창업을 위해 ㉡△△ 요리 학원에서 요리를 배우고 있다. 또 창업을 준비하는 사람들이 모여 함께 정보를 공유하는 인터넷 카페에 가입하여 여러 가지 정보를 알아보고 있다. 하지만 ㉢심경이 복잡하다. ㉣막내아들이 아직 대학을 다니는 중이고 연로하신 ㉤어머니께서 병중에 계신 상황이기 때문이다.

① ㉠은 공식적 사회화 기관이다.
② ㉡은 갑의 재사회화이자 예기 사회화이다.
③ ㉢은 갑의 역할 갈등 상황을 나타낸다.
④ ㉣과 ㉤은 모두 귀속 지위이다.

4 다음 글을 토대로 진술한 문화의 특성으로 가장 적절한 것은?

> 현대 가옥은 난방 기술의 발달로 자연 환경의 영향을 덜 받지만, 전통 가옥에서는 자연 환경이 가옥의 위치와 방향뿐만 아니라 외부 형태와 내부 구조까지도 영향을 주는 매우 중요한 조건이었다. 겹집은 대들보 아래 방을 두 줄로 배치한 전(田)자형 가옥으로, 겨울이 길고 추운 관북 지방과 태백·소백 산지 등 주로 산간 지역에 분포하였다. 홑집은 대들보 아래 방을 한 줄로 배치한 일(一)자형 가옥으로, 주로 서부와 남부의 평야 지대에 분포하였다.

① 문화는 상징 체계의 학습과 이를 통한 축적을 통해 창조된다.
② 문화는 자연 환경의 차이에 따른 제약을 극복하는 과정에서 형성된다.
③ 문화는 세대 간 전승을 통해 새로운 문화가 창조되면서 발전한다.
④ 문화는 한 사회의 자연 환경보다 역사적 배경의 영향을 더 많이 받는다.

5 문화를 이해하는 갑과 을의 태도에 대한 적절한 설명을 모두 고른 것은?

> 갑 : 해외 여행은 즐거웠니?
> 을 : 글쎄, 즐겁긴 했는데. 그 나라에서는 누에와 메뚜기 튀긴 걸 먹더라. 정말 징그럽고, 그 나라 사람들은 야만인 같다고 생각되었어.
> 갑 : 각 사회마다 독특한 음식 문화가 있을 수 있는 거지. 그건 그 나라가 가진 자연 환경과 사회적 상황에 따라 그들만의 생활양식이 만들어진 것이니, 그들 입장에서 그들의 음식 문화를 이해해야지.

> ㉠ 갑의 태도는 자기 문화의 주체성을 잃게 한다.
> ㉡ 갑은 각 문화의 고유한 특성과 가치를 인정하고 있다.
> ㉢ 을은 문화의 우열을 가릴 수 없다고 생각한다.
> ㉣ 을은 자기 문화를 기준으로 다른 문화를 평가하고 있다.

① ㉠㉡   ② ㉠㉢
③ ㉡㉣   ④ ㉢㉣

6 다음 그림은 문화 접변의 결과로 나타나는 문화 변동의 양상을 유형화한 것이다. 이에 대한 설명으로 가장 적절한 것은? (단, ㈎~㈐는 각각 문화 병존(공존), 문화 동화, 문화 융합 중 하나에 해당한다.)

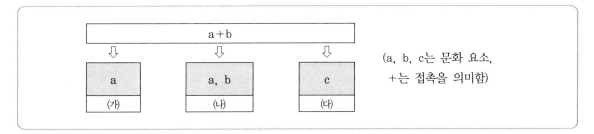

① ㈎의 예로는 우리나라에 한의학과 별도로 서양 의학이 들어와 있는 것을 들 수 있다.

② ㈏는 외부 문화가 강제로 이식되는 상황에서 주로 나타난다.

③ ㈐를 통해 발생한 문화는 외국인과 문화 인식을 공유하는데 도움이 된다.

④ ㈎와 달리 ㈏, ㈐는 사회 구성원의 문화적 정체성이 약할 때 나타나기 쉽다.

7 다음 표는 사회 불평등 현상을 설명하는 개념 A, B의 일반적 특징을 나타낸 것이다. 이에 대한 옳은 설명을 모두 고른 것은? (단, A와 B는 각각 계급과 계층 중 하나에 해당한다.)

구분	개념	
	A	B
지위 불일치 가능성이 인정되는가?	예	아니요
내부 구성원 간에 나타나는 강한 귀속 의식이 강조되는가?	아니요	예

 ㉠ A는 정치 권력의 배분이 전적으로 경제적 능력에 의해 결정된다고 본다.
 ㉡ B는 사회적 희소 가치의 불평등한 분배를 다원론적인 관점에서 이해한다.
 ㉢ B는 A와 달리 집단 간의 서열이 불연속적이라고 본다.
 ㉣ A와 B는 모두 사회 불평등과 경제적 부(富)를 관련지어 파악한다.

① ㉠㉡　　　　　　　　　　　② ㉠㉣

③ ㉡㉢　　　　　　　　　　　④ ㉢㉣

8 다음에서 제시한 민주주의의 원리와 관련 깊은 내용을 모두 고른 것은?

> 국가 권력을 여러 기관에 분산시켜 서로 견제와 균형을 이루게 한다.

> ㉠ 헌법을 통해 국가의 권력을 제한하고 법에 따라 권한을 행사하게 한다.
> ㉡ 권력의 남용을 막고 국민의 자유와 권리를 보장하려는 목적을 갖는다.
> ㉢ 법을 만드는 입법부, 집행하는 행정부, 적용하는 사법부로 나누어 운영한다.
> ㉣ 권력의 정당성이 국민의 뜻에 있으며 국민이 스스로를 다스리고 다스림을 받는다.

① ㉠㉡
② ㉠㉢
③ ㉡㉢
④ ㉢㉣

9 다음 그림의 A~C는 정치 참여 주체이다. 이에 대한 옳은 설명을 모두 고른 것은? (단, A~C는 각각 시민 단체, 이익 집단, 정당 중 하나에 해당한다.)

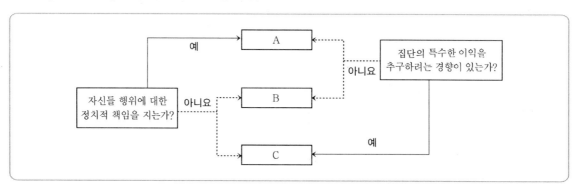

> ㉠ A는 시민 단체이다.
> ㉡ B는 C와 달리 자기 집단의 배타적인 이익을 추구한다.
> ㉢ B, C는 대의 정치의 한계를 보완하는 기능을 수행한다.
> ㉣ A~C 모두 정부의 정책 결정 과정에 영향력을 행사한다.

① ㉠㉡
② ㉠㉣
③ ㉡㉢
④ ㉢㉣

10 다음 헌법 조항에 나타난 기본권 (가), (나)에 대한 설명으로 옳은 것은?

> (가) 모든 국민은 근로의 권리를 가진다. 국가는 사회적·경제적 방법으로 근로자의 고용의 증진과 적정 임금의 보장에 노력하여야 하며, 법률이 정하는 바에 의하여 최저 임금제를 시행하여야 한다.
>
> (나) 타인의 범죄 행위로 인하여 생명·신체에 대한 피해를 받은 국민은 법률이 정하는 바에 의하여 국가로부터 구조를 받을 수 있다.

① (가)-현대 복지 국가 형성의 바탕이 되는 기본권이다.
② (가)-다른 기본권의 보장을 위한 수단적 성격을 가진 권리이다.
③ (나)-국가 권력으로부터 간섭받지 않을 권리이다.
④ (나)-정부의 정책 결정에 참여할 수 있는 권리이다.

11 (가)~(라)에 해당하는 사례로 옳지 않은 것은?

> (가) 법률로 정해 놓은 범죄 행위에 해당한다.
> (나) 행위자의 위법 행위에 대해 형사 책임을 물을 수 있다.
> (다) 위법이라는 가치 판단이 가능하다.
> (라) 예외적으로 위법성이 없어지는 경우이다.

① (가)-만취 상태에 있던 갑이 을을 때려 전치 8주의 상처를 입혔다.
② (나)-만 9세의 학생이 불을 질러 자신의 학교 건물의 일부를 태웠다.
③ (다)-현금인출기 위에 놓여 있던 타인의 가방을 허락 없이 가져갔다.
④ (라)-행인을 치지 않기 위해 차가 가게로 돌진하여 물건이 파손되었다.

12 갑의 재산을 상속받을 수 없는 사람은?

> 갑은 갑자기 뇌출혈로 쓰러져 의식 불명 상태에 있다가, 한마디 유언도 남기지 못한 채 사망하였다. 유족으로는 어머니, 아내, 결혼한 딸, 미혼의 두 아들이 있다. 그가 남긴 재산은 살고 있는 집을 포함하여 약 8억 7천만 원 정도로 추정된다.

① 어머니
② 아내
③ 결혼한 딸
④ 미혼의 두 아들

13 다음 그림은 형사 소송 절차를 도식화한 것이다. A~D에 대한 옳은 설명을 〈보기〉에서 고른 것은?

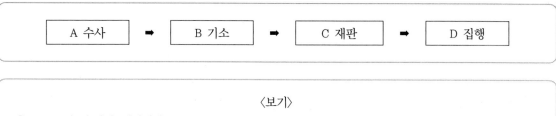

〈보기〉
ㄱ A는 구속 수사가 원칙이다.
ㄴ B는 검사와 판사가 할 수 있다.
ㄷ C에서의 판결은 반드시 공개해야 한다.
ㄹ D는 검사가 지휘한다.

① ㄱㄴ
② ㄴㄷ
③ ㄴㄹ
④ ㄷㄹ

14 다음 그림에 나타난 세율 적용 방식 A~C에 대한 옳은 설명을 모두 고른 것은?

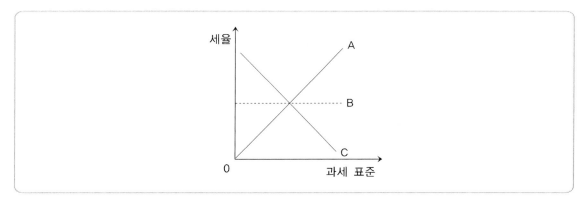

ㄱ A는 일반적으로 납세자와 담세자가 일치하는 조세에 적용된다.
ㄴ B는 과세 표준이 높아짐에 따라 일정한 비율로 세액이 증가한다.
ㄷ C를 적용하더라도 높은 과세 표준에 부과된 세액이 낮은 과세 표준에 부과된 세액보다 많다.
ㄹ B, C에 비해 A가 조세의 역진성이 높다.

① ㄱㄴ
② ㄱㄹ
③ ㄴㄷ
④ ㄷㄹ

15 다음 글에 나타난 변화를 통해 예측할 수 있는 상황으로 가장 적절한 것은? (단, X재와 Y재 시장은 수요와 공급의 법칙을 따른다.)

X재와 Y재는 서로 대체재이다. 최근 X재 생산에 필요한 원자재 가격이 상승하여 X재를 생산하는 기업들의 고민이 깊어지고 있다.

① X재의 가격이 하락할 것이다.
② X재의 거래량이 증가할 것이다.
③ Y재의 가격이 하락할 것이다.
④ Y재의 판매 수입이 증가할 것이다.

16 다음 그림은 정부의 실효성 있는 가격 규제 정책을 나타낸다. 이에 대한 분석으로 옳지 않은 것은? (단, 수요와 공급 곡선은 현재 시장 상황을 나타낸다.)

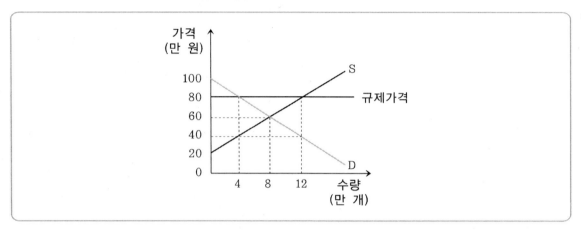

① 초과 공급이 발생한다.

② 정부가 최저 가격을 제한하고 있다.

③ 규제 이전에 비해 시장 거래량이 8만 개 감소하였다.

④ 모든 가격 수준에서 수요량이 8만 개씩 증가할 경우 규제의 실효성이 사라진다.

17 다음 글에 나타난 재화에 대한 설명으로 옳은 것은?

> 이 재화는 한 사람이 소비해도 다른 사람들이 충분히 소비할 수 있는 특징을 지닌다. 또한 가격을 지불하지 않은 사람도 아무런 제한 없이 이 재화를 소비할 수 있다.

① 이 재화는 대부분 소규모 기업에 의해 생산된다.

② 이 재화는 공유지의 비극을 초래하는 대표적인 사례이다.

③ 이 재화의 생산을 민간 기업에 맡겨 두면 사회적으로 최적인 수준보다 적게 생산된다.

④ 한 사람이 이 재화를 소비하여 얻을 수 있는 효용은 사회 구성원 전체의 효용과 크기가 같다.

18 다음에 나타난 경제 행위가 A국의 2013년 국내 총생산에 직접적으로 미치는 영향으로 옳은 것은?

> A국에 거주하는 국민 갑은 2013년 12월 말에 직거래를 통해 자녀가 입을 의류를 B국으로부터 수입하였다.

① 소비가 감소했다.　　　　　　　　② 투자가 감소했다.
③ 순수출이 증가했다.　　　　　　　④ 국내 총생산은 변하지 않았다.

19 밑줄 친 부분에 해당하는 사람들이 통계상 실업자로 분류된다면 고용 관련 지표에 나타날 변화로 옳은 것은?

> 어떤 사람들은 구직 활동에 적극적이지 않다는 이유로 경제 활동 인구에서 제외된다고 한다. 이들 중에는 구직 활동을 포기하기는 하였으나 실제로는 일을 하고 싶어 하는 사람들이 포함되어 있다.
>
> $$* \text{고용률}(\%) = \frac{\text{취업자 수}}{15\text{세 이상 인구}} \times 100$$

① 실업률이 상승할 것이다.
② 고용률이 하락할 것이다.
③ 비경제 활동 인구가 증가할 것이다.
④ 경제 활동 인구는 변하지 않을 것이다.

20 다음 표는 원/달러 환율과 엔/달러 환율을 가정하여 나타낸 것이다. 이와 같은 환율 변동에 따라 2013년에 나타날 수 있는 효과로 가장 적절한 것은?

	원/달러	엔/달러
2010년	1,250	125
2013년	1,100	100

① 미국 시장에서 일본보다 우리나라 제품의 수출 가격 경쟁력이 높아졌다.
② 일본산 부품을 사용하는 우리나라 기업의 생산 비용이 감소하게 되었다.
③ 원화의 가치가 상승하여 우리나라의 달러 표시 외채 상환 부담이 증가하게 되었다.
④ 달러의 가치가 하락하여 미국이 한국과 일본에 수출하는 제품의 가격 경쟁력이 낮아졌다.

☞ 정답 및 해설 P.4

1 루소(J. J. Rousseau)의 사회계약론에 해당하는 것은?

① 국가 이전의 상태는 '만인의 만인에 대한 투쟁' 상황이다.

② 시민적 자유는 국가로부터 간섭받지 않을 때 얻는 것이다.

③ 국가 수립 이후 입법부가 법률제정권과 재판권을 행사한다.

④ 일반의지에 의해 형성된 국가는 개인이나 집단의 특수의지를 초월하는 보편적 가치를 지닌다.

2 다음은 영국과 미국의 정부 형태를 도식화한 것이다. ㈎에 비해 ㈏가 갖는 특징으로 옳은 것만을 〈보기〉에서 모두 고른 것은?

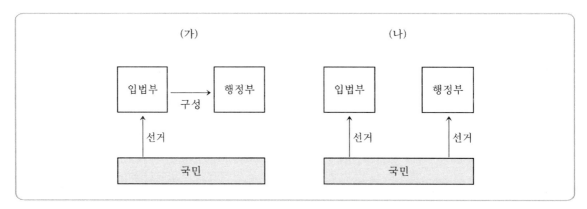

〈보기〉
㉠ 입법부와 행정부가 제도적으로 결합되어 있다.
㉡ 행정부는 의회를 해산하여 의회 다수파를 견제할 수 있다.
㉢ 입법부는 행정부 수반이 거부한 법률안을 재의결할 수 있다.
㉣ 행정부 수반은 탄핵 등 특별한 경우를 제외하면 임기가 보장된다.

① ㉠㉡   ② ㉠㉣
③ ㉡㉢   ④ ㉢㉣

3 A국의 국회의원 선거 결과에 대한 분석으로 옳은 것은?

A국의 정당	지역대표		비례대표	
	득표율(%)	의석수(명)	득표율(%)	의석수(명)
X정당	50	121	60	30
Y정당	30	39	32	16
Z정당	10	19	8	4
무소속	10	21	0	0
합계	100	200	100	50

① X정당은 득표율에 비해 과대대표되고 있다.
② 1인 2표이기 때문에 평등선거 원칙에 위배된다.
③ A국이 대통령제 국가라면, X정당이 행정부를 구성한다.
④ A국이 의원내각제 국가라면 복수 정당의 연립 정부가 구성된다.

4 국회의원의 법률안 발의를 활성화하기 위한 방안으로 적절하지 않은 것은?

① 직능대표제 강화
② 국회입법조사처 기능 제고
③ 일사부재의 원칙의 폐지
④ 국회의원 입법 활동 지원

5 다음의 내용을 모두 포괄하는 것은?

> • 원칙, 규범, 규칙, 절차 등으로 구성되어 있다.
> • 비공식적인 정치적·관습적 요소도 포함한다.
> • 참여국들의 자발적인 결합에 기초한 협력적 제도이다.
> • 국제기구보다 범위가 넓으며 국제기구를 이용할 수 있다.

① 국제레짐
② 유엔헌장
③ 평화조약
④ 비정부간 국제기구

6 임신 중인 A는 B가 운전하는 자동차에 치여 심하게 다쳤으며, 이 사고로 A의 태아가 유산되었다. 이에 대한 법적 판단으로 옳지 않은 것은?

① A는 B에게 손해배상을 청구할 수 있다.

② A가 청구할 수 있는 손해배상의 범위에 정신적 피해는 포함되지 않는다.

③ 민법상 출생의 시기는 전부노출설(완전노출설)이 판례의 입장이다.

④ 민법상 태아는 불법행위에 기한 손해배상의 청구권에 관하여는 이미 출생한 것으로 본다.

7 위헌법률심판 제청에 대한 설명으로 옳은 것은?

① 법률이 헌법에 위반되는지의 여부가 재판의 전제가 된 경우에 당해 사건을 담당하는 법원이 헌법재판소에 위헌법률 심판의 제청을 하려면 당사자의 신청이 있어야 한다.

② 당해 사건의 당사자는 법원에 위헌법률심판 제청신청을 하지 않고 직접 헌법재판소에 위헌법률심판을 청구할 수 있다.

③ 당해 사건의 법원이 당사자의 위헌법률심판 제청신청을 기각하면 당사자는 헌법재판소에 헌법소원심판을 청구할 수 있다.

④ 당해 사건의 법원이 당사자의 위헌법률심판 제청신청을 기각하면 당사자는 법원의 기각결정에 대해 항고할 수 있다.

8 청소년의 근로에 대한 법적 보호 내용으로 옳지 않은 것은?

① 미성년자는 독자적으로 임금을 청구할 수 없다.

② 사용자는 18세 미만자를 도덕상 또는 보건상 유해·위험한 사업에 사용하지 못한다.

③ 사용자는 18세 미만자의 동의가 있는 경우에는 고용노동부 장관의 인가를 받아 오후 10시부터 오전 6시까지의 시간 및 휴일에 근로를 시킬 수 있다.

④ 15세 이상 18세 미만인 자의 근로시간은 1일에 7시간, 1주일에 40시간을 초과하지 못하나, 당사자 사이의 합의에 따라 1일에 1시간, 1주일에 6시간을 한도로 연장할 수 있다.

9 다음 사례에 제시된 A, B, C, D의 행위에 대한 법적 판단으로 옳은 것은? (A, B, C, D 모두 14세 이상이며, 심신장애는 없다)

- A는 칼을 들고 위협하는 강도를 야구방망이로 때려 기절시켰다.
- 의사 B는 응급실에 실려 온 교통사고 환자의 상태를 살펴보고 수술을 하기 위해 옷을 찢었다.
- C는 자신이 운영하는 호텔에서 숙박비를 지불하지 않고 도주하는 손님을 붙잡아서 숙박비를 받아냈다.
- D는 동해안 어로한계선 부근에서 고기잡이를 하다가 북한 경비정에 피랍되어, 시키는 대로 하지 않으면 죽이겠다는 북한의 협박에 견디지 못해 대한민국을 비난하는 공개 기자회견을 하였다.

① A의 행위는 책임이 조각되어 범죄에 해당하지 아니한다.
② B의 행위는 위법성이 조각되어 범죄에 해당하지 아니한다.
③ C의 행위는 책임이 조각되어 범죄에 해당하지 아니한다.
④ D의 행위는 위법성이 조각되어 범죄에 해당하지 아니한다.

10 다음 사례의 C와 D가 경매대금에서 각각 변제받을 수 있는 금액은?

> • 주택 소유자
> – A : 서울에 2층 다가구 주택 1채 소유함
> • 임차인
> – B : A소유 다가구 주택의 1층에 거주, 보증금 5,000만 원
> – C : A소유 다가구 주택의 2층에 거주, 보증금 3,000만 원
> • 입주 시기 및 권리관계
> – 2014. 1. 2. B는 A소유 다가구 주택 1층에 입주하고, 입주한 날 전세권을 설정함
> – 2014. 1. 17. A는 자신 소유의 2층 다가구 주택을 담보로 D은행에서 1억 1,000만 원을 대출받고, 대출한 날 D은행이 저당권을 설정함
> – 2014. 2. 5. C는 A소유 다가구 주택 2층에 입주하고, 입주한 날 주민등록 전입신고 후 확정일자 부여받음
> – 2014. 3. 18. A소유 다가구 주택에 대한 경매절차가 진행되어, E가 1억 7,000만 원에 그 주택을 낙찰받아 소유권을 취득함
> ※ 소액 임차인의 최우선 변제권 : 서울 지역에서 임대차 보증금이 9,500만 원 이하일 경우, 경매 시 3,200만 원을 최우선 변제

	C	D
①	1,000만 원	9,000만 원
②	1,000만 원	1억 1,000만 원
③	3,000만 원	9,000만 원
④	3,000만 원	1억 1,000만 원

11 관료제에 대한 설명으로 옳지 않은 것은?

① 목적전치현상이 나타날 수 있다.

② 근속연수나 경력에 따른 연공서열을 중시한다.

③ 전문화와 분업화로 효율적 업무 수행을 중시한다.

④ 수평적 관계에서의 자유로운 의사소통을 통한 의사결정이 활발하다.

12 다음 주장에 나타난 사회이론에 대한 설명으로 옳은 것만을 〈보기〉에서 모두 고른 것은?

> 가난한 나라가 발전하려면 이미 근대화를 이룬 서구 선진국의 발전 과정을 모델로 삼아 의도적으로 사회 발전을 추진해야 한다. 그러므로 서구 사회처럼 무엇보다 산업화가 이루어져야 하며 또 정치적인 자유와 민주주의의 확립, 합리주의, 개인주의 등 서구의 근대적 가치를 수용해야 한다.

〈보기〉
㉠ 근대화는 곧 서구화라고 보고 있다.
㉡ 문화상대주의적 사고를 바탕으로 하고 있다.
㉢ 사회는 일정한 방향성을 가지고 변동한다는 사회진화론을 전제하고 있다.
㉣ 개발도상국의 저발전은 선진국과의 종속 관계에 기인한다고 보고 있다.

① ㉠㉡
② ㉠㉢
③ ㉡㉣
④ ㉢㉣

13 그림은 인구 변천 과정을 보여 준다. 이에 대한 설명으로 옳은 것은?

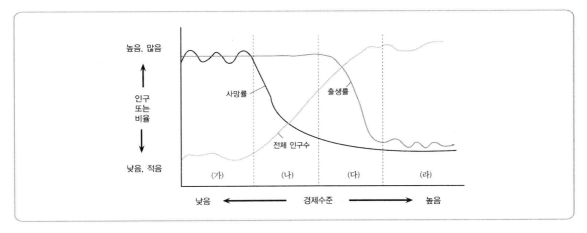

① (가)단계는 다산다사(多産多死) 형으로 산업혁명 이전의 사회들이 이에 속한다.
② (나)단계는 노년층의 인구 비율이 높아져 고령화가 사회 문제로 나타난다.
③ (다)단계는 인구증가율이 급격히 상승하는 단계이다.
④ (라)단계는 의학, 과학 등의 발달로 사망률이 감소하여 인구가 급격히 증가한다.

14 다음 한국 문화 체험기에서 밑줄 친 ⑦~㉣에 대한 설명으로 옳은 것은?

나는 ⑦ 미국으로 이민을 간 지 30년 만에 고국인 한국을 방문하였다. 지하철을 타는 승객들 대부분이 과거와는 다르게 ⑥ 교통카드를 사용한다는 사실에 놀랐다. 붐비는 지하철에 승차한 후 빈자리에 앉았으나 이상한 기분이 들어 자세히 살펴보니, 의자 위 벽면에 [그림]와 같은 표시가 붙어 있는 것을 발견하였다. 나는 ⑥ 승객들 모두 이 자리가 교통약자석이라는 것을 알고 있기 때문에 비워두었다는 것을 뒤늦게 깨달았다. 그래서 얼른 자리에서 일어섰다. 한편, 나는 어떤 사람이 다른 승객들의 눈총을 의식하지 않고 ㉣ 큰 소리로 휴대폰 통화를 하는 것을 보고 불쾌감을 느꼈다.

① ⑦은 문화 사대주의로 인한 결과이다.
② ⑥은 관념문화의 사례이다.
③ ⑥은 문화의 속성 중 공유성의 사례이다.
④ ㉣은 기술지체의 사례이다.

15 다음은 어느 연구 계획서의 일부이다. 이에 대한 설명으로 옳은 것만을 〈보기〉에서 모두 고른 것은?

- 연구 주제 : 특성화고등학교 학생들의 스마트폰 이용 실태
- 표본 : 광역시에 소재하는 특성화고등학교에서 무작위로 추출한 남녀 학생 각 2,000명
- 조사 방법 : 설문 조사 실시
- 조사 내용 : 성별, 학년, 1일 평균 스마트폰 이용 시간, 스마트폰 이용 유형
- 자료 분석 : 통계 프로그램을 이용하여 분석 실시

〈보기〉
⑦ 방법론적 이원론에 근거하고 있다.
⑥ 구조화·표준화된 자료 수집 방법을 활용하고 있다.
⑥ 조사 결과를 전국 특성화고등학교 학생들에게 일반화 할 수 없다.
㉣ 조사 대상자의 주관적인 세계를 심층적으로 이해하는 데 유리하다.

① ⑦⑥
② ⑦㉣
③ ⑥⑥
④ ⑥㉣

16 공공재에 대한 설명으로 옳지 않은 것은?

① 공공재는 소비의 비경합성과 비배제성의 특성을 갖는다.

② 공공재는 시장실패의 주요 요인 중 하나이다.

③ 공공재에는 정부가 제공하는 국방 서비스가 포함된다.

④ 공공재는 무임승차자의 문제가 발생하지 않는다.

17 다음 금융상품에 10,000,000원을 2년 동안 가입할 경우, 만기에 예상되는 세전 명목 이자액은?

상품 종류	특징
○ ○ 정기예금	− 연 단위 복리상품 − 명목 이자율 연 10%(고정금리)

① 2,000,000원 ② 2,100,000원

③ 12,000,000원 ④ 12,100,000원

18 그림은 민간 부문의 경제 흐름을 보여주고 있다. 이에 대한 설명으로 옳은 것은? (단, 갑과 을은 경제주체이고, A와 B는 시장이다)

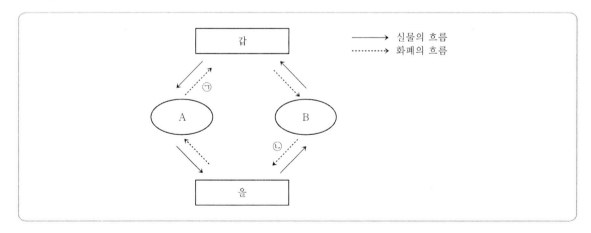

① 갑이 기업이면, B는 생산물 시장이다.

② 갑이 기업이면, ⓒ은 가계의 소득이 된다.

③ ⊙의 크기와 ⓒ의 크기는 부(−)의 관계이다.

④ 을이 가계이면, 노동의 거래는 A에서 이루어진다.

19 그림은 쌀과 밀만을 생산하는 A국과 B국의 교역 전 최대 생산 가능량을 나타낸 것이다. 이에 대한 설명으로 옳은 것은? (단, 두 나라의 생산요소는 노동뿐이고 총 노동량은 동일하며, 생산물 단위는 톤이다)

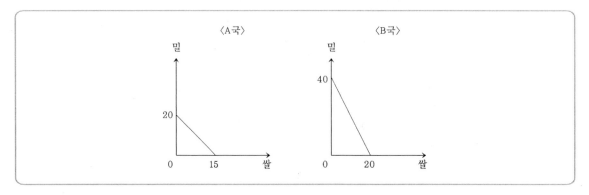

① A국은 밀 생산에, B국은 쌀 생산에 비교우위가 있다.

② B국의 밀 1톤 생산에 대한 기회비용은 쌀 2톤이다.

③ 쌀과 밀 생산에 있어 A국은 기술 수준이 더 높다.

④ B국은 A국에 비해 쌀과 밀 생산 모두에서 절대 우위에 있다.

20 그림은 미국 달러 대비 A국, B국, C국의 통화가치 변동률이다. 이와 같은 상황이 장기간 지속될 경우, 예상되는 변화에 대한 설명으로 옳은 것은? (단, 다른 조건은 일정하다)

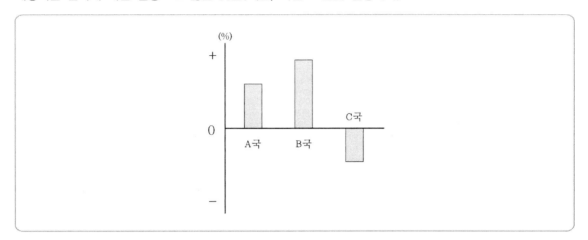

① B국에 대한 미국의 수출이 장기적으로 감소할 것이다.

② C국의 $\dfrac{\text{자국통화}}{\text{미국달러}}$ 표시 환율은 지속적으로 하락할 것이다.

③ B국으로 여행할 미국 사람은 B국 통화로 미리 환전해 두는 것이 유리하다.

④ B국의 부품을 미국 달러로 결제하여 수입하는 A국 제조 기업의 생산비는 인하될 것이다.

☞ 정답 및 해설 P.6

1 사회 계층 현상을 바라보는 갑과 을의 관점에 대한 설명으로 옳은 것은?

> 갑 : 저소득층에 대한 학비지원 제도나 국가장학금 제도가 있기 때문에 모든 학생들에게 대학 진학의 기회는 균등하게 부여되어 있어. 결국 개인의 능력이나 노력의 차이에 따라 특정 대학 진학이 결정 되는 것이지. 자기가 원하는 대학에 진학하지 못했다고 부모를 탓하는 것은 핑계에 불과해.
>
> 을 : 어떤 가정환경에서 자라고 얼마만큼 사교육을 받았는지가 학생의 성적을 좌우하지. 기득권층 자녀 는 부모 덕으로 특정 대학에 진학하는 것이 현실이야. 개인의 능력과는 무관하게 사회 불평등은 재 생산되는 것이지.

① 갑은 사회 계층 현상을 사회적 기여 정도에 따른 서열화로 본다.
② 갑은 사회 계층 현상을 심각한 사회 문제로 여긴다.
③ 을은 개인의 귀속적 요인이 사회 계층 구조를 변화시킨다고 본다.
④ 갑에 비해 을은 차등적 보상 체계를 바람직하다고 본다.

2 다음 ㈎, ㈏에서 활용했을 연구 방법에 대한 설명으로 옳은 것만을 〈보기〉에서 모두 고르면?

〈보기〉

㈎ A대학의 연구진은 컴퓨터 게임이 청소년 폭력과 탈선에 영향을 미치는지를 알아보고자 500명의 비행 청소년들을 대상으로 컴퓨터 게임에 대한 노출 정도를 조사하였다.

㈏ 연구자 B는 도시빈민지역에 살았던 C할머니 가족의 빈곤문제를 연구하였다. 할머니의 손주들이 25년 동안 살아온 시간을 추적함으로써 그들이 빈곤의 굴레에서 자유로워졌는지를 살펴보았다.

㉠ ㈎는 개념의 조작적 정의, ㈏는 연구자의 직관적 통찰을 중시한다.
㉡ ㈎는 법칙 발견, ㈏는 심층적 이해를 목적으로 한다.
㉢ ㈏는 ㈎에 비해 가설 설정을 중시한다.
㉣ ㈏는 ㈎와 달리 방법론적 일원론을 추구한다.

① ㉠㉡
② ㉠㉣
③ ㉡㉢
④ ㉢㉣

3 개인과 사회의 관계를 바라보는 갑과 을의 관점에 대한 설명으로 옳지 않은 것은?

갑 : 뭐니 뭐니 해도 사람을 봐야지. 정치를 하는 것은 결국 사람이니까 정당보다 후보자의 됨됨이가 더 중요하다고 봐.

을 : 날아 봤자 부처님 손바닥 안의 손오공처럼 제아무리 잘난 사람도 정당의 영향력에서 벗어날 수 없어. 어떤 후보를 뽑느냐보다는 어떤 정당에 투표하느냐가 더 중요하다고 봐.

① 갑은 인간의 주체적, 능동적 측면을 중시한다.
② 을은 사회가 개인들의 총합이라고 본다.
③ 갑은 사회 현상을 개인의 속성으로 파악할 수 있다고 본다.
④ 을은 개인이 사회 구조로부터 자유로울 수 없다고 본다.

4 다음은 A, B지역의 가구 유형별 구성비 변화를 나타내고 있는 표이다. 이에 대한 분석으로 옳은 것은?

(단위 : 천 가구, %)

| 지역 | 연도 | 총 가구수 | 부부 가구 | 2세대 가구 | | 3세대 가구 | 기타 가구※ | 계 |
				(한)부모와 미혼 자녀	(한)부모와 기혼 자녀			
A	1990	5,000	6.6	70.1	0.4	7.7	15.2	100
	2010	10,000	11.8	54.5	0.7	4.3	28.7	100
B	1990	3,000	10.1	62.4	1.4	14.2	11.9	100
	2010	2,500	14.2	43.4	0.4	1.0	41.0	100

※ 기타 가구는 1인 가구, 4세대 이상 가구 등을 포함함.

① A지역의 확대 가족 비율은 8.1%에서 5.0%로 낮아졌다.
② B지역의 핵가족 비율은 62.4%에서 43.4%로 낮아졌다.
③ 1990년의 경우 A지역은 확대 가족 수가 핵가족 수보다 많다.
④ 2010년의 경우 B지역은 A지역보다 1세대 핵가족 수가 더 적다.

5 그림의 (가), (나)는 사례와 관련된 일탈 행동 이론이다. 이에 대한 설명으로 옳은 것만을 〈보기〉에서 모두 고르면?

사례		이론
A는 출소 후에도 전과자란 꼬리표로 사회의 냉대와 무관심 속에 사회에 적응하지 못하고 다시 범죄를 저질렀다.	⇨	(가)
기말고사를 앞둔 대학생 B는 교수의 컴퓨터를 해킹하여 시험 문제를 빼돌리다 적발되었다.	⇨	(나)

㉠ (가)는 일탈 행동의 상대성을 강조한다.
㉡ (가)는 일탈의 원인을 일탈 행위자의 개인적인 특성에서 찾는다.
㉢ (나)는 문화적 목표와 제도적 수단 간의 괴리로 인해 일탈이 발생한다고 본다.
㉣ (가)는 거시적 관점, (나)는 미시적 관점이다.

① ㉠㉡
② ㉠㉢
③ ㉡㉣
④ ㉢㉣

6 다음 사례에서 갑이 취할 수 있는 가장 적절한 구제 제도는?

> A시는 늘어나는 인구에 비해 도로가 턱없이 부족하여 심각한 교통 불편을 겪고 있는 지역에 도로를 넓히려고 한다. 이에 A시는 법률에 따라 도로가에 위치하고 있는 갑의 집을 적법하게 수용하려고 한다.

① 주민소송

② 사법상 손해배상

③ 행정상 손실보상

④ 영조물의 설치나 관리의 하자로 인한 국가배상

7 우리 헌법상의 국제평화주의와 국제법에 대한 설명으로 옳지 않은 것은?

① 국회는 주권의 제약에 관한 조약의 체결·비준에 대한 동의권을 가진다.

② 국제연합은 침략에 대한 정의를 세계인권선언을 통하여 천명하고 있으며, 세계인권선언은 법적 규범력을 가진다는 것이 헌법재판소의 판례이다.

③ 국제평화주의는 모든 국가들이 국제적인 협조와 국제평화의 지향을 이념으로 삼고 이에 따라 국제질서를 존중하는 원리를 말한다.

④ 우리 헌법 제5조 제1항은 "대한민국은 국제평화의 유지에 노력하고 침략적 전쟁을 부인한다."라고 규정함으로써, 국제평화주의를 지향하고 있으나 자위권 행사까지 부인하는 것은 아니다.

8 다음 그림에서 해당 법률의 미성년자 보호를 위한 사례로 적절하지 않은 것은?

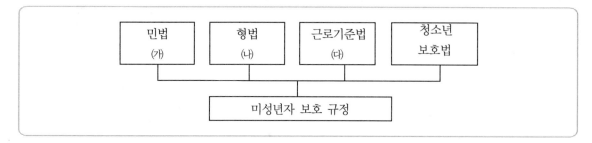

① (가) – 만 18세의 미성년자가 혼인할 경우에 부모의 동의를 얻어야 한다.

② (나) – 만 13세의 중학생이 범죄를 저지르더라도 형사상의 처벌을 받지 않는다.

③ (다) – 만 17세의 미성년자는 법정 대리인의 동의가 없더라도 임금을 청구할 수 있다.

④ (라) – 만 19세의 대학생은 술과 담배를 구매할 수 없다.

9 제조물 책임에 대한 설명으로 옳지 않은 것은?

① 제조물 책임이란 제조물의 결함으로 소비자에게 여러 손해가 발생한 경우, 제조업자나 영리목적으로 공급한 자가 손해배상의 책임을 지는 것을 말한다.

② 「제조물 책임법」상 결함이란 해당 제조물에 제조상·설계상 또는 표시상의 결함이 있거나 그 밖에 통상적으로 기대할 수 있는 안전성이 결여되어 있는 것을 말한다.

③ 대법원은 제조물로 인해 피해가 발생한 경우, 소비자 측이 제품의 결함 및 그 결함과 손해의 발생과의 사이의 인과관계를 과학적·기술적으로 입증해야 한다고 판시하고 있다.

④ 제조물의 결함이 제조업자가 해당 제조물을 공급한 당시의 법령에서 정하는 기준을 준수함으로써 발생하였다는 사실을 입증한 경우에는 제조물 책임을 면제받을 수 있다.

10 다음 신문 기사와 관련된 내용으로 옳지 않은 것은?

◎◎ 신문   0000년 00월 00일

○○법원은 갑이 "A기업의 세무조사 결과를 공개하라."라며 국세청장을 상대로 제기한 행정소송에서 원고 패소판결을 내렸다. 재판부는 "세무조사 결과에는 인격·신분·재산 등과 같은 개인의 사생활의 비밀이 포함되어 있으므로, 세무조사 결과를 공개할 경우에는 사생활의 비밀 침해라는 결과를 초래하게 된다."라고 판시했다. 또한 재판부는 "일반적으로 기본권의 보호법익 중 국민의 알 권리보다 생명권·인격권이 우선한다고 보고, 이 사례에서도 개인의 사생활의 비밀과 자유가 더 우선적으로 보호된다."라고 판시했다.

---

① 알 권리는 헌법에 명시적으로 규정된 기본권으로 법률에 의하여 제한될 수 있는 권리이다.

② 사생활의 비밀과 자유는 국가에 의하여 침해되어서는 안 되고 개인에 의하여 침해되어서도 안 된다.

③ 갑은 ○○법원의 재판에 대하여 헌법소원을 청구할 수 없다.

④ 행정소송은 3심제가 적용된다.

11 (가)~(다) 사건에 관한 설명으로 옳은 것만을 〈보기〉에서 모두 고르면?

(가) 1688년 왕권신수설과 로마 가톨릭을 신봉하는 제임스 2세의 전제정치에 반대하여 일어난 혁명이다.

(나) 1776년 영국의 식민지였던 북아메리카 13개 주의 대표들이 독립을 선포한 사건이다.

(다) 1789년 루이 16세의 전제정치를 타도하고, 앙시앵 레짐(구체제)의 모순을 극복하기 위하여 시민계급이 주도한 혁명이다.

〈보기〉

㉠ (가)의 성공으로 의회는 권리청원을 제출하여 왕의 승인을 받았다.

㉡ (나)에는 자연권 사상보다 실정권 사상이 더 많은 영향을 미쳤다.

㉢ (나) 이후 근대 최초의 민주공화제가 실시되었다.

㉣ (다) 직후 천부 인권사상에 바탕을 둔 '프랑스 인권선언'이 채택되었다.

---

① ㉠㉡

② ㉠㉢

③ ㉡㉣

④ ㉢㉣

12 다음 중 우리나라에서 시행하고 있는 직접 민주 정치 제도는?

① 주민 발안제

② 국민 발안제

③ 국회의원에 대한 국민 소환제

④ 대통령에 대한 국민 소환제

13 우리나라의 헌법 개정에 따른 정부 형태의 변화에 대한 설명으로 옳은 것은?

① 1952년 1차 개헌에 의하여 대통령 직선제에서 대통령 간선제로 전환되었다.

② 1962년 5차 개헌에 의하여 대통령 직선제가 채택되었다.

③ 1972년 7차 개헌에 의하여 대통령 3선이 처음으로 허용되었다.

④ 1987년 9차 개헌에 의하여 대통령 단임제로 개정되었고, 선거인단에 의한 간선제가 채택되었다.

14 다음 그림은 데이비드 이스턴(D. Easton)의 주장을 토대로 현대 정치과정을 도식화한 것이다. 이에 대한 설명으로 옳은 것만을 〈보기〉에서 모두 고르면?

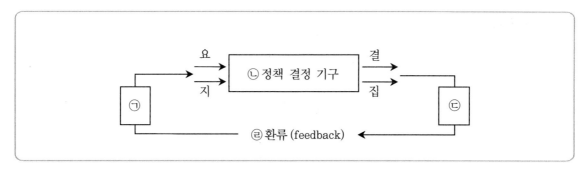

〈보기〉

(가) 시민의 입법청원 운동은 ㉠에 해당된다.

(나) ㉡에서는 입법부보다 행정부의 역할과 권한이 강화되어 왔다.

(다) ㉢에서는 이익집단이 중요한 역할을 한다.

(라) ㉠과 ㉣은 민주주의 체제보다 권위주의 체제에서 활발해진다.

① (가), (나)

② (가), (라)

③ (나), (다)

④ (다), (라)

15 우리나라는 17대 국회의원 선거에서부터 비례 대표 선출 방식을 1인 1표제에서 1인 2표제로 바꾸었다. 그 취지로 가장 적절한 것은?

① 군소 정당의 난립을 방지한다.

② 정당의 민주적 운영을 제고한다.

③ 직접선거 원칙에 더욱 충실할 수 있다.

④ 유권자가 비례 대표 명부에서 후보자를 직접 선택할 수 있다.

16 다음 그림은 공급자의 수와 상품의 동질성 여부에 따라 시장을 구분한 것이다. A ~ D시장에 대한 설명으로 가장 옳은 것은?

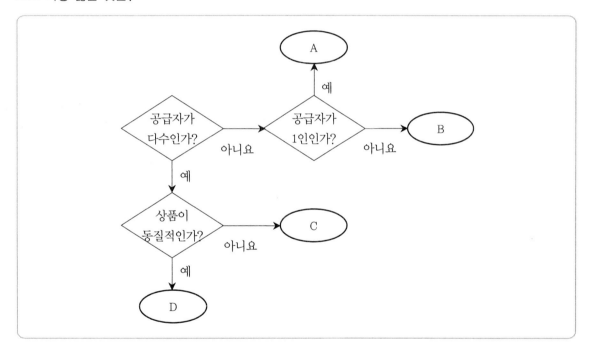

① A시장에서는 담합이나 카르텔이 형성된다.

② B시장에서는 대체재가 존재하지 않는다.

③ C시장보다 D시장에서의 자원배분이 더 효율적이다.

④ D시장에서는 개별 공급자가 가격에 영향을 미친다.

17 다음은 X재의 수요 및 공급표이다. 이에 대한 분석으로 옳은 것은? (단, X재의 수요곡선 및 공급곡선은 연속이다)

가격(원)	600	800	1,000	1,200	1,400	1,600
수요량(개)	200	190	180	170	160	150
공급량(개)	140	160	180	200	220	240

① 균형 가격은 1,000원이고 균형 거래량은 360개이다.

② 공급자가 240개를 모두 팔기 위한 균형 가격은 1,600원이다.

③ 수요의 법칙에 따르는 Y재가 X재의 대체재인 경우, Y재의 가격이 하락하면 균형 가격은 1,000원 이상이 된다.

④ 정부가 X재 공급자에게 개당 600원의 세금(물품세)을 부과하면 균형 거래량은 세금부과 전보다 20개 줄어든다.

18 200만 원을 가진 갑은 다음 A, B프로젝트 중 B프로젝트에 투자하기로 하였다. 갑의 선택이 합리적이기 위한 B프로젝트 연간 예상 수익률의 최저 수준으로 가장 적절한 것은? (단, 각 프로젝트의 기간은 1년이다)

> • A프로젝트는 200만 원의 투자 자금이 소요되고, 연 9.0%의 수익률이 예상된다.
> • B프로젝트는 400만 원의 투자 자금이 소요되고, 부족한 돈은 연 5.0%의 금리로 대출받을 수 있다.

① 8.1%

② 7.1%

③ 6.1%

④ 5.1%

19 다음 표는 A국, B국, C국의 2013년 주요 경제 지표를 나타낸 것이다. 이에 대한 분석으로 가장 옳은 것은? (단, 경제성장률과 물가상승률은 각각 실질 GDP와 GDP 디플레이터 기준이다)

구분	A국	B국	C국
경제성장률(%, 전년대비)	4.5	6.2	−2.3
인구증가율(%, 전년대비)	5.2	4.5	3.3
물가상승률(%, 전년대비)	5.0	5.2	10.4
실업률(%)	3.6	4.3	7.6

① 실업자 수는 A국이 가장 적다.
② 명목 GDP의 증가율은 C국이 가장 높다.
③ 실질 GDP의 증가액은 B국이 가장 크다.
④ 1인당 실질 GDP의 증가율은 B국이 가장 높다.

20 다음 그림에서 A는 국내외 경제 요인들에 의한 원/달러 환율 변동을 의미한다. A로 인한 영향으로 옳은 것은?

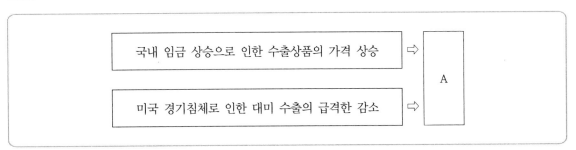

① 기업의 원자재 수입 부담이 감소한다.
② 달러화 외채 상환 부담이 감소한다.
③ 미국에 유학 중인 자녀에게 송금하는 부모는 불리해진다.
④ 국내 외국계 기업에서 달러화로 임금을 받는 사람은 불리해진다.

1 행정 민원에 대한 설명으로 옳지 않은 것은?

① 주민등록표 등본의 발급은 정부 민원 포털인 '민원 24'에의 접속을 통해서도 가능하다.

② 민원사항에 대하여 행정기관의 장이 거부처분을 한 경우 민원인은 행정심판을 제기할 수 있다.

③ 행정기관은 민원사무를 관계법령 등에서 정하는 바에 따라 다른 업무에 우선하여 처리하여야 한다.

④ 행정기관의 장은 민원인이 신청한 민원사항의 처리 결과를 구술로 통지하나, 민원인의 요청이 있는 경우에는 문서로 통지하여야 한다.

2 씨앗호떡의 가격을 1,000원에서 850원으로 내렸을 때 수요량은 300개에서 318개로 증가하였다. 이때 씨앗호떡에 대한 수요의 가격탄력성은? (단, 수요의 가격탄력성은 절댓값으로 표기한다)

① 0.4

② 0.8

③ 1.2

④ 2.5

3 다음은 어떤 조직의 특징을 비교한 것이다. ㈎조직과 ㈏조직에 대한 설명으로 옳은 것은?

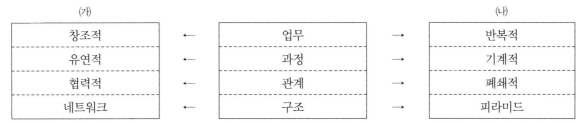

㈎				㈏
창조적	←	업무	→	반복적
유연적	←	과정	→	기계적
협력적	←	관계	→	폐쇄적
네트워크	←	구조	→	피라미드

① ㈎는 ㈏에 비해 공식적 규칙과 절차를 중요시한다.
② ㈎는 ㈏에 비해 인간소외 현상이 발생할 가능성이 높다.
③ ㈏는 ㈎에 비해 부서 간의 경계가 엄격하다.
④ ㈏는 ㈎에 비해 환경 변화에 대한 대응이 용이하다.

4 다음 대화에서 갑의 주장이 위반한 민주 선거의 원칙은?

> 갑 : 모두에게 투표권을 주더라도, 투표권을 동일하게 주는 것은 옳지 않아.
> 을 : 왜 옳지 않아?
> 갑 : 사람들이 내는 세금으로 국가가 운영되는 것이니, 세금을 더 많이 내는 사람에게는 더 큰 권리를 줘야 해. 따라서 세금을 내는 것과 비례해서, 투표권의 수를 다르게 주어야 한다고 봐.
> 을 : 하지만 그것은 민주 선거의 원칙에 어긋나는 거야.

① 보통선거
② 평등선거
③ 비밀선거
④ 직접선거

5 사회적 기본권에 대한 설명으로 옳지 않은 것은? (다툼이 있는 경우 판례에 의함)

① 근로 3권은 단결권, 단체교섭권, 단체행동권을 말한다.

② 사회복지의 실현이 현대 국가에서 중요한 과제가 되면서 사회적 기본권이 강조되고 있다.

③ 교육을 받을 권리는 국민이 국가에 대하여 직접 특정한 교육제도나 교육과정을 요구할 수 있는 권리이다.

④ 인간다운 생활을 할 권리는 국가가 재정형편 등 여러 가지 상황들을 종합적으로 감안하여 법률을 통하여 구체화할 때에 비로소 인정되는 법률적 권리이다.

6 다음은 사회화에 대한 (갑)과 (을)의 관점을 비교한 것이다. 이에 대한 설명으로 옳은 것만을 〈보기〉에서 모두 고른 것은?

> (갑) 사회화는 사회통합을 위해 사회 구성원에게 보편적인 규범과 도덕, 가치관을 형성하게 하는 과정이다. 사회화는 개인이 사회의 공통적인 가치 기준을 내면화함으로써 사회체계의 요구에 맞게 행동하도록 만드는 과정이다.
>
> (을) 특정 계급의 사상이 지배적 사상이 된다. 사회화 과정에서 지배계급이 지배 이데올로기를 보편적 가치관으로 확산시킬 수 있다. 사회화는 개인이 속한 계급적 위치에 따라 서로 다르게 이루어질 수 있으므로, 차별적·특수적 과정이면서 동시에 갈등과 지배의 과정이다.

> 〈보기〉
> ㉠ (갑)은 사회화가 제대로 이루어지지 않은 개인은 사회통합을 저해할 가능성이 크다고 본다.
> ㉡ (을)은 사회화 기관인 학교가 지배계급에 유리한 이데올로기를 전파한다고 본다.
> ㉢ (갑)과 (을)은 사회화를 거시적인 측면에서 바라본다는 공통점이 있다.
> ㉣ (갑)과 (을)은 유년기 사회화 과정에서 개인을 능동적 존재로 가정한다는 공통점이 있다.

① ㉠㉡

② ㉢㉣

③ ㉠㉡㉢

④ ㉡㉢㉣

7 다음 그림은 X재 시장에서 X재 1개당 100원의 정액세가 부과되었을 때, 시장균형의 변화를 나타낸 것이다. 이에 대한 설명으로 옳지 않은 것은? (단, 세금 부과 이전의 시장공급곡선은 S_0이고 세금 부과 이후의 시장공급곡선은 S_1이다)

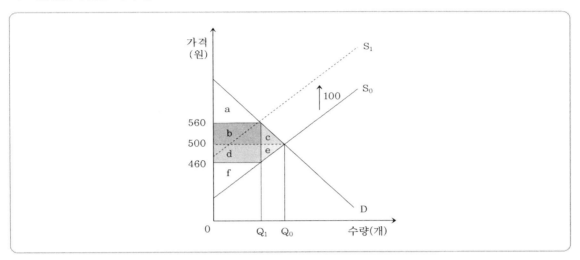

① 정부의 조세 수입은 b + d가 된다.

② 소비자 잉여는 감소하지만, 생산자 잉여는 변함이 없다.

③ 사회 전체적으로 c + e만큼의 후생 손실이 생긴다.

④ 생산자가 소비자보다 궁극적으로 세금을 더 적게 부담한다.

8 다음 사례에 대한 법적 판단으로 옳지 않은 것은? (다툼이 있는 경우 판례에 의함)

- A는 자신 소유의 자동차에 불을 질러 공공의 위험을 발생시켰다.
- 권투 선수인 B는 시합 중 상대방 선수인 갑을 때려 큰 부상을 입혔다.
- 음주운전으로 운전면허가 일시 정지된 의사 C는 응급환자에게 가기 위하여 자동차를 운전하였다.
- D는 초등학교 2학년인 아들의 절도 습관을 없애기 위하여 회초리로 몇 차례 체벌을 하였다.

① A의 행위는 피해자의 승낙에 해당하므로 위법성이 조각된다.

② 갑이 권투 시합의 결과 사망한 경우에도 B의 행위는 위법성이 조각된다.

③ C가 택시를 타고 갈 수 있었음에도 불구하고, 스스로 자동차를 운전했다면 C의 행위는 위법성이 조각되지 않는다.

④ D의 체벌이 아들의 건전한 육성을 위하여 필요한 범위 내에서 상당한 방법으로 행사되었다면 법령에 의한 행위로서 D의 행위는 위법성이 조각된다.

9 사회변동에 대한 다음 주장에 부합하는 설명으로 적절한 것은?

> 생산력과 생산관계가 결합된 생산양식이 경제적 토대를 형성하며, 이에 조응하여 법·정치·종교 등의 상부구조가 구성된다. 즉, 물질적 생산양식이 사회적·정치적·정신적 생활 과정의 일반적 특성을 결정한다. 사회변동은 경제적 토대의 변화와 더불어 생산수단을 통제하는 힘과 그 관계에서 생기는 모순과 갈등의 결과로 일어난다.

① 사회변동의 요인은 그 사회의 외부로부터 주어진다.
② 인간의 의식은 사회적 삶 전반을 규정하는 토대로 작용한다.
③ 정치질서와 같은 상부구조는 경제적 토대의 형식적 표현일 뿐이다.
④ 경제적 요소에 의해 사회의 가치체계가 변화될 가능성을 간과하고 있다.

10 "같은 것은 같게, 다른 것은 다르게"라는 주장이 담고 있는 '배분적 정의'를 적절히 표현한 사례만을 〈보기〉에서 고른 것은?

> 〈보기〉
> ㉠ 기술팀에서 신제품 개발에 성공하자, 모든 부서의 직원들에게 특별 상여금을 균등하게 지급하였다.
> ㉡ 고속도로 휴게소의 남녀 화장실 총면적을 동일하게 하였다.
> ㉢ 우리 정부가 올림픽 금메달 수상자에게 주는 포상금은 올림픽 동메달 수상자에게 주는 포상금보다 많았다.
> ㉣ 학교와 도서관 등 공공기관에 장애인 전용 주차 공간을 마련하였다.

① ㉠㉡
② ㉠㉣
③ ㉡㉢
④ ㉢㉣

11 국내법과 국제법의 구별 및 그 관계에 대한 설명으로 옳은 것은?

① 헌법 규정상 우호통상항해조약은 국회의 동의를 거쳐 대통령이 체결·비준한다.

② 국제법은 범세계적인 입법기관에서 제정되므로 국내법과 법원(法源)이 동일하다.

③ 국제법을 위반한 경우 국내법을 위반한 경우보다 이행을 강제하기가 쉽고 제재수단도 강력하다.

④ 헌법에 의하여 체결·공포된 조약과 일반적으로 승인된 국제법규는 국내법보다 상위의 효력을 가진다.

12 다음은 어느 국회의원의 일정표이다. 밑줄 친 ㉠~㉣의 사회 집단에 대한 설명으로 옳은 것은?

일시	활동 내용
6월 3일 오후 4시 ~ 6시	㉠ ㅁㅁ 배드민턴 동호회 시합
6월 3일 오후 7시 ~ 10시	㉡ △△ 고등학교 총동문회 모임
6월 4일 오후 2시 ~ 4시	㉢ ㅇㅇ 자동차 노동조합 간담회
6월 5일 오후 6시 ~ 7시	㉣ ◎◎ 재능기부 시민연대 정기 총회

① ㉠은 공식적인 사회화 기관이다.

② ㉡은 자연 발생적으로 결합된 집단이다.

③ ㉢은 ㉣에 비해 공익을 추구한다.

④ ㉠~㉣은 모두 자발적 결사체에 해당한다.

13 다음에서 설명하고 있는 정치사상과 가장 관련이 있는 것은?

> • 인간은 이성의 힘으로, 편견과 오류를 극복하고 사회적 모순과 부조리를 바로잡을 수 있다.
> • 이 사상은 인간의 독립성과 자율성 등을 강조하여, 군주제 아래의 불평등한 사회 구조를 개혁하여야 한다는 사회의식을 사회 구성원들에게 심어 주었다.

① 근대 초기, 국가에 의한 적극적 자유를 강조하는 이념의 기반이 되었다.

② 근대 시민혁명의 사상적 기원이 되었다.

③ 군주의 권위에 구성원이 절대적으로 복종하게 하였다.

④ 정치를 국가의 근본적인 활동으로 인식하게 하는 계기를 제공하였다.

14 매키버(R. M. MacIver)가 제시한 '참된 민주주의'의 평가 기준에 해당하지 않는 것은?

① 정부의 정책에 반대하더라도 신체의 안전을 보장 받는가?

② 정부 정책에 반대하는 조직을 자유롭게 결성할 수 있는가?

③ 선거를 통해 집권당을 교체할 수 있는가?

④ 대통령을 국민의 손으로 직접 뽑을 수 있는 제도적 장치가 마련되어 있는가?

15 우리나라에서 최근 몇 달간 발생한 국제거래가 다음과 같다고 가정했을 때, 우리나라의 국제수지에 대한 설명으로 옳은 것은?

- 독일로부터 차관 5억 달러를 도입하였다.
- 미국에 휴대폰 10억 달러어치를 수출하였다.
- 칠레로부터 과일 2억 달러어치를 수입하였다.
- 영국에 4억 달러를 투자하여 자동차 공장을 지었다.
- 외국인 관광객 수입이 3억 달러에 달하였다.

① 상품수지는 8억 달러 적자이다.

② 금융계정은 3억 달러 적자이다.

③ 경상수지는 11억 달러 흑자이다.

④ 이전소득수지는 3억 달러 흑자이다.

16 다음에서 〈보기 1〉은 1960년대 이전 C국에서의 물가상승률과 실업률 간의 관계를 나타낸 것이고, 〈보기 2〉는 1980년 C국의 경제 상황을 설명한 것이다. 〈보기 1〉과 〈보기 2〉에 대한 분석으로 옳은 것은?

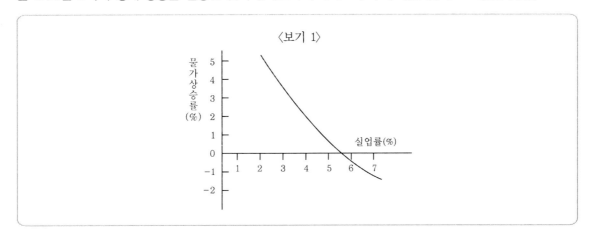

〈보기 2〉

1970년대의 오일 쇼크로 세계 경제가 수년간 저성장과 고물가 상황에 처했었다. C국도 이 여파로 1980년에 스태그플레이션(stagflation)현상을 경험하였다.

① 〈보기 1〉에서 C국이 긴축정책을 시행하면 물가는 안정되고 실업률은 낮아진다.
② 〈보기 2〉는 C국의 물가상승률과 실업률 간의 음(−)의 상관관계를 나타내고 있다.
③ 〈보기 2〉의 경제 상황을 〈보기 1〉의 물가상승률과 실업률 간의 관계로 설명하기에는 어려움이 따른다.
④ C국의 중앙은행이 금리를 낮추면, 〈보기 1〉과 〈보기 2〉의 경우에 물가상승률이 낮아진다.

17 「민법」상 불법행위와 관련된 사례에 대한 설명으로 옳지 않은 것은? (다툼이 있는 경우 판례에 의함)

① A의 식당에서 종업원으로 일하는 B가 공원에 놀러 갔다가 다른 사람과 시비가 붙어 그를 다치게 한 경우, A는 손해배상책임을 지지 않는다.

② 술을 마시고 길을 가던 행인 B가 A 소유의 여관 건물의 배수관 보호벽 위에 올라가 여관 내부를 엿보려다 보호벽이 무너져 사망한 경우, A는 손해배상책임을 진다.

③ B가 해외여행을 떠나면서 맡겨 놓은 B의 애완견을 보관하던 동물병원 원장 A는 그 애완견이 다른 손님을 물어 상처를 입힌 경우, 애완견의 보관에 상당한 주의를 게을리했다면 손해배상책임을 진다.

④ 산재사고로 양손이 절단되어 병원에 실려 온 환자를 의사 A와 B가 수술하다가 의사의 과실에 의하여 의료사고가 발생하였으나 누구의 과실에 의한 것인지가 불명확한 경우, A와 B는 연대하여 손해배상책임을 진다.

18 다음은 개인과 사회와의 관계에 대한 어떤 관점을 나타내는 주장이다. 이 관점에 부합하는 설명으로 옳은 것은?

> 사회학은 '사회적 행위'를 연구하는 과학이라고 할 수 있다. '사회적 행위'는 행위하는 인간들의 주관적인 동기와 의미부여, 그것에 대한 상호 이해와 해석을 통해 이루어진다. 따라서 서구 사회에서의 자본주의 발달을 '사회적 행위'의 맥락에서 이해할 수 있다.

① 사회는 행위자의 주관적인 '상황 정의'에 의해 구성된다.

② "사회적 사실을 사물로 간주하라."라는 뒤르켐(E. Durkheim)의 주장과 일맥상통한다.

③ 사회는 개인들의 총합 이상이기 때문에 개인으로 환원할 수 없는 고유한 성격을 가진다.

④ 사회는 하나의 유기체와 같아서 각 개인은 사회 속에서 각자의 역할을 담당하여 사회 실체를 존속시킨다.

19 다음 A와 B는 전형적인 대통령중심제와 의원내각제이다. ㈎와 ㈏에 들어갈 내용으로 적절한 것은?

구분 ＼ 정부 형태	A	B
장점	대통령 임기의 보장으로 정책이 지속되고 정국이 안정될 수 있음	㈎
단점	㈏	의회와 행정부를 장악한 다수당의 횡포가 나타날 수 있음

① ㈎ 의회 다수파의 내각 구성으로 의회와 내각 간 협조 용이

　㈏ 의회와 행정부 간 대립 4시 해결 곤란

② ㈎ 정치적 책임과 국민적 요구에 민감

　㈏ 군소정당 난립 시 정국이 불안해질 가능성 있음

③ ㈎ 법률안 거부권 행사로 의회 다수파의 횡포 견제 가능

　㈏ 대통령에게 권한이 집중되어 독재 정치 출현의 우려가 있음

④ ㈎ 정치적 책임과 국민적 요구에 민감

　㈏ 의회와 행정부 간 대립 시 해결 용이

20 다음 표는 A국의 고용 상황 변화를 나타낸 것이다. 전년 대비 2013년의 고용 상황에 대한 분석으로 옳은 것만을 〈보기〉에서 고른 것은? (단, 15세 이상 인구는 변함이 없다)

구분 ＼ 연도	2012년	2013년
고용률(%)	65.7	62.3
실업률(%)	5.2	5.2

$$\text{※ 고용률(\%)} = \frac{\text{취업자 수}}{\text{15세 이상 인구}} \times 100$$

〈보기〉

㉠ 취업자 수는 감소했다.　　　㉡ 실업자 수는 변함이 없다.

㉢ 경제 활동 참가율은 낮아졌다.　　　㉣ 비경제 활동 인구는 감소했다.

① ㉠㉡　　　　　　② ㉠㉢

③ ㉡㉣　　　　　　④ ㉢㉣

1 다음 〈보기〉에 대한 현상이 심화되었을 때 이에 대한 정부의 적절한 대처로 올바른 것은?

> • 총수요가 총공급을 초과
> • 재고 감소와 활발한 생산 활동

① 정부는 적자예산을 편성하여 물가를 내리도록 한다.

② 정부는 지급준비율을 인상하여 대출이 쉽게 되도록 유도한다.

③ 정부는 흑자예산을 편성하여 신규투자를 유도한다.

④ 정부는 이전지출을 늘려서 저소득층에 대한 지원을 강화한다.

⑤ 정부는 긴축재정을 운용하여 총수요를 억제한다.

2 갑의 사망 이후에 상속인들이 받게 될 법적 상속에 대한 설명으로 옳지 못한 것은?

> 갑은 갑자기 심장마비로 쓰러져 유언도 남기지 못한 채 사망하였다. 유족으로는 갑의 배우자, 노모와 출가한 두 딸, 미혼의 아들이 있다. 그가 남긴 재산은 살고 있는 집, 부동산을 포함하여 9억 원으로 추정된다.

① 법적 상속 제1순위는 아들과 딸이다.

② 배우자는 아들, 딸과 공동상속을 받는다.

③ 배우자는 아들, 딸의 상속분에 5할을 가산한다.

④ 출가한 두 딸은 각각 2억의 상속을 받을 수 있다.

⑤ 노모는 며느리와 같은 비율로 3억을 상속받게 된다.

3 정보 공개 청구 제도의 기능으로 적절하지 않은 것은?

① 행정의 투명성을 높인다.
② 국민의 알 권리를 충족시킨다.
③ 행정 기관의 재량권을 강화한다.
④ 행정에서 국민의 의사가 반영되도록 한다.
⑤ 행정 권력의 남용을 시민이 적절히 견제한다.

4 다음 그림은 우리나라 예산의 편성 및 집행 절차를 나타낸 순서도이다. 이에 대한 설명으로 옳지 않은 것은?

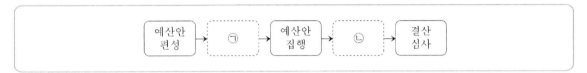

① 예산안의 편성은 정부가 한다.
② ㉠은 국회에서, ㉡은 감사원에서 행한다.
③ ㉠은 예산을 심의·의결하여 확정하는 단계이다.
④ 예산은 회계 연도가 시작되면 국회에서 ㉠을 행한다.
⑤ 1월 1일~12월 31일까지 1년 단위로 예산을 편성한다.

5 다음 ㉠, ㉡ 정부형태의 일반적인 특징에 대한 설명으로 바르지 못한 것은?

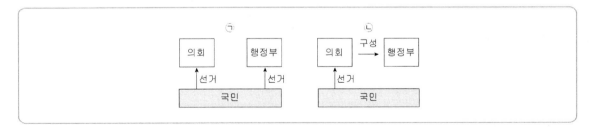

① ㉠과 ㉡의 모두에서 사법권의 독립이 철저하게 보장된다.
② ㉠에서 대통령은 의회가 제출한 법률안에 대해 거부권을 행사할 수 있다.
③ ㉡에서 의원이 내각을 겸할 수는 있지만, 내각은 법률안 제출권이 없다.
④ ㉠에서 의회는 대통령이 임명할 행정부 인사에 대한 동의, 거부 또는 탄핵소추권을 가진다.
⑤ ㉡에서 의회는 내각에 대해서 불신임권을 행사할 수 있기 때문에 내각은 의회의 요구에 민감하다.

6 다음 〈보기〉와 같은 단체에 대한 설명으로 옳지 않은 것은?

> 사회의 여러 가지 문제를 해결하기 위하여 민간이 중심이 되어 만든 비정부 조직, 영리를 목적으로 활동하지 않는 비영리단체로, 환경 운동이나 인권 보호 운동, 부패 방지 운동을 위해 적극적으로 활동하는 단체를 말한다. 다수의 시민을 위해 활동하는 단체이다.

① 집단의 가입과 탈퇴가 비교적 자유롭다.
② 사회가 다원화 되면서 그 수가 점점 증가하고 있다.
③ 공익을 추구하고 정부의 정책 결정에 영향력을 행사한다.
④ 특정 목표를 달성하기 위해 구성된 조직으로 2차 집단에 해당한다.
⑤ 비공식 조직으로 구성원들에게 만족감을 제공하며, 구성원간의 친밀도가 높다.

7 다음 글의 빈칸 ㉠에 들어갈 집단으로 옳은 것은?

> '당신이 사는 아파트는 당신의 가치를 말해 줍니다.', '이 차를 타는 순간 당신은 특별해집니다.' 등은 모두 텔레비전이나 신문 광고에서 종종 접할 수 있는 말들이다. 이와 같은 광고는 실제로 높은 판매 효과를 가져 온다고 한다. 그 이유는 무엇일까? 사람들에게는 (㉠)을(를) 정해 놓고 그에 따라 생각하고 행동하려는 경향이 있다.

① 내집단
② 외집단
③ 공동 사회
④ 이익 사회
⑤ 준거 집단

8 개인과 사회를 바라보는 밑줄 친 사람들의 관점과 일치하지 않는 것을 고르시오.

> 어떤 사람들은 사회 현상을 파악하기 위해 사회 구성원 개인의 특성에 주목하려는 경향을 보인다. 이들은 한 사회의 특성은 구성원 개개인의 개성이나 특성을 넘어서서 새로운 성격으로 나타날 수 없다고 본다.

① 개인은 사회의 그림자다.
② 개인이 발전해야 비로소 사회 전체가 발전한다.
③ 전체는 부분의 합 그 이상도 그 이하도 아니다.
④ 인간은 자신의 이익을 극대화하기 위하여 합리적으로 행동하는 존재이다.
⑤ 국가는 원래 존재했던 실체가 아니라 개인들 사이의 계약에 의해 만들어진 산물이다.

9 다음은 정치 참여 집단에 대한 설명이다. 이에 대한 설명으로 옳은 것은?

① 이익집단은 의회와 정부를 매개한다.
② 시민단체는 선거에 후보자를 배출한다.
③ 시민단체와 달리 정당은 정치 사회화 기능을 가진다.
④ 이익집단과 시민단체는 모두 비영리성을 특징으로 한다.
⑤ 정당은 자신의 행위에 정치적 책임을 진다.

10 다음 중 헌법 소원 심판을 청구할 수 있는 사례로 가장 적절한 것은?

① 친구에게 빌려준 돈을 변제 기일이 지나도록 받지 못한 경우
② 교도소의 서신 검열로 수형자가 통신의 자유를 침해받은 경우
③ 간판이 떨어져 차량이 파손되었으나 간판 주인이 배상을 거부한 경우
④ 배우자의 부정 행위로 갈등이 심화되어 부부가 이혼하기로 합의한 경우
⑤ 층간 소음 문제로 다투다가 상대방으로부터 폭행을 당해 상해를 입은 경우

11 다음 사례에 대한 설명으로 옳지 않은 것은?

> ㉠ 공원의 과일은 익기 전에 다 없어진다. 휴가철에는 다수의 사람이 바닷가로 가 더위를 잊고 아름다운 바다 경치를 만끽한다. 하지만 이들이 ㉡ 바닷가에 버린 음식물 찌꺼기나 쓰레기가 아무렇게나 나뒹굴고 있는 모습을 쉽게 발견한다. ㉢ 대중목욕탕에서 물이 넘치는데도 수도꼭지를 잠그지 않고 목욕하는 행동이나 ㉣ 공중화장실 휴지가 가정 휴지보다 훨씬 빨리 소모되는 것도 이와 같은 사례다.
>
> 〈○○일보 2012. 9. 27.〉

① '공유지의 비극'의 사례들이다
② ㉠은 공유자원에 해당한다.
③ ㉡은 외부효과 중 외부 불경제에 해당한다.
④ ㉢은 비경합성과 비배제성을 가진다.
⑤ ㉣은 무임승차의 문제가 발생할 수 있다.

12 다음 ㈎와 ㈏에 관련된 진술 내용을 바르게 연결한 것은?

> ㈎ 조직을 효율적으로 운영하기 위해서 모든 업무가 문서와 정해진 절차에 따라 이루어지는 조직의 형태
> ㈏ 변화하는 환경에 대한 유연한 대처와 수평적인 의사결정을 통해 신속성을 추구하는 조직의 형태

> ㉠ 규약과 절차로부터 비교적 자유롭다.
> ㉡ 아메바처럼 목표에 따라 분열, 결합, 소멸을 거듭하기도 한다.
> ㉢ 역기능으로 인간 소외 현상과 목적 전치 현상이 나타난다.
> ㉣ 위계서열상 높은 위치에 있는 사람은 의사결정의 폭이 넓고 책임도 크다.

	㈎	㈏
①	㉠㉡	㉢㉣
②	㉠㉢	㉡㉣
③	㉢㉣	㉠㉡
④	㉡㉣	㉠㉢
⑤	㉠㉣	㉡㉢

13 다음은 2013년에 발생한 모든 경제 활동이다. 2013년 A국의 국내 총생산으로 옳은 것은?

- A국의 야구 선수가 B국의 프로팀에 스카우트되어 연봉 500만 달러를 받았다.
- B국에서 개최된 프로 골프 대회에서 A국 선수가 100만 달러 상금을 받았다.
- C국의 근로자가 A국에 취업해서 200만 달러의 소득을 받았다.
- C국의 항공기 업체가 A국에 공장을 세워 생산한 제품을 B국에 수출하여 1,000만 달러를 벌었다.

① 600만 달러
② 1,000만 달러
③ 1,200만 달러
④ 1,600만 달러
⑤ 1,800만 달러

14 다음 중 옳게 설명한 것은?

① 국정감사는 비공개로 한다.
② 국무총리는 조약 체결 및 비준 권한을 가진다.
③ 교섭단체는 국회의 효율적인 의사 진행을 위한 기구이다.
④ 법률안 의결은 재적의원 과반수의 찬성이 필요하다.
⑤ 예산안 처리에 대해 대통령은 거부권을 행사할 수 있다.

15 다음과 같은 환율 변동의 영향으로 옳은 것은?

원달러 환율이 1,060원을 밑돌고 있다. 25일 오전 9시 30분 현재 원달러 환율은 전일 대비 1.6원 (0.15%) 내린 1,058.6원을 기록 중이다. 엔화 약세로 원/엔 환율이 100엔당 1,050원을 밑돌면서 원달러 환율에 대한 추가 하락 압력이 지속되고 있다.

〈○○경제 2013. 11. 25.〉

① 내국인의 해외 여행이 감소한다.
② 수입품의 가격 상승으로 수입 물가가 상승한다.
③ 수출품의 외화 표시 가격이 상승하여 수출이 감소한다.
④ 원화 가치 하락으로 기업의 외채 상환 부담이 증가한다.
⑤ 총수요가 증가하여 국내 경기가 활성화 되고 국민 소득이 증가한다.

16 다음 사례에서 A에게 사용자 배상 책임이 있는지를 판단하기 위해 '먼저' 또는 '우선적으로' 확인해야 할 사항이 아닌 것은?

> A가 운영하는 음식점에 고용되어 있는 만 20세의 B가 손님C와 말다툼을 하다가, B가 C를 폭행하여 상해를 입혔다.

① B의 행위가 사회의 법질서에 위배되는가?
② B의 행위가 A의 감독 중에 발생한 것인가?
③ B의 행위가 고의 또는 과실에 의한 것인가?
④ B는 C가 입은 피해를 배상할 능력이 있는가?
⑤ B의 행위로 C에게 일정한 손해가 발생했는가?

17 (가)와 (나)는 세금과 관련한 대화 내용이다. 설명으로 옳은 것은?

> (가) A : 세금이 많이 나온 것을 보니 소득이 많은가 봐요?
>   B : 네? 얼마나 나왔죠?
> (나) A : 물건 값에도 세금이 포함되어 있나요?
>   B : 그럼 물론이죠.

① (가)는 담세 능력에 따라 세율 구조가 누진적이다.
② (가)는 저소득층이 상대적으로 많은 세금을 낸다.
③ (나)의 고가 상품에 부과되는 개별소비세는 소득 분배 상황을 악화시킨다.
④ (나)는 조세 저항이 커서 징수하기가 어렵다.
⑤ (나)는 조세 전가가 발생하지 않는다.

18 다음에 제시된 헌법상 권리의 공통된 속성으로 가장 적절한 것은?

> 제26조 ① 모든 국민은 법률이 정하는 바에 의하여 국가기관에 문서로 청원할 권리를 가진다.
> 제30조 타인의 범죄 행위로 인하여 생명·신체에 대한 피해를 받은 국민은 법률이 정하는 바에 의하여 국가로부터 구조를 받을 수 있다.

① 국가에 일정한 행위를 요구하는 수단적 권리이다.
② 부당한 명령이나 강제를 거부할 수 있는 권리이다.
③ 가장 오래된 역사를 가진 기본권으로, 소극적이며 포괄적인 권리이다.
④ 최소한의 생활 보장을 국가에 요구할 수 있는 권리이다.
⑤ 시민이 능동적으로 정치과정에 참여할 수 있는 권리이다.

19 정부의 조세 부과가 사회적 후생에 어떤 영향을 미치는지 알아보기 위한 그래프이다. 다음에서 옳은 설명만을 고른 것은?

> ㉠ 조세 부과 전 생산자 잉여는 E+F이다.
> ㉡ 조세 부과 전 소비자 잉여는 A+B+C+D 이다.
> ㉢ 조세 부과는 사회적 후생에 영향을 미치지 않는다.
> ㉣ 조세 부과 후 생산자 잉여는 G이다.
> ㉤ 조세 부과 후 사회적 순 손실은 D+F이다.

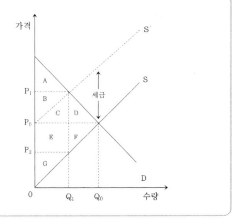

① ㉠㉡㉢
② ㉠㉡㉣
③ ㉡㉢㉤
④ ㉡㉣㉤
⑤ ㉢㉣㉤

20 다음 (개), (내)에 나타난 사회 이동의 유형을 바르게 연결한 것은?

> (개) 대기업에 입사한 A씨는 불굴의 의지로 노력하여 10년 만에 계열사 사장이 되었다.
> (내) 노비의 아들로 태어난 B씨는 갑오개혁으로 신분 제도가 폐지되자, 열심히 노력하여 큰 부자가 되었다.

	(개)	(내)
①	수평 이동	수직 이동
②	개인적 이동	구조적 이동
③	수직 이동	수평 이동
④	세대간 이동	세대내 이동
⑤	구조적 이동	세대간 이동

☞ 정답 및 해설 P.14

1 오늘날의 국제사회가 형성되기까지의 과정을 순서대로 바르게 나열한 것은?

> ㉠ 국제연합 창설
> ㉡ 제국주의에 기초한 유럽열강의 식민지 확보 경쟁
> ㉢ 다극체제
> ㉣ 국제연맹 창설

① ㉡ – ㉠ – ㉣ – ㉢　　　　　　　② ㉡ – ㉣ – ㉠ – ㉢
③ ㉣ – ㉢ – ㉠ – ㉡　　　　　　　④ ㉣ – ㉢ – ㉡ – ㉠

2 ㉠, ㉡의 예로 옳게 짝지어진 것은?

> 21세기 국제체제에는 다양한 행위자가 있다. 그 중 초국가적 행위자에는 ㉠ 정부간 기구와 ㉡ 비정부간 기구가 있다.

	㉠	㉡
①	세계무역기구(WTO)	북미자유무역협정(NAFTA)
②	국제사면위원회(AI)	유럽연합(EU)
③	국제인권연맹(ILHR)	국제올림픽위원회(IOC)
④	국제통화기금(IMF)	국경없는 의사회(MSF)

3 알몬드(Gabriel Almond)와 버바(Sidney Verba)의 정치문화에 대한 설명으로 옳은 것은?

① 향리형 혹은 신민형 정치문화에서는 시민들이 정책결정과정에 참여하려는 의지가 약하다.

② 향리형 정치문화에서는 시민들이 지역뿐만 아니라, 지역을 초월한 국가의 정치체제를 인식할 수 있다.

③ 신민형 정치문화에서는 시민들이 정부의 권위에 쉽게 복종하지 않는 새로운 유형의 민주적 정치문화가 나타난다.

④ 참여형 정치문화에서는 시민들이 정치과정의 투입에 활발하게 참여하지만, 정치적 대상에 대한 비판과 지지가 불분명한 경우가 많다.

4 다음은 2010년 우리나라 어느 선거구의 기초의원선거 개표 결과이다. 이 표에 나타난 선거구제에 대한 설명으로 옳은 것은?

선거인 수	투표 수	결과	당선	당선	3등	4등	5등
		후보자	송○○	김○○	김○○	나○○	박○○
39,899	22,375	득표수	6,451	5,383	4,810	3,099	1,348
		득표율(%)	28.83	24.06	21.50	13.85	6.02

※ 6등 이하는 생략함

① 정당에 대한 투표율과 의석비율이 일치하도록 만든 제도이다.

② 국회의원선거도 동일한 선거구제를 운용하고 있다.

③ 광역의원선거보다 사표(死票)가 줄어든다.

④ 절대다수 대표제와 연결된 선거구제이다.

5 심의민주주의(deliberative democracy)에 대한 설명으로 옳지 않은 것은?

① 대의민주주의의 한계를 극복하기 위해 제시되었다.

② 정책결정과정에서 다수결의 원리를 지키기 위해 고안된 것이다.

③ 시민이 참여하는 토론과 협의를 통한 정책결정과정이 중요하다고 본다.

④ 이 제도를 실현하는 데는 시간과 비용 측면에서 어려움이 있다.

6 우리나라 선거제도에 대한 설명으로 옳지 않은 것은?

① 헌법에 선거공영제를 명시적으로 규정하고 있다.

② 국회의원선거구는 법률로 정해야 하고, 이를 중립적으로 획정하기 위해 중앙선거관리위원회에 선거구획정위원회를 두고 있다.

③ 국회의원선거에서는 소선거구 다수대표제 이외에 소수 의견을 존중하기 위해 정당 명부식 비례대표제를 병행하여 1인 2표제를 시행하고 있다.

④ 19세 이상의 국민에게 대통령 및 국회의원의 선거권을 부여하여 보통선거 제도를 보장하고 있다.

7 우리나라 국회에 대한 설명으로 옳지 않은 것은?

① 국회의원의 수는 법률로 정하되, 200인 이상으로 한다.

② 국회는 대통령의 일반사면에 대한 동의권을 갖지만, 특별사면에 대하여는 동의권을 갖지 않는다.

③ 국회는 의사결정의 효율화를 위하여 위원회제도와 교섭단체제도를 두고 있다.

④ 국회의 임시회는 대통령의 요구로 집회되지 않지만, 국회재적의원 4분의 1 이상의 요구로는 집회된다.

8 다음 조문에서 드러난 공통의 법원칙에 대한 설명으로 가장 적절한 것은?

> 「환경정책기본법」 제44조
> ① 환경오염 또는 환경훼손으로 피해가 발생한 경우에는 해당 환경오염 또는 환경훼손의 원인자가 그 피해를 배상하여야 한다.
> ② 환경오염 또는 환경훼손의 원인자가 둘 이상인 경우에 어느 원인자에 의하여 제1항에 따른 피해가 발생한 것인지를 알 수 없을 때에는 각 원인자가 연대하여 배상하여야 한다.
>
> 「제조물책임법」 제3조
> ① 제조업자는 제조물의 결함으로 생명·신체 또는 재산에 손해(그 제조물에 대하여만 발생한 손해는 제외한다)를 입은 자에게 그 손해를 배상하여야 한다.
> ② 〈생략〉

① 개인은 자신이 소유하는 재산에 대해 절대적인 지배권을 갖는다.
② 사회질서에 반하는 계약이나 매우 공정성을 잃은 계약은 효력을 인정할 수 없다.
③ 고의나 과실이 없어도 타인에게 손해를 줄 수 있으므로 무과실 책임을 물을 수 있다.
④ 개인의 권리와 의무는 자율적인 의사에 의하여 취득되거나 상실되므로 그 내용에는 제한이 없다.

9 다음 〈사례〉에 대한 설명으로 옳은 것만을 〈보기〉에서 모두 고른 것은? (다툼이 있는 경우 판례에 의함)

> 〈사례〉
> ○○시는 길거리와 공원, 광장 등에서 흡연을 금지하는 '○○시 간접흡연 피해방지 조례'를 제정하였다. 이에 따라 ○○시의 길거리와 공원, 광장 및 시청과 구청 등 공공장소에서는 흡연을 할 수 없게 되었다. ○○시 주민인 갑은 흡연자로서 ○○시의 조례가 자신의 권리를 침해한다고 주장하였고, 을은 혐연자로서 ○○시의 조례가 자신의 권리를 보호한다고 생각하였다.

> 〈보기〉
> ㉠ 갑과 을의 기본권이 충돌하고 있다.
> ㉡ 갑의 흡연권과 을의 혐연권은 모두 헌법상 보장되는 기본권에 해당한다.
> ㉢ 갑은 흡연권 보장을 위하여 헌법소원을 청구할 수 있다.

① ㉠㉡
② ㉠㉢
③ ㉡㉢
④ ㉠㉡㉢

10 죄형법정주의의 구체적 내용에 대한 설명으로 옳지 않은 것은?

① 법관이 적용할 수 있는 형벌에 관한 법에는 성문의 법률뿐만 아니라 관습법과 같은 불문의 법률도 포함된다.

② 형벌법규는 그것이 시행된 이후에 이루어진 행위에 대해서만 적용되고, 시행 이전의 행위까지 거슬러 올라가서 적용될 수 없다.

③ 어떤 행위가 형법에 의하여 금지되어 처벌되는 범죄인지, 그리고 그에 따른 형벌이 어떠한지 명확하게 정해 놓음으로써 누구나 쉽게 알 수 있어야 한다.

④ 형벌법규에 처벌의 대상으로 명시되어 있지 않은 행위라면, 아무리 그 행위가 범죄와 유사한 성질을 갖고 있더라도 유추하여 적용해서는 아니 된다.

11 다음 주장에 부합하는 사회 탐구 방법의 일반적 특징에 대한 설명으로 옳지 않은 것은?

> 사회 현상은 자연 현상과 달리 정확한 관찰과 실험이 용이하지 않을 뿐만 아니라, 그 인과관계가 명확히 드러나지 않는 경우가 많다. 따라서 사회 현상을 탐구할 때는 객관적 분석과 설명을 추구하기보다는 현상을 어떻게 이해할 것인가에 초점을 맞추어야 한다.

① 계량화된 자료를 분석하여 가설을 검증한다.

② 연구자의 직관적 통찰을 중시한다.

③ 사회 현상에 대한 일반화나 법칙 도출에 한계가 있다.

④ 인간 행위에 담긴 동기와 의도를 심층적으로 이해하고자 한다.

12 사회화 기관의 유형별 사례로 옳은 것만을 고른 것은?

구분	비공식적 사회화 기관	공식적 사회화 기관
1차적 사회화 기관	㉠ 또래 집단	㉡ 가족
2차적 사회화 기관	㉢ 직업 훈련원	㉣ 학교

① ㉠㉡

② ㉠㉣

③ ㉡㉢

④ ㉢㉣

13 다음은 문화 접변의 결과 한 사회에서 나타날 수 있는 변화의 유형을 도식화한 것이다. 이에 대한 설명으로 옳지 않은 것은?

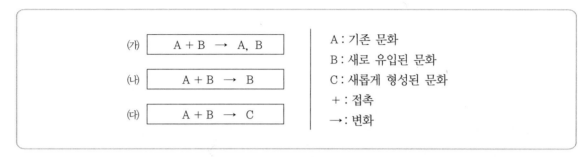

① 문화 접변의 원인에는 한 사회의 문화 요소가 다른 사회로 이동하여 영향을 주는 현상이 포함된다.

② ㈎는 문화 융합으로서 새로 유입된 문화를 거부하면서 저항 운동이 일어나는 경우에 발생한다.

③ ㈏는 문화 동화로서 기존 문화의 정체성이 약한 경우에 발생할 수 있다.

④ ㈐의 사례로는 멕시코 토착 인디언의 전통 문화와 에스파냐의 문화가 만나서 독특한 메스티조 문화가 형성된 것을 들 수 있다.

14 사회학적 개념 (A)에 대한 설명으로 옳은 것만을 고른 것은?

> 사회를 구성하는 개인들은 독립된 인격체이지만 서로 관계를 맺고 지속적인 상호작용을 하며 살아간다. 사회 구성원 간의 상호작용이 지속되면 일정한 유형의 사회적 관계가 나타난다. 이러한 사회적 관계나 상호작용의 유형이 정형화되어 안정된 틀을 이루는 상태를 (A)라고 한다.

> ㉠ 미시적 관점에서 주요한 분석의 대상이 된다.
> ㉡ 구성원의 자유의지에 따라 쉽게 변화될 수 있다.
> ㉢ 개인의 사회적 행위를 유형화하여 예측할 수 있게 한다.
> ㉣ 개인의 외부에서 영향력을 행사하여 사고와 행동을 구속하는 힘을 갖는다.

① ㉠㉡　　　　　　　　　　　　　② ㉠㉢

③ ㉡㉢　　　　　　　　　　　　　④ ㉢㉣

15 ㉠∼㉢에 대한 설명으로 옳은 것은?

프랑스의 문화 인류학자 레비스트로스(Lévi-Strauss)는 남미 아마존 강 유역에서 원시적 삶을 살아가는 원주민들의 주술적이고 신화적인 사고방식도 서구인들의 과학적 사고방식 못지않게 합리성을 지닌다고 언급하였다. 그는 ㉠모든 문화는 우열이 없고, 나름대로 합리성을 갖고 있으며, 존재할 가치가 있다고 본 것이다. 예를 들면, 아프리카 나이지리아의 하우사(Hausa)족에게는 ㉡출산 후 적어도 2년 이상 임신하지 못하도록 남녀의 관계를 금하는 관습이 있다. 그런데 이것에 대해 ㉢서구인들 대다수가 야만적이고 무지하다고 비판하였다. 그러나 사실 이는 임신을 하게 되면 여성들이 단백질 결핍증인 콰시오커에 걸릴 확률이 높기 때문에 여성들을 보호하기 위함이었다.

① ㉠과 같은 시각은 다양한 생활양식에 대한 차별적인 인식을 바탕으로 한다.
② ㉡은 인간이 욕구 충족을 위해 자연이나 사물을 이용하는 방식을 의미한다.
③ ㉡은 사회 구성원들의 행동을 통제하는 기준이 된다.
④ ㉢과 같은 태도는 자문화의 정체성이나 주체성을 상실할 우려가 있다.

16 다음 글은 가격하한제에 대한 설명이다. 수요의 법칙과 공급의 법칙이 지켜진다고 할 때, ㉠∼㉢에 들어갈 말로 옳게 짝지어진 것은?

가격하한제는 시장에서 형성되는 균형가격 수준이 너무 (㉠)고 판단하여 (㉡)를 보호할 목적으로 실시하는 제도이다. 이 제도가 실시될 때 하한가격이 유효(binding)하다면 시장에서 (㉢)이/가 발생한다.

	㉠	㉡	㉢
①	낮다	공급자	초과공급
②	높다	공급자	초과수요
③	낮다	소비자	초과수요
④	높다	소비자	초과공급

17 돼지고기와 닭고기가 서로 대체재이고 수요의 법칙과 공급의 법칙이 지켜진다고 할 때, ㉠~㉢에 들어갈 말로 옳게 짝지어진 것은?

> 닭고기 가격 상승→닭고기 (㉠) 감소→돼지고기 (㉡) 증가→돼지고기 가격 (㉢)

	㉠	㉡	㉢
①	수요	수요량	하락
②	수요량	수요	하락
③	수요	수요량	상승
④	수요량	수요	상승

18 밑줄 친 정책에 대한 설명으로 옳지 않은 것은?

> 2007 ~ 2009년의 금융위기 이후 미국은 불황에 빠졌으며, 경기 부양책에도 불구하고 다시 경기가 침체에 빠지는 더블딥(double-dip) 가능성이 제기되었다. 그렇다고 경기부양을 위해 추가적으로 재정지출을 하는 것은 부담스러운 상황이었다. 이미 막대한 재정적자가 누적되어 있었기 때문이다. 이에 따라 미국 연방준비제도(Federal Reserve System)는 <u>양적 완화(quantitative easing) 정책</u>을 펴왔다.

① 이는 재할인율 인하와 같은 취지의 정책이다.
② 미국 연방준비제도의 대규모 국채 매입은 이 정책에 포함된다.
③ 이 정책의 효과가 지나치면 실질 이자율이 증가한다.
④ 이 정책으로 환율의 변화가 일어난다면 미국 달러의 구매력이 낮아진다.

19 그림은 어느 나라의 실질 GDP와 명목 GDP의 변화를 나타낸 것이다. 이 그림에 나타난 자료만으로 명백히 추론할 수 있는 것은? (단, 화폐가치와 물가수준은 GDP 디플레이터로 추론한다)

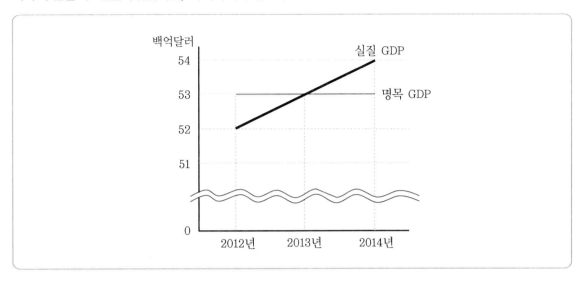

① 2012년 이후 이 나라의 화폐가치는 낮아지고 있다.
② 2013년과 2014년의 경제성장률은 같다.
③ 2013년의 물가수준은 2014년의 물가수준보다 높다.
④ 2013년의 1인당 실질 GDP는 2012년의 1인당 실질 GDP보다 크다.

20 환율변동의 요인, 환율변동의 방향, 환율변동의 영향을 논리적 순서에 따라 나열한 것으로 옳은 것은? (단, 환율은 원/달러 환율을 나타내며, 아래에 기술된 변화 이외에 다른 변화는 없다고 가정한다)

① 국내금리인상 → 환율상승 → 원자재 수입기업의 채산성 하락
② 국내금리인상 → 환율하락 → 달러화 차입기업의 이자부담 감소
③ 국내물가상승 → 환율상승 → 달러화 차입기업의 이자부담 감소
④ 국내물가상승 → 환율하락 → 원자재 수입기업의 채산성 하락

☞ 정답 및 해설 P.16

1 다음은 사회계층화 현상을 바라보는 관점 중의 하나이다. 이 관점에 부합하는 설명으로 옳은 것은?

> 사회계층화 현상은 사회적 희소자원이 구성원들의 능력과 노력에 따라 다르게 분배됨으로써 나타나는 불가피한 현상이다.

① 임금의 차등은 기득권을 유지하기 위한 지배집단의 강제와 억압 때문이다.
② 차별적 보상 체계는 동기 부여를 통해 사회 발전에 기여한다.
③ 가정에서 부부간의 문제는 근본적으로 불평등한 부부관계에서 비롯된다.
④ 교육은 계층이동의 통로가 되기보다 기존의 불평등한 사회구조를 재생산할 뿐이다.

2 밑줄 친 사례에 나타난 문화변동과 관련된 개념으로 옳은 것만을 〈보기〉에서 모두 고른 것은?

> 결혼이나 취업 등을 위해 한국 사회에 들어온 이주민이 크게 증가하면서 다양한 문화가 확산되고 있다. 특히 세계 각국에서 온 주방장들이 자국의 음식 맛을 그대로 살린 식당을 열어 이주민뿐만 아니라 한국인에게도 인기를 끌면서 성업 중이다.

> ㉠ 직접 전파 　　　　　　　　㉡ 자극 전파
> ㉢ 자발적 문화 접변 　　　　　㉣ 문화 공존
> ㉤ 문화 융합

① ㉠㉡㉢
② ㉠㉢㉣
③ ㉠㉢㉤
④ ㉡㉣㉤

3 다음은 자원봉사 활동과 시민의식 간의 관련성에 대한 연구과정을 순서 없이 나열한 것이다. 이에 대한 설명으로 옳지 않은 것은?

> ㈎ 시민의식 함양에 영향을 주는 요인을 알아보고자 하였다.
> ㈏ 시민의식 함양을 위해 청소년의 자원봉사 활동 시간을 늘릴 것을 교육청에 건의하였다.
> ㈐ 조사자료를 분석한 결과를 토대로 청소년의 자원봉사 활동이 시민의식 함양에 영향을 준다는 결론을 내렸다.
> ㈑ 선행연구 검토 후, 자원봉사 활동이 시민의식 함양에 영향을 준다는 가설을 설정하였다.
> ㈒ ○○시의 청소년을 무작위로 추출하여 설문조사를 실시하였다.

① 위 연구과정에서는 개념의 조작적 정의가 필요하지 않다.
② ㈎와 ㈏의 단계에서는 연구자의 가치가 개입될 수 있다.
③ ㈐의 분석 결과는 ○○시의 청소년으로 일반화될 수 있다.
④ 일반적으로 연구과정은 ㈎, ㈑, ㈒, ㈐, ㈏ 순으로 진행된다.

4 다음은 개인과 사회의 관계를 바라보는 관점 중의 하나이다. 이 관점에 부합하는 설명으로 옳은 것은?

> 자연상태에서는 개인의 권리가 온전히 보장될 수 없어서 사람들은 계약을 통해 사회를 구성하였다. 따라서 사회가 개인의 권리 보장이라는 원래의 목적을 충족시키지 못할 경우, 개인은 사회를 재구성할 정당한 권리를 갖는다.

① 전체는 부분의 단순한 총합 이상이다.
② 사회 전체를 위해 개인의 희생은 정당화된다.
③ 개인의 능동성이 사회의 구속성보다 우선한다.
④ 개인은 사회라는 생명체를 유지하는 각각의 기관이다.

5 다음 글에서 설명하는 A의 특징으로 옳은 것은?

> A는 'bureau'와 'cracy'의 합성어이다. 프랑스어 'bureau'는 원래 책상을 덮는 모직 천을 의미하며, 'cracy'는 그리스어의 'kratia'에서 온 접미사로서 통치·지배를 의미한다. A는 정부 관료조직뿐만 아니라, 점차 일반적인 대규모 조직에도 적용되었다.

① 업무환경 변화에 유연하게 대응한다.
② 일정한 절차와 규칙에 따른 표준화된 업무수행이 이루어진다.
③ 의사결정권이 하위직급에 집중되어 현장실무자의 의견이 신속하게 반영된다.
④ 특정 문제 해결을 위하여 부서의 구분에 얽매이지 않는 임시조직 구성이 용이하다.

6 대통령의 임명행위 중 국회의 동의가 필요한 것은?

① 대법관 임명
② 법무부장관 임명
③ 국가정보원장 임명
④ 대법원장이 지명한 헌법재판관 임명

7 다음 법률 조항에서 법해석을 필요로 하지 않는 것은?

> 폭행 또는 협박으로 사람을 강간한 자는 3년 이상의 유기징역에 처한다.

① 폭행
② 협박
③ 강간
④ 유기징역

8 행정심판과 행정소송에 대한 설명으로 옳지 않은 것은?

① 행정심판과 행정소송은 모두 사후적 권리구제제도이다.

② 행정심판과 행정소송에서는 모두 행정행위의 위법성과 부당성을 판단할 수 있다.

③ 행정심판은 행정심판위원회가 판단의 주체가 되나, 행정소송은 법원이 판단의 주체가 된다.

④ 행정심판에 불복하는 경우에는 행정소송을 제기할 수 있으며, 행정소송의 확정판결은 소송의 당사자인 행정청을 구속한다.

9 다음 헌법조항에서 공통으로 나타나는 기본권에 대한 설명으로 옳지 않은 것은?

> 제31조 ① 모든 국민은 능력에 따라 균등하게 교육을 받을 권리를 가진다.
> 제32조 ① 모든 국민은 근로의 권리를 가진다. 국가는 사회적·경제적 방법으로 근로자의 고용의 증진과 적정임금의 보장에 노력하여야 하며, 법률이 정하는 바에 의하여 최저임금제를 시행하여야 한다.
> 제34조 ① 모든 국민은 인간다운 생활을 할 권리를 가진다.
> ② 국가는 사회보장·사회복지의 증진에 노력할 의무를 진다.
> 제35조 ① 모든 국민은 건강하고 쾌적한 환경에서 생활할 권리를 가지며, 국가와 국민은 환경보전을 위하여 노력하여야 한다.

① 복지국가·사회국가 원리에 기초하고 있다.

② 주로 국회의 입법권 행사에 의해 실현되는 권리이다.

③ 원칙적으로 국민만이 누리는 권리이나, 기본권의 성질에 따라서는 외국인에게도 보장된다.

④ 국가권력으로부터의 침해를 배제하는 소극적·방어적 성격의 권리이다.

10 「민법」상 불법행위에 대한 설명으로 옳지 않은 것은?

① 고의나 과실로 인한 위법행위로 타인에게 손해를 입힌 행위를 불법행위라 한다.

② 손해배상책임에 대해서 과실책임주의가 원칙이다.

③ 불법행위를 한 행위자에게 징벌적 손해배상을 부과하는 것이 원칙이다.

④ 손해배상책임이 성립하기 위해서는 가해행위와 손해발생 사이에 상당인과관계가 존재하여야 한다.

11 다음은 우리나라 국회의원 선출 방식이다. 이에 대한 설명으로 옳지 않은 것은?

> 우리나라는 제19대 국회의원선거에서 지역구국회의원 246석을 1인 소선거구 단순다수제로, 비례대표국회의원 54석을 정당명부식 비례제로 선출하였다. 또한 유권자는 지역구국회의원 선출을 위한 1표와 비례대표국회의원 선출을 위한 1표를 각각 행사하였다.

① 정당은 지역구 후보와 비례대표 후보에 동일한 사람을 중복하여 공천할 수 없다.
② 비례대표국회의원은 권역별로 선출하고 있기 때문에 지역대표성이 강하다.
③ 소선거구 단순다수제를 채택하고 있는 지역구국회의원 선거에서 사표가 많이 발생한다.
④ 우리나라는 다수대표제와 비례대표제를 상호 연계하지 않고 독립적으로 결합한 병립식을 취하고 있다.

12 다음 (가), (나)의 내용과 국회의 기능이 각각 옳게 짝지어진 것은?

> (가) ○○년 ○월 ○일 국회에서는 국무총리 임명동의안을 통과시켰다.
> (나) ○○년 ○월 국회 대정부질문은 6일 정치, 10일 외교·통일·안보, 11일 경제, 12일 교육·사회·문화 등 분야별로 진행된다.

	(가)	(나)
①	국가 기관 구성 기능	국정 감시 통제 기능
②	국정 감시 통제 기능	입법 기능
③	입법 기능	재정 기능
④	재정 기능	국가 기관 구성 기능

13 다음 글에 나타난 아테네 민주정치에 대한 설명으로 옳은 것은?

> 민주정치의 기원은 고대 그리스의 아테네에서 찾아볼 수 있다. 아테네 민주정치의 중심이었던 민회는 법을 제정하고, 국가의 주요 정책을 심의하고 의결했다. 또한 아테네에서는 공직자 선출을 위해 추첨제, 윤번제 등의 제도를 시행하였다.

① 민회는 추첨제로 선출된 시민들의 대표로 구성하였다.
② 민회는 정당정치와 의회정치를 매개로 의사결정기능을 수행하였다.
③ 추첨제는 전문성보다 공직 담당 기회의 평등을 중시하는 방식이다.
④ 추첨제는 전쟁 관련 직책이나 재판정의 배심원 선출에는 활용되지 않았다.

14 1648년에 맺어진 베스트팔렌조약에 대한 설명으로 옳은 것을 모두 고른 것은?

> ㉠ 교황권이 군주권보다 우위에 있음을 확인하였다.
> ㉡ 주권국가 개념이 확립되기 시작하였다.
> ㉢ 국제기구 설립과 다자협의를 통한 평화 유지에 합의하였다.
> ㉣ 30년 전쟁을 종결시켰다.

① ㉠㉢   ② ㉠㉣
③ ㉡㉢   ④ ㉡㉣

15 (가)와 (나)는 국가 성립 과정에 대한 이론의 일부이다. 이에 대한 설명으로 옳은 것은?

> (가) 인간의 자연상태는 '만인의 만인에 대한 투쟁' 상태였다. 따라서 개인은 안전과 질서를 보장받기 위해 모든 권리를 국가에 양도하였다.
> (나) 인간은 자연상태에서 질서 있고 평화로운 상태였다. 그러나 생명과 자유, 그리고 재산에 관한 권리를 더욱 확고하게 보장받기 위해 국가를 구성하였다.

① (가)의 관점은 인간의 본성에 관한 성선설에 기초하고 있다.
② (가)는 (나)보다 민주주의 국가에 부합하는 이론이다.
③ (가)는 로크가, (나)는 홉스가 주장한 사회계약설이다.
④ (나)는 시민혁명의 정당성을 부여한 이론이다.

16 다음 국제수지표에 대한 설명으로 옳은 것은? (단, 금융 계정은 준비자산을 제외한 수치이며, 오차 및 누락은 없다고 가정한다)

(단위 : 억 달러)

항목	2013년	2014년
상품 수지	80	50
서비스 수지	10	−10
본원 소득 수지	−10	10
이전 소득 수지	−5	5
금융 계정	20	10
자본 수지	−5	5

① 2014년의 자본수지에는 증권 투자가 포함된다.

② 2014년 말의 외환보유액은 전년 말에 비해 증가했다.

③ 2014년의 경상수지 적자 규모는 전년에 비해 증가했다.

④ 2014년의 자본·금융 계정 적자 규모는 전년에 비해 증가했다.

17 닭고기의 수요곡선과 공급곡선이 다음과 같을 때, 이에 대한 설명으로 옳은 것은? (단, Q_D는 수요량, Q_S는 공급량, P는 가격을 의미한다)

- 수요곡선 : $Q_D = 7 - 2P$
- 공급곡선 : $Q_S = 1 + P$

① 시장균형일 때 가격은 2이다.

② 시장균형일 때 사회적 잉여의 크기는 6이다.

③ 시장균형일 때 거래량은 1이다.

④ 시장균형일 때 생산자 잉여의 크기는 3이다.

18 균형상태에 있는 햄버거 시장에 ㈎와 ㈏의 상황이 발생할 경우, 이 시장에서 예상되는 변화로 옳은 것은? (단, 각 재화는 정상재로서 수요와 공급 법칙을 충족하며 다른 조건은 일정하다)

> ㈎ 햄버거의 대체재인 라면 가격의 상승
> ㈏ 햄버거 생산 공장의 부지 임대가격 상승

① 시장 균형가격은 반드시 상승한다.
② 시장 균형가격은 반드시 하락한다.
③ 시장 균형거래량은 반드시 증가한다.
④ 시장 균형거래량은 반드시 감소한다.

19 다음 그림은 A국의 성별 경제활동참가율과 실업률의 지난 1년간 변화를 나타낸 것이다. 이에 대한 설명으로 옳은 것은? (단, 이 기간 동안 남성과 여성 각각의 노동가능인구는 일정하다)

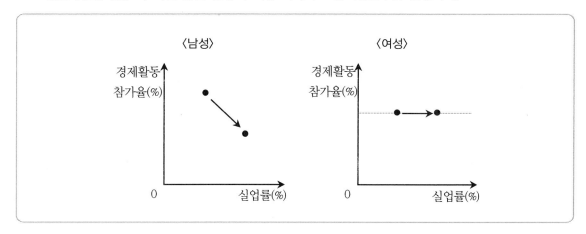

① 남성 취업자 수는 증가했다.
② 여성 실업자 수는 변함이 없다.
③ A국의 비경제활동인구는 감소했다.
④ A국의 경제활동인구 중 여성의 비중은 높아졌다.

20 다음 로렌츠 곡선에 대한 설명으로 옳은 것은?

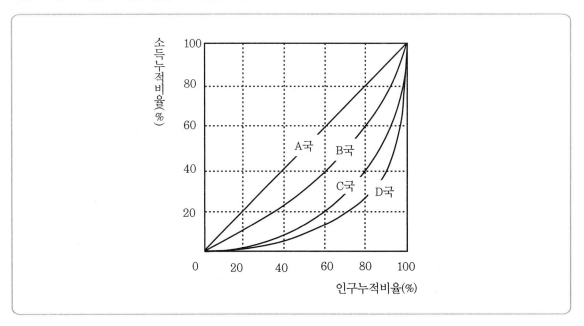

① 4개 국가 중 A국의 소득분배가 가장 불균등하다.

② B국은 하위소득 인구의 40 %가 약 60 %의 소득누적비율을 차지한다.

③ C국은 상위소득 인구의 40 %가 약 80 %의 소득점유율을 보인다.

④ 4개 국가 중 D국의 지니계수 값이 가장 작다.

1 다음 표는 갑국의 법률 발의안 가결률과 여당 의석률을 시기별로 나타낸 것이다. 이에 대한 분석으로 옳은 것을 〈보기〉에서 모두 고른 것은? (단, 가결률은 소수점 이하 생략, (가결수/발의수)×100=가결률)

항목 시기(국회)	정부 제출 발의안		국회 제출 발의안		여당 의석률(%)
	발의수	가결률(%)	발의수	가결률(%)	
19대	13,985	42	9,542	46	44
20대	16,542	39	10,867	51	46
21대	18,252	58	12,479	54	52

〈보기〉
㉠ 여당의 의석률이 높아질수록 정부 제출 발의안의 가결률이 높아진다.
㉡ 20대에서는 국회 제출 발의안 가결수보다 정부 제출 발의안 가결수가 많다.
㉢ 갑국은 전형적인 의원내각제 정부형태로 총리의 의회 해산권을 인정할 것이다.
㉣ 여대야소인 경우가 여소야대인 경우보다 정부 제출 발의안에 대한 가결률이 더 높다.

① ㉠㉡
② ㉠㉡㉣
③ ㉡㉢㉣
④ ㉡㉣

2 우리나라의 선거제도에 대한 설명으로 옳은 것은?

① 서초구의 지방의회 의원 선거는 소수 대표제 방식으로 진행된다.
② 대통령 선거, 국회의원 선거, 지방자치단체의 장 선거 등 대부분의 선거는 선거구제를 채택하고 있다.
③ 서울시의 지방의회 의원 선거에서는 1인 1표제와 정당명부식 비례대표제를 병행하고 있다.
④ 모든 선거의 선출직 공무원의 임기는 동일하게 4년이다.

3 다음은 국제연합의 주요기구이다. A와 B에 대한 설명으로 옳지 않은 것은?

> A : 안전보장이사회, B : 국제사법재판소

① A의 상임이사국에게 거부권이 존재하는 것은 현실주의의 관점에서 접근할 수 있다.

② A는 국제 평화와 안전 유지를 목적으로 하는 국제연합의 주요기구로 5개의 상임이사국과 10개의 비상임이사국이 존재한다.

③ B의 판결 내용을 당사국이 이행하지 않을 경우 안전보장이사회가 적절한 조치를 부여할 수 있다.

④ B는 국제연합의 사법기관으로 가맹국만을 대상으로 하며 비가맹국은 재판의 당사국이 될 수 없다.

4 다음 밑줄 친 부분에 대한 설명으로 옳은 것을 〈보기〉에서 모두 고르면?

> 일반적으로 가해자의 행위에 ㉠ 고의 또는 과실이 있고, 손해가 발생하였으며, 행위와 손해 사이에 인과관계가 있는 위법한 행위에 대하여 ㉡ 책임능력이 있는 자에 한하여 불법행위가 성립한다. 손해가 발생한 경우 ㉢ 재산적, 정신적으로 배상을 해야 하지만 예외적으로 ㉣ 다른 사람이 저지른 행위에 대해서도 책임을 져야 하는 경우가 있다.

> 〈보기〉
> ㉠ 형법에서는 원칙적으로 고의가 있는 경우에는 처벌하고 과실범은 예외적으로 규정이 있는 경우에만 처벌한다.
> ㉡ 민법상 책임능력은 의사능력을 책임 측면에서 설명하는 개념으로 일반적으로 의사능력보다 약간 높은 정신능력으로 판단하고 있다.
> ㉢ 민법에서는 재산적 손해 뿐만 아니라 정신적 손해가 있는 경우에도 손해배상의 책임이 있으며 금전배상을 원칙으로 하고 있다.
> ㉣ 특수 불법행위의 유형으로 공동 불법행위 책임, 고용관계의 경우 사용자의 책임, 미성년자의 감독자 책임 등이 해당한다.

① ㉠㉡
② ㉠㉡㉢
③ ㉠㉢㉣
④ ㉢㉣

5 다음은 법률상담의 내용이다. 법적 조언으로 옳지 않은 것은?

> 저는 이번에 회사 사무실이 이전하면서 회사 근처에 있는 집으로 이사하려고 합니다. 하지만 요즘 전세대란으로 집 구하기가 힘든 상황에서 회사 근처에 적당한 집이 나와서 임대차 계약을 하려고 합니다. 임대차 계약은 처음인데, 무엇을 주의해야 할까요? 그리고 등기부 등본을 확인해보니 을구에 저당권이 설정되어 있더군요.
>
> **【을구】**
>
> | 순위번호 | 등기 목적 | 접수 | 등기 원인 | 권리자 및 기타 사항 |
> |---|---|---|---|---|
> | 1 | 저당권 설정 | 2015년 3월 5일 제○○○○호 | … 계약 | 채권 최고액 금 □□원 채무자 갑 저당권자 A은행(이하 생략) |

① 철수 : 임대차 기간은 보통 2년으로 정하며 입주와 전입신고를 해야 대항력을 갖출 수 있습니다.

② 영희 : 저당권이 설정되어 있으므로 집이 경매에 넘어갈 경우 임차보증금을 모두 반환받지 못할 수 있습니다.

③ 지우 : 확정일자를 받아도 저당권이 설정되어 있기 때문에 임차인은 후순위가 되어 우선변제권은 인정되지 않습니다.

④ 유경 : 주택임대차 보호법상의 소액임차인에 해당하는 경우 경매가 집행되더라도 임차보증금의 일부 금액에 대하여 최우선으로 지급됩니다.

6 ㉠, ㉡에 대한 설명으로 옳지 않은 것은?

> ㉠ 실형을 선고하면서 일정기간 그 형의 집행을 유예하였다가, 그 기간에 다른 범행이 없으면 형의 선고를 실효시켜 실형을 집행하지 않는 제도이다.
> ㉡ 형의 선고 자체를 미루어 두었다가 일정 기간 무사히 경과하면 면소(免訴)된 것으로 간주하는 제도이다.

① ㉠에는 사회봉사 명령이나 수강 명령이 함께 내려질 수 있다.

② ㉡은 범죄 사실이 있는 경우에 내려진다.

③ ㉠의 기간은 1년 이상 5년 이하이며, ㉠의 선고를 받은 자가 그 기간 중에 금고 이상의 형의 선고를 받아 그 판결이 확정된 때에는 ㉠은 선고의 효력을 잃는다.

④ ㉡은 가벼운 범죄에 대하여 형의 선고 자체를 미루고 1년이 지나면 형의 선고가 없었던 것으로 간주하는 것을 의미한다.

7 밑줄 친 ㉠~㉢과 같은 현상의 일반적인 특징에 대한 설명으로 옳지 않은 것은?

> 최근 ㉠ <u>비가 내리지 않는</u> ㉡ <u>건조한 날씨</u>가 이어지면서 산불피해가 발생하지 않도록 ㉢ <u>나들이객의 주의</u>가 필요하다.

① ㉠의 현상은 몰가치적이다.

② ㉡의 현상은 당위법칙의 지배를 받는다.

③ ㉢의 현상은 개연적이고 확률적이다.

④ ㉠, ㉡과 같은 현상에 의해 ㉢의 현상이 영향을 받을 수 있다.

8 다음은 일탈 이론에 대한 도식이다. 이에 대한 설명으로 가장 옳은 것은?

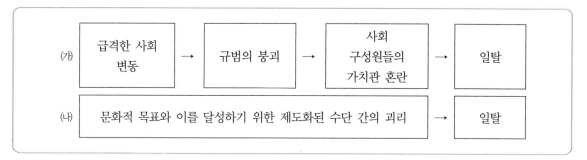

① ㈎와 ㈏의 입장은 기능론적 관점에서 일탈의 원인을 분석하고 있다.

② ㈎는 지배집단이 정해 놓은 규범에 상충되는 행위가 일탈행동이 된다고 보는 입장이다.

③ ㈏는 일탈 행위자와의 접촉을 통해 사회화된 일탈이 발생한다고 본다.

④ ㈎와 달리 ㈏는 일탈의 원인을 아노미로 본다.

9 밑줄 친 ㉠~㉣에 대한 설명으로 옳은 것은?

> 지우는 ㉠ 광고 홍보학과 진학을 꿈꾸었으나, 부모님의 반대로 포기하고 ㉡ 의과대학에 입학하였다. 그러나 광고홍보에 대한 열망을 버리지 못하고 ㉢ 광고 홍보 동아리에 가입하여 의학 공부보다는 동아리 활동에 열중했다. 결국 지우는 의학 공부를 포기하고 광고 홍보학과로 편입하여 ㉣ 광고 홍보 회사에 취직하였다.

① ㉠은 지우의 내집단이다.
② ㉡은 이익 사회이자 1차 집단이다.
③ ㉠과 ㉢은 지우의 준거집단이다.
④ ㉣은 결합의지에 따른 구분에 의하면 본질적 의지에 의해 형성된 집단이다.

10 다음 표는 정규직 평균 임금 대비 비정규직 평균 임금을 나타낸 것이다. 이에 대한 분석으로 옳은 것은? (단, 남성과 여성의 정규직 평균 임금은 지속적으로 상승하였다.)

구분	2011년	2012년	2013년
남성	70%	75%	80%
여성	70%	80%	75%

① 여성의 경우, 정규직과 비정규직의 평균 임금 차이는 2013년이 2012년보다 적다.
② 남성의 경우, 전년대비 2013년의 평균 임금상승률은 비정규직이 정규직보다 더 높다.
③ 2013년 여성의 비정규직 평균 임금은 2012년에 비하여 하락하였다.
④ 2013년 비정규직의 평균 임금은 여성이 남성보다 적다.

11 다음 표는 갑국의 세대 간 계층 구성을 나타낸 것이다. 이에 대한 분석으로 옳은 것은?

자녀＼부모	상층	중층	하층	합계
상층	2명	3명	5명	10명
중층	10명	25명	35명	70명
하층	3명	7명	10명	20명
합계	15명	35명	50명	100명

① 갑국의 세대 간 계층 이동 인구가 대물림 인구보다 많다.

② 부모와 같은 계층인 자녀의 수는 하층에서 가장 높게 나타난다.

③ 세대 간 이동은 상승 이동보다 하강 이동이 많다.

④ 자녀계층보다 부모계층에서 안정적인 계층구조가 나타난다.

12 인간의 문화를 연구할 때, 문화를 이해하는 태도에는 여러가지가 있다. 아래의 표에서 문화의 이해 태도 인 A~C에 대한 옳은 진술을 〈보기〉에서 모두 고르면? (단, A, B, C는 각각 문화 사대주의, 문화 상대 주의, 자문화 중심주의 중의 하나이다.)

질문＼태도	A	B	C
문화의 주체성을 상실할 가능성이 있는가?	예	아니요	아니요
자기문화를 기준으로 다른 문화를 평가하는가?	아니요	예	아니요
문화의 우열을 가리는 기준이 존재한다고 보는가?	예	예	아니요

〈보기〉
㉠ A는 선진 문물의 수용에 기여할 수 있고, 자기문화의 낙후성을 개선할 수 있다.
㉡ B는 19세기 서구 열강들의 서구 중심적 가치관으로 문화적 마찰 발생가능성이 있다.
㉢ C는 타문화를 올바로 이해함으로써 문화 다양성을 보존하는 데 기여할 수 있다.
㉣ 문화 이해 태도로 A관점과 C관점을 가진 사람에게는 부정적으로 인식되는 문화가 존재한다.

① ㉠㉡

② ㉠㉡㉢

③ ㉠㉡㉢㉣

④ ㉡㉢㉣

13 표는 갑국의 경제 활동 인구에 관한 통계이다. 이에 대한 분석으로 옳은 것은?

구분	15세 이상 인구	경제활동 인구	실업자 수
2009년	30,000명	20,000명	1,000명
2014년	35,000명	21,000명	3,000명

* 경제 활동 참가율 = (경제활동 인구 / 15세 이상 인구) × 100

** 고용률 = (취업자수 / 15세 이상 인구) × 100

① 2009년보다 2014년에 실업률이 더 낮다.

② 2009년보다 2014년에 취업자가 더 많다.

③ 2009년보다 2014년에 고용률이 더 낮다.

④ 2009년 대비 2014년 실업자 증가율이 취업자 증가율 보다 낮다.

14 다음 자료에 대한 설명으로 옳은 것은?

A~E는 갑국이 보유한 자원으로 생산할 수 있는 X재와 Y재의 최대 생산량의 조합을 나타낸다. (단, 갑국은 X재와 Y재, 두 재화만 생산한다.)

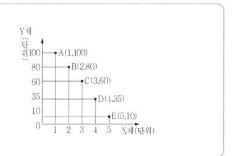

① X재와 Y재 생산에 자원이 고르게 배분된 C가 A보다 효율적이다.

② X재 추가 생산에 따른 기회비용은 B에서 C로 이동할 때가 A에서 B로 이동할 때보다 크다.

③ B에서 A로 이동할 때, Y재 1단위 추가 생산에 따른 기회비용은 X재 1단위이다.

④ Y재 추가 생산에 따른 기회비용은 C에서 B로 이동할 때가 D에서 C로 이동할 때보다 더 크다.

15 다음 자료에 대한 분석으로 옳은 것은?

> • A재와 B재는 대체 관계에 있는 재화이며, A재와 C재는 보완 관계에 있는 재화이다.
> • 최근 A재의 부품 가격이 급격히 하락하였다.
> • A재의 수요의 가격탄력성은 1보다 작고, B재와 C재의 수요의 가격탄력성은 1보다 크다.

① B재의 거래량은 증가한다.
② C재의 가격은 하락한다.
③ A재와 B재의 가격은 모두 상승한다.
④ A재의 판매수입은 감소한다.

16 다음 표는 A~D재의 가격이 현재 수준에서 1% 인상될 경우 수요량의 변화율을 나타낸다. 이에 대한 분석으로 옳은 것은?

재화	A재	B재	C재	D재
수요량 변화율(%)	−0.5	0	−1	1

① A의 수요는 가격에 대해 탄력적이다.
② B재의 판매량이 변하지 않는다.
③ C재의 수요는 가격에 대해 완전 탄력적이다.
④ D재는 판매수입이 변하지 않는다.

17 다음 표는 A국의 명목 GDP와 실질 GDP의 추이를 나타낸 것이다. 이에 대한 설명으로 옳은 것은? (단, 물가 지수는 GDP 디플레이터로 측정한다.)

구분	2011년	2012년	2013년
명목 GDP	400억 달러	400억 달러	400억 달러
실질 GDP	300억 달러	400억 달러	500억 달러

* GDP 디플레이터=(명목 GDP/실질 GDP)×100

① 2011년의 물가 지수는 75이다.

② 2012년의 물가는 전년도와 같다.

③ 2013년의 물가는 전년도에 비해 하락했다.

④ 2012년과 2013년의 물가상승률은 같다.

18 다음 표는 우리나라의 국제 수지 중 경상 수지를 나타낸 것이다. ㉠~㉣에 해당하는 사례 중 옳지 않은 것은?

구분		외화 수취	외화 지급
경상 수지	상품 수지	㉠	
	서비스 수지	㉡	
	본원 소득 수지		㉢
	이전 소득 수지		㉣

① ㉠ – 국내 김 생산 업체가 일본에 김을 수출하고 대금을 받았다.

② ㉡ – 외국계 금융회사의 한국 금융시장 진출이 증가하고 있다.

③ ㉢ – 네팔에서 온 외국인 노동자들이 본국의 가족에게 자신이 받은 급료를 송금하였다.

④ ㉣ – 국내 한 고등학교 학생들이 아프리카 어린이들에게 후원금을 보냈다.

19 다음 상황에서 관세 부과 후에 예상되는 갑국의 변화로 옳지 <u>않은</u> 것은?

> 자동차를 자유무역으로 수입하고 있던 갑국에서 단위당 $P_1 - P_0$만큼의 관세를 부과하였다. 관세 부과 전 자동차의 국제가격은 P_0였다. 이 나라는 국제가격에 전혀 영향을 미칠 수 없고, 자동차는 국제가격으로 이 나라에 얼마든지 공급할 수 있다.

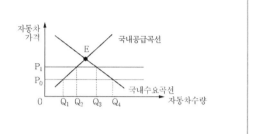

① 자동차의 국내 생산량은 Q_2이다.

② 자동차의 국내 수요량은 Q_3이다.

③ 정부의 관세 수입은 $P_1 \times (Q_3 - Q_2)$이다.

④ 자동차의 국내 생산량이 $Q_2 - Q_1$만큼 증가한다.

20 다음 표는 갑국과 을국이 노동 1단위를 투입하여 생산할 수 있는 X재와 Y재의 수량을 나타낸 것이다. 이에 대한 분석으로 옳은 것은? (단, 필요 생산요소는 노동뿐이고, 양국이 보유한 노동의 양은 같다.)

국가 \ 재화	X재	Y재
갑국	5개	5개
을국	4개	2개

① 갑국은 X재 생산에, 을국은 Y재 생산에 비교 우위가 있다.

② 을국에서 X재 1개 생산의 기회비용은 Y재 2개이다.

③ Y재 1개를 더 생산할 때 포기해야 하는 X재는 갑국이 을국보다 크다.

④ 양국이 비교 우위 재화를 특화하여 무역을 할 때, 양국의 특화 상품 1개 소비의 기회비용은 무역 이전보다 커진다.

☞ 정답 및 해설 P.21

1 다음 사례에서 A가 취할 수 있는 해결 방안으로 옳지 않은 것은?

> A는 B에게 1년 후 돈을 받기로 하고 5천만 원을 빌려주었다. 그러나 B는 돈을 갚기로 한 날짜가 지났음에도 갚지 않고 있다. 이에 화가 난 A는 빌려간 돈 전액을 갚을 것을 B에게 재촉하였으나 B는 차일피일 미루고만 있다.

① 소액사건심판을 통해 해결한다.
② 민사조정을 신청한다.
③ 내용증명우편을 B에게 발송한다.
④ 민사소송을 제기하면서 가압류를 신청한다.

2 형벌과 형사절차에 대한 내용으로 옳지 않은 것은?

① 「소년법」상 소년에 대한 소년원 송치처분은 「형법」상 형벌에 해당하지 않는다.
② 경찰관이 피의자를 체포하는 경우 피의사실의 요지, 체포의 이유와 변호인을 선임할 수 있음을 고지하지 아니하면 위법한 체포가 된다.
③ 국민참여재판에서 법원은 배심원이 내린 유무죄에 관한 평결을 따라야 한다.
④ 성폭력범죄자에게는 법원의 판결로 형벌의 부과와 함께 위치추적 전자장치(전자발찌)를 부착하게 할 수 있다.

3 밑줄 친 ㉠~㉢에 대한 설명으로 옳은 것은?

> 주택임대차계약을 체결하기 위해서는 ㉠부동산등기부를 사전에 확인해야 한다. 계약을 체결할 때 집주인이 맞는지를 확인하고 ㉡주택임대차계약서를 작성해야 한다. 잔금을 지급하고 ㉢입주하며 전입신고와 ㉣확정일자를 받는 것을 잊지 말아야 한다.

① ㉠은 집주인의 동의를 얻어야 확인할 수 있다.
② ㉡은 반드시 부동산 중개업자의 입회하에 진행되어야 한다.
③ ㉢을 하지 않더라도 보증금 우선변제권을 행사할 수 있다.
④ ㉣은 주택소재지의 읍·면사무소, 동 주민센터에서 주택임대차계약서에 표시하는 방법으로 부여 받을 수 있다.

4 위법성 조각사유에 대한 설명으로 옳지 않은 것은?

① 자기나 타인의 법익에 대한 현재의 부당한 침해를 방위하기 위한 상당한 이유가 있는 행위는 위법성이 조각된다.
② 법령에 의한 행위 또는 업무로 인한 행위로서 사회상규에 위배되지 않는 행위는 위법성이 조각된다.
③ 처분권한이 있는 피해자가 가해자에게 자신의 법익을 침해해도 된다고 허락한 경우에 이루어진 행위에 대해서는 법률에 특별한 규정이 없는 한 위법성이 조각된다.
④ 저항할 수 없는 폭력이나 자기 또는 친족의 생명, 신체에 대한 위해를 방어할 방법이 없는 협박에 의하여 강요된 행위는 위법성이 조각된다.

5 다음 중 옳은 것만을 모두 고른 것은?

> ㉠ 부모의 동의를 얻어 결혼한 18세의 A는 국회의원선거권이 있다.
> ㉡ 편의점에서 하루 4시간씩 1개월간 근로를 제공하고 있는 17세의 B는 단독으로 임금을 청구할 수 있다.
> ㉢ 14세인 C는 고용노동부장관이 발급하는 취직인허증이 있어야 근로가 가능하다.
> ㉣ 대학교에 입학한 17세인 D는 입학한 날부터 편의점에서 술을 구매할 수 있다.

① ㉠㉡
② ㉠㉣
③ ㉡㉢
④ ㉢㉣

6 다음은 A가 가진 권한에 관한 기사이다. 그 밖에 A의 권한으로 옳은 것은?

> A는 진 모 씨 등이 "전국의 모든 PC방을 금연구역으로 지정한 「국민건강증진법」 제9조 제4항 제23호가 평등권, 행복추구권을 침해했다."며 제기한 헌법소원에 대해 만장일치로 합헌 결정했다.
>
> — ○○일보, 0000년 00월 00일 —

① 행정소송   ② 형사재판

③ 선거재판   ④ 권한쟁의심판

7 다음 글에서 국가인권위원회가 언급한 기본권에 관한 설명으로 옳은 것은?

> 국가인권위원회는 정부가 제출한 법안 중 「개인정보보호법」 제정안 가운데 CCTV 등 영상정보 처리기기에 관한 규정이 국민의 사생활 침해를 유발할 우려가 있으므로 이를 예방할 규정을 만들어야 한다고 주장하였다. 국가인권위원회는 "불특정 다수가 사용하는 목욕탕, 화장실, 탈의실 등 개인의 사생활을 현저히 침해할 우려가 있는 장소에는 CCTV와 같은 영상기기를 설치하여 운영하지 못하도록 해야 한다."라며, "구금 및 보호시설에 한해 필요 최소한의 범위 내에만 설치를 허용해야 한다."라고 주장하였다.
>
> — ○○신문, 0000년 00월 00일 —

① 소극적이고 방어적 성격의 기본권이다.

② 현대 사회에 등장한 적극적인 기본권이다.

③ 기본권 보장을 위한 수단적 기본권의 성격을 갖는다.

④ 국민이 국가의 정치과정에 적극적으로 참여할 수 있는 권리이다.

8 다음 글의 A, B에 대한 설명으로 옳은 것은?

> 제2차 세계대전 후 국제 분쟁 해결을 위한 실질적 권한을 갖는 A가 창설되었다. A는 평화 유지 업무 외에도 사회, 경제, 문화 등의 비정치적인 분야에서도 활발한 활동을 펼쳐, 국가 간 우호와 협력 증진에 이바지하고 있다. A의 평화 유지 업무를 위한 책임은 산하기관인 B에 있는데, B는 핵 확산 방지, 군비 축소, 테러 국가에 대한 경제적·군사적 제재 등을 논의하고 결정한다.

① A는 포괄적 기능을 수행하는 초국가적 행위체이다.
② A는 국가 간 협력을 증진하는 비정부 국제기구이다.
③ B는 사법적 절차를 통해 국가 간의 분쟁을 해결한다.
④ B의 의결 시 상임 이사국과 비상임 이사국은 거부권을 행사할 수 있다.

9 (가)와 (나) 여론 분포의 유형에 대한 비교 설명으로 옳지 않은 것은?

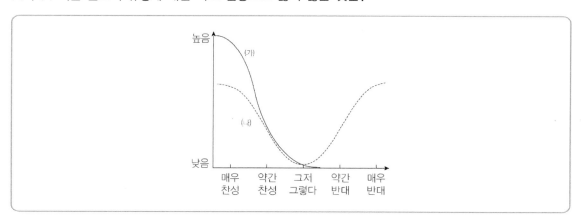

① (가)는 (나)보다 국민적 합의가 이루어져 지배적인 여론이 형성된다.
② (가)는 (나)보다 대다수가 공통된 의견을 갖고 있어 정책 추진이 원만하게 이루어질 가능성이 높다.
③ (나)는 (가)보다 찬성과 반대의 의견이 균형을 이루어 정책 결정이 신속히 이루어진다.
④ (나)는 (가)보다 국민적 일체감이 형성되기 어렵고 사회 갈등이 증가할 수 있다.

10 다음 대화의 밑줄 친 부분에 들어갈 답변으로 옳지 않은 것은?

> 갑 : 우리나라는 전형적인 대통령제에 해당되지 않니?
> 을 : 반드시 그렇지는 않아. 우리나라 정부 형태에는 의원 내각제적 요소가 포함되어 있어.
> 갑 : 그럼 어떤 요소가 있니?
> 을 : _____

① 정부는 법률안을 제출할 수 있어.

② 국회는 내각 불신임권을 행사할 수 있어.

③ 국회의원이 국무위원을 겸직할 수 있어.

④ 국회가 국무총리와 국무위원에 대해 해임 건의를 할 수 있어.

11 다음 그래프는 X재와 Y재에 대한 생산가능곡선이다. 이에 대한 설명으로 옳은 것만을 〈보기〉에서 모두 고른 것은?

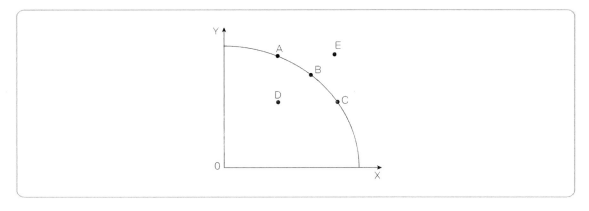

> ㉠ 생산요소 투입량을 늘리거나 연구개발을 통해 신기술을 개발한다면 생산가능곡선은 원점에서 바깥 쪽으로 팽창할 수 있다.
> ㉡ 생산가능곡선 내부에 위치한 D는 생산이 가장 효율적으로 이루어지는 점이다.
> ㉢ A에서 C로의 이동은 Y재의 추가 생산에 따라 포기하게 되는 X재 생산량을 의미한다.
> ㉣ 생산가능곡선 외부에 위치한 E는 주어진 생산요소와 생산기술로 생산이 불가능한 점이다.

① ㉠㉢

② ㉠㉣

③ ㉡㉢

④ ㉡㉣

12 다음과 같은 경제상황의 변화가 발생했을 때, 총수요–총공급 모형을 이용하여 물가수준과 국내총생산의 변화를 예측한 것으로 옳은 것은?

> (가) 소비와 투자의 위축
> (나) 기술수준 향상과 생산비용 절감
> (다) (가)의 변화가 (나)의 변화보다 훨씬 큼

① 물가수준 하락, 국내총생산 증가
② 물가수준 하락, 국내총생산 감소
③ 물가수준 상승, 국내총생산 증가
④ 물가수준 상승, 국내총생산 감소

13 다음 표는 빵만 생산하는 경제의 생산량과 가격을 나타낸다. 이를 이용하여 2011년 실질 GDP와 2011년 GDP 디플레이터를 순서대로 구한 것은? (단, 기준년도는 2010년이다)

연도	생산량(개)	가격(원)
2010	1,000	2
2011	1,500	3

① 3,000원, 120
② 3,000원, 150
③ 4,500원, 120
④ 4,500원, 150

14 컴퓨터에 대한 수요의 가격탄력성이 1.0이고, 수요의 소득탄력성은 1.5이다. 소득수준이 10 % 하락할 경우, 이전과 동일한 컴퓨터 소비수준을 유지시키기 위해서는 컴퓨터의 가격을 얼마나 인하하여야 하는가? (단, 컴퓨터는 정상재이며, 다른 조건은 일정하다고 가정한다)

① 15 %
② 20 %
③ 25 %
④ 30 %

15 다음 표는 A국의 경제지표 변화를 나타낸 것이다. 2013년 대비 2014년의 경제지표 변화에 대한 설명으로 가장 적절한 것은?

(단위 : %)

구분	2013년	2014년
경제성장률	3.6	3.1
물가상승률	6.9	3.3
실업률	5.2	5.8
인구증가율	4.5	2.7

① 총수요가 감소했다.
② 화폐 가치가 높아졌다.
③ 실업자 수가 증가했다.
④ 1인당 실질 GDP가 증가했다.

16 다음 글의 사회적 불평등에 대한 관점과 부합하는 것만을 〈보기〉에서 모두 고른 것은?

오늘날 한국사회에서는 입시경쟁이 치열하다. 그런데 부유한 가정에서 태어나 더 많은 교육 혜택을 받고 자란 학생들은 경쟁력이 있기 때문에 입시경쟁의 출발점부터 유리한 위치에 서게 된다. 결국 입시경쟁은 사회불평등을 더욱 심화시키고 지배질서의 재생산에 기여하게 된다.

㉠ 사회계층화는 보편적이며 필수 불가결한 현상이다.
㉡ 차등적인 보상체계는 경쟁을 유발하여 사회발전에 기여한다.
㉢ 자원 분배 과정에서 특정 집단의 이해관계가 중요하게 작용한다.
㉣ 사회의 희소자원이 불공평하게 분배되고 이러한 분배의 결과로 빈곤과 같은 사회문제가 발생한다.

① ㉠㉡
② ㉠㉣
③ ㉡㉢
④ ㉢㉣

17 다음은 관료제의 문제점과 관련된 것이다. 이러한 문제점이 나타나는 공통적인 원인으로 옳은 것은?

> • 대형 병원에서 수술 동의서를 받는 절차 때문에 시간이 지체되어 환자의 상태가 더 악화되었다.
> • 위급한 상황이 발생하여 경찰에 신고를 했는데 관할구역이 아니어서 도움을 줄 수 없다는 답변을 받았다.

① 상향식 의사결정구조가 형성되어 있기 때문이다.
② 문서화된 규약과 절차에 따라 업무를 수행하기 때문이다.
③ 연공서열이 중시되어 무사안일주의에 빠져 있기 때문이다.
④ 권한과 책임의 한계가 명확하게 구분되어 있지 않기 때문이다.

18 일탈 행동 이론에 대한 설명으로 옳지 않은 것은?

① 차별적 교제 이론에 따르면 일탈 행동은 타인과의 상호 작용 과정에서 학습된다.
② 머튼의 아노미 이론에 따르면 일탈 행동은 일탈적 하위 문화에 노출될 때 발생한다.
③ 낙인 이론에 따르면 특정 행동이 일탈 행동이 되는 것은 사회가 일탈 행동으로 규정하기 때문이다.
④ 기능론에 따르면 일탈 행동은 사회 구성 요소가 제 기능을 적절하게 수행하지 못할 때 나타난다.

19 다음 표에 대한 해석 중 가장 적절한 것은?

〈지역별 가구 형태 분포〉

구분	총 가구수	1인 가구수	1세대 가구수	2세대 가구수	3세대 이상 가구수
A지역	10,000	3,000	4,000	2,500	500
B지역	8,000	3,500	4,000	400	100

① A지역이 B지역보다 핵가족 수가 적다.
② A지역이 B지역보다 총 인구수가 적다.
③ 1인 가구 총 인구수는 A지역이 B지역보다 적다.
④ 1세대 가구의 비율은 A지역보다 B지역이 더 낮다.

20 다음은 개인과 사회의 관계를 바라보는 관점이다. 이에 대한 설명으로 옳은 것은?

> (가) 전체는 단지 외부의 힘에서 각 구성원의 신체와 재산을 방어하고 보호해주는 하나의 연합 형태일 뿐이다. 따라서 개인이 모여 전체를 이룬다 하더라도 각 개인은 자기 자신에게만 복종하기 때문에 이전과 마찬가지로 여전히 자유로울 수 있다.
>
> (나) 인간 개개인은 얼마든지 도덕적일 수 있어도 그런 개인들이 모여 집단을 이루게 되면 전혀 다른 특성이 나타난다. 즉, 집단으로서 이익을 추구하는 새로운 논리를 갖게 됨으로써 사회는 비도덕적이 될 수 있다.

① (가)에서 개인은 사회 속에서만 존재 의미를 갖는다고 본다.
② (가)에서 사회는 개인의 외부에서 독자적으로 작동한다고 본다.
③ (나)에서 개인의 능동성은 사회 규범의 구속성보다 우선한다고 본다.
④ (나)에서 사회는 그 자체를 구성하고 있는 부분 요소로 환원될 수 없다고 본다.

☞ 정답 및 해설 P.23

1 다음 소개되는 일탈이론에 대한 설명으로 가장 적절한 것은?

> 사회학자 갑은 사회 속에서 일반적으로 받아들여지는 문화적 가치가 구성원의 실제 현실과 마찰을 불러일으킬 때 발생하는 긴장을 설명하기 위해 이 개념을 이용했다. 대부분의 사회에서는 물질적 성취에 높은 가치를 부여하고 구성원들은 스스로의 규율, 교육, 그리고 노력을 통해 이를 달성할 수 있다고 믿는다. 즉, 성공을 꿈꾸며 열심히 일하는 사람들은 어디에서 출발하건 성공할 수 있다고 믿는 것이다. 그러나 갑은 물질적 성취를 위하여 사회적으로 인정되는 실제 가용수단은 애초부터 제한되어 있으며, 이러한 상황에서 어떤 구성원들은 물질적 성취의 달성을 위해 비합법적 수단을 동원한다고 본다.

① 2차적 일탈에 주목하고 있는 이론이다.

② 기능론적 관점에서 일탈행동을 파악하고 있다.

③ 기존의 지배적인 규범이 붕괴되어 나타나는 현상이다.

④ 일탈자와의 지속적인 교제 때문에 일탈행동이 발생한다고 본다.

2 사회 · 문화 현상을 탐구하는 연구방법에 대해 일관된 관점을 가지고 있는 학생은?

학생 연구방법에 대한 진술	갑	을	병	정
사회 · 문화 현상의 객관적 관찰 가능성을 전제한다.	○	○	○	×
사회 · 문화 현상을 행위자의 내재적 관점에서 파악하고자 한다.	×	×	○	○
실제 현실 속에서 관찰되는 경험적 자료의 계량화에 기반한 통계적 상관의 검증을 중시한다.	○	×	×	○
연구대상자의 행위가 발생한 문화적 맥락의 파악을 통해 행위의 의미에 대한 이해를 추구한다.	×	○	○	×

(○ : 동의함, × : 동의하지 않음)

① 갑   ② 을

③ 병   ④ 정

3 다음 사례를 읽고 옳은 설명만을 〈보기〉에서 모두 고른 것은?

> 가난한 농부의 ⓐ장남으로 태어난 홍길동은 어려운 가정형편으로 ㉠고등학교를 중퇴하고 검정고시에 합격한 후 ㉡A신문사에 입사하였으나, 경제위기로 인해 해고되어 노숙자 생활을 하였다. 이후, 홍길동은 ㉢○○직업학교에 입학하여 남들보다 몇 배의 노력 끝에 자격증을 취득하여 취업을 하였고, 승진을 거듭하여 회사 ⓑ부장이 되었다. 지금은 ㉣B건설회사의 ⓒ대표이사로 재직 중이며, 경제적으로 어려움을 겪는 청년들을 지원하는 ㉤시민단체에 가입하여 ⓓ운영위원으로 활동하고 있다.

> ㉠ ㉠~㉤은 사회생활에 필요한 지식과 기술을 습득하도록 도와주는 기능을 수행하며, 1차적 사회화 기관에 해당된다.
> ㉡ 수직 이동, 세대 간 이동, 세대 내 이동, 개인적 이동이 나타나 있다.
> ㉢ ㉢은 특정 목적을 달성하기 위한 수단적 만남이 이루어지는 집단으로, 인간의 자연적 · 본질적 의지에 따라 형성된다.
> ㉣ ⓐ~ⓓ는 사회나 집단에서 차지하는 위치를 나타내며, 이 중에서 귀속 지위는 1개다.

① ㉠, ㉡   ② ㉠, ㉢

③ ㉡, ㉣   ④ ㉢, ㉣

4 (가), (나)는 사회변동에 대한 서로 다른 사회학적 관점이다. 이에 대한 설명으로 옳지 않은 것은?

> (가) 사회는 내부 구성 요소들의 기능 수행을 통해 균형 상태를 유지한다. 만약 외부 환경 변화에 의해 불가피하게 변화가 발생하면, 사회 각 구성 요소들은 달라진 환경에 적응하게 되며 사회는 새로운 균형 상태로 이행한다. 이 과정이 바로 사회변동이다.
>
> (나) 사회 내부의 지배 계급과 피지배 계급 간의 갈등은 기존의 사회체계 내부에서 더 이상 해결될 수 없는 수준으로 필연적으로 발전되며, 계급 간의 대립과 투쟁을 통해 현존하는 모순이 극복된 새로운 사회로 이행된다. 이 과정이 바로 사회변동이다.

① (가)는 급격한 사회변동을 설명하는 데에 부적절하다.

② (가)는 사회의 안정과 통합, 현 상태의 유지를 강조하는 보수적 관점이다.

③ (나)는 사회구조와 제도에 초점을 맞추어 사회변동을 설명한다.

④ (나)는 사회적으로 합의된 가치 규범에 의한 구성원들의 재사회화를 중시한다.

5 (가)~(다)는 한 사회에서 발생하는 문화 변동의 원천을 요인별로 구분한 것이다. (가)~(다)와 관련된 설명으로 옳은 것은?

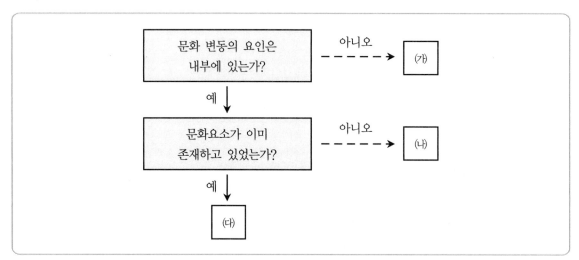

① 이두 문자는 (가)에 해당된다.

② 중성자의 존재 규명이나 불의 사용은 (나)에 해당된다.

③ 훈민정음은 (다)에 해당된다.

④ 오늘날 (가)는 주로 직접 접촉을 통해 이루어진다.

6 헌법 개정 절차에 대한 설명으로 옳지 않은 것은?

① 헌법 개정은 국회 재적 의원 과반수 또는 대통령의 발의로 제안된다.

② 제안된 헌법개정안은 대통령이 20일 이상의 기간 동안 공고해야 한다.

③ 국회의원 선거권자 과반수의 투표와 투표자 과반수의 찬성으로 헌법 개정은 확정된다.

④ 헌법개정안에 대한 국회의 의결은 국회 재적 의원 과반수의 출석과 출석 의원 3분의 2 이상의 찬성을 얻어야 한다.

7 ㈎ ~ ㈐와 이에 해당하는 구체적인 권리가 옳게 짝지어진 것은?

> ㈎ 국민이 국가권력에 의한 간섭을 받지 않을 소극적 방어권
> ㈏ 국민이 국가의 정치 과정에 적극적으로 참여할 수 있는 권리
> ㈐ 국민이 인간다운 생활을 누리기 위해 필요한 조건을 국가에 요구할 수 있는 권리

	㈎	㈏	㈐
①	집회 · 결사의 자유	손실보상청구권	환경권
②	양심의 자유	국민투표권	교육을 받을 권리
③	언론 · 출판의 자유	근로자의 단결권	선거권
④	재판청구권	공무담임권	재산권

8 국회의원의 면책특권과 불체포특권에 대한 설명으로 옳지 않은 것은?

① 국회의원이 직무상 행한 표결은 면책특권의 대상이 되지 않는다.

② 국회의원이 국회에서 직무상 행한 발언에 대해 국회 내에서의 책임이 면제되는 것은 아니다.

③ 헌법은 국회의 회기 중에 한하여 불체포특권을 인정하고 있다.

④ 현행범인인 경우에는 국회의원의 불체포특권이 인정되지 않는다.

9 갑(甲)에게는 홀어머니 을(乙), 남동생 병(丙), 부인 정(丁)과 아들 무(戊)가 있다. 갑(甲)이 유언 없이 사망하였을 때, 무(戊)의 법정 상속분에 따른 상속액은? (단, 갑의 재산은 18억 원이고 빚은 없다)

① 4억 원

② 4억 5천만 원

③ 7억 2천만 원

④ 9억 원

10 다음은 어떤 범죄에 따른 형사 절차를 나타낸 것이다. ㉠~㉣과 관련된 설명으로 옳은 것은?

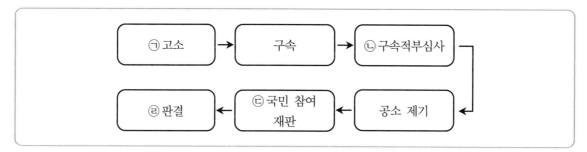

① 범죄현장을 목격한 사람이라면 누구든지 ㉠을 할 수 있다.

② 구속된 피의자 또는 검사는 ㉡을 청구할 수 있다.

③ ㉢에서 배심원이 유죄 평결을 하였다면 법원은 무죄 판결을 할 수 없다.

④ ㉣이 무죄로 확정된 경우 피고인은 법률이 정하는 바에 의하여 형사보상청구권을 행사할 수 있다.

11 다음은 홉스, 로크, 루소의 사회계약론을 비교하여 도식화한 것이다. A~D에 대한 설명으로 옳은 것은? (단, A~D는 공통의 주장을 의미한다)

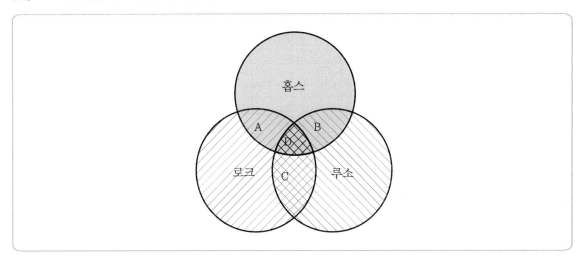

① A는 주권이 군주에게 있다는 것이다.

② B는 인간의 본성이 악하다는 것이다.

③ C는 국민이 주권을 가져야 한다는 것이다.

④ D는 인간의 자연 상태가 자유롭고 평화롭다는 것이다.

12 다음의 역사적 사건들이 초래한 국제 사회의 변화 내용으로 옳은 것은?

- 드골의 독자외교
- 제3세계의 등장
- 중·소 분쟁
- 닉슨 독트린

① 유럽 지역에 민족 단위의 주권 국가가 등장하기 시작하였다.

② 미국과 소련을 중심으로 하는 양극 체제가 성립되었다.

③ 자본주의 진영과 사회주의 진영의 다원화로 냉전이 완화되었다.

④ 몰타 선언으로 신냉전이 등장하여 각국의 실리 외교가 강화되었다.

13 다음은 A국의 정부 형태와 정당별 의석수를 나타낸 것으로, 행정부의 수반은 ⓒ당 소속이다. 이들 자료에 대한 설명으로 옳지 않은 것은? (단, 정부 형태는 대통령제나 의원 내각제의 전형적인 형태 중 하나이다)

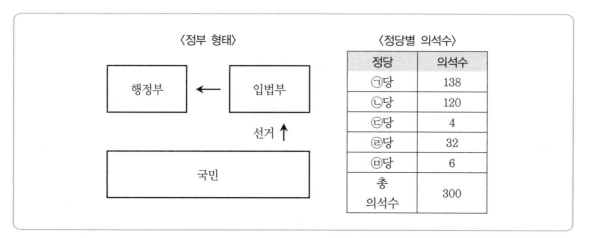

〈정당별 의석수〉

정당	의석수
㉠당	138
㉡당	120
㉢당	4
㉣당	32
㉤당	6
총 의석수	300

① 행정부의 수반은 의회를 해산할 권한을 가진다.

② 행정부의 수반은 의회에 대한 정치적 책임을 지지 않는다.

③ 행정부와 입법부의 관계가 권력 융합의 형태를 띤 것이다.

④ 과반수 의석을 차지한 정당이 없어 ⓒ당 주도의 연립 내각이 등장한 것이다.

14 다음 신문 기사에 언급된 헌법재판소의 결정에 대한 설명으로 옳은 것은?

> 헌법재판소는 2014년 10월 30일 "지역구별 인구 편차를 3대 1로 정한 국회의원 지역선거구 구역표는 헌법에 합치되지 않는다"라면서 재판관 6대 3의 의견으로 헌법불합치 결정을 하였다. 헌법재판소는 "지역구별 인구 편차는 2대 1을 넘지 않게 변경하는 것이 타당하다"라고 밝혔다.
>
> — ○○신문 —

① 인구 대표성보다 지역 대표성을 중시한 것이다.

② 유권자 표의 등가성 원리를 확보하고자 한 것이다.

③ 선거구 법정주의와 직접 선거 원칙을 강화하고자 한 것이다.

④ 이 결정에 따라 행정부는 선거구를 재획정하여야 한다.

15 (가)와 (나)에 관련된 내용으로 옳지 않은 것은?

> (가)
> … 모든 사람은 누구에게도 양도하거나 침해당하지 않을 생명과 자유, 그리고 행복을 추구할 천부적인 권리를 평등하게 지니고 태어났다. 국민의 주권에 근거해서 만들어진 정부는 이러한 권리를 보장하는 데 목적이 있다. 어떠한 정부라도 이러한 목적에 어긋날 경우, 국민은 새로운 정부를 조직할 수 있는 권리를 가진다. …
>
> (나)
> 제1조 인간은 태어나면서부터 자유롭고 평등한 권리를 가진다. …
> 제3조 주권은 국민에게 있다. 어떤 단체나 개인도 국민으로부터 유래하지 않은 권력을 행사할 수 없다.
> 제6조 … 모든 시민은 직접 또는 대표자를 통해서 법 제정에 참여할 권리를 가진다. 법의 보호, 법에 의한 처벌에서 만인은 평등하다. …

① (가)는 국민주권주의를 표방하며 국민의 저항권을 인정하였다.
② (나)는 사회계약설과 계몽사상의 영향을 받아 민주정치 발전의 토대를 마련하였다.
③ (가)와 (나)는 자유와 평등이 인간의 천부적 권리임을 강조하였다.
④ (가)와 (나)는 근대 시민혁명의 결과물로 입헌군주제의 확립에 기여하였다.

16 갑국과 을국이 각각 꿀과 옷 중 한 재화만 생산할 때, 최대 생산량은 아래 표와 같다. 이에 대한 설명으로 옳은 것은? (단, 생산요소는 노동뿐이고, 각국이 보유한 노동의 총량은 동일하며, 두 나라는 이익이 될 경우에 교역한다)

구분	생산물	
	꿀만 생산할 경우	옷만 생산할 경우
갑국	100병	100벌
을국	80병	40벌

① 옷 생산에 있어 비교 우위는 갑국에게 있다.
② 꿀 생산에 있어 절대 우위는 을국에게 있다.
③ 을국에서 꿀 1병 생산의 기회비용은 옷 2벌이다.
④ 기회비용을 고려할 때 을국은 옷 생산에 특화해야 한다.

17 최고가격제에 대한 설명으로 옳은 것은?

① 정부가 공급자 보호를 목적으로 실시한다.

② 시장 균형 가격보다 높은 수준에서 최고가격이 설정될 경우 규제의 실효성이 없다.

③ 시장 균형 가격보다 낮은 수준에서 최고가격이 설정될 경우 초과 공급이 발생한다.

④ 최고가격을 설정하고 그 이하로 가격이 내려가지 못하도록 규제하는 제도이다.

18 다음은 갑국의 명목 GDP와 실질 GDP를 나타낸 표이다. 2014년을 기준으로 한 2015년의 경제 상황에 대한 설명으로 옳은 것은?

(단위 : 억 달러)

	명목 GDP	실질 GDP
2014년	1,000	1,000
2015년	1,200	800

① 물가상승률은 20 %이다.

② 경제성장률은 25 %이다.

③ 2015년 GDP 디플레이터는 150이다.

④ 실제 생산수준은 증가하였다.

19 외부효과에 대한 설명으로 옳지 않은 것은?

① 외부불경제 상황에서는 재화가 사회적 최적 생산 수준보다 과소 생산된다.

② 외부경제가 발생하는 재화의 시장 균형 거래량은 사회적 최적 거래량보다 적다.

③ 외부경제의 경우 보조금 지급이나 세금 감면을 통해 자원 배분의 효율성을 높일 수 있다.

④ 생산에서 발생하는 외부불경제의 경우 생산자가 부담하는 사적 비용이 사회적 비용보다 낮다.

20 다음과 같은 상황이 발생할 때, 종전에 비해 유리해지는 경우는?

> 최근 미국 달러화 기준 원화 환율이 급등세를 보이며, 5년 만에 1,200원대에 진입했다.
>
> - ○○신문

① 미국 유학 중인 딸에게 매달 생활비를 송금하고 있는 학부모

② 신혼여행을 미국으로 가려고 하는 신혼 부부

③ 국내 원자재만을 사용하여 만든 상품을 미국에 수출하는 기업

④ 미국에서 커피 원두를 수입해서 국내 커피전문점에 공급하는 수입업체

1 다음은 산업사회와 정보사회의 특징을 비교한 것으로 A와 B는 각각 산업사회와 정보사회 중 하나이다. ㈎～㈑에 들어갈 내용으로 옳지 않은 것은?

비교 결과	비교 기준
A > B	네트워크형 조직의 발달
A > B	㈎
A > B	㈏
A < B	㈐
A < B	㈑

① ㈎ - 중간 관리층의 역할 비중
② ㈏ - 다품종 소량생산의 비중
③ ㈐ - 가정과 일터의 분리 정도
④ ㈑ - 정보 생산자와 정보 소비자의 분리 정도

2 다음 글에 대한 설명으로 옳은 것만을 〈보기〉에서 모두 고른 것은?

> 최근 소비자들의 쇼핑트렌드가 변화하고 있다. 소비자들은 인터넷 해외 직접구매를 통해 새롭고 다양한 상품을 소비할 수 있게 되었다. 그러나 해외 직접구매로 인한 대금 결제 후 배송사기, 신용정보 해외유출 등의 새로운 문제점도 증가하고 있다.

> 〈보기〉
> ㉠ 인터넷이 발달하면서 강제적 문화접변 현상이 증가하고 있다.
> ㉡ 문화의 간접전파로 인해 문화변동이 일어난다.
> ㉢ 문화지체 문제를 해결하려는 노력이 필요하다.
> ㉣ 아노미 현상과 문화복고 현상을 증가시킨다.

① ㉠, ㉡   ② ㉡, ㉢
③ ㉢, ㉣   ④ ㉡, ㉣

3 A ~ D는 자료수집 방법 중 질문지법, 면접법, 실험법, 참여관찰법 중 하나를 가리킨다. 이에 대한 설명으로 옳지 않은 것은?

자료 수집 방법＼특징	시간·비용의 효율성	자료 수집 도구의 구조화 정도	주관의 개입 가능성
A	높음	높음	낮음
B	낮음	높음	낮음
C	낮음	아주 낮음	높음
D	낮음	낮음	높음

① A는 대량의 구조화된 자료, 동일한 형태의 자료를 수집하기에 유리하다.

② B는 다른 방법들에 비해 윤리적 문제가 발생할 가능성이 높다.

③ C는 시간과 공간의 제약을 적게 받으면서 폭넓은 연구가 가능하다.

④ D는 심층적인 조사를 위해 소수를 대상으로 수행하는 경우가 일반적이다.

4 다음은 결합의지와 접촉방식을 기준으로 사회 집단을 구분한 것이다. A ~ D에 대한 설명으로 옳은 것만을 〈보기〉에서 모두 고른 것은?

접촉방식 \ 결합의지	본질적, 자연적	선택적, 합리적
몰인격적, 형식적	A	B
전인격적, 직접적	C	D

〈보기〉
㉠ A는 B에 비해 형식화된 규약에 의한 공식적 통제가 잘 이루어진다.
㉡ 가족, 친족, 민족은 B에 해당된다.
㉢ C는 D에 비해 가입과 탈퇴가 어렵다.
㉣ 회사 내 동호회는 B와 D의 성격이 공존한다.

① ㉠, ㉡
② ㉡, ㉢
③ ㉢, ㉣
④ ㉠, ㉣

5 다음은 A국의 빈곤율 변화를 나타내고 있다. 이에 대한 설명으로 옳은 것은? (단, A국의 모든 가구의 구성원 수는 동일하다)

(단위 : %)

구분 \ 연도	2000년	2005년	2010년	2015년
절대적 빈곤율	7.2	7.0	6.8	6.5
상대적 빈곤율	6.9	7.0	10.2	11.6

* 절대적 빈곤율 : 전체 가구 중 가구 소득이 ㉠최저생계비 미만인 가구의 비율
* 상대적 빈곤율 : 전체 가구 중 가구 소득이 ㉡중위소득의 50 % 미만인 가구의 비율

① ㉡은 전체 가구 소득의 평균값이다.
② 2005년에는 ㉠과 ㉡의 값이 같다.
③ 절대적 빈곤가구 수가 감소하는 추세를 보인다.
④ 2000년에는 상대적 빈곤가구가 모두 절대적 빈곤가구에 포함된다.

6 다음 글의 ㉠과 관련된 내용으로 옳은 것은?

> 「민법」상 태아는 원칙적으로 (㉠)이/가 없지만 불법행위로 인한 손해배상의 청구, 상속 등과 같은 경우 태아의 (㉠)을/를 인정하고 있다.

① 미성년자는 (㉠)이/가 있다.
② 자연인만 (㉠)을/를 가질 수 있다.
③ 출생신고를 마쳐야만 (㉠)을/를 취득할 수 있다.
④ 제한능력자 제도는 (㉠)이/가 없는 사람을 보호하기 위한 제도이다.

7 그림은 대통령의 권한 행사에 대한 통제수단을 나타낸 것이다. ㉠~㉣에 대한 설명으로 옳지 않은 것은?

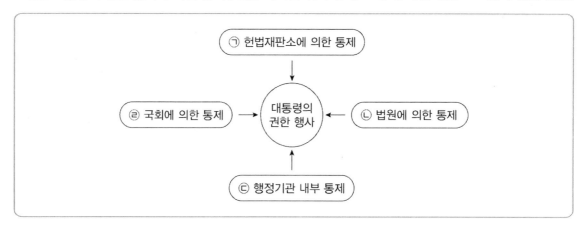

① ㉠ – 대통령이 직무집행에 있어서 헌법이나 법률을 위반한 경우에 헌법재판소는 탄핵의 소추를 의결할 수 있다.
② ㉡ – 명령이 헌법이나 법률에 위반되는지 여부가 재판의 전제가 된 경우에는 대법원이 최종적으로 심사할 권한을 가진다.
③ ㉢ – 국무회의는 정부의 권한에 속하는 중요한 정책을 심의한다.
④ ㉣ – 국회는 국무총리의 해임을 대통령에게 건의할 수 있다.

8 국제법의 법원(法源)에 대한 설명으로 옳지 않은 것은?

① 국제관습법과 법의 일반원칙은 조약과 달리 별도의 체결 절차 없이 일반적으로 국제 사회에서 법적 구속력이 발생한다.

② 법의 일반원칙은 문명국들이 공통으로 승인하여 따르는 법의 보편적인 원칙을 말하며, 신의성실의 원칙, 권리남용금지의 원칙 등이 그 예이다.

③ 국제관습법은 국제 사회의 반복적인 관행이 법규범으로 승인되어 효력을 갖는 것으로서, 외교관의 특권과 면제, 전쟁 포로에 대한 인도적 대우 등이 그 예이다.

④ 조약은 2개 이상의 국가 사이에 맺은 법적 구속력을 갖는 문서 형식의 합의로서, 우리나라의 경우 대통령이 안전보장에 관한 조약을 체결할 경우 국회의 동의를 필요로 하지 않는다.

9 다음 글에서 설명하는 개념에 대한 사례에 해당하지 않는 것은?

> 일반적인 불법행위와 달리, 우리 「민법」은 일정한 경우에 특수 불법행위의 유형을 정하여 손해배상책임을 지우고 있다.

① 개를 데리고 산책하다가 주의를 게을리한 사이 개가 행인을 물어 상처가 난 경우, 개의 점유자가 그 손해를 배상해 주었다.

② 칵테일 가게 종업원이 칵테일 제조 묘기를 하던 중 잘못 던진 컵에 손님이 부딪혀 부상을 입은 경우, 사용자가 그 손해를 배상해 주었다.

③ 타인의 승용차 운전 중 부주의로 인해 상품 진열대를 파손하여 운전자가 그 손해를 배상해 주었다.

④ 5세 자녀가 타인의 집 유리창을 부주의로 파손한 경우, 그 자녀의 부모가 손해를 배상해 주었다.

10 밑줄 친 제도에 대한 설명으로 옳은 것은?

> ○○경찰서장은 긴급범죄신고 번호인 112에 허위 신고를 하여 근무 중인 경찰들을 긴급 출동케 한 갑(甲)에 대해 <u>즉결심판</u>을 청구하였다. 경찰은 긴급범죄신고 112에 대해 별다른 죄의식 없이 허위신고를 하는 사람들에게는 강력하게 대처해 112 긴급범죄신고가 국민의 비상벨 역할을 제대로 펼쳐 나갈 수 있도록 최선의 노력을 다할 계획이라고 밝혔다.

① 관할경찰서장 또는 관할해양경비안전서장이 검찰청에 청구한다.
② 20만 원 이하의 벌금이나 금고가 부과되는 가벼운 범죄사건에 활용된다.
③ 형의 집행은 경찰서장이 하고, 그 집행결과를 지체없이 판사에게 보고하여야 한다.
④ 피고인의 불출석 심판청구를 법원이 허가한 경우, 법원은 피고인이 출석하지 않더라도 심판할 수 있다.

11 사회계약설에 대한 설명으로 옳지 않은 것은?

① 홉스(T. Hobbes)는 절대 군주제를 옹호하였다.
② 로크(J. Locke)는 국가가 개인들의 자유와 권리를 침해할 경우 국민들의 저항권을 인정하였다.
③ 로크(J. Locke)는 정치권력을 입법권, 집행권, 사법권으로 분립시키는 삼권분립론을 주장하였다.
④ 루소(J.J. Rousseau)는 국민들이 계약을 통해 국가를 만들었어도 국가에 자신들의 주권을 양도한 것은 아니라고 주장하였다.

12 선거구 제도에 대한 설명으로 옳지 않은 것은?

① 소선거구제는 대표 결정방식 중 다수 대표제와 결합하여 시행되는 것이 일반적이다.
② 우리나라는 국회의원 지역구 선거, 지방자치단체장 및 기초의회 의원 선거에서 소선거구제를 적용하고 있다.
③ 소선거구제는 중·대선거구제에 비해 선거 비용이 적게 들고, 인기가 높은 후보나 주요 정당 후보에게 유리할 수 있다.
④ 소선거구제는 중·대선거구제에 비해 사표(死票)가 많이 발생할 수 있으며, 정당 득표율과 정당 의석률의 불일치가 심화될 수 있다.

13 (가), (나)에 대한 설명으로 옳지 않은 것은?

> (가) '법에 의한 지배(rule by law)'는 법을 통치자의 의사를 실현하는 도구나 수단으로 사용하는 것을 정당화한다.
>
> (나) '법의 지배(rule of law)'는 누구도 법과 동등한 권위를 지닐 수 없고, 통치자를 비롯한 모든 사람이 법에 종속된다는 것이다.

① (가)는 법치주의를 형식적인 의미로 이해하고 있다.
② (나)는 법의 내용과 목적을 중시하여 통치의 정당성을 강조한다.
③ (나)에 따르면 법치주의와 민주주의는 상호 보완적 관계이다.
④ 전체주의 국가는 (가)보다 (나)로 법치주의를 받아들이고 있다.

14 그림은 전형적인 두 가지 정부 형태를 단순화하여 나타낸 것이다. 이에 대한 설명으로 옳은 것은?

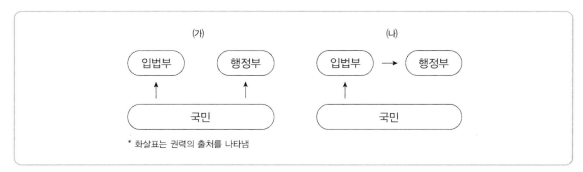

① (가)는 (나)에 비해 권력분립이 엄격하지 않다.
② (가)는 입법부가 행정부에 대해 불신임권을 행사한다.
③ (나)는 입법부와 행정부가 유기적 관계에 있다.
④ 우리나라의 정부 형태는 (나)에 해당한다.

15 국제연합(UN)에 대한 설명으로 옳은 것은?

① 국제사회의 평화와 안전을 보장하기 위하여 집단안보(Collective Security)를 채택하고 있다.
② 안전보장이사회의 상임이사국과 일부 비상임이사국에게 거부권이 주어진다.
③ 안전보장이사회 산하에 유네스코와 인권이사회가 활동하고 있다.
④ 국제사법재판소는 서로 국적이 다른 9명의 재판관으로 구성된다.

16 그림은 동질의 상품을 생산하는 기업의 진입 가능성 여부에 따라 시장을 구분한 것이다. A와 B시장에 대한 설명으로 옳은 것만을 〈보기〉에서 모두 고른 것은?

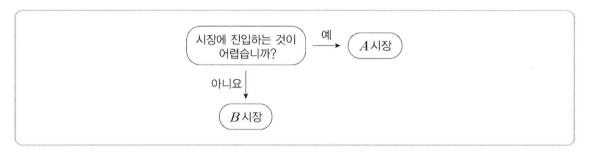

〈보기〉
㉠ 자원배분의 비효율성은 B시장보다 A시장이 높다.
㉡ 기업의 시장지배력은 B시장보다 A시장이 낮다.
㉢ 기업 간 담합 발생 가능성은 A시장보다 B시장이 높다.
㉣ 시장 참여자가 가격수용자가 될 가능성은 A시장보다 B시장이 높다

① ㉠, ㉡　　　　　　　　　　② ㉠, ㉣
③ ㉡, ㉢　　　　　　　　　　④ ㉢, ㉣

17 경기변동에 따른 경제안정화 정책에 대한 설명으로 옳은 것은?

① 경기과열 시 지급준비율을 인상하여 총수요를 감소시킨다.
② 경기과열 시 세율을 인하하여 총수요를 감소시킨다.
③ 경기침체 시 국공채를 매각하여 총수요를 증가시킨다.
④ 경기침체 시 정부지출을 축소하여 총수요를 증가시킨다.

18 다음은 국제 수지 중 서비스 수지와 이전 소득 수지에 대한 내역을 나타낸 것이다. ㉠~㉣ 중 올바르게 기록한 것을 모두 고른 것은?

구분	외화 수취	외화 지급
서비스 수지	㉠ 외국인으로부터 벌어들인 관광 수입 10억 달러	㉡ 외국기업 주식 매입금액 9천만 달러
이전 소득 수지	㉢ 국내 투자자가 외국기업 주식을 보유하고 받은 배당금 1억 달러	㉣ 정부가 해외 난민 보호를 위해 무상원조한 1억 달러

① ㉠, ㉡

② ㉠, ㉣

③ ㉡, ㉢

④ ㉢, ㉣

19 다음은 A국, B국, C국의 고용에 관한 통계이다. 이에 대한 분석으로 옳은 것은?

구분	노동(생산)가능 인구(명)	경제활동 참가율(%)	실업률(%)
A국	10,000	75	6
B국	12,000	60	7
C국	9,000	80	8

① 비경제활동인구 수는 A국이 가장 많다.

② 경제활동인구 수는 B국이 가장 많다.

③ 취업자 수는 B국이 가장 많다.

④ 실업자 수는 C국이 가장 많다.

20 그림은 A국의 X재에 대한 국내수요와 국내공급을 나타낸 것으로 자유무역을 실시하기 전 E점에서 균형을 이루고 있다. A국이 시장을 전면 개방할 경우, 국내의 X재 시장에 미치는 영향에 대한 설명으로 옳지 않은 것은? (단, X재의 국제 시장가격은 P1이고, A국은 이 가격을 주어진 것으로 받아들이며, 이 가격에서 X재를 얼마든지 수입할 수 있다)

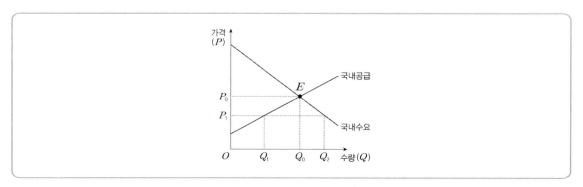

① 시장균형 가격은 하락한다.

② 소비자 잉여는 증가한다.

③ 사회적 잉여는 감소한다.

④ 국내 생산자의 국내 판매수입은 감소한다.

1 다음 사례에 대한 설명으로 옳지 않은 것은?

> • 갑은 만 18세이다. 갑에게는 할아버지로부터 증여받은 3억 원 상당의 주택이 있다. 갑은 ㉠부모의 동의를 얻어 만 21세의 을과 결혼식을 올린 후 혼인신고를 마쳤으나, 같이 살고 있지는 않다.
> • 병과 정은 모두 만 32세이다. 병에게는 그 동안 회사 생활을 하면서 모아둔 돈으로 마련한 ㉡2억 원 상당의 주택이 있다. 혼인의사가 있는 병과 정은 ㉢결혼식을 올리고 ㉣공동생활을 하고 있지만 아직 혼인신고는 하지 않았다.

① 갑은 ㉠없이 을과 이혼할 수 있다.

② 병이 사망한 경우에도 정은 ㉡에 대한 상속권을 취득하지 못한다.

③ ㉢과 ㉣에도 불구하고 ㉡은 병과 정의 공동재산으로 추정되지 않는다.

④ 병이 정의 이혼요구에 동의하지 않는 경우, 병은 법원의 판결을 통해 이혼할 수 있다.

2 다음 중 형사보상을 받을 수 있는 사람은 모두 몇 명인가?

> • 갑은 사기죄로 고소당하여 10일 동안 구속되었으나 검찰에서 혐의없음 처분을 받았다.
> • 을은 강도죄로 징역 1년을 선고받아 복역 후 만기출소 하였는데, 재심을 통하여 무죄를 선고받았다.
> • 병은 절도혐의로 10일 동안 구속되었으나 초범인 점이 참작되어 기소유예 처분을 받았다.
> • 정은 폭행혐의로 15일 동안 구속되어 수사를 받았으며, 재판에서 징역 1년에 집행유예 2년을 선고받았다.

① 1명

② 2명

③ 3명

④ 4명

3 다음 사례에서 을의 손해배상 책임을 인정하기 위해 고려해야 할 사항으로 옳지 않은 것은?

> 초등학생인 갑(만 8세)은 자신의 어머니 을이 이웃과 대화를 나누는 사이에 장난감 권총으로 지나가던 행인 병의 눈을 맞혀 상해를 입혔다.

① 갑의 행위가 위법한지 여부
② 병에게 책임능력이 있는지 여부
③ 갑에 대한 을의 감독의무 위반여부
④ 병이 입은 피해가 갑의 행위로 인한 것인지 여부

4 다음 사례에 대한 설명으로 옳은 것은?

> • 갑은 불법체포를 면하기 위해 반항하는 과정에서 경찰관에게 상해를 입혔다.
> • 산부인과 의사인 을은 임산부의 생명을 구하기 위해 낙태수술행위를 하였다.
> • 채권자 병은 자신의 채무를 변제하지 않고 외국으로 도주하는 채무자를 발견하고 붙잡아 출국을 못하게 하였다.

① 갑, 을, 병의 행위는 구성요건에 해당하지 않는다.
② 갑, 을, 병의 행위는 위법성조각사유에 해당한다.
③ 갑, 을, 병의 행위는 책임조각사유에 해당한다.
④ 갑, 을, 병의 행위는 범죄가 되지만 처벌되지 않는다.

5 헌법재판소의 심판절차에 대한 설명으로 옳지 않은 것은?

① 지방자치단체인 자치구도 권한쟁의심판을 청구할 수 있다.
② 권리구제형 헌법소원심판은 다른 법률에 구제절차가 있는 경우 그 절차를 모두 거친 후가 아니면 청구할 수 없다.
③ 법률이 헌법에 위반되는지 여부가 재판의 전제가 된 경우에는 당해 사건의 당사자는 헌법재판소에 위헌법률심판을 제청할 수 있다.
④ 정당의 목적이나 활동이 민주적 기본질서에 위배될 때에는 정부는 국무회의의 심의를 거쳐 정당해산심판을 청구할 수 있다.

6 다음과 같이 주장한 근대 사상가의 사회계약론에 대한 설명으로 옳은 것은?

> 자연상태에서 인간은 자유롭고 평화롭다. 그러나 옳고 그름을 구별하는 법이 없고, 다툼을 해결해주는 재판관도 없으며, 법을 집행할 수 있는 합법적인 권력도 없다. 그래서 모두가 스스로 옳다고 판단하는 자연상태는 불안정하다. 이러한 불안정한 상태를 예방하고 자유와 평등을 안전하게 보장하기 위해 사회 구성원이 계약을 통해 정부를 만든다.

① 개인들은 통치자에게 자신의 자연권을 모두 양도하는 사회계약을 체결한다.
② 계약으로 탄생한 정부는 개인의 이익이 아니라 공동선과 공공 이익을 추구해야 한다.
③ 사유재산제도가 사회경제적 불평등을 심화시키므로 정부가 불평등 해소를 위해 노력해야 한다.
④ 정부가 위임 목적을 위배하여 부당한 권력을 행사하면 국민들은 정당하게 저항권을 행사할 수 있다.

7 다음은 1933년 독일에서 나치 주도로 제정된 수권법의 일부이다. 이 법에 대한 설명으로 옳지 않은 것은?

> [제1조] 라이히(독일 제국)의 법률은 라이히의 헌법(바이마르 헌법)에서 규정하고 있는 절차에 의하는 것 외에, 라이히 정부에 의해서도 의결될 수 있다.
> [제2조] 라이히 정부가 의결하는 법률에는 라이히 헌법과 다른 규정을 둘 수 있다.

① 다수결 원칙에 위배하여 채택되었다.
② 입헌주의를 준수하지 않았다.
③ 실질적 법치주의를 지키지 않았다.
④ 권력자의 자의적 지배를 형식적으로 정당화하였다.

8 우리나라 국회와 대통령의 관계에 대한 설명으로 옳지 않은 것은?

① 대통령은 국회에서 의결된 법률안에 대해 정해진 기간 내에 이의서를 붙여 거부권을 행사하여 국회의 재의를 요구할 수 있다.
② 대통령의 재의의 요구가 있을 때에는 국회가 재적 의원 과반수 출석과 출석 의원 3분의 2 이상의 찬성으로 전과 같은 의결을 하면 그 법률안은 법률로서 확정된다.
③ 대통령이 긴급명령을 발하였을 때에는 지체없이 국회에 보고하여 그 승인을 받아야 한다.
④ 국회는 대통령에 대한 탄핵을 심판할 수 있다.

9 우리나라 국회의원 선거에서의 표 등가성 원리에 대한 설명으로 옳은 것만을 모두 고른 것은?

> ㉠ 평등 선거 원칙에 따라 일정 연령 이상의 모든 국민에게 선거권을 부여한다.
> ㉡ 게리맨더링이란 용어는 1812년 미국 매사추세츠 주지사 게리가 표 등가성 원리에 위배된 선거구를 획정한 데에서 나왔다.
> ㉢ 소선거구제에서 인구 수가 선거구 간에 크게 다르다면 표 등가성 원리에 어긋날 수 있다.
> ㉣ 현행 국회의원 선출방식에서 한 유권자가 행사하는 지역구 1표의 가치는 그가 행사하는 비례대표 1 표의 가치보다 작다.
> ㉤ 표 등가성 원리에 어긋난 선거구는 헌법재판소가 다시 획정한다.

① ㉢

② ㉢, ㉣

③ ㉠, ㉢, ㉣

④ ㉡, ㉢, ㉤

10 국제 환경문제에 대한 다음 글에서 공통적으로 나타난 국제 사회의 특징으로 가장 적절한 것은?

> • 환경문제는 골목길 청소에 비유되기도 한다. 예를 들어 혼자 골목길을 청소하는 수고가 150, 둘이 함께 청소하는 수고는 각 75, 깨끗한 골목길이 주는 효용은 각 100이라고 하자. 이런 경우에 골목길은 더러운 상태로 남아 있을 수 있다.
> • 지구온난화가 인류에게 장기적으로 심각한 위협이 되고 있다는 인식이 광범위하게 받아들여지고 있다. 지구온난화의 주요 원인으로 주목받고 있는 온실가스의 배출을 줄이려는 교토의정서(1997년) 합의가 있었지만 온실가스 배출은 크게 줄지 않았다.

① 국제 환경의 갈등은 선진국 – 개발도상국 간보다 선진국 간에서 더욱 심각하다.

② 국제 환경문제는 어느 누구도 양보하지 않으면 모두 파국에 이르는 치킨게임이기 때문에 한쪽의 양보에 의해 해결된다.

③ 국제 협력의 결과가 반대의 결과보다 모두에게 이득이 됨에도 불구하고 국제 협력은 잘 성사되지 않는다.

④ 국제 환경문제는 조약 체결에 의해 실질적으로 해결된다.

11 다음에서 설명하고 있는 소형 주택 시장에 생긴 변화를 적절하게 분석한 것은?

> 갑국에서는 소형 주택에 대한 선호가 높아져서 소형 주택 가격이 상승하였고, 이와 같은 소형 주택의 가격 상승에 따라 건설사들은 공급량을 늘리고 있다.

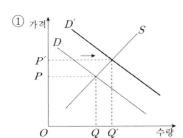

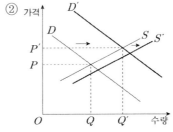

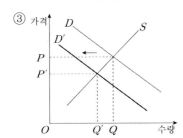

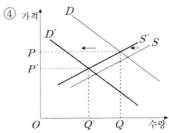

12 밑줄 친 특정 조치로 가장 적절한 것은?

> A상품은 어떤 사람이 소비하더라도 다른 사람의 소비에는 영향을 주지 않을 뿐만 아니라 구입하지 않은 사람들도 구입한 사람과 똑같은 혜택을 누릴 수 있었다. 그런데 정부가 특정 조치를 취하자, A상품은 어떤 사람이 소비하더라도 다른 사람의 소비에는 영향을 주지 않는 점에는 변함이 없었으나 구입하지 않은 사람들은 혜택을 누릴 수 없게 되었다.

① 군사력 증강을 통한 국방서비스 확대
② 막히지 않는 무료 도로에 대한 유료화
③ 공중파 라디오 방송사에 대한 지원 강화
④ 작은 무료 낚시터의 유료화

13 다음의 상황을 가장 바르게 서술한 것은?

> 배추 재배 농가들이 수확량의 1/3을 폐기 처분하였더니, 배추 가격이 상승하고 총수입이 증가하였다.

① 배추 수요의 가격 탄력성이 탄력적이다.
② 배추 수요의 가격 탄력성이 단위 탄력적이다.
③ 배추 수요의 가격 탄력성이 비탄력적이다.
④ 배추 수요의 가격 탄력성과 무관하다.

14 다음 그림은 총수요 곡선이 우하향하고, 총공급 곡선이 우상향하는 경우의 물가와 실업률 간의 관계를 나타낸다. 균형점 E의 이동에 대한 설명으로 옳지 않은 것은? (단, 균형점의 이동은 단기적 변동만 고려한다)

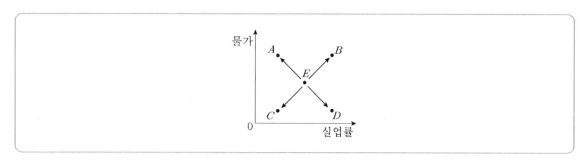

① 민간 소비 및 투자가 증가한다면 E에서 A로 이동할 것이다.
② 확대 재정 정책을 시행한다면 E에서 C로 이동할 것이다.
③ 생산성 향상으로 각 물가 수준에서 공급할 수 있는 총생산물의 양이 증가한다면 E에서 C로 이동할 것이다.
④ 생산비용 증가로 각 물가 수준에서 공급할 수 있는 총생산물의 양이 감소한다면 E에서 B로 이동할 것이다.

15 미국 달러에 대한 원화 환율(원/미국 달러)이 하락하는 경우, 혜택을 보는 경제 주체들만을 모두 고르면?

> ㉠ 수입 원자재를 이용하지 않는 완제품을 미국에 수출하는 국내 기업
> ㉡ 국내에서 원화로 임금을 받아 미국에 달러로 송금해야 하는 미국 근로자
> ㉢ 국내로 여행 오는 미국 관광객
> ㉣ 미국으로 어학 연수를 떠나는 우리나라 학생
> ㉤ 미국 현지에 공장을 건설하려는 국내 기업
> ㉥ 미국 채권을 가지고 있는 국내 투자자

① ㉠, ㉢, ㉥
② ㉡, ㉢, ㉤
③ ㉡, ㉣, ㉤
④ ㉠, ㉣, ㉥

16 다음 사례에 대한 설명으로 옳은 것은?

> A는 실적주의를 도입하고 있는 회사이다. 사원들의 업적을 항목별로 세분화하고 각 항목에 −3점부터 3점까지 점수를 부여하고 있다. A는 매년 통계를 내어 근무 평점이 30점을 초과한 사원에게는 성과급을 지급하고, 근무 평점이 연속 2년 10점 미만인 경우에는 특별교육이수센터에서 일정 기간 재교육을 시킨다.

① 성취 지위와 역할 갈등을 찾을 수 있다.
② 성과급은 역할에 대한 보상 수단에 해당한다.
③ A는 2차적 사회화 기관이면서 비공식적 사회화 기관이다.
④ 특별교육이수센터는 비공식 조직이면서 자발적 결사체에 해당한다.

17 다음 연구에 대한 설명으로 옳지 않은 것은?

> 연구자 갑은 우리나라 노인들의 '인간관계 밀도'와 '삶의 만족도'의 관련성을 밝히는 연구를 수행하였다. 연구 문제와 관련하여 가설을 설정하고, 이를 검증하기 위하여 서울에 거주하는 70세 이상의 남자와 여자를 임의로 300명씩 선정하여 설문 조사를 실시하였다. 자료의 통계 분석 결과, 노인의 인간관계 밀도가 높을수록 삶의 만족도가 높은 것으로 나타났다.

① 추상적 개념을 측정 가능한 지표로 설정하는 과정이 필요하다.
② 다수를 대상으로 대량의 자료를 수집할 수 있는 방법이 활용되었다.
③ 표본의 대표성이 없어 분석 결과를 모집단 전체에 일반화할 수 없다.
④ 자료의 분석 과정에서 감정이입과 직관적 통찰을 통한 이해를 중시한다.

18 다음 사례를 읽고 옳은 설명만을 〈보기〉에서 모두 고른 것은?

> (가) A사회와 B사회의 접촉 과정에서 A사회의 의복 문화가 B사회의 의복 문화로 대체되었다.
> (나) C사회에서 발생하여 번성했던 ○○종교가 선교사들에 의해 D사회로 전파되었다. 그런데 D사회에서는 C사회의 종교에 D사회의 토속 신앙이 결합하여 □□종교로 정착되었다.

> ㉠ (가)는 문화 동화의 사례에 해당된다.
> ㉡ (나)에서 □□종교는 문화 융합의 사례에 해당된다.
> ㉢ (가), (나)는 문화의 반동과 복고 현상의 사례에 해당된다.
> ㉣ (가), (나)는 내재적 요인에 의해서 발생한 문화 접변 사례에 해당된다.

① ㉠
② ㉠, ㉡
③ ㉠, ㉡, ㉢
④ ㉡, ㉢, ㉣

19 다음은 교육의 기능에 대해 서로 다른 관점을 갖고 있는 갑과 을의 대화이다. 갑과 을에 대한 설명으로 가장 적절한 것은?

> • 갑 : 학교에서 학생들에게 가르치는 내용은 주로 기득권층의 이익에 부합되는 것입니다. 교육 제도는 지배 계급의 지배를 정당화하기 위한 수단으로서의 기능을 수행하고 있습니다. 또한 교육 제도는 개인들의 사회적 지위를 고착화시키는 데 기여하고 있습니다.
> • 을 : 그렇지 않습니다. 교육 제도는 개인들에게 사회 계층 이동의 기회를 제공하는 역할을 수행하고 있습니다. 또한 교육 제도는 구성원들로 하여금 사회적 규범과 가치관을 내면화하도록 하고, 사회적 역할에 필요한 지식과 기술을 습득하도록 합니다.

① 갑은 교육 제도가 기존의 사회적 불평등을 재생산하는 수단으로 작용한다고 본다.
② 을은 개인의 능력보다 가정의 배경을 중시하는 입장을 취한다.
③ 갑은 을에 비해 교육을 통해 사회 구성원이 적재적소에 재배치된다고 본다.
④ 갑과 을은 모두 미시적 관점에서 교육 제도를 바라보고 있다.

20 다음 글은 정보 사회에서 나타날 수 있는 현상이다. 정보 사회의 특징으로 옳은 것만을 〈보기〉에서 모두 고른 것은?

> 오늘날 우리 사회에서는 디지털 기기의 사용이 보편화되고 다양한 정보가 폭발적으로 증가하고 있으며, 최근에는 빅데이터(big data)가 여러 영역에서 활용되고 있다. 예를 들면, 신용카드사는 고객들에게 주변 맛집 안내 서비스를 제공하여 카드 매출을 늘리거나, 카드의 도난이나 분실을 확인하는 부정사용방지시스템을 도입하여 고객의 피해를 줄이기도 한다. 빅데이터에 대한 업계의 반응은 대부분 긍정적이지만, 자율적인 활용에 앞서 개인 정보 활용 범위를 마련하고 데이터의 표준화 필요성도 제기되고 있다.

> ㉠ 정보 전달 과정에서 시간과 공간의 제약이 커진다.
> ㉡ 부가가치 창출의 원천으로서 정보의 비중이 증대된다.
> ㉢ 특정 집단에 의한 사회적 통제와 감시 가능성이 높아진다.
> ㉣ 기업이 소비자의 행동을 예측하고 대응하는 경향이 강화된다.

① ㉠, ㉡   ② ㉡, ㉢
③ ㉠, ㉡, ㉣   ④ ㉡, ㉢, ㉣

1 다음에서 설명하는 일탈 이론은?

> 누구나 살면서 잘못을 저지르지만 적발되지 않으면 대부분 별 문제없이 지나간다. 하지만 그것이 다른 사람들에게 적발되고 세상에 알려지면 상황은 급격히 변한다. 자신을 대하는 사회적 시선이 예전과 달라졌음을 인식하게 되면서 그는 점점 일탈을 내면화하고 정상적인 사회 규범과 멀어진다.

① 낙인 이론
② 아노미 이론
③ 사회 해체론
④ 차별적 교제론

2 그림은 사회·문화 현상의 연구방법론 흐름도이다. 이에 대한 설명으로 가장 옳은 것은?

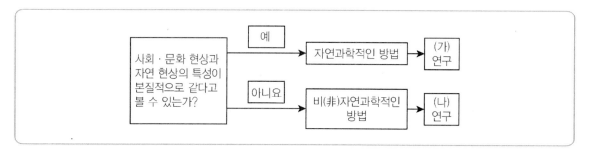

① 실증주의를 바탕으로 하는 연구 방법은 (가)이다.
② (가)는 질적 연구, (나)는 양적 연구에 해당한다.
③ 계량화를 바탕으로 한 통계적 분석이 가능한 것은 (가)보다 (나)이다.
④ (가)는 방법론적 이원론, (나)는 방법론적 일원론을 주장한다.

3 다음에 나타난 문화 접변에 대한 설명으로 가장 옳은 것은?

> 미국에 노예로 끌려온 아프리카 흑인들 고유의 음악이 유럽식 악기 등과 결합하여 만들어진 '재즈' 가 있다.

① 문화 공존보다는 문화 동화에 해당한다.

② 간다라 불상과 같은 문화 융합의 사례에 해당한다.

③ 한국에 한의학 이외에 서양 의학이 들어와 있는 사례를 들 수 있다.

④ 브라질 원주민들이 과거 주술적인 방식을 버리고 서양의학에 의존하는 경우도 이에 해당한다.

4 다음 빈칸에 들어갈 이론에 대한 평가로 옳은 것을 〈보기〉에서 모두 고르면?

> 1960년대 중남미 학자들은, 중남미 국가들이 근대화론에 입각하여 산업화와 근대화를 추진하였음에도 불구하고 서구선진 사회와의 격차가 좁혀지지 않는 상황을 보고 의문을 제기하였다. 이처럼 근대화론에 대한 비판이 제기되면서 등장한 이론이 [   ] 이다.

> 〈보기〉
> ㉠ 사회 발전을 국제적인 힘의 관계 속에서 조명한다.
> ㉡ 신흥 공업 국가들의 경제 발전을 합리적으로 설명할 수 있다.
> ㉢ 후진국의 경제적 문제에 영향을 미치는 국내 요인에 주목한다.
> ㉣ 선진국과의 종속 관계에서 벗어난 주체적인 경제 발전을 강조한다.

① ㉠, ㉡

② ㉠, ㉣

③ ㉡, ㉢

④ ㉢, ㉣

5 사회 보장 제도 ㈎, ㈏에 대한 설명으로 옳은 것은?

> ㈎ 65세 이상 노인들의 빈곤을 완화하기 위해 저소득층 노인을 대상으로 일정 금액의 연금을 국가가 전액 지원하는 제도를 말한다.
> ㈏ 치매나 중풍을 앓고 있는 노인들에게 간병 등 재가 서비스나 요양 시설 서비스 등의 이용을 지원하기 위한 제도로 가입자는 건강 보험 가입자와 동일하며 건강 보험료의 일정 비율을 보험료로 징수한다.

① ㈎는 ㈏보다 소득 재분배 효과가 크다.
② ㈏는 가입과 탈퇴가 자유롭다.
③ ㈎는 사회 보험의 성격을 가진 제도이다.
④ ㈏는 ㈎보다 복지병을 유발하기 쉽다.

6 ㈎, ㈏의 사례에서 위법성이 조각되는 사유를 바르게 연결한 것은?

> ㈎ 효은이는 길거리에서 불량배들에게 폭행을 당하는 동생을 보고, 이를 제지하는 과정에서 불량배들에게 상해를 입혔다.
> ㈏ 상가 건물에 화재가 나자 생명의 위협을 느낀 경아는 이를 피할 수 있는 다른 방법이 없어 어쩔 수 없이 건물의 유리창을 깨고 탈출하였다.

	㈎	㈏
①	정당방위	긴급 피난
②	정당방위	정당 행위
③	정당 행위	긴급 피난
④	정당 행위	자구 행위

7 계약의 효력 발생 요건에 대한 설명으로 가장 옳지 않은 것은?

① 계약 당사자가 권리 능력 및 행위 능력을 갖추고 있어야 한다.
② 계약은 당사자가 합의한 것이므로 그 내용이 강행 법규에 반하더라도 효력이 있다.
③ 계약의 내용은 사회적으로 타당해야 하며, 실현 가능성이 있어야 한다.
④ 계약 당사자의 의사와 표시된 내용이 일치해야 하며, 의사표시에 하자가 없어야 한다.

8 다음은 「간통죄」에 대한 헌법재판소 결정문의 일부분이다. 밑줄 친 (가)~(라)에 대한 법적 분석으로 옳지 않은 것은?

- 사건 : 2014헌바53 · 464(병합)
- 사건 개요

  청구인들은 간통하였다는 범죄사실로 기소되어 해당사건이 진행되던 중 형법 제241조가 위헌이라며 (가) <u>위헌법률심판제청</u> 신청을 하였으나 그 신청이 기각되자 (나) <u>헌법소원심판</u>을 청구하였다. 〈이하 생략〉
- 위헌여부에 대한 판단 헌법 제10조에서 보장하는 인격권과 ___(다)___ 은(는) 개인의 자기운명결정권을 전제로 한다. 이 자기운명결정권에는 성적 자기결정권이 포함되어 있으므로, 심판대상조항은 개인의 성적 자기결정권을 제한한다. 또한, 심판대상조항은 개인의 성생활이라는 내밀한 사적 생활영역에서의 행위를 제한하므로 헌법 제17조가 보장하는 (라) <u>사생활의 비밀과 자유</u> 역시 제한한다. 〈이하 생략〉

---

① (가)의 권한은 법원에 있다.

② (나)는 위헌 심사형 헌법 소원이다.

③ (다)에 해당하는 기본권은 행복추구권이다.

④ (라)는 국가에 의한 자유를 주된 내용으로 하는 기본권이다.

9 다음 글과 관계 깊은 사상을 〈보기〉에서 모두 고르면?

국가가 결성되기 이전의 자연 상태에서 개인은 아무런 제약이나 차별 없이 자유롭고 평등하다. 이러한 자유와 평등을 제도적으로 보장하기 위하여 사람들이 계약을 맺어 국가를 구성한다. 이 국가는 국민들이 일반의지를 실현하려는 기구이다.

〈보기〉

㉠ 사회 계약설 ㉡ 실정권 사상
㉢ 자연권 사상 ㉣ 국민 주권 사상

---

① ㉠, ㉡　　　　　　　　　　　② ㉠, ㉣

③ ㉠, ㉢, ㉣　　　　　　　　　④ ㉡, ㉢, ㉣

10 밑줄 친 ㈎, ㈏에 대한 설명으로 가장 옳은 것은?

> 영국 총선이 단독 과반을 얻은 보수당의 압승으로 끝난 가운데 영국의 군소정당들이 선거 제도 개혁을 촉구하였다. 대부분의 유럽 국가들은 ㈎ <u>비례대표 선거제도</u>를 채택하고 있지만, 영국의 선거제도는 ㈏ <u>각 지역구에서 1표라도 더 많은 표를 획득한 후보가 당선되는 시스템</u>이다. 영국의 군소정당 중 하나인 UKIP(영국독립당)는 지난 7일 치러진 총선에서 전국적으로 400만표(13%의 득표율)를 얻어 보수당과 노동당에 이어 3위를 차지했지만, 전체 650개 의석 중 단 1석을 얻는데 그쳤다.

① ㈎를 통해 우리나라 국회의원, 광역 지방자치단체의 장이 선출된다.
② ㈎는 군소정당들의 국회 진출에 부정적 영향을 미친다.
③ ㈏는 사회의 다원적인 정치적 의사를 충분히 반영한다.
④ ㈎보다 ㈏에서 사표 발생 가능성이 더 높다.

11 다음 사례에서 위반한 죄형 법정주의의 원칙으로 가장 옳은 것은?

> A법에서는 공중도덕상 유해한 업무에 취직하게 할 목적으로 직업소개나 근로자 모집을 한 사람을 처벌하도록 하였다. 그러나 일반인은 다양한 사회 영역에서 어떤 행위가 공중도덕상 유해하여 금지되는지를 알 수 없다.

① 유추 해석 금지의 원칙
② 소급 입법 금지의 원칙
③ 명확성의 원칙
④ 적정성의 원칙

12 다음은 법률 개정 과정을 정리한 것이다. 밑줄 친 (가)~(라)에 대한 설명으로 옳지 않은 것은?

① (가)는 정부, 국회의원 10인 이상, 국회 상임 위원회가 할 수 있다.

② (나)의 정족수는 재적 의원 과반수 출석, 출석 의원 과반수 찬성이다.

③ (다) 이후에 대통령은 국무회의 심의를 거쳐 법률안의 재의를 요구할 수 있다.

④ 국회에서 재의결된 법률안은 즉시 국회의장이 (라)를 행한다.

13 국제 사회를 바라보는 관점 (가), (나)에 대한 설명으로 가장 옳은 것은?

> (가) 국제 사회란 보편적인 가치나 질서에 의해서 지배되는 것이 아닙니다. 오로지 권력과 같은 힘으로 주도될 뿐이지요. 각국은 각자 자국의 이익을 추구하기 위해 계산적으로 움직이기 때문에 배려나 양보를 기대하는 것은 불합리합니다.
>
> (나) 국제 사회란 보편적인 선이나 국제 규범에 의해 지배되고 있습니다. 마치 사람들이 모여 사회를 이루고 살듯이, 국제적으로 발생하는 다양한 문제들에 대응하기 위해 국가 간 연합과 협력이 이루어지는 공간이 국제 사회입니다.

① (가)는 국제 관계에서 국가 간 상호 의존적 관계를 중시해야 한다고 본다.

② (나)의 대표적인 사례로 북대서양 조약 기구(NATO), 바르샤바 조약 기구(WTO) 등이 있다.

③ (나)는 집단 안보 체제의 구축이 국제 평화 유지의 방안이 될 수 있다고 본다.

④ (가)는 (나)보다 국제 관습법과 같은 국제법의 중요성을 강조한다.

14 다음 자료에 대한 분석으로 옳은 것은?

- A와 B의 가처분 소득은 각각 40만 원씩이다.
- A와 B는 가처분 소득 전부를 고급 레스토랑 외식 또는 뮤지컬 관람에 소비한다.
- 고급 레스토랑 외식은 1회에 10만 원, 뮤지컬 관람은 1회에 20만 원이다.

〈소비량에 따른 총 만족감의 크기〉

구분		고급 레스토랑 외식				뮤지컬 관람	
		1회	2회	3회	4회	1회	2회
총 만족감	A	8	16	23	29	25	45
	B	10	19	27	33	18	31

① B의 경우 가처분 소득 전부로 고급 레스토랑 외식만 하는 것이 총 만족감이 가장 크다.

② 뮤지컬 관람 횟수를 1회에서 2회로 늘릴 때 총 만족감의 증가는 B가 A보다 크다.

③ 고급 레스토랑에서 1회 외식할 때의 비용이 증가하면 뮤지컬을 1회 관람할 때의 기회비용도 증가한다.

④ A의 합리적 선택은 뮤지컬 관람만 하는 것이다.

15 그림은 경기 순환을 나타낸 것이다. 경기 상황이 구간 A와 같을 때 정부와 중앙은행의 정책으로 가장 옳지 않은 것은? (단, A는 경기 변동선이 장기 추세선 아래로 진입하여 저점에 이르는 구간이다.)

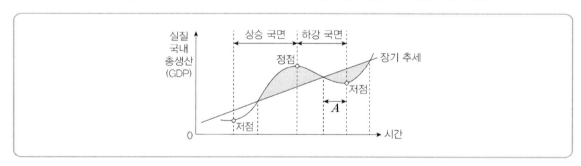

※ DTI(Debt to Income, 총부채상환비율)란, 소득 대비 금융 부채 상환 능력에 따라 대출 규모를 제한하는 것

① 정부는 DTI 규제를 완화한다.

② 정부는 확대재정정책을 시행한다.

③ 중앙은행은 금리를 인하한다.

④ 중앙은행은 국공채를 매각한다.

16 다음 자료에 대한 분석으로 가장 옳은 것은?

> 서울항공은 A집단과 B집단에 대해 항공기 탑승권의 현재가격을 기준으로 가격 변동에 따른 탑승객 수의 변동을 조사하였더니 다음과 같은 결과가 나타났다. (단, 탑승권의 현재가격은 100만 원이며, 가격 외에 다른 변수는 고려하지 않는다.)

가격 변동	수요량 변동			
	A집단		B집단	
	변동 전	변동 후	변동 전	변동 후
10만 원 하락	10만 명	15만 명	10만 명	10만 5천 명
10만 원 상승	10만 명	5만 명	10만 명	9만 5천 명

① A집단은 수요의 가격 탄력성이 1보다 작다.

② A집단은 가격 변동률보다 판매 수입 변동률이 작다.

③ B집단은 가격 변동 방향과 판매 수입 변동 방향이 일치한다.

④ 판매 수입 증대를 위해서 A집단에 대해서는 가격 인상, B집단에 대해서는 가격 인하를 할 것이다.

17 (가), (나)는 시장 실패의 원인에 대한 그래프이다. 이에 대한 설명으로 옳은 것은?

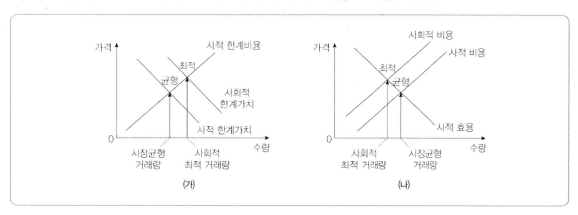

① (가)는 외부불경제, (나)는 외부경제에 해당한다.

② 공공재 부족은 (나)보다는 (가)에 해당한다.

③ 공장 가동으로 인한 환경오염은 (가)보다 (나)에 해당한다.

④ '누이 좋고, 매부 좋다.'라는 속담은 (가)보다 (나)에 해당한다.

18 그림은 정부의 가격 규제 정책을 나타낸 것이다. 이에 대한 설명으로 옳지 않은 것은?

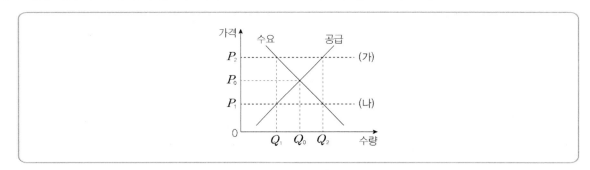

① (가)에서 가격 규제를 시행하면 $Q_1 \sim Q_2$만큼의 초과 수요가 발생할 것이다.

② (나)에서 가격 규제를 시행하면 암시장이 형성될 수 있다.

③ 분양가 상한 제도는 (가)보다 (나)에 해당한다.

④ 공급자를 보호하기 위한 가격 규제 제도는 (나)보다 (가)에 해당한다.

19 다음은 환율의 변동을 표로 정리한 것이다. (가)~(라)의 영향으로 옳은 것을 〈보기〉에서 모두 고르면? (단, 환율 이외의 다른 요건은 고려하지 않는다.)

구분		원/달러 환율	
		상승	하락
원/유로 환율	상승	(가)	(나)
	하락	(다)	(라)

〈보기〉

ⓘ (가) – 미국과 EU에 대한 한국 기업들의 수출이 증가한다.

ⓛ (나) – 미국 부품을 수입하여 완제품을 EU에 수출하는 한국기업들은 불리해진다.

ⓒ (다) – 한국 시장에서 미국산 자동차보다 EU산 자동차의 가격경쟁력이 높아진다.

ⓔ (라) – 미국 회사나 EU 회사의 주식에 대한 배당금의 원화환산 금액이 증가한다.

① ⓘ, ⓛ

② ⓘ, ⓒ

③ ⓛ, ⓒ

④ ⓘ, ⓒ, ⓔ

20 다음 대화에서 밑줄에 들어갈 수연이의 대답으로 옳지 않은 것은?

> 재화 : 어제 내가 감기가 심해서 결석을 했잖아. 어제 경제 수업시간에 금융 상품의 특징에 대해서 배웠
> 다면서? 나에게 금융 상품의 특징에 대해서 설명해 줄 수 있니?
>
> 수연 : _____

① 펀드는 간접 투자의 대표적인 상품이야.

② 채권은 돈이 필요한 우리나라 사람이라면 누구나 발행할 수 있어.

③ 주식 투자자들이 얻을 수 있는 투자 수익에는 배당과 시세차익이 있어.

④ 연금에는 국가가 보장하는 공적 연금, 기업이 보장하는 퇴직 연금, 개인이 준비하는 개인 연금이 있어.

☞ 정답 및 해설 P.35

1 국제법의 법원 A, B에 대한 설명으로 옳은 것은?

> A : 서로에게 일정한 행위를 하거나, 혹은 하지 않을 것을 내용으로 하는 국제법 주체 간의 문서 형식의 합의
>
> B : 국제 사회의 반복적인 관행이 국제 사회에서 법 규범으로 승인되어 효력을 가지게 되는 관습 법규

① 우리나라의 경우 A의 체결권은 대통령, 비준권은 국회에 있다.

② 우리나라가 체결한 모든 A는 국회의 동의가 있어야 국내법과 같은 효력이 인정된다.

③ B는 원칙적으로 이를 승인한 국가에만 법적 구속력이 발생한다.

④ 국내 문제 불간섭, 외교관의 면책 특권은 B로 분류된다.

2 표는 대표 선출 방식 A~C를 나타낸 것이다. 이에 대한 설명으로 옳은 것은? (단, A~C는 각각 다수 대표제, 소수 대표제, 비례 대표제 중 하나이다.)

질문 \ 대표 선출 방식	A	B	C
각 정당의 유효 득표 비율에 따라 의석을 배분하는가?	예	아니요	아니요
소수당의 의회 진출 가능성을 높을 수 있는가?	예	아니요	예

① A는 B에 비해 선거 절차와 방법이 복잡하다.

② B는 A에 비해 정당 득표율과 의석률 간의 차이가 적다.

③ B는 C와 달리 다당제를 촉진한다.

④ C는 B에 비해 사표가 많이 발생한다.

3 다음에 제시된 자료와 관련된 설명으로 가장 옳은 것은?

> 【제1조】 라이히 법률은 라이히 헌법이 규정하고 있는 절차에 의하는 외에, 라이히 정부에 의해서도 의결될 수 있다.
>
> 【제2조】 라이히 정부가 의결하는 법률에는 라이히 헌법과는 다른 규정을 둘 수 있다.
>
> — 1933년 3월 24일 「국민 및 국가의 위기 극복에 관한 법률」

① 실질적 법치주의에 대한 설명이다.
② 국민의 자유와 권리 보장이 목적이었다.
③ 사법권의 독립, 탄핵 심판 제도 등은 위 법률과 관계 깊은 제도이다.
④ 통치의 합법성만을 강조하였고, 독재자의 전제를 견제할 수 없었다.

4 다음 사례에 대한 법적 판단으로 옳은 것은?

> • 갑이 운영하는 커피 전문점에서 아르바이트를 하던 을은 실수로 뜨거운 음료를 쏟아 손님에게 화상을 입혔다.
> • 병 소유의 상가를 빌려 피자 가게를 운영하던 정의 가게 간판이 떨어져 행인이 크게 다쳤다.

① 을의 행위에 고의가 없었으므로 불법 행위가 성립하지 않는다.
② 갑의 불법 행위 책임이 인정되더라도 을은 불법 행위 책임을 진다.
③ 병과 정은 공동 불법 행위 책임을 진다.
④ 을과 정의 불법 행위에 대하여 갑과 병은 과실 책임을 진다.

5 다음 법률 조항에서 강조되는 우리나라 헌법의 기본 원리에 대한 설명으로 옳은 것은?

> • 이 법은 환경보전에 관한 국민의 권리·의무와 국가의 책무를 명확히 하고 환경정책의 기본 사항을 정하여 환경오염과 환경훼손을 예방하고 환경을 적정하고 지속가능하게 관리·보전함으로써 모든 국민이 건강하고 쾌적한 삶을 누릴 수 있도록 함을 목적으로 한다.
> – 「환경정책기본법」 제1조
> • 이 법은 헌법에 의한 근로자의 단결권·단체교섭권 및 단체행동권을 보장하여 근로조건의 유지·개선과 근로자의 경제적·사회적 지위의 향상을 도모하고, 노동관계를 공정하게 조정하여 노동 쟁의를 예방·해결함으로써 산업평화의 유지와 국민경제의 발전에 이바지함을 목적으로 한다.
> – 「노동조합 및 노동관계 조정법」 제1조

① '국가로부터의 자유'를 실현하기 위한 원리이다.
② 실질적 평등보다 형식적 평등을 실현하기 위한 것이다.
③ 국가가 문화 활동의 자유를 보장해야 한다는 원리이다.
④ 모든 국민의 인간다운 생활을 보장하기 위한 국가의 적극적인 역할을 강조한다.

6 헌법 기관 A에 대한 설명으로 옳은 것은?

> 과거에는 '개인의 성과 본관이 같은 사람끼리 결혼을 할 수 없다.'는 민법 조항으로 인해 동성동본(同姓同本) 사이에 혼인을 할 수 없었다. 이에 대해 Ａ은/는 동성동본 혼인을 일괄적으로 금지하는 민법 조항에 대해 '인간으로서의 존엄과 가치 및 행복추구권'을 정한 헌법의 이념과 평등의 원칙에 어긋난다며 헌법에 합치하지 않는다는 결정을 내렸다.

① 사법부의 최고 기관이다.
② 위헌 법률 심판 제청권을 가진다.
③ 국가기관 상호 간의 권한에 대한 다툼을 심판한다.
④ 법률이 정한 공무원에 대한 탄핵 소추를 의결한다.

7 다음 사례에 대한 법적 판단으로 옳은 것은?

> A씨는 온라인에서 온수매트를 구입하였고 사용 설명서에 기재된 내용에 따라 정상적으로 온수매트를 사용하고 있었다. 그런데 온수 조절 밸브의 고장으로 인하여 물이 새어나와 거실의 원목 마루가 들뜨고 뒤틀리는 피해를 입게 되었다. 그는 제조사를 상대로 손해 배상을 요구했지만 제조사는 사용상의 잘못이 있었을 것이라며 손해 배상을 거부하고 있다.

> ㉠ 제조사가 당시 기술적 수준으로 결함의 존재를 발견할 수 없었어도 제조사에게 책임을 물을 수 있다.
> ㉡ 제조물 책임법에 의하면 소비자가 제조업자의 과실을 입증하지 않고도 피해를 보상받을 수 있다.
> ㉢ 손해를 배상받기 위해 피해자는 피해 사실 및 손해 배상 책임자를 알게 된 때로부터 3년 이내에 청구해야 한다.
> ㉣ 제조사에게 있어 배상 의무의 범위에는 제조물 자체 및 피해자의 손해가 해당된다.

① ㉠, ㉡
② ㉠, ㉢
③ ㉡, ㉢
④ ㉡, ㉣

8 우리나라 대통령과 행정부에 대한 설명으로 옳은 것끼리 묶인 것은?

> ㉠ 행정 각 부의 장은 국무 위원 중에서 국무총리의 제청으로 대통령이 임명한다.
> ㉡ 감사원장은 국회의 동의를 얻어 대통령이 임명하고 그 임기는 4년이다.
> ㉢ 대통령은 긴급 재정·경제 처분 및 명령을 발포 후 국회에 보고하여 동의를 얻어야 한다.
> ㉣ 국무 회의는 정부의 권한에 속하는 중요한 정책을 의결한다.

① ㉠, ㉡
② ㉠, ㉢
③ ㉡, ㉢
④ ㉡, ㉣

9 다음 그림은 부동산 매매 절차를 나타낸 것이다. (가)~(라)에 대한 설명으로 옳은 것은?

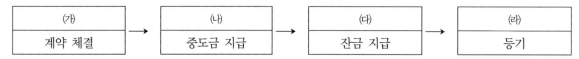

① (가) 단계에서 계약금을 지급해야만 계약이 성립한다.

② (가) 단계 이후 (나) 단계 이전까지 매수인은 계약금만 포기하면 계약을 일방적으로 해제할 수 있다.

③ (다) 단계에서 매수인은 잔금 지급과 동시에 부동산 및 관련 서류를 매도인으로부터 인수하면 소유권이 이전된다.

④ (라)를 통해 등기부 을구의 내용이 변경된다.

10 다음은 A국의 의회 선거 결과에 따른 각 정당의 의석 점유율을 가상한 결과이다. 이에 대한 분석 및 추론으로 가장 옳은 것은? (단, A국은 전형적인 의원 내각제 국가이다.)

시기	갑당	을당	병당	정당
t대	55%	30%	10%	5%
t+1대	35%	30%	25%	10%

① t대 의회보다 t+1대 의회에서 소수의 이익을 보호할 가능성이 높다.

② t대 의회에서는 갑당과 타 정당 간의 연립을 통해 내각을 구성해야 한다.

③ t+1대 의회에서는 정국이 안정되고 정치적 책임 소재가 분명할 것이다.

④ t+1대 의회에서는 갑당만이 수상을 배출한다.

11 다음은 문화 이해의 태도에 대한 판서 내용이다. ⊙~◎에 대한 설명으로 옳은 설명을 〈보기〉에서 고른 것은?

---

(1) (⊙) : 문화 간의 우열을 인정하는 태도
 －(ⓒ) : 자기 문화의 우수성을 내세워 타 문화를 평가절하 하려는 태도
 －(ⓒ) : 다른 사회의 문화만을 동경하거나 숭상하는 태도
(2) 문화 상대주의 : 문화 간의 우열을 인정하지 않고, 문화의 가치를 그 사회의 환경과 역사적 맥락에서 이해하려는 태도, (◎)의 태도로 치우칠 경우 많은 문제점이 발생한다.

〈보기〉
⊙ ⊙은 문화 절대주의, ⓒ은 문화 사대주의, ⓒ은 자문화 중심주의이다.
ⓒ ⓒ은 그 집단 내에 일체감을 높여주는 등 사회 통합에 기여하기도 한다.
ⓒ ⓒ의 대표적인 예로 '중국의 중화사상'이 있다.
◎ ◎은 극단적인 상대주의이며, 문제점으로는 '인류 보편적 가치 훼손'이 있다.

---

① ⊙, ⓒ　　　　　　　　　　　② ⓒ, ⓒ
③ ⓒ, ◎　　　　　　　　　　　④ ⓒ, ◎

12 다음은 우리나라 사회 보장 제도 (가)~(다)의 사례를 구분한 것이다. 이에 대한 설명으로 옳은 것은?

(가) 70세인 A씨는 소득 인정액이 기준 금액 이하로 판정되어 매월 일정 금액을 정부로부터 받고 있다.
(나) 장애인 B씨는 지방자치단체에서 운영하는 장애인 콜택시를 이용하여 이동한다.
(다) 해고를 당한 C씨는 실업 급여를 신청하여 지급받았다.

---

① (가)는 (나), (다)보다 수혜 대상자 범위는 작고, 소득 재분배 효과는 크다.
② (가)는 (다)와 달리 상호 부조의 원칙이 적용된다.
③ (나)는 사전 예방, (다)는 사후 처방의 성격이 강하다.
④ (다)는 대상자의 수혜 정도에 따라 비용을 부담하게 한다.

13 밑줄 친 ㉠~㉢에 대한 설명으로 옳은 것은?

> 갑은 ㉠아버지의 권유로 ㉡경영대학에 진학하였다. 평소 연극을 좋아하여 ㉢연극 동아리에 가입하였고, 동아리 활동을 하면서 연기에 소질이 있다는 평가를 받아 ㉣동아리 부장을 하게 되었다. 그래서 '대학 연극 축제'에 참가하여 심사위원들로부터 최고 점수를 받아 ㉤'대상'을 수상하였다.

① ㉠은 귀속 지위이고, ㉣은 성취 지위이다.
② ㉡은 1차적 사회화 기관이면서 공식적 사회화 기관이다.
③ ㉢은 이익 사회이며, 가입과 탈퇴가 자유로운 집단이다.
④ ㉤은 갑의 역할에 대한 보상이다.

14 표는 자료 수집 방법 A~D의 일반적인 특징을 구분한 것이다. 이에 대한 설명으로 옳은 것은? (단, A~D는 각각 질문지법, 면접법, 참여관찰법, 실험법 중 하나이다.)

* ○: 예, ×: 아니요

구분	A	B	C	D
주로 질적 연구에서 사용되는가?	×	○	○	×
언어적 상호 작용이 필수적인가	○	×	○	×

① A는 B에 비해 다수의 많은 자료를 한 번에 수집할 수 있다.
② B는 C에 비해 조사 대상자의 깊이 있는 답변을 유도하기에 용이하다.
③ C는 D와 달리 연구 변수에 대한 인위적인 처치와 조작을 강조한다.
④ B, C는 A, D와 달리 일반적인 법칙 발견에 유리한 자료 수집방법이다.

15 밑줄 친 ㉠~㉣과 같은 현상의 일반적인 특징에 대한 옳은 설명을 〈보기〉에서 고른 것은?

㉠외계 항성계와 행성을 탐험할 수 있는 새로운 길이 열렸다. 최근 하와이에 있는 W.M. 켁 천문대(Keck Observatory)에서 관측된 자료를 근거로 두 개의 새로운 논문이 천문학 저널(Astronomical Journal)에 발표됐다. 이들 논문은 주항성에 가깝게 있는 ㉡갈색왜성과 행성계 시스템에 대한 내용을 담고 있어 눈길을 끌고 있다. ㉢갈색왜성은 행성보다는 큰데 항성보다는 질량이 작고 가시광선 영역의 빛을 내지 못하는 천체이다. 온도가 대단히 낮고 크기가 작기 때문에 직접 관측되지 않았다. 하지만 켁 천문대에 설치한 '보텍스 코로나그래프(Vortex Coronagraph)'를 통해 갈색왜성을 찍는 데 성공했다. 코로나그래프는 개기일식이 아닌 평상시에 태양의 빛을 가려 코로나 방출을 파악하는 장비인데, 이를 ㉣켁 천문대에 설치해 외계행성을 찾는 데 응용한 것이다.

〈보기〉
㉠ ㉠과 같은 현상은 특수성을 지닌다.
㉡ ㉡과 같은 현상은 ㉠과 같은 현상과 달리 개연성을 갖는다.
㉢ ㉢과 같은 현상은 ㉣과 같은 현상과 달리 확실성의 원리를 따른다.
㉣ ㉢과 같은 현상은 당위 법칙, ㉣과 같은 현상은 존재 법칙이 적용된다.

① ㉠, ㉡

② ㉠, ㉢

③ ㉡, ㉣

④ ㉢, ㉣

16 다음 자료를 바탕으로 내년도에 나타날 환율 변동의 효과에 대한 추론으로 옳은 것은? (단, A점은 금년도 평균 환율이며, B점은 내년도 예측치이다.)

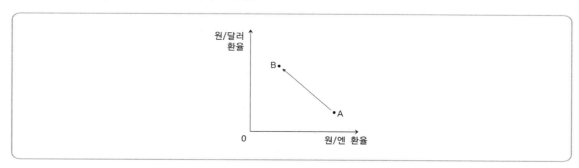

① 한국 시장에서 미국 제품의 가격 경쟁력은 높아질 것이다.
② 미국산 원재료를 사용하는 한국 기업의 생산비는 감소할 것이다.
③ 일본산 부품을 사용하여 미국에 수출하는 한국 기업의 이익은 증가할 것이다.
④ 한국 시장에서 일본 제품의 가격 경쟁력은 미국 제품보다 낮아질 것이다.

17 다음 민간 경제의 순환에 대한 설명으로 옳은 것은?

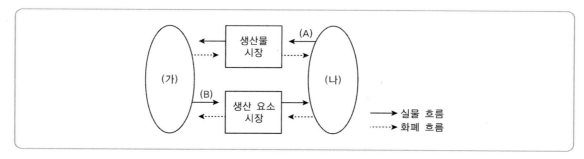

① ㈎는 생산 활동의 주체이다.
② ㈏는 효용의 극대화를 목적으로 한다.
③ 재화와 서비스는 (A)에 해당된다.
④ (B)에는 국방, 치안, 기상 정보 등이 해당된다.

18 A극장에서 동일한 액수로 징수하던 영화 관람료를 요일 및 시간대별로 차등 징수한 결과 다음과 같은 변화가 나타났다. 영화 관람료 변화에 따른 수요의 가격 탄력성에 대한 설명으로 바른 것은? (단, 판매 수입 변화에서 '+'는 증가, '−'는 감소, '0'은 변화 없음을 의미한다.)

구분	평일 심야	평일	주말
가격 상승률(%)	+10	+5	+10
판매수입 변화	−	0	+

① 평일 심야 − 수요의 가격 탄력성은 비탄력적이다.

② 평일 − 수요의 가격 탄력성은 단위 탄력적이다.

③ 주말 − 수요의 가격 탄력성은 탄력적이다.

④ A극장의 수요의 가격 탄력성 크기는 주말 > 평일 심야 > 평일순이다.

19 표는 ○○국 경제에서 부존 자원과 생산 기술을 이용하여 생산할 수 있는 자전거와 오토바이의 최대 생산량 조합을 나타낸 것이다. 이에 대한 설명으로 가장 옳은 것은?

(단위 : 대)

최대 생산량 조합	A	B	C	D	E
자전거	100	80	60	35	10
오토바이	1	2	3	4	5

① 오토바이 3대와 자전거 50대 생산은 불가능하다.

② B에서 C로 이동할 때, 오토바이 1대의 추가 생산에 따른 기회비용은 자전거 60대이다.

③ 자전거의 생산량을 늘려감에 따라, 자전거 생산의 기회비용은 점차 감소한다.

④ 생산량 조합이 B에서 C보다 C에서 D로 변할 때, 오토바이 생산의 기회비용은 증가한다.

20 다음은 기획재정부와 농림축산식품부가 추진하는 가격 규제정책에 대한 설명이다. 자료에 대한 설명으로 가장 옳지 않은 것은?

> 최근 물가의 급등으로 인해 서민 경제가 어려워지자 기획재정부는 쌀값 안정을 위한 가격 규제를 추진하고 있다. 반면 농림축산 식품부는 쌀 재배에 따른 생산비 상승에 비해, 쌀의 시장 가격이 낮게 형성되고 있어 적절한 쌀 가격 보전을 위한 가격 규제의 필요성을 요구하고 있다.
>
> 조건 1. 각 정부 부처는 (가) 또는 (나) 중 어느 하나를 가격 규제 정책으로 추진하고 있다.
> 조건 2. (가)는 P_1에서, (나)는 P_2에서 가격 규제가 이루어지고 있다.

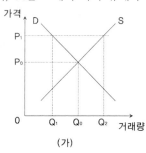

(가)

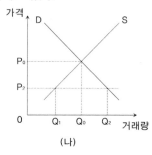

(나)

① 농림축산식품부는 (가)의 가격 규제 정책을, 기획재정부는 (나)의 가격 규제 정책의 실시를 요구하고 있다.

② 가격 규제 이후 시장에서 판매되는 쌀의 거래량은 (가)와 (나)가 같다.

③ 가격 규제 이후 시장에서 판매되는 쌀의 총 거래액은 (가)가 (나)보다 더 크다.

④ (나)는 (가)와 달리 암시장이 형성될 수 있다.

1 국제 사회의 변천 과정에 대한 설명으로 옳지 않은 것은?

① 30년 전쟁을 종결하기 위해 체결된 베스트팔렌 조약으로 민족 단위의 주권 국가가 국제 사회의 주체로 떠올랐다.

② 제1차 세계 대전 이후 국제 평화와 안전 및 협력 증진을 위해 국제 연맹이 창설되었으나 실질적인 효과를 거두지 못하였다.

③ 트루먼 독트린은 제국주의와 식민주의의 확산 방지를 위해 미국이 동맹국에 군사·경제 원조를 약속한 것으로, 냉전체제 성립의 계기가 되었다.

④ 지중해의 몰타에서 미·소 정상이 만나 동서 대결의 종식을 선언한 후 탈냉전 시기가 도래하였다.

2 밑줄 친 ㉠, ㉡에 대한 설명으로 옳은 것은?

> 자유는 소극적 자유와 적극적 자유로 나뉜다. 소극적 자유는 국가 권력으로부터 구속이나 강제를 받지 않는 '국가로부터의 자유'를 의미한다. 이와 달리 적극적 자유는 국가 운영에 참여할 수 있는 ㉠'국가에의 자유'와 인간다운 삶을 누릴 자유인 ㉡'국가에 의한 자유'로 구분된다.

① ㉠에는 환경권과 보건권이 포함된다.

② 우리 헌법에 규정된 국민의 공무 담임권은 ㉠을 보장하기 위한 것이다.

③ ㉡은 역사가 가장 오래된 핵심적 권리이다.

④ 자본주의가 발달한 현대 사회에서는 ㉡의 필요성이 점차 줄어들고 있다.

3 국제 사회를 바라보는 관점 (가)와 (나)에 대한 설명으로 옳지 않은 것은?

(가)	(나)
• 국제 사회는 이성과 보편적인 선(善)이 작동하는 사회로 국가 간 협력과 평화 건설이 가능하다. • 국제법과 국제기구를 통한 협력이 국제 평화 방안이다.	• 국제 사회는 힘의 논리가 지배하는 사회로 무정부성이 존재한다. • 국제법과 국제기구만으로는 국제 평화 건설이 어렵다.

① (가)는 국제 사회에서 상호 의존성을 중시한다.

② (나)는 국제 사회를 홉스의 인간관에서 이해한다.

③ (가)는 (나)와 달리 국가 안보를 가장 중시한다.

④ (나)는 (가)와 달리 국제 평화 방안으로 동맹과 세력 균형을 강조한다.

4 다음 문서에 대한 설명으로 옳은 것은?

> • 국왕은 의회의 동의를 받지 않고 왕권으로 법의 효력을 정지하거나 법의 집행을 정지할 수 있는 권력이 있다는 주장은 위법이다.
> • 국왕에게 청원을 하는 것은 국민의 권리이므로 청원을 했다고 해서 구금하거나 박해를 가하는 것은 위법이다.
> • 의원 선거는 자유롭게 이루어져야 한다.

① 프랑스 인권선언의 영향을 받았다.

② 봉건제의 모순을 극복하고 신분제 타파의 계기가 되었다.

③ 전제 군주제에서 입헌 군주제로 변화하는 기틀을 마련하였다.

④ 보통 선거와 평등 선거의 원칙을 제시하였다.

5 양당제와 다당제의 일반적인 특징에 대한 비교 설명으로 옳은 것만을 모두 고른 것은?

> ㉠ 양당제는 다당제보다 소수집단의 의사가 더 잘 반영된다.
> ㉡ 양당제는 다당제보다 강력한 정책 추진이 가능하다.
> ㉢ 다당제는 양당제보다 다수당의 횡포 가능성이 높다.
> ㉣ 다당제는 양당제보다 정치적 책임소재가 불분명해질 수 있다.

① ㉠, ㉢   ② ㉠, ㉣

③ ㉡, ㉢   ④ ㉡, ㉣

6 다음 그림은 도시와 농촌의 일반적 특성을 도식화한 것이다. 이에 대한 설명으로 옳은 것은?

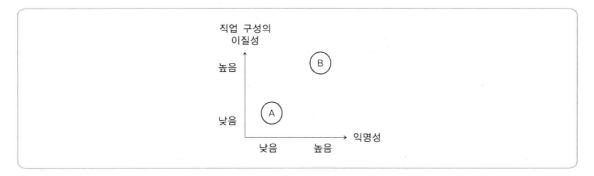

① A에 비해 B에서는 고령화에 따른 노동력 부족 현상이 더 심각하다.

② A에 비해 B에서는 주로 비공식적 수단에 의해 사회 통제가 이루어진다.

③ B에 비해 A에서는 가정과 직장의 분리 정도가 낮다.

④ B에 비해 A에서는 2차적 인간관계가 지배적으로 나타난다.

7 (가), (나)에 나타난 일탈 이론에 대한 설명으로 옳은 것은?

> (가) 비행 청소년들을 상담한 결과, 주변에 이들의 비행과 일탈을 부추기는 사람들이 존재하였다는 점이 발견되었다. 이런 사람들과의 잦은 접촉으로 인해 비행 청소년들은 자신의 일탈 행위를 쉽게 정당화하며 일탈 행위에 대한 죄의식도 낮아지게 되었다.
>
> (나) 인터넷 공간은 매우 빠른 속도로 진화하고 있기 때문에 이를 규율하는 사회적 규범이 제대로 마련되지 않아 각종 사이버범죄가 발생하고 있다. 인터넷 공간에는 현실 세계의 규범이 적용되기 어려우며 새로운 규범이 미처 확립되지 않아 이른바 규범의 진공 상태가 발생하게 된다.

① (가)는 목표와 수단 간의 괴리를 일탈 행위의 원인으로 파악한다.
② (가)는 인간의 상호 작용을 통한 문화와 행동의 학습을 강조한다.
③ (나)는 특정 행위를 일탈 행위로 규정하는 사회적 반응에 주목한다.
④ (나)는 일탈 행위의 원인으로 정보 사회의 불평등 구조를 강조한다.

8 밑줄 친 ㉠~㉣에 대한 설명으로 옳은 것은?

> 甲은 현재 ㉠A회사 해외 지사에 근무하고 있다. 처음에는 해외 생활에 적응하기 위해 회사 내 ㉡자원봉사 동아리에도 가입하여 적극 활동하였으나, 오랫동안 ㉢승진도 안 되고 ㉣가족과 떨어져 외로워하고 있다.

① ㉠은 이익 사회이다.
② ㉡은 공동 사회이다.
③ ㉢은 甲의 역할에 대한 평가 결과이다.
④ ㉣은 현재 외집단이다.

9 다음 표는 질문 (가), (나)를 활용하여 사회 변동을 바라보는 관점 A, B를 구분한 것이다. 이에 대한 설명으로 옳은 것은? (단, A, B는 각각 진화론과 순환론 중 하나이다)

질문 관점	(가)	(나)
A	아니요	예
B	예	아니요

① A가 순환론이면 (가)에는 "서구 중심적 사고라고 비판을 받는가?"가 적절하다.

② B가 진화론이면 (나)에는 "사회 변동은 특정한 방향성을 가지고 있는가?"가 적절하다.

③ (가)가 "제국주의를 정당화하는 근거로 사용되는가?"이면 A는 진화론이다.

④ (나)가 "사회 변동 과정에서 문명이 퇴보할 수 있는가?"이면 B는 순환론이다.

10 법률의 제정 및 개정 과정에 관한 설명으로 옳지 않은 것은?

① 법률안 제출은 정부도 할 수 있다.

② 헌법 또는 법률에 특별한 규정이 없는 한 법률안은 국회 재적의원 과반수의 출석과 출석의원 과반수의 찬성으로 의결된다.

③ 국회에서 의결된 법률안에 대해 이의가 있을 때, 대통령은 법률안이 정부로 이송된 날부터 15일 이내에 환부거부할 수 있다.

④ 환부거부된 법률안이 국회에서 재의결된 경우 대통령이 공포하는 즉시 법률로서 확정된다.

11 다음 甲의 사례에 관련된 구체적인 위법성 조각 사유로 볼 수 있는 것은?

> 현행 범인으로서의 요건을 갖추었다고 인정되지 않는 상황에서 경찰관이 동행을 거부하는 자를 강제연행하는 것은 적법한 공무집행으로 볼 수 없다. 甲은 그러한 이유에서 경찰관의 강제연행에 저항하다가 경찰관에게 상해를 가했으나 위법성이 조각되어 범죄 성립이 인정되지 않았다.

① 피해자의 승낙

② 긴급피난

③ 자구행위

④ 정당방위

12 교사 甲은 ⑺의 연구를 일반적인 실험 설계 형태인 ⑷로 재구성하였다. 이에 대한 설명으로 옳은 것만을 〈보기〉에서 모두 고른 것은?

⑺ 교사 甲은 "⊙교사의 학생에 대한 기대가 학생들의 학업 성취에 긍정적인 영향을 미친다"라는 가설을 세웠다. 이를 검증하기 위해 甲이 근무하는 ○○고등학교 1학년 학생을 대상으로 1학기 초에 학업 성취도 평가를 시행한 후, 1학년 모든 반에서 무작위로 20 %의 학생을 선정하였다. 그 명단을 각 반 담임교사에게 주면서 성적 하위 20 % 학생들의 명단이라고 말하였고, 담임교사는 이들을 지속적으로 격려하였다. 한 학기가 지난 후 동일한 학생을 대상으로 동일한 난이도의 학업 성취도 평가를 실시하였다.

⑷

A	사전 검사 평균 값 a1	→	실험 처치(X)	→	사후 검사 평균 값 b1
B	사전 검사 평균 값 a2	→	실험 처치(X) 안 함	→	사후 검사 평균 값 b2

※ X 이외 다른 변수의 효과는 모두 통제된 것으로 간주함.

〈보기〉

㉠ ⊙은 독립 변수이며 ⑷에서는 X에 해당된다.
㉡ A는 통제 집단, B는 실험 집단이다.
㉢ ⑷에서 만약 a1, a2, b2가 같고, b1이 통계학적으로 의미 있는 수준에서 b2보다 크면 가설은 채택된다.
㉣ ⑺의 연구 결과는 표본의 대표성을 확보하였으므로 일반화가 가능하다.

① ㉠, ㉢
② ㉡, ㉢
③ ㉡, ㉣
④ ㉢, ㉣

13 사법절차에 관한 설명으로 옳은 것은?

① 국회의원의 당선효력에 관한 소송은 단심제가 적용되지만 도지사의 경우 2심제가 적용된다.
② 행정소송은 행정심판이 1심의 역할을 하므로 2심제가 적용된다.
③ 특허법원의 판결에 대한 상고를 제외한 각급 법원의 모든 상고는 대법원이 심판한다.
④ 각급 법원은 명령·규칙이 법률에 위반되는 여부가 재판의 전제가 된 경우 심사권을 갖지만 최종심사권은 대법원에 있다.

14 대통령과 행정부에 관한 설명으로 옳지 않은 것은?

① 대통령이 일반사면을 명하려면 국회의 동의를 얻어야 한다.

② 행정각부의 장은 국무위원 중에서 국회의장의 제청으로 대통령이 임명한다.

③ 국무회의는 대통령, 국무총리 및 15인 이상 30인 이하의 국무위원으로 구성된다.

④ 감사원은 세입·세출의 결산을 매년 검사하여 대통령과 차년도 국회에 그 결과를 보고하여야 한다.

15 다음 사례에서 甲에 관련된 설명으로 옳은 것은?

> 장래 희망이 대통령인 甲은 현재 만 18세이다. 甲은 양가 부모의 동의를 얻어 동갑내기와 결혼하고 혼인신고를 하였으나 결혼 6개월 만에 이혼하였다. 이혼한 甲은 결혼할 때 甲의 부모가 甲 명의로 사준 주택에 살면서 乙이 운영하는 편의점에서 아르바이트를 하며 지내고 있다. 甲은 지난달에 길에서 어깨를 부딪친 행인을 폭행하여 재판을 받을 처지에 있다. 甲은 급히 합의금을 마련하려고 甲의 부모의 동의 없이 甲 명의의 주택을 처분하려고 한다.

① 甲은 차기 대통령선거에서 피선거권을 가질 수 있다.

② 甲은 乙에게 독자적으로 임금을 청구할 수 있다.

③ 甲은 형사미성년자이기 때문에 가정법원 소년부에서 재판을 받을 수 있다.

④ 甲이 甲의 부모의 동의 없이 甲 명의의 주택을 처분한다면 甲의 부모는 이를 취소할 수 있다.

16 채권과 주식에 대한 설명으로 옳지 않은 것은? (단, 희석증권은 제외한다)

① 주식보유자는 이익배당청구권을 갖지만, 채권보유자는 이익배당청구권을 갖지 못한다.

② 채권보유자와 주식보유자는 원칙적으로 경영참가권을 가진다.

③ 정부와 지방자치단체는 주식을 발행할 수 없다.

④ 채권보유자는 이자소득을 받지만, 주식보유자는 이자소득을 받을 수 없다.

17 다음 그림은 가격 변화에 따른 A재와 B재의 판매 수입을 나타낸 것이다. 이에 대한 설명으로 옳은 것은? (단, A재와 B재는 수요의 법칙을 따른다)

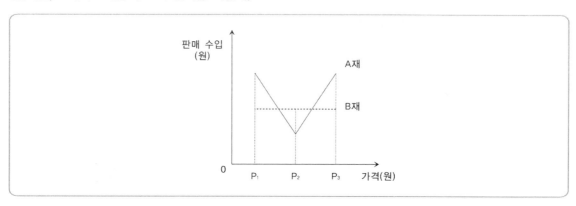

① B재 수요의 가격 탄력성은 0이다.

② 가격이 P_2일 때의 판매량은 A재가 B재보다 많다.

③ 가격이 P_2에서 P_3로 상승할 때 A재의 판매량은 증가한다.

④ 가격이 P_2에서 P_1으로 하락할 때 가격 변화에 대해 A재의 수요는 탄력적이다.

18 다음 그림은 정상재인 X재의 시장 균형 상태를 나타낸 것이다. X재 수요와 공급의 변화로 균형 가격은 변하지 않고 균형 거래량만 증가했다면, 이러한 결과를 초래할 수 있는 변화 요인으로 적절한 것은?

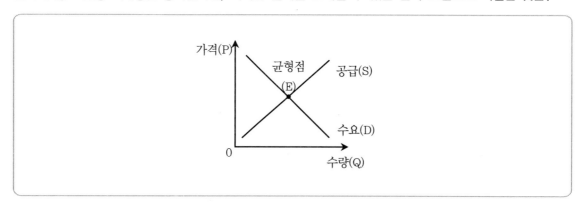

① 대체재의 가격 상승과 생산 요소 가격의 상승

② 보완재의 가격 하락과 생산 기술의 발전

③ 소득의 감소와 공급자 수의 증가

④ X재에 대한 선호 감소와 노동자의 임금 상승

19 다음 표에서 기준연도인 T년 대비 (T + 1)년의 GDP 디플레이터 변화에 대한 설명으로 옳은 것은? (단, A국은 X와 Y 두 상품만 생산한다)

상품	T년		(T + 1)년	
	생산량(개)	시장가격(원)	생산량(개)	시장가격(원)
X	50	200	60	250
Y	70	100	80	90

① 11.0 % 상승 ② 11.0 % 하락
③ 9.9 % 상승 ④ 9.9 % 하락

20 다음 그림은 A, B, C 3국의 경제 성장률을 나타낸 것이다. 이에 대한 설명으로 옳은 것만을 〈보기〉에서 모두 고른 것은? (단, 경제 성장률은 전년 대비 실질 GDP의 증가율을 의미한다)

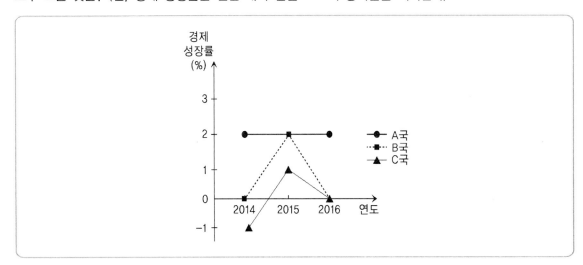

〈보기〉
㉠ A국의 실질 GDP는 2015년과 2016년이 같다.
㉡ B국의 실질 GDP는 2013년이 2016년보다 많다.
㉢ B국의 실질 GDP는 2015년과 2016년이 같다.
㉣ C국의 실질 GDP는 2013년이 2015년보다 많다.

① ㉠, ㉡ ② ㉠, ㉢
③ ㉡, ㉣ ④ ㉢, ㉣

☞ 정답 및 해설 P.40

1 오늘날 국제문제에 대한 설명으로 옳은 것은?

① 탈냉전기 이후 국제사회의 주요 문제로 환경, 보건, 인권문제 등이 부각되었으나, 안보 문제는 주요 문제로 인식되지 않고 있다.

② 환경, 보건, 인권 등 국제문제의 해결은 문제의 원인을 제공하는 국가가 책임지고 독자적으로 해결해야 한다는 원칙이 오늘날 국제사회에 적용되고 있다.

③ 온실가스 배출량 감축을 위한 '교토 의정서'에 대해 미국은 비준을 거부하였다.

④ 국가 간 경제 격차로 동서문제가 심화되면서 세계 평화가 위협받고 있다.

2 우리나라의 정당 제도에 대한 설명으로 옳지 않은 것은?

① 정당의 설립은 자유이고 복수 정당제는 헌법에서도 보장된다.

② 정당은 법률이 정하는 바에 의하여 그 운영에 필요한 자금을 국가로부터 보조받을 수 있다.

③ 정당의 목적이나 활동이 민주적 기본 질서에 위배될 때에는 국회는 헌법재판소에 정당의 해산을 제소할 수 있다.

④ 정당은 공직 선거에 참여하거나 여론을 형성하고 주도하는 등 국민의 정치적 의사 형성에 참여할 수 있다.

3 다음은 대표적인 근대 정치 사상가들의 주장을 정리한 것이다. 갑~병에 대한 설명으로 옳은 것은?

갑 : 인간은 자연 상태에서는 자유롭고 평등하며 타인에 대한 연민을 지니고 있지만, 사유재산제로 인해 경제적·정치적 불평등이 조성되었다.

을 : 자연 상태에서 사적 소유권을 항상적으로 확보하기 어렵기 때문에 개인들은 사회계약에 동의하고 정부를 구성하였다. 하지만 정부가 계약을 제대로 수행하지 못하는 경우 개인들은 정부를 다시 구성할 수 있다.

병 : 개인들은 자신들이 갖는 자연권을 제3의 주권자에게 양도하면, 그에게 절대 복종하여야 한다.

① 개인들이 국가에 권리를 양도한 정도는 병이 가장 크다.

② 갑과 을은 군주제의 필요성을 강조하였다.

③ 을과 병은 개인들이 자연 상태에서 평화롭다고 인식하였다.

④ 갑, 을, 병 모두 국민주권론을 주장하였다.

4 다음 표는 시대별 민주 정치의 일반적인 특징을 나타낸 것이다. (가)~(다)에 대한 설명으로 옳은 것은? (단, (가)~(다)는 각각 고대 아테네, 근대, 현대 민주 정치 중 하나이다)

질문	답변		
	(가)	(나)	(다)
보통선거권이 보장되는가?	아니요	아니요	예
대의제를 바탕으로 정치가 이루어지는가?	예	아니요	예

① (가)에서는 공직자를 추첨이나 윤번제 등으로 충원하였다.

② (나)에서는 입헌주의와 직접 민주주의가 시행되었다.

③ 영국의 차티스트 운동은 (나)에서 (가)로 발전하는 데 기여하였다.

④ (다)에서는 (가)에서와 달리 여성의 참정권을 인정하였다.

5 다음 표는 1인 2표제를 시행하고 있는 A국의 의원 선거 결과이다. A국의 선거 및 정당 제도에 대한 일반적인 추론으로 옳은 것은? (단, 지역구는 단순 다수 대표제에 의해, 비례 대표는 정당의 총 득표수에 비례해서 당선자가 결정된다)

구분	지역구		비례 대표	
전국	선거구 수	의원 정수	선거구 수	의원 정수
	500	500	1	50

① 지역구 의원은 결선 투표로 선출된다.

② 다당제보다 양당제일 가능성이 더 높다.

③ 정당별 총 의석수가 정당 득표율만으로 결정된다.

④ 지역구 선거에서는 현직 의원보다 정치 신인의 당선 가능성이 더 높다.

6 사회 · 문화 현상의 연구 방법 A, B의 일반적인 특징에 대한 설명으로 옳은 것을 〈보기〉에서 고른 것은?

- A는 계량화된 경험적 자료에 대한 분석을 통해 변수들 간의 관계를 설명한다.
- B는 인간의 사회적 행위 속에 담긴 주관적 동기와 의미를 심층적으로 이해한다.

〈보기〉
㉠ A는 측정이나 실험을 통한 구체적 가설 검증을 중시한다.
㉡ A는 실증적 방법에 입각한 연구를 통한 결론 도출에 적합하다.
㉢ B는 해석적 연구를 통한 보편적 법칙 발견에 적합하다.
㉣ B는 직관적 이해보다는 통계화된 자료의 수집을 더 중시한다.

① ㉠, ㉡

② ㉠, ㉢

③ ㉡, ㉣

④ ㉢, ㉣

7 밑줄 친 ㉠~㉣에 대한 설명으로 옳은 것은?

> 한국인은 ㉠햄버거의 등장이라고 하면 흔히 미국을 떠올린다. 그 이유는 ㉡햄버거가 미국에서 유입되었기 때문이다. 햄버거의 기원을 몽골의 유라시아 원정 때부터로 보는 일부 시각도 있다. 몽골의 고기를 갈아 먹는 문화가 러시아로 전해진 후, 러시아인은 생고기를 갈아 다진 양파와 날달걀을 넣어 타르타르 스테이크를 만들었다. 그것이 독일의 함부르크에 전해진 후, ㉢함부르크 스테이크의 형태로 미국에 전해졌다. 햄버거가 미국에 전해진 초기에는 일반인 대다수가 즐겨 먹는 음식이 아니었다. 하지만 맛과 간편성에 주목한 ㉣청소년과 하층민들이 햄버거를 즐겨 먹게 되었고, 이후 여러 햄버거 체인들의 발전과 함께 세계적인 음식이 되었다.

① ㉠은 문화 변동의 내재적 요인 중 발견에 해당한다.

② ㉡은 문화 지체의 사례이다.

③ ㉢은 강제적 문화 접변에 해당한다.

④ ㉣은 문화의 다양성에 기여하는 하위 문화이다.

8 사회 집단과 조직에 대한 설명으로 옳은 것은?

① 대학교는 2차 집단이며 이익 사회에 해당한다.

② 시민 단체는 이익 사회이며 비공식 조직에 해당한다.

③ 종친회는 1차 집단이며 공동 사회에 해당한다.

④ 대기업은 공식 조직이며 자발적 결사체이다.

9 다음 표는 우리나라의 사회보험과 공공부조의 특징을 비교한 것이다. 이에 대한 설명으로 옳은 것은?

질문	사회보험	공공부조
(가)	아니요	예
(나)	예	예
(다)	A	B
(라)	C	D

① (가)는 "소득 재분배 효과가 있는가?"라는 질문이 해당할 수 있다.

② (나)는 "수급자 선정 과정에서 낙인 문제가 발생하는가?"라는 질문이 해당할 수 있다.

③ (다)의 질문이 "기초연금제도가 해당되는가?"라면 A는 '아니요', B는 '예'이다.

④ (라)의 질문이 "강제가입을 원칙으로 하는가?"라면 C는 '아니요', D는 '예'이다.

10 다음 표는 갑, 을, 병 세 나라의 자녀와 부모 계층의 일치 여부에 대한 것이다. 이에 대한 해석으로 옳은 것은?

〈자녀와 부모 계층의 일치 및 불일치 비율〉

(단위 : %)

자녀의 계층	갑국		을국		병국	
	부모와 일치	부모와 불일치	부모와 일치	부모와 불일치	부모와 일치	부모와 불일치
상층	7	3	18	2	12	8
중층	24	6	4	6	42	18
하층	54	6	56	14	16	4
합	100		100		100	

① 갑국의 자녀 세대는 다이아몬드형 계층 구조이다.

② 을국에서 세대 간 상승 이동한 자녀의 수는 세대 간 하강 이동한 자녀의 수보다 적다.

③ 병국에서 부모와 계층이 일치하는 자녀의 수는 상층과 하층을 합하면 중층보다 많다.

④ 세 나라 모두 세대 간 계층 대물림은 부모가 상층일 때 가장 많다.

11 다음 표는 재화 A~D의 가격이 현재 수준에서 10 % 인상될 경우 판매 수입의 변화율을 나타낸 것이다. 이에 대한 설명으로 옳은 것을 〈보기〉에서 고른 것은?

(단위 : %)

구분	A	B	C	D
판매 수입 변화율	−10	0	6	10

〈보기〉

㉠ 수요의 가격 탄력성이 가장 큰 재화는 A이다.
㉡ D는 수요의 법칙을 따르지 않는 재화이다.
㉢ A와 D의 수요량 변동률은 동일하다.
㉣ B는 C보다 수요의 가격 탄력성이 작다.

① ㉠, ㉡

② ㉠, ㉣

③ ㉡, ㉢

④ ㉢, ㉣

12 다음 표는 A국의 경상 수지를 나타낸 것이다. 이에 대한 설명으로 가장 적절한 것은?

(단위 : 억 달러)

	2015년	2016년
상품 수지	100	110
서비스 수지	200	210
㈎	10	−20
이전 소득 수지	−20	10

① 2016년 A국의 상품 수출액 증가율이 상품 수입액 증가율보다 크다.

② A국은 상품의 수출입 규모보다 외국과의 서비스 거래 규모가 더 크다.

③ A국의 정부가 외국에서 채권을 발행하고 지급한 이자는 ㈎에 포함된다.

④ A국은 외국의 원조를 받는 나라에서 외국에 원조를 해 주는 나라가 되었다.

13 다음 그림은 한국의 외환시장에서 미국 달러의 공급곡선을 나타낸 것이다. 외환시장의 균형점을 E에서 A로 이동시키는 요인으로 옳은 것은? (단, 외환시장은 수요와 공급의 법칙을 따른다)

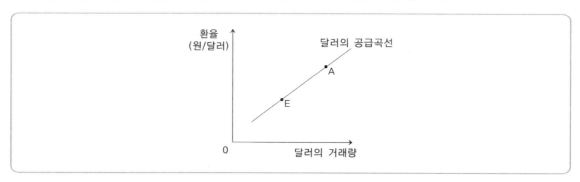

① 한국의 이자율 상승
② 미국 상품에 대한 한국의 수입 증가
③ 미국의 경기 침체로 미국 소비자의 소비 심리 위축
④ 한국 상품에 대한 미국 소비자의 선호도 증가

14 다음 자료에 대한 설명으로 옳은 것은?

> 갑은 ㉠연봉 6천만 원을 받으며 회사에 근무하고 있다. 그런데 갑은 평소 한식 요리에 관심이 있어 요리학원에 ㉡수강료 1백만 원을 내고 요리를 배워서 한식 조리사 자격증을 취득하였다. 이에 갑은 회사를 사직하고 한식 전문 요리점을 차리려고 한다. 갑이 알아본 결과 1년 간 한식 전문 요리점을 운영할 경우, 매출 1억 5천만 원, 인건비 3천만 원, 시설 보수비 1천만 원, 재료비 7천만 원이 발생한다.

① ㉠은 갑이 한식 전문 요리점을 운영하는 데 들어가는 명시적 비용이다.
② ㉡은 갑이 경제적으로 합리적 선택을 하기 위해 고려해야 하는 매몰비용이다.
③ 갑이 한식 전문 요리점을 운영하는 것에 대한 기회비용은 1억 1천만 원이다.
④ 갑이 한식 전문 요리점을 운영하지 않는 것이 경제적으로 합리적인 선택이다.

15 다음은 갑국의 고용 관련 상황이다. 갑국 정부의 정책시행 결과 고용 지표 관련 인구 중 감소한 것은?

> 갑국의 실업률은 매우 양호하지만, 고용률은 상대적으로 좋지 않았다. 갑국 정부는 고용률을 높이기 위한 여러 정책을 강도 높게 추진하였다. 그 결과 고용률은 상승했지만, 취업률은 오히려 하락한 상황이 되었다. 다만, 15세 이상 인구는 변함이 없었다.

① 취업자 수
② 실업자 수
③ 경제활동인구
④ 비경제활동인구

16 다음은 「민법」상의 제한 능력자 중 하나를 나타낸 것이다. 갑의 법률행위에 대한 설명으로 옳은 것은?

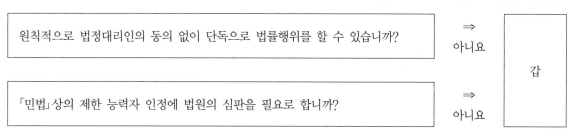

① 갑이 단독으로 한 행위는 처음부터 무효이다.
② 갑이 속임수로써 법정대리인의 동의가 있었던 것처럼 꾸며서 계약을 한 때에는, 법정대리인이 그 계약을 취소할 수 있다.
③ 권리만 얻는 행위는 갑이 법정대리인의 동의 없이 단독으로 할 수 있지만, 의무만 면하는 행위는 할 수 없다.
④ 갑이 단독으로 거래한 상대방은 갑의 법정대리인에게 그 거래행위를 추인할 것인지 여부의 확답을 촉구할 권리가 있다.

17 다음은 우리나라 재판제도 중 하나의 절차이다. 이에 대한 설명으로 옳은 것은?

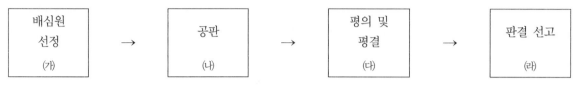

| 배심원 선정 (가) | → | 공판 (나) | → | 평의 및 평결 (다) | → | 판결 선고 (라) |

① 피고인이 이 재판 절차를 희망하지 않으면 진행될 수 없다.

② (가)의 배심원은 만 20세 이상의 국민이면 누구나 선정될 수 있다.

③ (나)는 지방법원 본원 단독판사에 의해 이루어진다.

④ (다)의 평결은 (라)에서 법원을 기속한다.

18 밑줄 친 ㉠~㉣에 대한 설명으로 옳지 않은 것은?

노동조합 전임자에 대한 근로시간의 면제 종료를 일방적으로 통보한 ㉠A회사의 행위가 노동조합의 기본적인 활동을 방해하는 행위라는 ㉡판정이 ㉢재심에서 내려졌다. 이 판정은 ㉣초심인 ○○지방노동위원회의 판정을 취소하고 A회사의 노동조합의 주장을 받아들인 것이다.

① ㉢은 ㉣의 판정에 불복하는 경우에 중앙노동위원회에서 담당한다.

② ㉠은 ㉢에서 부당노동행위로 인정되었다.

③ ㉢은 A회사의 노동조합이 신청하였다.

④ A회사는 ㉡의 취소를 구하는 민사소송을 제기할 수 있다.

19 다음의 범죄 성립요건에 대한 설명으로 옳지 않은 것은?

> 범죄의 성립 요건에는 A, B, C가 있다. 우선, A를 충족하는지 여부를 검토한 후 B가 조각되는지를 확인한다. 만약, B가 조각되지 않으면 마지막 단계로서 C가 조각되는지를 확인하고, C가 조각되지 않을 경우에 범죄가 성립된다.

① A는 구성 요건 해당성, B는 위법성, C는 책임이다.
② A를 충족하면 B가 있다고 추정된다.
③ 경찰관이 영장 없이 현행범을 체포하는 행위는 B가 조각된다.
④ 강요된 행위와 정당방위는 모두 C가 조각되어 범죄가 성립되지 않는다.

20 다음의 헌법 조항에 나타난 헌법의 기본 원리를 실현하기 위한 방안에 해당하는 것만을 〈보기〉에서 모두 고른 것은?

> 제1조 ① 대한민국은 민주 공화국이다.
> 　　　 ② 대한민국의 주권은 국민에게 있고, 모든 권력은 국민으로부터 나온다.

> ㉠ 선거권과 공무 담임권의 보장
> ㉡ 언론 · 출판 · 집회 · 결사의 자유 보장
> ㉢ 대의제의 채택
> ㉣ 최저임금제의 실시

① ㉠, ㉡
② ㉢, ㉣
③ ㉠, ㉡, ㉢
④ ㉡, ㉢, ㉣

1 ㈎와 ㈏는 서로 다른 유형의 법치주의이다. 이에 대한 설명으로 옳은 것은?

> ㈎ 법을 통치자의 의사를 실현하는 도구나 수단으로 사용할 수 있다는 점에서 진정한 의미의 법치주의라고 볼 수 없다. 절대 왕정 시대의 법은 곧 왕의 의지를 의미하였고 중국의 법가사상은 법을 전제군주의 통치 수단으로 보았다.
>
> ㈏ 누구도 법과 동등한 권위를 지닐 수 없고, 통치자를 비롯한 모든 사람이 법에 종속된다는 의미를 지니므로 진정한 의미의 법치주의에 해당한다. 여기서 법은 국민의 대표 기관인 의회를 통해 법률로 구체화되므로, 법은 곧 국민의 뜻으로 보았다.

① ㈎의 논리는 독재 정부의 지배를 정당화할 수 있다.
② ㈏의 논리는 '악법도 법이다.'라는 주장을 지지한다.
③ ㈎는 자연법사상, ㈏는 실정법사상에 입각한 것이다.
④ ㈎와 ㈏는 모두 정치 권력의 합법성과 정당성을 강조한다.

2 다음은 우리나라 헌법 조항이다. 이에 대한 분석으로 옳은 것은?

> 제52조 국회의원과 정부는 법률안을 제출할 수 있다.
> 제53조 ② 법률안에 이의가 있을 때에는 대통령은 제1항의 기간 내에 이의서를 붙여 국회로 환부하고, 그 재의를 요구할 수 있다. 국회의 폐회 중에도 또한 같다.
> 제62조 ① ㉠ 국무총리 · ㉡ 국무위원 또는 정부위원은 국회나 그 위원회에 출석하여 국정 처리 상황을 보고하거나 의견을 진술하고 질문에 응답할 수 있다.
> 제66조 ① ㉢ 대통령은 국가의 원수이며, 외국에 대하여 국가를 대표한다.

① ㉠은 국회 내 과반수 의석을 차지한 정당의 대표가 맡는다.
② 국회는 ㉠ 또는 ㉡의 해임을 대통령에게 건의할 수 있다.
③ ㉢은 국가적 위기 상황에서 비상 조치권과 국회 해산권을 갖는다.
④ 헌법 제52조, 제53조②, 제62조①은 의원내각제 요소에 해당한다.

3 다음은 소선거구제를 채택하고 있는 갑국의 선거 결과이다. 이에 대한 분석으로 가장 옳지 않은 것은?

(단위 : 명)

지역	인구	국회의원 수
A시	89만 3,950	3
B시	29만 2,849	2

① 갑국의 선거구제는 입후보자의 인물 파악이 쉽다.

② 투표 가치를 동등하게 부여하는 평등 선거의 원칙에 부합하지 않는다.

③ B시 유권자 1표는 A시 유권자 1표의 1/2의 가치가 있다.

④ 선거구를 공정하게 획정하기 위해서는 선거구 법정주의, 인구 대표성, 지역 대표성을 고려해야 한다.

4 표는 현재 우리나라 정치에서 발생할 수 있는 정치적 쟁점에 대한 A, B 정당의 입장을 정리한 것이다. 이에 대한 설명으로 옳은 것은?

쟁점	A당 입장	B당 입장
헌법 개정 논의	시기상조이므로 반대	⊙ 개헌안 발의
ⓒ ○○정책에 대한 국민 투표	찬성	반대
ⓒ ○○법 개정안 재의	ⓔ 본회의 표결 처리	국민적 합의 필요

① ⊙은 국회 재적의원 10명 이상이 동의하면 가능하다.

② ⓒ은 국회 재적의원 2/3 이상의 찬성으로 실시 가능하다.

③ ⓒ은 국회에서 부결된 법안을 대상으로 한다.

④ ⓒ이 ⓔ을 통과하여 이송되면 대통령은 지체 없이 공포해야 한다.

5 그림은 형사절차를 나타낸 것이다. 이에 대한 설명으로 가장 옳은 것은?

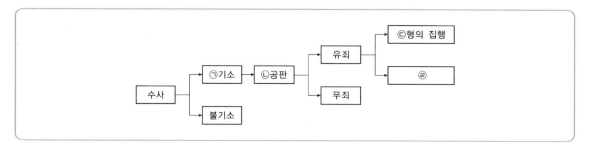

① ㉠은 수사관이 할 수 있다.

② ㉡부터 변호인의 도움을 받을 권리를 갖기 시작한다.

③ ㉢단계에서의 지휘권은 판사가 갖는다.

④ ㉣에 해당하는 제도로는 집행 유예가 있다.

6 다음의 자료 수집 방법 A~D에 대한 설명으로 가장 옳은 것은? (단, A~D는 질문지법, 실험법, 참여관찰법, 문헌연구법 중 하나이다.)

항목	자료 수집 방법
질적 자료를 수집할 목적으로 사용된다.	A
실험집단과 통제집단을 필요로 한다.	B
낮은 수거율과 무성의한 응답이 나타날 수 있다.	C
양적 연구와 질적 연구에서 모두 활용 가능하다.	D

① A는 통제의 정도가 가장 높아 신뢰도가 높은 연구 방법이다.

② B는 방법론적 이원론에 기초한 연구 방법으로 활용도가 높다.

③ C는 문맹자에게도 실시하기 용이한 자료 수집법이다.

④ D는 연구자의 주관적 가치가 자료 해석 과정에서 개입될 우려가 있다.

7 다음 글에 대한 설명으로 가장 옳지 않은 것은?

> 내일이면 수능이다. 종례시간에 ㉠ 내일 치르는 수능 시험 유의 사항을 알려 주며 격려해 주시는 ㉡ 담임선생님의 말씀에 눈물이 났다. ㉢ 고사장 확인까지 하니 이제야 실감이 났다. 이 시간이 지나면 이 친구들 모두 서로 다른 ㉣ 대학, ㉤ 직장에서 각자의 인생을 살게 되겠지. ㉥ 막냇동생은 응원 선물을 내밀었고, ㉦ 아버지는 말없이 안아 주셨다. 전국의 모든 ㉧ 수험생이여 힘내자!

① ㉠은 예기 사회화를 위한 담임선생님의 역할 행동이다.
② ㉡, ㉧은 성취지위이고 ㉥, ㉦은 귀속지위이다.
③ ㉢은 수험생으로서의 역할 행동이다.
④ ㉣은 공식적 사회화 기관, ㉤은 비공식적 사회화 기관이다.

8 갑국과 을국이 교류한 이후 각국에서 나타난 문화 접변의 결과를 나타내고 있다. 이 결과에 대한 설명으로 옳지 않은 것은?

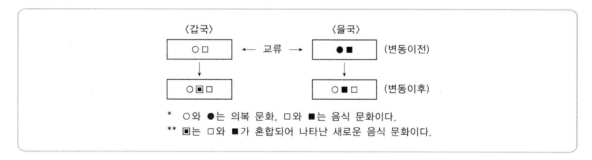

① 갑국의 의복 문화에서 문화 동화가 나타난다.
② 갑국의 음식 문화에서 문화 융합이 나타난다.
③ 갑국은 자문화의 요소들을 접변 이후에도 그대로 간직하고 있다.
④ 을국의 음식 문화에서 문화 병존이 나타난다.

9 표는 연도별 한부모 가구 수와 한부모 가구가 전체 가구에서 차지하는 비율을 나타낸 것이다. 표에 대한 옳은 분석은? (단, 전체 가구는 매년 증가하고 있으며, 한부모 가구는 표에 나타난 두 가지 유형만 있다.)

(단위 : 1,000가구, %)

	2000년		2005년		2010년	
	가구 수	비율	가구 수	비율	가구 수	비율
한부모 가구	871	6.09	1,042	6.56	1,181	6.81
부+미혼자녀	162	1.13	233	1.40	253	1.46
모+미혼자녀	709	4.96	819	5.16	928	5.35

* 비율은 전체 가구 수에서 차지하는 %를 의미함

① 한부모 가구에 속한 총인구는 계속 증가하고 있다.

② 2000년과 2010년을 비교했을 때, 전체 가구 수보다 한부모 가구 수가 더 큰 비율로 증가하였다.

③ 표의 모든 연도에서 '모+미혼자녀' 가구 수는 '부+미혼자녀' 가구 수의 4배 이상이다.

④ 2000년의 한부모 가구는 모두 2010년의 한부모 가구에 포함된다.

10 밑줄 친 ㉠~㉣에 대한 설명으로 옳은 것은?

> 갑과 을은 결혼을 하였으나 ㉠ 갑이 딸 A를 출산한 뒤 이혼을 하였고 A는 갑이 양육하기로 하였다. 이후 갑은 병과 재혼을 한 뒤 병과의 사이에서 아들 B를 출산하였고 ㉡ 병은 A를 친양자로 입양하였다. 병의 어머니 C는 시골에 홀로 살고 계신다. 어느 날 ㉢ 병은 교통사고로 사망하게 되었고, 자신의 재산 절반을 장학재단에 기부하겠다는 ㉣ 병의 유언장이 발견되었다. 사망 당시 병의 재산은 채무 없이 부동산과 예금 7억이 있었다.

① ㉠에 의해 A는 행위 능력을 취득하였다.

② ㉡으로 인해 갑과 A와의 법률관계는 소멸된다.

③ ㉢으로 인해 법정상속이 이루어진다면 상속인은 갑, A, B, C가 된다.

④ ㉣이 유효하다면 갑은 1억 5천만 원을 상속받는다.

11 A~C는 우리나라 사회 보장 제도의 세 가지 유형을 분류한 것이다. 이에 대한 설명으로 옳은 것은? (단, A~C는 사회보험, 공공부조, 사회복지서비스 중 하나이다.)

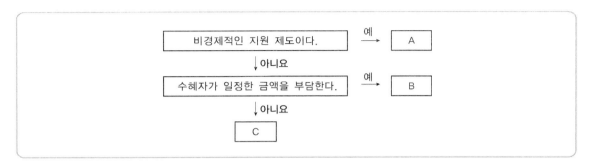

① A는 강제 가입의 원칙이 적용된다.

② B는 보험 급여 수준에 따라 보험료 부담 수준이 결정된다.

③ C는 B보다 소득 재분배 효과가 크다.

④ C의 사례로 상담, 재활, 직업 소개 등을 들 수 있다.

12 표는 A국의 최저생계비 및 빈곤율 추이를 나타낸 것이다. 표에 대한 분석으로 가장 옳은 것은?

항목 \ 연도	2012년	2013년	2014년	2015년
최저 생계비(천 원/월)	1,363	1,439	1,495	1,546
절대적 빈곤율(%)	6.4	6.4	6.0	5.9
상대적 빈곤율(%)	12.5	12.3	12.0	11.7

※ A국의 모든 가구는 4인으로 구성되어 있다.

※ 절대적 빈곤율 : 전체 가구 중 소득이 최저생계비 미만인 가구의 비율

※ 상대적 빈곤율 : 전체 가구 중 소득이 중위소득의 50% 미만인 가구의 비율

① A국의 계층 간 소득 격차는 점점 커지고 있다.

② 2013년은 2012년보다 절대적 빈곤 가구 수가 감소하였다.

③ 2014년은 중위 소득의 25%와 최저생계비가 일치한다.

④ 2015년은 최저생계비가 중위소득의 50%보다 작다.

13 다음 커피 시장의 수요·공급표에 대한 〈보기〉의 진술 중 옳은 설명만을 고른 것은? (단, 시장에서 소비자는 갑, 을 2명뿐이다.)

가격(원)	갑의 수요량(개)	을의 수요량(개)	시장 공급량(개)
2,500	5	4	17
2,000	6	6	16
1,500	7	8	15
1,000	8	10	14

〈보기〉
㉠ 균형 거래량은 17개이다.
㉡ 균형 가격은 1,500원이다.
㉢ 가격이 1,000원일 때 초과 수요량은 3개이다.
㉣ 가격이 2,000원일 때 초과 공급량은 4개이다.

① ㉠, ㉡ ② ㉡, ㉢
③ ㉡, ㉣ ④ ㉢, ㉣

14 (가), (나) 사례에 대한 〈보기〉의 진술 중 옳은 설명만을 고른 것은?

(가) 태평양의 어느 섬에서는 망고보다 바나나가 더 많이 생산된다. 하지만 바나나가 망고보다 훨씬 높은 가격에 거래된다.
(나) 물은 생존을 위해 반드시 필요한 재화이다. 하지만 물의 가격은 다이아몬드 가격보다 훨씬 낮다.

〈보기〉
㉠ (가)의 사례에서 바나나는 망고보다 희소성이 큰 재화이다.
㉡ (가)와 (나)의 사례에서 가격을 결정한 요인은 유용성보다는 존재량이다.
㉢ (나)에서 다이아몬드가 비싼 이유는 인간에게 더 유용한 재화이기 때문이다.
㉣ 희소성은 재화의 존재량과 인간의 욕구와의 관계에서 상대적으로 결정된다.

① ㉠, ㉡ ② ㉠, ㉣
③ ㉡, ㉢ ④ ㉢, ㉣

15 표는 한 기업의 X재 생산량 증가에 따른 추가 수입과 추가 비용을 나타낸 것이다. 이에 대한 분석으로 옳은 것은?

(단위 : 만 원)

생산량	1개	2개	3개	4개	5개	6개
추가 수입	10	10	10	10	10	10
추가 비용	7	6	6	7	11	13

① 총이윤은 생산량이 2개일 때와 3개일 때 같다.
② 생산량이 1개씩 증가할 때마다 평균 비용은 증가한다.
③ 평균 비용이 가장 작을 때 이윤은 최대가 된다.
④ 위의 사례에서 최대로 얻을 수 있는 총이윤은 14만 원이다.

16 다음 표는 갑국과 을국이 동일한 생산 요소를 투입하여 한 달간 최대로 생산할 수 있는 곡물과 육류의 양을 나타낸 것이다. 양국이 비교우위의 원리에 따라 교역을 할 경우 표에 대한 옳은 설명은? (단, 생산 요소는 노동 하나뿐이고, 양국에서 투입 가능한 노동의 양은 동일하다고 가정한다.)

(단위 : 톤)

	갑국	을국
곡물	10	20
육류	20	50

① 갑국은 육류 생산에 비교우위를 갖고 있다.
② 곡물 생산의 기회비용은 갑국이 을국보다 작다.
③ 을국의 육류 1톤 생산의 기회비용은 곡물 2.5톤이다.
④ 곡물과 육류를 1:1의 비율로 교환하면 양국 모두 이익이 발생한다.

17 그림은 어느 제품의 가격을 P_2에서 P_1로 올렸을 경우의 판매 수입 변화를 보여준다. 설명으로 옳은 것은?

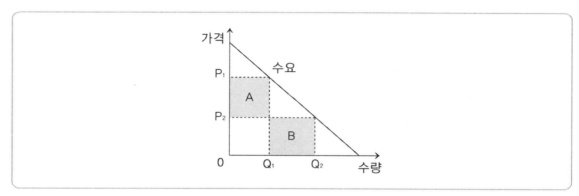

① A>B라면 수요의 가격 탄력성은 1보다 작다.

② B는 판매 수입의 증가를 의미한다.

③ A+B는 제품 판매 총수입이다.

④ A는 가격 인상의 기회비용이다.

18 표는 우리나라의 최근 4년간 경상 수지를 나타낸 것이다. 표에 대한 추론으로 가장 옳은 것은?

(단위 : 백만 달러)

	2012	2013	2014	2015
경상수지	50,835	81,149	84,372	105,939
상품수지	49,406	82,781	88,885	122,269
서비스수지	−5,214	−6,499	−3,679	−14,917
본원소득수지	12,117	9,056	4,151	3,572
이전소득수지	−5,474	−4,189	−4,985	−4,985

① 2013년 이후로 매년 수출이 전년도보다 증가하고 있다.

② 2014년은 2013년보다 해외여행이 감소하였다.

③ 표의 결과는 외환보유고 증가 요인으로 작용한다.

④ 표의 결과는 원−달러 환율 상승을 압박하는 요인이 된다.

19 그래프는 양배추 시장의 균형점 변동을 나타낸 것이다. 이러한 변동을 초래할 수 있는 조합을 〈보기〉에서 고르면? (단, 양배추는 모든 사람에게 열등재이고, 수요·공급 법칙을 따르며, 양배추 시장은 완전경쟁시장이다.)

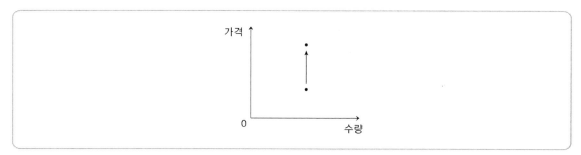

〈보기〉
㉠ 이상 고온 현상으로 양배추 수확이 급감하였다.
㉡ 사람들의 실질 소득이 증가하였다.
㉢ 채식 붐이 일어나 양배추를 끓는 물에 데쳐 쌈으로 먹는 사람이 늘었다.
㉣ 양배추가 갑상선 질환을 유발한다는 뉴스가 대대적으로 보도되었다.

① ㉠, ㉢   ② ㉠, ㉣
③ ㉡, ㉢   ④ ㉡, ㉣

20 표는 쌀과 닭고기 두 가지 재화만 생산하는 어느 국가의 경제활동 결과를 나타낸 것이다. 표에 대한 설명으로 옳은 것은? (단, 기준년도는 2013년이며, 물가지수는 GDP디플레이터로, 경제성장률은 실질GDP 증가율로 각각 측정한다.)

구분	연도	2013	2014	2015
쌀	kg당 가격($)	10	15	17
	생산량(kg)	100	80	100
닭고기	kg당 가격($)	5	10	15
	생산량(kg)	40	40	60

* GDP디플레이터=(명목 GDP/실질 GDP)×100

① 2014년의 물가지수는 150이다.

② 2014년의 경제성장률은 -20%이다.

③ 2015년의 물가지수는 200이다.

④ 2015년의 경제성장률은 20%이다.

☞ 정답 및 해설 P.47

1 우리나라 대통령제에서 나타나는 의원내각제적 특징으로 볼 수 없는 것은?

① 행정 각부를 관장하는 국무총리를 두고 있다.

② 국회의원은 국무위원을 겸직할 수 있다.

③ 대통령은 국회에서 의결된 법률안의 공포를 거부할 수 있다.

④ 국회가 국무위원에 대한 해임을 건의할 수 있다.

2 다음은 근대 정치사상가 갑과 을의 주장이다. 이들의 견해에 대한 진술로 옳은 것은?

> 갑 : 인간은 자유롭게 태어났지만 어디에서나 쇠사슬에 얽매여 있다. 따라서 인간은 자유와 평등을 제도
> 적으로 보장받기 위하여 계약을 통해 일반의지에 입각한 국가를 구성한다.
> 을 : 자연상태에서 인간은 만인에 대한 만인의 투쟁으로 인하여 야수적이며 단명하는 삶을 영위한다. 이
> 러한 상태에서 벗어나기 위하여 인간은 자신의 권리를 양도하는 계약을 맺고 국가를 수립한다.

① 갑 : 일반의지는 소수의 이익을 대변한다.

② 갑 : 이상적인 정치형태는 입헌군주정이다.

③ 을 : 국가는 수단이 아니라 목적이다.

④ 을 : 정치권력의 정당성은 구성원의 동의에 근거한다.

3 다음은 갑국의 2017년 국회의원선거 결과이다. 이에 대한 설명으로 옳지 않은 것은?

지역구 당선자 수 및 정당 득표율

정당	지역구 당선자 수(명)	정당 득표율(%)
A	98	43
B	42	32
C	24	15
D	36	10

〈조건〉
• A, B, C, D 소속 후보들만 국회의원선거에 참가하였다.
• 1인 2표제를 통하여 지역구 의원 200명과 비례대표 의원 100명을 선출하였다.
• 지역구별로 최소 2명에서 최대 4명까지 득표가 많은 순으로 당선자를 확정하였다.
• 정당 득표율에 비례하여 비례대표 의석을 배분하였으며, 정당 득표율은 소수점 첫째 자리에서 반올림하여 산정하였다.

① 2017년 갑국의 지역구 국회의원선거 선거구제는 2014년 우리나라 지역구 기초의회선거 선거구제와 동일하다.

② 2017년 갑국의 지역구 국회의원선거 선거구제는 2016년 우리나라 지역구 국회의원선거 선거구제에 비해 군소정당이 의석을 확보하는 데 더 유리하다.

③ 2017년 갑국의 국회의원선거에서 A ~ D 중 어느 정당도 과반수 의석을 차지하지 못하였다.

④ 2017년 갑국의 국회의원선거에서 B와 D의 지역구 의석 점유율 합은 B와 D의 정당 득표율 합보다 더 크다.

4 다음에서 권력분산 효과를 기대할 수 있는 정치제도의 변화만을 모두 고른 것은?

㉠ 단원제에서 양원제로 의회제도를 바꾸었다.
㉡ 중앙정부에서 지방정부로 인사권과 예산편성권을 이양하였다.
㉢ 소수대표제에서 다수대표제로 대표결정방식을 바꾸었다.
㉣ 행정부로부터 중앙은행의 정책결정 권한을 독립시켰다.

① ㉠, ㉡, ㉢　　　　　　　② ㉠, ㉡, ㉣
③ ㉠, ㉢, ㉣　　　　　　　④ ㉡, ㉢, ㉣

5 다음 헌법재판소 결정에 대한 설명으로 옳은 것은?

> 헌법재판소는 "최대 선거구와 최소 선거구 간의 인구편차가 3대 1에 달하는 것은 위헌"이라며 현행 「공직선거법」상 선거구별 인구편차를 2대 1 수준으로 조정하라는 결정을 내렸다. 헌재는 2014년 10월 30일 국회의원 선거구 헌법불합치 결정을 통해 유권자 한 명당 갖고 있는 투표권의 가치가 거주지역마다 다른 지금의 현실이 국민주권주의에 어긋난다는 원칙론을 재확인했다. 헌재는 2001년 결정을 통해서도 "조만간 선거구별 인구편차를 2대 1로 더 줄여야 한다."고 국회에 주문한 바 있다.

① 국회의원선거에서 직접선거의 원칙을 강화하고자 하였다.
② 선거구획정에서 인구 대표성보다 지역 대표성을 더 중시하였다.
③ 최대 선거구 유권자의 표 가치가 과소대표 되었다고 인식하였다.
④ 행정부가 시행령을 제정하여 선거구를 재획정할 것을 요구하였다.

6 다음 사례에 대한 설명으로 옳지 않은 것은?

> 갑은 자기 소유의 A아파트를 을에게 2억 3천만 원에 매도하는 매매 계약을 체결하면서 계약금으로 3천만 원을 받았다. 갑은 10일 후 을에게서 중도금 1억 원을 받았으며, 한 달 뒤 잔금 1억 원을 받으면서 을에게 등기에 필요한 모든 서류를 넘겨주었다.

① 을은 등기에 필요한 서류를 받은 시점에 A아파트에 대한 소유권을 취득하였다.
② 을은 계약을 체결하기 전에 A아파트의 등기부를 열람할 법적 의무가 없다.
③ 을은 계약금을 지불한 후에도 중도금을 지급하기 전에는 다른 약정이 없는 한 갑의 동의 없이 계약을 해제할 수 있다.
④ 갑과 을은 각각 대리인을 통해서 매매 계약을 체결할 수도 있다.

7 다음 사례에 대한 설명으로 옳은 것을 〈보기〉에서 모두 고른 것은?

> 단독주택 밀집지역에 사는 갑은 자신의 집 앞에 주차한 을과 주차 문제로 다투다가 감정이 격해져 을을 폭행하였다. 갑의 폭행으로 을은 전치 6주의 상해를 입었다.

〈보기〉
㉠ 갑과 을이 폭행에 대한 민사상 손해배상에 합의하면 갑의 형사책임이 면제된다.
㉡ 을은 폭행의 피해자이므로 형사재판의 원고가 될 수 있다.
㉢ 을은 갑에게 손해배상을 요구하는 민사소송을 제기할 수 있다.
㉣ 갑은 유죄의 판결이 확정될 때까지는 무죄로 추정된다.

① ㉠, ㉡
② ㉠, ㉢
③ ㉡, ㉢
④ ㉢, ㉣

8 다음 사례에서 「제조물 책임법」의 규정에 따라 회사 을이 책임을 면할 수 있는 경우가 아닌 것은?

> 갑이 저녁식사를 한 후 거실에서 TV를 보던 중 TV가 갑자기 폭발하였다. 이 폭발로 갑은 얼굴에 파편을 맞아 상해를 입었고, 거실에 있던 골동품이 파손되었다. 이에 갑은 TV 제조자인 회사 을을 상대로 손해배상을 청구하였다.

① 회사 을이 해당 TV를 공급하지 아니하였다는 사실을 입증한 경우
② 회사 을이 해당 TV를 공급한 당시의 과학기술 수준으로는 결함의 존재를 발견할 수 없었다는 사실을 입증한 경우
③ 회사 을이 해당 TV의 결함을 알지 못하였다는 사실을 입증한 경우
④ 회사 을이 TV를 공급한 당시의 법령에서 정하는 기준을 준수함으로써 해당 TV의 결함이 발생하였다는 사실을 입증한 경우

9 다음 설명 중 옳은 것은 모두 몇 개인가?

- 피의자에 대한 수사는 불구속 상태에서 하는 것이 원칙이다.
- 검사는 혐의 사실이 인정되면 피의자를 반드시 기소하여야 한다.
- 1심법원의 판결에 불복하여 2심재판을 청구하는 것을 항고, 2심법원의 판결에 불복하여 대법원에 재판을 청구하는 것을 상고라 한다.
- 형의 집행은 원칙적으로 법원 또는 법관이 지휘한다.
- 형의 선고유예를 받은 날로부터 2년을 경과한 때에는 형의 선고는 효력을 잃는다.

① 1개
② 2개
③ 3개
④ 없음

10 헌법재판소에 대한 설명으로 옳지 않은 것은?

① 헌법재판소는 법관의 자격을 가진 9인의 재판관으로 구성하며, 재판관은 대통령이 임명한다.

② 명령·규칙 또는 처분이 헌법이나 법률에 위반되는 여부가 재판의 전제가 된 경우에는 헌법재판소는 이를 최종적으로 심사할 권한을 가진다.

③ 탄핵소추의 의결을 받은 사람은 헌법재판소의 심판이 있을 때까지 그 권한 행사가 정지된다.

④ 헌법재판소에서 법률의 위헌결정, 탄핵의 결정, 정당해산의 결정 또는 헌법소원에 관한 인용결정을 할 때에는 재판관 6인 이상의 찬성이 있어야 한다.

11 ㈎, ㈏에 나타난 문화의 속성으로 옳은 것은?

> ㈎ 서유럽에서 발달한 목축업은 유럽인들의 식생활, 의복, 주거문화, 예술활동 등 생활 전체에 영향을 미쳤다.
>
> ㈏ 태어난 직후 서로 다른 환경에서 떨어져 살던 일란성 쌍둥이가 키와 얼굴, 운동 및 인지능력은 비슷했지만, 인성이나 규범적 행위에서는 큰 차이를 보였다.

	㈎	㈏
①	공유성	총체성
②	총체성	학습성
③	축적성	공유성
④	학습성	총체성

12 다음 글에 나타난 개인과 사회의 관계를 바라보는 관점에 대한 설명으로 옳은 것은?

> 에밀 뒤르켐(Emile Durkheim)은 그의 저서 『자살론』에서 자살에 영향을 미치는 사회적 유형이 존재한다고 주장했다. 그의 분석에 따르면, 개신교 신자가 가톨릭 신자보다 자살률이 높다. 그는 가톨릭 신자의 자살률이 낮은 것은 가톨릭에는 개신교에 비해 상대적으로 강력한 공동체와 의례행위가 있으며 개인주의 성향을 피하려는 분위기가 있기 때문이라고 보았다.

① 사회는 개인들의 집합체를 의미한다.
② 인간 스스로가 희망하지 않으면 행동의 변화는 일어나지 않는다.
③ 사회제도의 구속성보다는 개인의 자율성이 행동에 미치는 영향이 더 크다.
④ 행위의 능동성보다 구조의 영향력을 강조한다.

13 다음 일탈이론 (가), (나)에 적합한 표현을 〈보기〉에서 찾아 옳게 짝지은 것은?

> (가) 누구나 경제적 성공과 물질적 풍요를 누리고 싶어 하지만 모든 사람에게 합법적인 기회가 충분히 제공되지 않는다면 일탈자가 생길 수 있다.
>
> (나) 인간의 행동은 학습에서 기인한다. 따라서 타인과의 상호작용을 통하여 태도와 가치를 학습한 일탈 행동이 나타나기도 한다.

〈보기〉

ⓐ 먹을 가까이하면 검어진다.
ⓑ 모로 가도 서울만 가면 된다.
ⓒ 사흘 굶어 도둑질 아니 할 놈 없다.
ⓓ 까마귀 노는 데 백로야 가지 마라.
ⓔ 친구 따라 강남 간다.

	(가)	(나)
①	ㄱ, ㄴ	ㄷ, ㄹ, ㅁ
②	ㄱ, ㄴ, ㄷ	ㄹ, ㅁ
③	ㄴ, ㄷ	ㄱ, ㄹ, ㅁ
④	ㄴ, ㄷ, ㄹ	ㄱ, ㅁ

14 다음은 사회 변동 방향에 대한 하나의 관점이다. 이에 대한 설명으로 옳은 것만을 〈보기〉에서 모두 고른 것은?

> 이 관점은 사회를 살아있는 유기체에 비유하면서 사회 변동을 긍정적으로 인식한다. 그리고 사회를 복잡성이 증가하는 것으로 파악하고, 복잡해진 사회는 단순 사회에 비해 구성원들의 적응 능력이 더 높다고 본다.

〈보기〉
㉠ 서구 중심적이라는 비판을 받는다.
㉡ 사회 변동은 일정한 방향성이 있다고 본다.
㉢ 장기적인 역사적 관점에서 사회의 발전과 더불어 퇴보의 가능성도 잘 설명한다.
㉣ 사회 변동을 순환과정으로 설명하고 있다.

① ㉠, ㉡
② ㉠, ㉣
③ ㉡, ㉢
④ ㉢, ㉣

15 다음은 갑국과 을국의 계층별 비율을 나타낸 것이다. 이에 대한 분석으로 옳은 것은? (단, 계층은 상, 중, 하만 존재한다)

(단위: %)

	갑국			을국	
	1980년	2010년		1980년	2010년
상층	20	20	상층	20	30
하층	50	30	하층	30	50

① 갑국은 안정적인 사회 계층 구조로 변하였다.
② 을국은 2010년에 피라미드형 계층 구조로 변하였다.
③ 2010년 갑국은 을국에 비해 폐쇄적인 계층 구조를 갖고 있다.
④ 을국의 계층 구조 변화는 복지제도 확충의 결과이다.

16 스태그플레이션(stagflation)에 대한 설명으로 옳은 것만을 모두 고른 것은?

> ㉠ 1930년대 미국의 대공황은 대표적인 스태그플레이션의 사례이다.
> ㉡ 생산요소 가격상승에 따른 비용인상 인플레이션은 스태그플레이션을 초래한다.
> ㉢ 물가상승과 경기침체가 동시에 일어나는 불황 속의 인플레이션을 말한다.

① ㉠, ㉡

② ㉠, ㉢

③ ㉡, ㉢

④ ㉠, ㉡, ㉢

17 다음은 A국과 B국이 각각 신발과 전화기를 1단위씩 생산하는데 투입한 노동량을 비교한 것이다. 이에 대한 설명으로 옳은 것만을 〈보기〉에서 모두 고른 것은? (단, 두 나라 간에 생산요소 이동은 없고, 생산비에는 노동량만 포함된다고 가정한다)

구분	A국	B국
신발(1단위)	7명	6명
전화기(1단위)	9명	5명

> 〈보기〉
> ㉠ 절대우위론에 따르면 두 국가 간의 무역은 이루어지지 않는다.
> ㉡ 신발 생산에 대한 절대우위와 비교우위는 B국에 있다.
> ㉢ B국은 신발 생산에 절대우위가, 전화기 생산에 절대우위와 비교우위가 있다.

① ㉠

② ㉡

③ ㉠, ㉡

④ ㉠, ㉢

18 그림과 같은 조세제도에 대한 설명으로 옳은 것은?

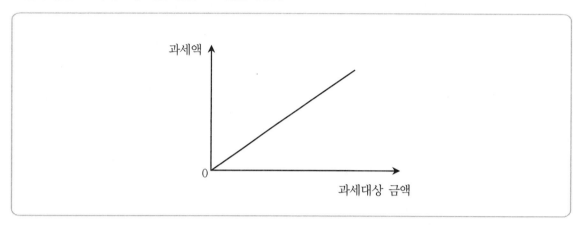

① 과세대상 금액에 관계없이 세율은 일정하다.

② 누진세 방식이다.

③ 우리나라의 소득세에 적용되는 과세방식이다.

④ 저소득 계층에 유리하게 작용한다.

19 X재의 수요와 공급이 균형을 이루고 있다. 다음에서 X재의 균형가격을 높이는 동시에 균형거래량을 줄이는 요인으로 옳은 것은? (단, 이 상품은 정상재이며, 수요와 공급의 법칙에 따른다)

① X재와 대체관계에 있는 상품의 가격 하락

② 소비자들의 소득수준 향상

③ X재 생산에 사용되는 원자재 가격의 상승

④ 해외로부터 X재 수입의 증가

20 다음 ㉠~㉣에 들어갈 숫자 중 옳은 것으로만 묶은 것은?

A국 : 생산가능인구(노동인구) 10,000명 중 비경제활동인구가 40%일 때, 실업자가 (㉠)명이면 고용률은 (㉡)%이다.

B국 : 실업률이 2%이고 실업자가 300명일 때, 생산가능인구가 (㉢)명이면 경제활동참가율은 (㉣)%가 된다.

	㉠	㉡	㉢	㉣
①	200	58	30,000	55
②	300	57	25,000	60
③	300	63	25,000	60
④	200	62	30,000	55

1 국제연맹과 국제연합에 대한 설명으로 옳지 않은 것은?

① 국제연맹은 미국의 불참, 일본과 이탈리아의 탈퇴 등으로 인해 국제분쟁 해결에 무기력한 모습을 보였다.

② 국제연합은 강대국들의 거부권을 인정한 안전보장이사회를 설치하였다.

③ 국제연합은 전쟁 억제 이외에도 경제·사회·문화·인도적 차원에서 국가 간 협력을 추구하고 있다.

④ 국제연합은 사법기관으로 국제형사재판소를 운영하고 있다.

2 다음 갑국의 국회의원 선거 결과에 대한 추론으로 가장 적절한 것은? (단, 총 의석수는 300석으로 지역구는 254개 선거구에서 254석, 비례대표는 46석이다)

(단위 : %)

정당	지역구 선거		비례대표 선거		총의석률
	득표율	의석률	득표율	의석률	
A	43.3	51.6	42.8	45.7	50.7
B	37.9	42.9	36.5	39.1	42.3
C	6.0	2.8	10.3	10.9	4.0
D	2.2	1.6	3.2	4.3	2.0
무소속	9.4	1.2	0	0	1.0

① 비례대표 선거에는 정당명부식 비례대표제가 채택되었을 것이다.

② 지역구 선거에는 다수당에 유리한 소수대표제가 적용되었을 것이다.

③ 지역구 선거에서 A당과 B당 후보자를 선택한 유권자의 표 중 사표는 없었을 것이다.

④ 지역구 선거에서 C당과 D당 후보에 투표한 유권자의 의사가 과대 대표되었을 것이다.

3 다음 자료에 대한 분석으로 옳은 것은? (단, A～C는 각각 정당, 이익집단, 시민단체 중 하나이다)

질문 ＼ 정치 참여 집단	A	B	C
공익(公益)실현을 추구합니까?	㉠	예	㉡
(가)	예	㉢	아니요

① (가)에는 '정치 사회화 기능을 합니까?'가 들어갈 수 있다.

② ㉠이 '아니요'라면 (가)에는 '정권 획득을 목적으로 합니까?'가 들어갈 수 있다.

③ (가)에 '선거에 후보자를 공천합니까?'가 들어간다면 ㉡은 '아니요'이다.

④ ㉢이 '예'라면 (가)에는 '정치 과정에 영향력을 행사합니까?'가 들어갈 수 있다.

4 다음은 신문 기사 제목을 나열한 것이다. 다음의 주장들이 실현될 경우 기대되는 효과로 가장 적절한 것은?

- '실질적 투표권 달라'며 투표시간 연장을 요구하는 서명 운동 벌여
- 정당 설립 요건 완화해야
- 투표율을 높이기 위해서 사전 투표 제도 도입해야

① 직접민주주의가 활성화될 것이다.

② 대표자의 권한이 강화될 것이다.

③ 시민의 정치적 의사 반영 기회가 확대될 것이다.

④ 법 제정 과정에서의 신속성이 제고될 것이다.

5 다음 (가)와 관련된 설명으로 적절한 것만을 〈보기〉에서 모두 고르면?

> (가)는 미국의 매사추세츠주 주지사였던 게리(E. Gerry)가 자기가 속한 공화당의 후보들에게 유리하게 선거구를 획정한 결과를 나타낸다. 그 모습이 그리스 신화에 나오는 도롱뇽(Salamander)과 비슷하다고 하여 유래하였다.

> 〈보기〉
> ㉠ (가)는 공정한 선거를 위해 불가피하다.
> ㉡ 우리나라의 경우 대통령 선거보다 국회의원 선거에서 (가)가 나타날 가능성이 높다.
> ㉢ 우리나라의 경우 지역구 국회의원 선거보다 비례대표 국회의원 선거에서 (가)가 나타날 가능성이 높다.
> ㉣ 정치권으로부터 독립적인 선거구 획정위원회를 제도화하면 (가)를 방지하는 데 도움이 된다.

① ㉠, ㉡
② ㉠, ㉢
③ ㉡, ㉢
④ ㉡, ㉣

6 다음에서 민사분쟁 해결제도에 대한 설명으로 옳은 것만을 모두 고르면?

> ㉠ 내용증명우편에는 우편에 기재된 내용 그대로 사실 관계가 법적으로 확정되는 효력이 있다.
> ㉡ 민사조정제도는 민사소송을 제기하기 위한 전심절차로서 반드시 거쳐야 한다.
> ㉢ 대한법률구조공단은 법률구조사업을 효율적으로 추진하기 위해 설립된 공공기관이다.
> ㉣ 소액사건 심판제도는 제소한 때의 소송목적의 값이 3,000만 원을 초과하지 아니하는 금전 기타 대체물이나 유가증권의 일정한 수량의 지급을 목적으로 하는 간편하고 신속한 심판절차이다.

① ㉠, ㉡
② ㉠, ㉢
③ ㉡, ㉣
④ ㉢, ㉣

7 다음 사례에 대한 법적 판단으로 옳은 것은?

갑은 ○○전자회사에서 근무하는 40대 회사원으로 두 아들이 있으며, 현재 회사 내 신기술 연구에 참여하고 있다. 그런데 얼마 전 경쟁업체 직원 을이 현재 연구 중인 ○○전자회사 신기술 관련 정보를 빼내어 자신에게 알려주지 않으면 두 아들을 살해하겠다고 협박했다. 갑이 이에 응하지 않자 을은 초등학생인 갑의 차남 병을 유인하여 데리고 있으며 언제든지 병에게 위해를 가할 수 있다는 메시지를 전달했다. 병의 생명에 대한 을의 위해를 방어할 방법이 없자 갑은 당해 신기술 관련 정보를 을에게 알려주었다.

① 갑의 행위는 위법성이 인정되므로 범죄가 성립된다.
② 갑의 행위는 구성요건에 해당하지만 책임이 조각된다.
③ 갑의 행위는 정당행위에 해당하여 책임이 없다.
④ 갑의 행위는 구성요건에 해당하지만 위법성이 인정되지 않는다.

8 다음에서 소비자의 권리 보호에 대한 설명으로 옳은 것만을 모두 고르면?

㉠ 우리 헌법은 국가가 건전한 소비 행위를 계도하고 생산품의 품질 향상을 촉구하기 위한 소비자의 보호 운동을 법률이 정하는 바에 의하여 보장하도록 하고 있다.
㉡ 소비자분쟁조정위원회의 위원장으로부터 분쟁조정의 내용을 통지받은 당사자는 그 통지를 받은 날부터 15일 이내에 분쟁조정의 내용에 대한 수락 여부를 소비자분쟁조정위원회에 통보하여야 하며, 이 경우 15일 이내에 의사표시가 없는 때에는 수락을 거부한 것으로 본다.
㉢ 제조물의 결함으로 생명·신체 또는 재산에 손해를 입은 사람이 구제를 받으려면 제조물의 제조과정에서 제조업자의 과실이 있었고, 그 과실로 인한 제조물의 결함으로 피해가 발생하였음을 입증하여야 한다.
㉣ 국가는 소비자의 합리적인 선택을 방해하고 소비자에게 손해를 끼칠 우려가 있다고 인정되는 사업자의 부당한 행위를 지정·고시할 수 있다.

① ㉠, ㉡
② ㉠, ㉣
③ ㉡, ㉢
④ ㉢, ㉣

9 다음에서 사인(私人)인 갑의 발언으로 자신의 명예를 훼손당한 을이 자기 권리를 구제받기 위하여 취할 수 있는 행위로 옳은 것만을 모두 고르면?

> ㉠ 「민법」상 손해배상을 법원에 청구한다.
> ㉡ 지방법원에 행정심판을 제기한다.
> ㉢ 「형법」상 명예훼손죄로 고소를 한다.
> ㉣ 언론중재위원회에 정정보도청구소송을 제기한다.

① ㉠, ㉢
② ㉠, ㉣
③ ㉡, ㉢
④ ㉡, ㉣

10 다음 사례에 대한 법적 판단으로 옳은 것은?

> 학교에서 계속 최상위권을 유지하고 있는 고등학생 갑(만 17세)은 학교가 끝나면 무면허로 아버지의 승용차를 운전하는 일탈 행위를 즐기고 있었다. 그러다 결국 집 근처 길가에 정차된 을과 병의 승용차를 파손시켰다. 갑의 부모는 작은 가게를 운영하느라 갑의 일탈 행위를 전혀 몰랐으므로 자신들은 어떠한 법적 책임도 없다고 주장하고 있다.

① 갑은 형사미성년자이므로 형벌을 부과받지 않는다.
② 갑은 을과 병에 대하여 채무불이행에 근거한 손해배상책임을 진다.
③ 갑은 특별한 사정이 없는 한 책임능력이 있다고 판단되므로 을과 병에 대한 손해배상책임이 있다.
④ 갑이 손해배상책임이 있다면 갑의 부모도 갑의 행위에 대한 감독 의무를 게을리한 것으로 간주된다.

11 근대화를 바라보는 이론적 시각에 대한 설명으로 옳지 않은 것은?

① 근대화론은 모든 사회가 일정한 단계를 거쳐 발전한다고 전제한다.
② 근대화론은 서구 중심적이며 기능론적인 관점을 반영하고 있다.
③ 종속 이론은 세계 체계를 중심부와 주변부로 나눈다.
④ 종속 이론은 주변부가 미(未)발전 상태에 머물 수밖에 없다고 주장한다.

12 다음 A국의 세대 간 계층 이동을 나타낸 표에 대한 분석으로 옳은 것은?

(단위 : %)

자식 \ 부모	상층	중층	하층	계
상층	13	1	3	17
중층	2	28	28	58
하층	1	2	22	25
계	16	31	53	100

① A국은 폐쇄적 계층 구조 형태를 띠고 있다.

② 자식 세대에는 사회의 양극화 현상이 심화되고 있다.

③ 상승 이동에 비하여 하강 이동의 비율이 높게 나타난다.

④ 부모 세대에 비하여 자식 세대의 계층 구조가 안정적이다.

13 다음에서 밑줄 친 ㉠~㉆에 대한 설명으로 옳은 것은?

- 연구 주제 : 사원들의 ㉠직무 만족도에 ㉡사기 진작 프로그램이 미치는 영향
- 연구 가설 : ㉢사기 진작 프로그램의 시행은 직무 만족도를 높일 것이다.
- 변수 측정
  - 직무 만족도 : 표준화된 직무 만족 측정 도구(5점 척도, 5문항)
  - 사기 진작 프로그램 : 매주 수요일 오후 자율적 야외 체육활동
- 연구 과정 : ○○회사 전 직원 가운데 500명을 무작위 추출한 후, 다시 무작위로 250명씩 ㉣A집단과 ㉤B집단으로 나누었다. 두 집단을 대상으로 직무 만족도를 ㉥1차 측정한 결과 집단별 직무 만족도의 평균값은 통계적으로 의미 있는 차이를 보이지 않았다. 이후 A집단에는 매주 수요일 오후 자율적 야외 체육활동을 허락한 반면, B집단에는 아무런 변화도 주지 않았다. ㉆한 달 후 두 집단의 직무 만족도를 같은 문항을 통해 2차 측정한 결과, B집단의 2차 평균값은 1차 평균값과 동일하게 나타난 반면, A집단의 2차 평균값은 1차 평균값에 비해 통계적으로 의미 있는 수준에서 증가한 것으로 나타났다.
  ※ A집단 모두 자율적으로 야외 체육활동에 참여하였고, 사기 진작 프로그램 이외 다른 변수의 효과는 통제된 것으로 간주함

① ㉠은 독립 변수, ㉡은 종속 변수이다.

② ㉢의 경험적 검증을 위해서는 계량화된 자료의 획득이 중요하다.

③ ㉣은 통제 집단, ㉤은 실험 집단이다.

④ ㉥과 ㉆ 모두에서 두 집단 간 직무 만족도 평균값의 차이가 클수록 가설 채택의 가능성이 높아진다.

14 다음 글에 나타난 개인과 사회의 관계를 바라보는 관점이 갖는 한계에 대한 설명으로 옳은 것은?

> 사회현상은 자유의지를 가진 개인들로부터 비롯되지만 사회현상에 대한 탐구는 개인의 행위나 사고로 환원될 수 없다. 사회에 대한 탐구는 사회적 사실에 대한 탐구이며 사회적 사실이란 행위자들의 외부에 존재하며 그들에게 강제적인 영향력을 행사하는 사회구조들과 문화적 규범 및 가치관들이다.

① 개인과 사회의 상호작용을 지나치게 강조한다.
② 사회를 구성하는 개인의 주체성과 능동성을 간과한다.
③ 개인의 행위에 대한 사회구조의 영향력을 과소평가한다.
④ 개인을 위한 전체의 희생을 합리화할 우려가 있다.

15 다음 글의 '이 조직'에 대한 설명으로 〈보기〉에서 옳은 것만을 모두 고르면?

> 막스 베버(M. Weber)는 '이 조직'을 합리적 권위가 지배하는 조직이라고 보았는데, '이 조직'이 근대 사회의 지배적인 조직으로 성장한 것은 바로 그 합리성에 있었다. 조직 구성과 과업 부여, 과업 수행 등 모든 과정에 있어서 철저하게 합리성을 추구함으로써 '이 조직'은 근대 산업 사회의 요구를 효율적으로 수행할 수 있었다.

〈보기〉
㉠ 비공식 조직의 중요성을 인정하고 강조한다.
㉡ 구성원의 능력을 보여주는 지표로 경력 및 연공서열을 중시한다.
㉢ 업무 수행 결과에 대한 책임 소재가 불분명하다는 단점이 있다.
㉣ 문서에 의한 업무 수행이 중시된다.

① ㉠, ㉡
② ㉠, ㉢
③ ㉡, ㉣
④ ㉢, ㉣

16 다음은 시장의 경쟁 정도에 따른 분류이다. (가)~(라)에 대한 설명으로 옳지 않은 것은?

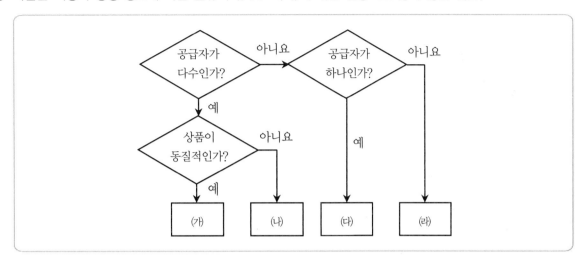

① (가)는 진입 장벽이 존재하지 않는다.

② (나)에서 개별 기업은 시장 가격에 전혀 영향을 미칠 수 없다.

③ (다)에서 개별 재화에 좋은 대체재가 될 수 있는 재화가 존재하지 않는다.

④ (라)에서는 기업들 간의 담합이 일어나기에 알맞은 상황이 조성되어 있다.

17 (가)와 (나)는 금융 시장의 유형을 분류한 것이다. 이에 대한 설명으로 옳은 것은? (단, (가)와 (나)는 직접 금융 시장, 또는 간접 금융 시장 중 하나이다)

(가)	• 금융 기관은 자금 수요자에게 정보 제공을 받아 자금 공급자에게 정보를 제공한다. • 자금 공급자는 자금 수요자에게 자금을 공급하고, 이에 대한 대가로 이자나 배당을 받는다.
(나)	• 금융 기관은 자금 공급자에게 예금을 받고 이에 대한 대가로 이자를 준다. 또한, 금융 기관은 자금 수요자에게 대출을 해주고 이에 대한 대가로 이자를 받는다. • 자금 공급자와 자금 수요자 간에는 직접적인 자금 거래는 없다.

① (가)에서 거래되는 대표적인 금융 상품으로 정기적금이 있다.

② (나)에서는 자금 공급자가 자금 거래로 인해 발생하는 위험을 전액 부담한다.

③ (가)에 비해 (나)에서 금융 상품이 일반적으로 안전성이 더 높다.

④ (가)에 비해 (나)에서 자금 공급자의 자금이 어느 기업으로 투자되었는지 알기 쉽다.

18 다음은 중앙은행이 이자율을 인하하는 경우, 총수요에 영향을 미치는 여러 경로를 나타낸 것이다. ㉠~㉢의 변화로 옳은 것은? (단, 유동성함정이 존재하지 않고, 각 경제주체는 경제를 낙관적으로 예상한다)

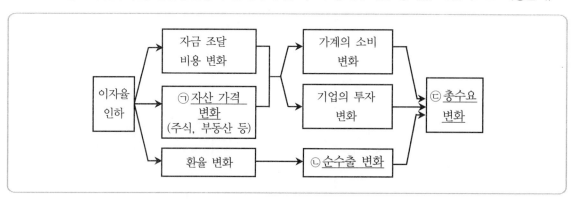

	㉠	㉡	㉢
①	상승	증가	증가
②	상승	감소	증가
③	하락	감소	감소
④	하락	증가	감소

19 2017년 A국의 경상 거래 전부가 다음과 같을 때, A국의 국제 수지에 대한 설명으로 옳은 것은? (단, 2016년 A국의 경상 수지는 0이며, 모든 연도의 오차 및 누락은 0이다)

- A국 기업의 상품 수출 20억 달러
- A국 국민의 해외 직접 투자를 통한 배당 소득 50억 달러 수취
- A국 기업이 사용한 해외 저작권 사용료 50억 달러 지급
- B국 국민이 A국 여행에 150억 달러 지출
- C국의 지진 피해에 대한 응급 복구 비용 100억 달러 지원
- D국 기업으로부터 원자재 수입 30억 달러

① 서비스 수지는 음(−) 값을 갖는다.
② 본원 소득 수지와 이전 소득 수지의 합은 0이다.
③ 상품 수지는 2016년 대비 10억 달러 감소하였다.
④ 자본·금융 계정은 2016년 대비 40억 달러 감소하였다.

20 다음은 X재와 Y재 시장에서 각 재화의 가격에 대한 수요량과 공급량을 나타낸 것이다. 두 재화의 주어진 가격 하에서 X재와 Y재의 수요량이 각각 200개 증가할 때, 각 재화 시장에 일어나는 균형 변화에 대한 설명으로 옳은 것은?

재화(개) \ 가격(원)		80	90	100	110	120
X재	수요량	800	700	600	500	400
	공급량	400	500	600	700	800
Y재	수요량	800	700	600	500	400
	공급량	600	600	600	600	600

① Y재의 균형 가격이 X재의 균형 가격보다 높아진다.

② X재와 달리 Y재의 균형 거래량은 증가한다.

③ Y재의 판매 수입이 X재의 판매 수입보다 많아진다.

④ 각 재화의 균형 가격 상승률과 판매 수입 증가율은 동일하다.

1 〈보기〉의 (가), (나)에 대한 설명으로 가장 옳은 것은? (단, (가), (나)는 전형적인 대통령제와 의원내각제 중 하나인 정부 형태이다.)

> 〈보기〉
>
> 모든 국가에는 대외적으로 국가를 대표하는 사람이 있다. 그런데 정부 형태에 따라 국가를 대표하는 사람에게 상징적인 권위만을 부여하기도 하고, 실질적인 통치권을 함께 부여하기도 한다. 현대 정부 형태에서 전형적인 정부 형태인 (가)는 이 두 가지가 한 사람에게 집중되어 있으나, (나)는 그렇지 않다.

① (가)는 로크의 2권 분립을 바탕으로 한다.

② (가)에서 행정부 수반의 임기는 예외적이고 특별한 경우를 제외하면 엄격하게 보장된다.

③ (나)에서 행정부 수반은 의회에 대해 정치적 책임을 지지 않는다.

④ 영국과 일본은 (가), 대한민국과 미국은 (나)를 채택하고 있다.

2 〈보기 1〉의 (가), (나)에 대한 옳은 설명을 〈보기 2〉에서 모두 고른 것은?

기본권	관련 헌법 조항
〈보기 1〉	
(가)	제33조 ① 근로자는 근로 조건의 향상을 위하여 자주적인 단결권·단체 교섭권 및 단체 행동권을 가진다.
(나)	제30조 타인의 범죄 행위로 인하여 생명·신체에 대한 피해를 받은 국민은 법률이 정하는 바에 의하여 국가로부터 구조를 받을 수 있다.

〈보기 2〉

㉠ (가)는 인간다운 생활을 보장하기 위한 사회권이다.
㉡ (나)는 기본권 보장을 위한 기본권이다.
㉢ (나)는 (가)와 달리 수단적이고 절차적 권리라는 성격을 가진다.
㉣ (가), (나) 모두 근대 시민 혁명 직후 확립된 권리이다.

① ㉠, ㉡
② ㉢, ㉣
③ ㉠, ㉡, ㉢
④ ㉡, ㉢, ㉣

3 〈보기〉의 (가), (나) 연구 방법의 일반적인 특징에 대한 설명으로 가장 옳은 것은?

구분	연구목적	한계
(가)	청소년의 지속적인 봉사활동이 청소년의 인성에 영향을 미친다는 잠정적인 결론을 가지고 자료를 수집·분석함으로써 봉사 활동이 청소년의 건전한 성장에 도움이 되도록 하고자 함.	㉠
(나)	현대 사회는 평균 수명이 늘어남에 따라 노인의 삶의 질에 대한 관심이 높아지고 있으며, 여가 시간을 어떻게 활용하느냐가 매우 중요해지고 있음. 이에 봉사활동을 지속적으로 하는 노인을 대상으로 봉사 활동이 갖는 의미를 연구함으로써 노인의 삶의 질 향상을 위한 자료를 제공하고자 함.	연구자의 주관적 가치 개입 가능성이 큼

〈보기〉

① (가)는 방법론적 이원론의 입장, (나)는 방법론적 일원론의 입장을 취한다.

② (가)는 연구 대상자의 내면세계 중시, (나)는 변인 간 법칙 발견을 목적으로 한다.

③ '객관적인 관찰이 불가능하다'는 ㉠에 들어갈 수 있다.

④ (나)에서는 비공식적 자료가 중시된다.

4 〈보기〉는 전형적인 정치 참여 집단을 구분한 것이다. 이에 대한 설명으로 가장 옳은 것은? (단, A~C는 각각 정당, 이익 집단, 시민 단체 중 하나이다.)

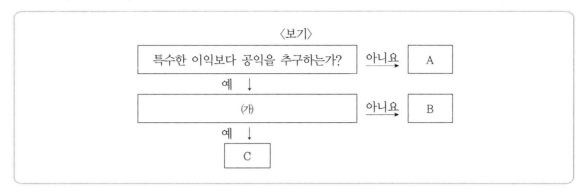

① A는 시민 단체이다.
② (가)에는 '대표적인 사례로 노동조합을 들 수 있는가?'가 들어갈 수 있다.
③ (가)에 '자신들의 행위에 대해 정치적 책임을 지는가?'가 들어가면, C는 정부와 의회를 매개하는 역할을 한다.
④ B, C와 달리 A는 다양한 사회 문제를 해결하기 위해 자발적으로 결성된 집단이다.

5 〈보기 1〉의 헌법재판소의 권한 (가)~(다)에 대한 옳은 설명을 〈보기 2〉에서 모두 고른 것은?

〈보기 1〉

구분	청구 요건
(가)	공권력의 행사나 불행사로 국민의 기본권이 침해되었을 때
(나)	법률이 헌법에 위반되는지의 여부가 재판의 전제가 될 때
(다)	정당의 목적이나 활동이 민주적 기본 질서에 위배될 때

〈보기 2〉
㉠ (가)는 헌법소원심판, (나)는 위헌법률심판, (다)는 정당해산심판이다.
㉡ (나)의 제청 주체는 해당 법률을 재판에 적용할지 판단하는 법원이다.
㉢ (다)의 심판 결과에 불복할 경우 대법원에 상고할 수 있다.
㉣ (다)는 국회가 본회의의 의결을 거쳐 제소한다.

① ㉠, ㉡
② ㉠, ㉢
③ ㉠, ㉡, ㉢
④ ㉡, ㉢, ㉣

6 〈보기 1〉의 '○○구'와 같은 조직의 특성에 대한 옳은 추론을 〈보기 2〉에서 모두 고른 것은?

〈보기 1〉

○○구는 5급 과장이 팀장이 되고 일부 6급 계장도 팀장에 합류하는 조직을 만들었다. ○○구청의 조직은 과거 3국 17실 78담당에서 3본부 24팀 16부분으로 개편되었으며 여섯 명의 6급 공무원이 5급 공무원과 같은 팀장으로 발탁되어 업무를 추진 중이다. 또한 결재 권한을 갖고 있던 계장 직급이 폐지되어 72명의 6급 계장이 팀원으로 실무를 맡게 되었다.

〈보기 2〉

㉠ 분권화된 조직 운영 체계를 갖고 있을 것이다.
㉡ 위계는 더욱 수평적으로 변화하였다고 할 것이다.
㉢ 고정된 업무 중심에서 상황에 따라 주어지는 과업 중심으로 변화하였다.
㉣ 다양한 외부환경 변화에 신속하게 대응하기가 어렵다는 비판을 받을 수 있다.

① ㉠, ㉣
② ㉡, ㉢
③ ㉠, ㉡, ㉢
④ ㉡, ㉢, ㉣

7 사회 불평등 현상을 바라보는 (가), (나) 관점의 일반적인 특징에 대한 설명으로 가장 옳은 것은?

(가)	업무의 중요성과 역할 수행의 정도에 차이가 있기 때문에 적절한 차등 보상은 사회 발전에 도움을 준다.
(나)	업무의 중요성은 현 기득권층의 판단이고 불평등은 가정 배경이나 권력에 의해 발생하기도 하며, 사회 불평등 현상은 갈등과 대립을 초래한다.

① (가)는 사회 불평등을 능력의 차이에 따른 서열화로 본다.
② (가)는 사회 불평등이 생산 수단의 소유 여부에서 비롯된다고 본다.
③ (나)는 (가)와 달리 직업 간 사회적 중요도가 다르다고 본다.
④ (나)는 (가)와 달리 사회 불평등 현상을 필수 불가결한 것으로 본다.

8 〈보기 1〉은 전통 사회에서 고도 산업 사회까지의 인구 변천 단계를 순서 없이 나타낸 것이다. 이에 대한 옳은 분석을 〈보기 2〉에서 모두 고른 것은?

〈보기 1〉

단계	인구 모형
(가)	감산소사형
초기 산업 사회	다산감사형
전통사회	다산다사형
(나)	소산소사형

〈보기 2〉

㉠ (가)는 후기 산업 사회에 해당한다.
㉡ 우리나라 1960년대는 (나)에 해당한다.
㉢ 노인층의 비율은 소산소사형 단계에서 제일 높다.

① ㉠, ㉡

② ㉠, ㉢

③ ㉡, ㉢

④ ㉠, ㉡, ㉢

9 〈보기 1〉에 대한 옳은 분석을 〈보기 2〉에서 모두 고른 것은? (단, 계층은 상층, 중층, 하층으로만 구분한다.)

〈보기 1〉

(단위 : %)

질문	갑(甲)국	을(乙)국
하층을 제외한 인구의 비율은?	50	㉠
중층을 제외한 인구의 비율은?	70	40
상층을 제외한 인구의 비율은?	80	80

〈보기 2〉

㉠ ㉠에 해당하는 값은 80이다.
㉡ 갑(甲)국에서는 하층 인구수가 가장 많다.
㉢ 을(乙)국의 계층 구조는 다이아몬드형이다.
㉣ 갑(甲)국과 을(乙)국의 상층 인구수는 같다.

① ㉠, ㉡   ② ㉡, ㉢

③ ㉢, ㉣   ④ ㉠, ㉡, ㉢

10 〈보기〉의 그래프는 경기변동 추이를 나타낸 것이다. A시기에 요구되는 경제 안정화 정책으로 가장 옳은 것은?

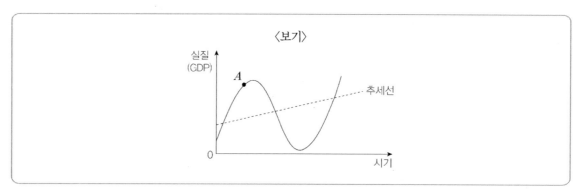

① 세율 인하   ② 정부지출 증가

③ 재할인율 인상   ④ 국공채 매입

11 〈보기〉는 국민 경제 주체의 상호 관계를 나타낸다. 이에 대한 설명으로 가장 옳은 것은?

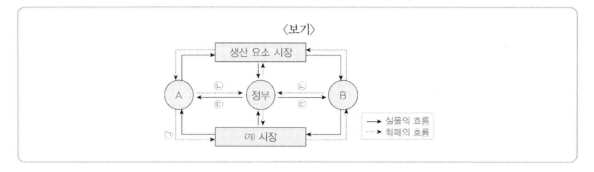

① ㉠의 예로는 임금, 이자, 지대 등이 있다.
② 경기가 불황일수록 ㉡의 크기가 커진다.
③ B는 ㈎ 시장의 공급자로 효용 극대화를 추구한다.
④ 정부의 흑자 재정 정책은 A의 소득을 감소시키는 요인이다.

12 일탈 이론 ㈎~㈐에 대한 설명으로 가장 옳은 것은?

> ㈎ 특정 행위에 대해 어느 집단이나 개인이 그것을 일탈 행동이라고 주장하고, 그것이 사회의 다양한 부분에서 받아들여질 때 결국 일탈 행동이 된다.
> ㈏ 준법적 태도를 보이던 사람도 일탈자들과 오랫동안 빈번하게 교류하면서 법과 규범을 경시하는 태도를 습득할 경우 일탈에 가담할 가능성이 높다.
> ㈐ 산업화 단계로 접어들면서 사람들은 규범과 역할의 혼란을 겪게 되고 그에 따른 불만이 반사회적 행동으로 나타날 수 있다.

① ㈎는 ㈐와 달리 사회의 지배적 가치와 규범을 사회화하지 못해서 일탈 행동이 발생한다고 본다.
② ㈎는 ㈏, ㈐와 달리 일탈이 행동의 속성에 의해서가 아니라 그에 대한 사회적 반응에 의해 규정된다고 본다.
③ ㈏는 ㈎, ㈐와 달리 지배 집단의 기득권 보호를 위한 사회제도 때문에 일탈 행동이 발생한다고 본다.
④ ㈐는 ㈎, ㈏와 달리 미시적 관점에서 일탈 행동을 설명한다.

13 〈보기〉는 우리나라 △△도 □□군 지방의회 지역구 의원 선거 결과이다. 이에 대한 분석으로 가장 옳지 않은 것은?

선거구	후보자별 득표율			
△△도 의회 의원 선거 제1선거구	A당 정○○ 7.9%	B당 신○○ 39.5%	C당 이○○ 12.3%	D당 김○○ [당선] 40.3%

선거구	후보자별 득표율				
□□군 의회 의원 선거 가선거구	A당 최○○ [당선] 45.4%	A당 박○○ 15.0%	B당 안○○ [당선] 20.2%	B당 표○○ 12.1%	C당 조○○ 7.3%

① 광역의회 의원 선거는 단순 다수 대표제를 채택하였다.

② 가선거구에서는 각 정당의 총 득표율에 따라서 당선자가 결정되었다.

③ 제1선거구에 적용된 선거구제는 정당별 득표율과 의석률의 불일치가 심하다는 문제점이 있다.

④ 가선거구에 적용된 대표 결정 방식은 당선자 간 득표율의 차이로 동일 선거구 내에서 투표 가치의 차등 문제가 발생할 수 있다.

14 〈보기〉는 갑(甲)국과 을(乙)국의 생산가능 곡선이다. 이에 대한 분석으로 가장 옳은 것은? (단, 양국의 생산요소 투입량은 동일하며, 교역 시 양국은 비교 우위에 있는 재화에 특화한다.)

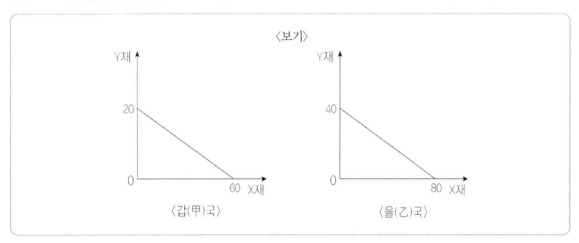

① 갑(甲)국은 X재 50개와 Y재 15개 생산이 가능하다.

② X재 교환비율은 Y재 1/3에서 Y재 1/2 사이에서 결정된다.

③ Y재 1개 생산의 기회비용은 을(乙)국이 갑(甲)국보다 크다.

④ 무역 발생 시 갑(甲)국은 X재를 수입하고, Y재를 수출한다.

15 〈보기〉는 갑(甲)국과 을(乙)국의 연도별 경제성장률 및 물가상승률을 나타낸 것이다. 〈보기〉에 대한 설명으로 가장 옳은 것은? (단, 기준연도는 2014년이며, 물가수준은 GDP디플레이터로 측정한다.)

	갑(甲)국			을(乙)국		
연도	2015년	2016년	2017년	2015년	2016년	2017년
경제성장률	−5	10	15	3	−2	4
물가상승률	−10	10	20	2.5	−4	6

〈보기〉

(단위 : %)

※ GDP디플레이터=(명목GDP/실질GDP)×100

① 2014년에 비해 2015년 갑(甲)국의 실질GDP는 증가하였다.

② 2015년 을(乙)국은 전년대비 명목GDP 증가율이 실질 GDP 증가율보다 낮다.

③ 2016년에 갑(甲)국은 전년보다 총수요가 증가하였을 것이다.

④ 2017년에 갑(甲)과 을(乙)국 모두 총수요가 감소하였을 것이다.

16 〈보기〉는 근로 계약서의 일부이다. 이에 대한 법적 판단으로 가장 옳은 것은?

근로 계약서

사용자 'A'와 근로자 'B'(만 17세)는 다음과 같이 근로 계약을 체결한다.

1. 근로 계약 기간 : 2018년 3월 1일~12월 31일

…(중략)…

4. 근로 시간 : 9시부터 20시까지(휴게시간 1시간 포함)

5. 근무일 : 매주 월요일~토요일

6. 임금 : 7,000원(시급)

※ 단, 2018년 최저 임금은 시간당 7,530원임

① B는 유급 휴가를 사용할 수 없다.

② 근로 기간이 1년 미만이기 때문에 A는 근로 기준법을 위반하였다.

③ B가 임금에 대해 A와 합의했다면 최저 임금을 요구할 수 없다.

④ A는 근로 시간과 관련하여 근로 기준법을 위반하였다.

17 〈보기〉의 ㈎에 대한 설명으로 가장 옳은 것은?

〈보기〉

2017년 12월 국제 연합 (㈎)이/가 미국의 예루살렘 이스라엘 수도 선언 철회를 요구하는 결의안을 표결에 부쳤지만 미국 반대로 부결되었다. (㈎) 15개 이사국은 예루살렘을 이스라엘 수도로 인정해서는 안 된다는 내용의 결의안을 표결했지만 14대 1로 부결되었다.

① 국제 연합의 최고 의결 기관이다.

② 국제 평화와 안전 유지에 일차적 책임을 진다.

③ 국제 분쟁에 개입할 때 군사력을 사용할 수 없다.

④ 국제법을 적용하여 국제 분쟁을 해결하는 국제 연합의 사법 기관이다.

18 〈보기〉는 갑(甲)국의 고용지표 변화이다. 이에 대한 분석으로 가장 옳은 것은? (단, 갑(甲)국의 15세 이상 인구는 변하지 않았다.)

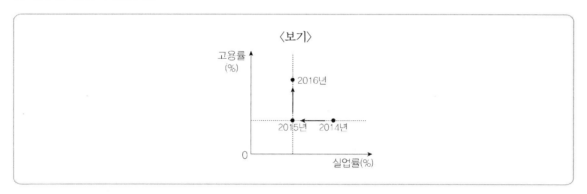

① 2015년 취업자 수가 2014년보다 더 적다.

② 2015년 비경제활동인구 수가 2014년보다 더 적다.

③ 2016년 실업자 수가 2015년보다 더 많다.

④ 2016년 경제활동인구 수는 2015년과 동일하다.

19 〈보기 1〉에 소개된 갑(甲)에 대한 옳은 분석을 〈보기 2〉에서 모두 고른 것은?

〈보기 1〉

자동차 회사에 다니는 갑(甲)은 자신이 개발한 수소자동차로 인해 많은 칭송을 받고 있지만 출세보다 사랑에 모든 것을 건다. 중소 기업의 부장이신 아버지 을(乙)의 뜻을 거역하고 경제적으로 어려움을 겪고 있는 병(丙)과 결혼을 강행하며 항상 자신보다 병(丙)을 감싸고 위한다.

〈보기 2〉

㉠ 갑(甲)은 역할에 대한 보상을 받는다.
㉡ 갑(甲)은 2차적 사회화 기관의 구성원이다.
㉢ 갑(甲)은 후천적으로 획득한 지위를 갖고 있다.
㉣ 갑(甲)은 성취지위와 귀속지위에서 역할 갈등을 경험한다.

① ㉠
② ㉠, ㉡
③ ㉡, ㉢
④ ㉡, ㉢, ㉣

20 〈보기〉에서 (가)와 (나)는 X재 수요의 변동이다. (가)와 (나)의 변화 요인을 가장 옳게 연결한 것은?

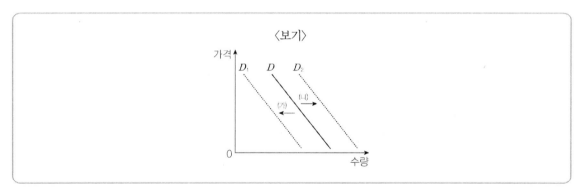

	(가)	(나)
①	소득 감소	대체재 가격 상승
②	기호 감소	대체재 가격 하락
③	인구 감소	보완재 가격 상승
④	가격 하락	보완재 가격 하락

☞ 정답 및 해설 P.56

1 〈보기〉는 자료수집방법 A~D를 분류한 것이다. 이에 대한 설명으로 가장 옳은 것은? (단, A~D는 각각 질문지법, 면접법, 실험법, 참여 관찰법 중 하나이다.)

〈보기〉			
구분		조작적 정의의 과정을 거치는 연구방법에서 주로 쓰는가?	
		예	아니요
(가)	예	A	B
	아니요	C	D

① (가)가 '조사대상자와 연구자 간 신뢰관계가 중요한가?'라면, B는 인위적으로 통제된 상황에서 변수의 효과를 관찰하는 자료수집방법이다.

② (가)가 '연구자가 현상이 실제로 발생한 현지에 가서 연구해야 하는가?'라면 A는 대규모 집단을 대상으로 계량화된 자료를 수집하는 자료수집방법이다.

③ (가)가 '시·공간의 제약을 극복할 수 있는가?'라면 B는 면대면 대화를 통해 깊이 있는 정보를 수집하는 자료수집방법이다.

④ (가)가 '언어적 상호 작용에 의한 자료 수집이 필수적인가?'라면 D는 일상생활에서 나타나는 연구대상의 행동을 관찰하는 자료수집방법이다.

2 〈보기〉의 밑줄 친 ㉠~㉡에 대한 설명으로 가장 옳은 것은?

〈보기〉

㉠기초노령연금은 소득 하위 70%에 해당하는 만 65세 이상 노인에게 지급하는 연금이며, 현재는 기초연금으로 확대 개편되었습니다. ㉡국민연금의 기초가 되는 노령연금은 가입 기간, 그러니까 연금 보험료 납부 기간이 최소 10년 이상일 때 60세 이상부터 평생 받게 되는 급여입니다. 65세 이하는 소득 활동 정도에 따라 노령연금 혹은 조기노령연금 지급액이 바뀌는데요, 활동에 따라 감액된 금액을 받게 된답니다. 소득이 없는 경우는 55세 이상부터 조기노령연금을 받을 수 있습니다.

① ㉠은 소득재분배 효과가 나타나며 보편적 복지에 해당한다.
② ㉡은 가입자의 비용 부담 능력에 따라 납부하는 금액이 달라진다.
③ ㉠은 ㉡과 달리 사전 예방적인 성격을 가지며 선별적 복지에 해당한다.
④ ㉡은 ㉠과 달리 사후 처방적인 성격이 강하고 재원을 부담하는 자와 수혜자가 일치하지 않는다.

3 일탈행위에 관한 〈보기 1〉의 이론에서 제시하는 해결방안을 〈보기 2〉에서 가장 옳게 고른 것은?

〈보기 1〉

성인들이 학교 부적응 학생들을 문제아로 규정하고, 그 아이들을 사랑으로 감싸주지 않기 때문에 이들이 학교폭력의 가해자나 피해자가 된다고 생각합니다.

〈보기 2〉

㉠ 사회적 규범의 통제력 회복
㉡ 정상적인 집단과의 교류 추진
㉢ 타인에 대한 신중한 낙인 필요
㉣ 일탈자로 규정되는 과정과 일탈의 상대성을 강조

① ㉠, ㉡

② ㉠, ㉢

③ ㉡, ㉢

④ ㉢, ㉣

4 〈보기〉의 ㈎와 ㈏에 해당하는 사회조직에 대한 설명으로 가장 옳은 것은?

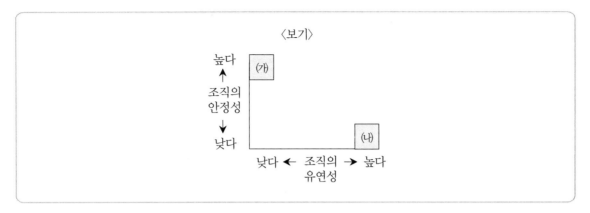

① ㈎와 ㈏는 모두 효율성을 중요시 여긴다.

② ㈏는 조직 내 지위가 권한과 책임에 따라 서열화되어 있다.

③ ㈎는 다품종 소량생산 체제에 적합한 사회조직이다.

④ ㈏는 ㈎보다 연공서열에 따른 보상체계가 이루어진다.

5 개인과 사회를 바라보는 관점에 관한 〈보기〉에 대한 설명으로 가장 옳은 것은?

〈보기〉

㈎ 선거에서 후보자를 선택할 때는 소속 정당을 봐야 해. 어떤 후보가 되더라도 정당의 결정에서 자유로울 수가 없어.

㈏ 후보자의 소속 정당보다는 후보자 개인의 능력이나 품성이 중요하지. 훌륭한 인물이 대표가 되면 정당의 발전도 가능해.

① ㈎의 관점은 사회의 합은 개인의 합보다 크다고 본다.

② ㈏의 관점에서는 사회는 실재하며 개인에게 지속적인 영향력을 미친다고 본다.

③ ㈎의 관점은 ㈏의 관점과는 달리 사회문제를 해결하기 위해서 개인의 의식개혁에 중점을 둔다.

④ ㈏의 관점은 ㈎의 관점과 달리 사회를 생물유기체에 비유하며 개인의 자율성을 중시한다.

6 〈보기〉의 이론에 대해 가장 옳게 설명한 것은?

> 〈보기〉
> 이븐 할둔(Ibn Khaldoun)은 이슬람 문명의 흥망성쇠에 관심을 갖고 여러 나라의 흥망사를 비교 설명하면서 사회 변화나 문화 현상은 유기체의 일생처럼 성장과 쇠퇴를 되풀이한다고 주장하였다.

① 과거 역사 속에서 반복되는 사회 변동을 설명하고 해석하는 데 유용하다.
② 문화 상대주의를 부정하고 서구 사회의 지배를 정당화한다.
③ 변동은 곧 진보를 의미한다고 본다.
④ 사회 발전은 변동 속도의 차이는 있지만 일정한 방향으로 변화한다고 주장한다.

7 〈보기〉에 대한 설명으로 가장 옳은 것은?

> 〈보기〉
> 갑(甲)은 A주택의 소유자이다.
> • 갑(甲) - 2017년 2월 15일 A주택에 대해 B은행에 3억 원 근저당을 설정함.
> • 갑(甲) - 2017년 10월 2일 A주택에 대해 을(乙)과 2억 원에 전세 계약을 함.
> • 을(乙) - 2017년 12월 2일 A주택에 입주하고 전입신고를 하면서 확정일자를 받음.
> • 갑(甲) - 2018년 1월 10일 A주택에 대해 C은행에 2억 원의 근저당을 설정함.

① 을(乙)의 A주택 전입신고 기록은 등기부 등본 갑구에 기록된다.
② A주택 등기부 등본 을구에는 B은행과 C은행의 근저당권이 설정되어 있다.
③ A주택이 경매될 경우 을(乙)은 B은행에 우선하여 보증금을 받을 수 있다.
④ 갑(甲)이 채무를 변제하지 못한다면 B은행은 A주택을 직접 사용, 수익할 수 있다.

8 〈보기〉에 제시된 헌법 조항에 나타난 민주 정치의 기본원리에 해당하지 않는 것은?

> 〈보기〉
> 제1조 ② 대한민국의 주권은 국민에게 있고, 모든 권력은 국민으로부터 나온다.
> 제40조 입법권은 국회에 속한다.
> 제41조 ① 국회는 국민의 보통·평등·직접·비밀 선거에 의하여 선출된 국회의원으로 구성한다.
> 제66조 ④ 행정권은 대통령을 수반으로 하는 정부에 속한다.
> 제101조 ① 사법권은 법관으로 구성된 법원에 속한다.

① 국민주권의 원리
② 대의제의 원리
③ 권력분립의 원리
④ 지방 자치의 원리

9 〈보기〉는 우리나라의 외환 시장에 영향을 주는 요인들이다. ㈎~㈐의 현상이 독립적으로 나타났을 때 갑(甲)국 국민의 생활 모습에 대한 추론으로 가장 옳지 않은 것은? (단, 제시된 것 외에 다른 경제적 요인에는 변화가 없으며, 모든 거래는 달러로 이루어진다고 가정한다.)

> 〈보기〉
> ㈎ 국가 신용도 하락으로 외국인의 국내 투자가 지난해의 1/3 수준으로 감소하였다.
> ㈏ 국내 조류 독감 파동으로 달걀과 달걀 가공품의 수입이 지난해보다 5배 증가하였다.
> ㈐ 한류의 영향으로 문화 예술 저작권의 해외 판매액이 큰 폭으로 증가하였다.
> ㈑ 국민 총소득의 감소로 해외 상품에 대한 1인당 지출이 감소하였다.

① ㈎, ㈏ 현상이 동시에 나타나면 우리나라의 경상수지는 일시적으로 개선된다.
② ㈏, ㈐ 현상이 동시에 나타나면 우리 정부의 외채 상환 부담을 증가시킨다.
③ ㈐, ㈑ 현상이 동시에 나타나면 미국으로 수출하는 재화의 가격 경쟁력은 낮아진다.
④ ㈎와 ㈐는 외환의 공급 측면에, ㈏와 ㈑는 외환의 수요 측면에 영향을 미친다.

10 〈보기〉에서 국제 관습법으로 가장 옳게 묶인 것은?

> 〈보기〉
> ㉠ 신법 우선의 원칙
> ㉡ 외교관 면책 특권
> ㉢ 국내 문제 불간섭 원칙
> ㉣ 권리 남용 금지의 원칙

① ㉠, ㉡

② ㉠, ㉢

③ ㉡, ㉢

④ ㉡, ㉣

11 〈보기〉의 (가)~(다) 제도가 공통적으로 보장하고자 하는 기본권에 대한 설명으로 가장 옳은 것은?

> 〈보기〉
> (가) 생계 곤란 가구에 최저 생계비 지원
> (나) 집행유예 중인 자에게도 선거권 부여
> (다) 선거구 간 인구 편차를 2 : 1까지로 제한

① 다른 기본권 보장을 위한 수단적 권리이다.

② 인간다운 생활을 보장하기 위한 기본권이다.

③ 가장 고전적인 권리로서 방어적 성격의 권리이다.

④ 신분, 성별, 재산 등의 이유로 차별받지 않을 권리이다.

12 〈보기〉에 대한 설명으로 가장 옳은 것은?

〈보기〉

갑(甲, 20세)은 A사에 계약직으로 취업한 지 1년이 넘었다. 팀장이 바뀌면서 인사 평가 점수가 낮으니 회계 담당이던 갑(甲)에게 영업 업무까지 맡으라고 강요했다. 제안을 거절하면 정직원 전환이 안 될 것이라는 말을 듣고 억지로 일을 맡게 되었다. 그 후 갑(甲)은 영업 실적이 부족하고 업무 수행이 태만하다는 이유로 문자 메시지로 해고 통보를 받았다.

① A사의 해고 처분은 사유는 부당하나 절차상 하자는 없다.
② 갑(甲)은 부당해고에 대한 노동위원회의 심판 결과가 나오기 전에 해고 무효 확인 소송을 진행할 수 있다.
③ A사의 노동조합은 갑(甲)에 대한 부당해고를 이유로 노동위원회에 A사를 제소할 수 있다.
④ 갑(甲)이 부당해고에 대한 노동위원회의 결정에 이의가 있을 경우 노동위원회의 결정에 대하여 민사 소송을 제기할 수 있다.

13 〈보기〉의 밑줄 친 ①~④ 중 가장 옳은 것은?

〈보기〉

발표 학생 : 오늘 제가 발표할 내용은 법률 개정 절차입니다. 우리나라는 ①국회재적의원 과반수 또는 대통령이 법률안을 발의할 수 있습니다. ②발의된 법률안은 소관 상임위원회에서 검토한 후 국회의장에게 제출되고, 국회의장이 문제가 있는지 검토 후 법제 사법위원회에서 자구, 체계 등을 심사하도록 합니다. 법제 사법위원회의 심사를 거친 법률안은 본회의에 상정되어 ③재적의원 과반수가 출석하고, 출석의원 과반수가 찬성하면 의결됩니다. 의결된 법률안은 정부로 이송되어 ④대통령이 이의서를 붙여 거부할 수 있으며, 거부된 법률안은 이의서를 반영하여 수정하고 재상정됩니다.

14 〈보기〉는 민간 경제의 흐름을 나타낸 것이다. 이에 대한 설명으로 가장 옳은 것은? (단, ㈎, ㈏는 민간경제 주체에 해당한다.)

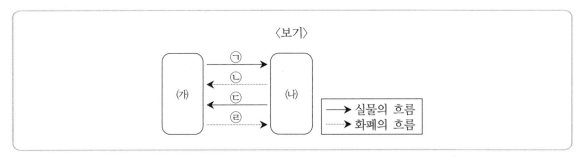

① ㈎가 가계이면, ㉠은 재화이다.

② ㈏가 기업이면, ㉡은 서비스의 대가이다.

③ ㉢이 생산요소이면, ㈎는 이윤의 극대화를 추구한다.

④ ㉣이 생산요소의 대가이면, ㈏는 생산물 시장의 공급자이다.

15 〈보기〉는 생산측면에서 외부효과가 발생한 A재의 시장 상황을 보여준다. 이에 대한 분석 및 추론으로 가장 옳은 것은?

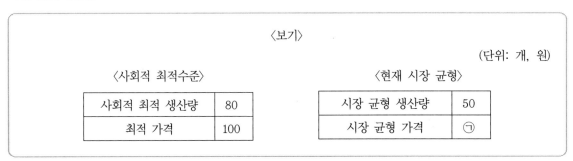

① ㉠은 100보다 작다.

② 외부 불경제가 일어나고 있는 상황이다.

③ 사적 비용이 사회적 비용보다 작을 때 이런 현상이 발생한다.

④ 정부가 생산자에게 보조금을 지급하여 상황을 개선할 수 있다.

16 〈보기〉에 대한 분석으로 가장 옳은 것은? (단, 갑(甲), 을(乙)국의 수요의 가격탄력성은 탄력적, 비탄력적 중 하나이다.)

〈보기〉
A제품에 대한 국가별 시장 조사 결과

구분	갑(甲)국	을(乙)국
현재 판매량	1,000개	500개
원화로 환산한 현재 가격	1만 원	1만 원
필수재로 인식하는 소비자의 비율	높다	낮다
가계의 소비 예산에서 차지하는 비중	작다	크다

① A제품을 판매하는 기업은 갑(甲)국에서는 가격을 내리는 전략을 통해 기업의 판매 수입을 극대화할 것이다.

② 을(乙)국에서 A제품의 수요의 가격탄력성은 0보다 크고 1보다는 작을 것이다.

③ A제품의 가격이 변화할 때 갑(甲)국의 수요량은 을(乙)국의 수요량보다 덜 민감하게 나타난다.

④ A제품은 을(乙)국보다 갑(甲)국에서 대체재가 더 많을 것이다.

17 〈보기〉의 헌법재판소의 권한에 대한 설명으로 가장 옳은 것은?

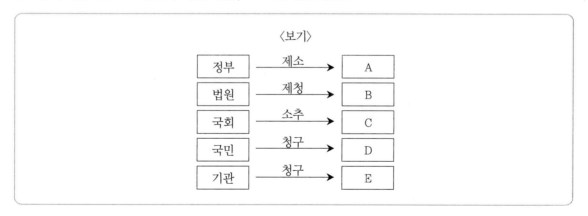

〈보기〉

① D의 경우는 권리구제형 헌법소원과 위헌심사형 헌법소원이 있다.

② C의 결정의 효력은 당사자를 공직으로부터 파면하며, 민·형사상의 모든 책임이 면제된다.

③ A, B에 해당하는 사건의 경우 헌법 재판관 6명 이상의 출석과 5명 이상의 찬성이 있어야 한다.

④ E에 해당하는 것은 위헌 정당 해산 심판이다.

18 〈보기〉는 갑(甲)국의 경상수지 자료이다. 이에 대한 분석으로 가장 옳은 것은? (단, 국제 거래는 갑국과 을국 사이에서만 발생하고 제시된 자료 이외의 거래는 없다.)

〈보기〉

(단위: 억 달러)

	2017년	2018년
상품수지	30	20
서비스수지	−20	−30
본원소득수지	−15	10
이전소득수지	10	−5

① 2018년 갑(甲)국의 상품 수출액은 2017년에 비해 감소하였다.

② 2018년 경상수지는 을(乙)국 화폐 대비 갑(甲)국 화폐 가치가 상승하는 요인이다.

③ 2017년과 달리 2018년 갑(甲)국의 경상수지는 외환 보유액이 증가하는 요인이다.

④ 2018년 경상수지는 갑(甲)국에서는 물가 하락을, 을(乙)국에서는 물가 상승을 유발한다.

19 〈보기 1〉의 밑줄 친 (가), (나) 기관이 추진할 정책에 대한 내용을 가장 옳게 추론한 것을 〈보기 2〉에서 모두 고른 것은?

〈보기 1〉

정부가 올해 하반기 우리 경제 상황을 부정적으로 평가하였다. 소비가 더디게 회복되고 고용 증가세도 악화되고 있기 때문이다. 이에 (가)정부와 (나)중앙은행은 여러 대책을 고민하고 있다.

〈보기 2〉

㉠ (가)는 세율을 인하하여 가계의 처분가능 소득을 감소시킬 것이다.

㉡ (나)는 채권시장에서 국·공채를 매입할 것이다.

㉢ (가)와 (나)는 총수요를 증가시키는 방향으로 정책을 추진할 것이다.

㉣ (가)는 통화 정책, (나)는 재정 정책으로 경기 안정화에 나설 것이다.

① ㉠, ㉡

② ㉠, ㉣

③ ㉡, ㉢

④ ㉢, ㉣

20 〈보기〉에 해당하는 경제적 유인과 성격이 가장 유사한 것은?

〈보기〉
19세기 영국에서는 무거운 죄를 지은 사람들을 호주로 유배를 보내는 것이 관례였는데, 호송 도중 죄수들이 사망하는 문제가 자주 발생했다. 영국 정부는 이 문제를 해결하기 위해 이송 범죄자의 수에 비례하여 비용을 지급하는 방식에서 이송이 끝났을 때까지 살아남은 죄수들의 수에 비례하여 비용을 지급하는 방식으로 바꾸었다. 이후 호송 도중 죄수들이 사망하는 문제는 크게 줄어들었다.

① 특허권
② 환경 오염세
③ 쓰레기 종량제
④ 전력 요금 누진제

☞ 정답 및 해설 P.59

1 우리나라에 도입된 직접 민주제적 요소에 대한 설명으로 옳은 것은?

① 국민의 대표 기관인 국회가 제정한 법률에 기초하여 국가권력이 행사된다.

② 국민이 대통령이나 국회의원을 임기만료 전이라도 투표로 해임할 수 있다.

③ 대통령은 필요하다고 인정할 때에는 외교·국방·통일 기타 국가안위에 관한 중요 정책을 국민투표에 부의할 수 있다.

④ 국회의원 선거권자 과반수의 찬성으로 법률 제·개정안을 발의할 수 있다.

2 다음 설명에 해당하는 것은?

> • 국가나 지방자치단체가 선거비용의 일부를 부담한다.
> • 후보자들에게 균등한 선거운동의 기회를 보장한다.
> • 선거운동의 과열을 방지함으로써 선거가 공정하게 치러질 수 있도록 한다.
> • 국가가 비용을 지나치게 많이 부담할 경우 후보가 난립할 수도 있다.

① 선거 공영제

② 중·대선거구제

③ 보통 선거제

④ 선거구 법정주의

3 사회계약론에 대한 설명으로 옳지 않은 것은?

① 사회계약론은 국가권력의 원천을 국민의 동의에 두고 있다.

② 홉스는 자연 상태를 '만인에 대한 만인의 투쟁' 상태로 보았고, 로크는 자연 상태를 평화롭지만 불안정한 상태로 보았다.

③ 홉스는 인간의 본성이 본래 악하다고 보았고, 루소는 인간의 본성이 본래 선하다고 보았다.

④ 홉스는 사람들이 무정부 상태에서 스스로를 지키기 위해 지배자에게 자연권을 모두 양도했다고 주장하였고, 루소는 사람들이 국가를 만들기 위해 지배자와의 계약을 통해 주권을 양도했다고 주장하였다.

4 국제사회를 바라보는 다음의 관점에 대한 설명으로 옳지 않은 것은?

> (가) 국가는 힘을 추구하며, 국가가 힘을 추구하는 데 있어 보편적 윤리는 중요한 관심의 대상이 아니라고 본다.
> (나) 국제사회가 동물의 세계처럼 힘이 지배하는 세계가 아니라 인간의 이성과 윤리가 작동하는 사회라고 본다.

① (가)는 국제사회를 무정부 상태에 가깝다고 이해하고, 국가안보의 중요성을 강조한다.

② (가)는 (나)의 관점과 달리 경제, 환경, 인권 문제도 중시한다.

③ (나)는 국제사회가 보편적인 선이나 국제규범에 의해 지배되고 있다고 주장한다.

④ (나)는 (가)의 관점과 달리 국제법과 국제기구 등을 통해 평화적이고 협력적인 국제사회를 건설할 수 있다고 주장한다.

5 다음 갑국의 선거제도에 대한 설명으로 옳은 것은?

> 국회는 지역구 국회의원 300명과 비례대표 국회의원 100명으로 구성된다. 국회의원 선거에서 19세 이상의 남·여 국민은 누구나 선거권을 가진다. 피선거권자는 정당 공천 여부와 관계없이 지역 선거구에 출마할 수 있다. 유권자는 지역구 국회의원 후보자에게만 투표하며, 한 표라도 많이 얻은 최고 득표자가 당선된다. 비례대표 의석은 지역구 선거에서 표출된 유권자의 의사를 그대로 정당에 대한 지지 의사로 의제하여 배분하며, 각 정당이 사전에 선거관리위원회에 제출한 비례대표 국회의원 후보자 명부의 순번으로 당선자를 결정한다.

① 지역구 국회의원 선거방식은 소선거구제이며, 군소정당 후보에게 유리하다.

② 자신의 지지정당이 후보를 공천하지 않아 어쩔 수 없이 무소속 후보자에게 투표한 사람의 경우 비례대표 국회의원의 선출에 기여하지 못한다는 점은 보통 선거 원칙에 위배된다.

③ 지역구 국회의원 선거방식은 소수 대표제이며, 선거운영 방식이 다수 대표제보다 복잡하고 선거비용도 많이 든다.

④ 유권자가 지역구 후보자나 그 후보자가 속한 정당 어느 일방만을 지지할 경우 후보자 개인이나 정당 중 어느 기준으로 투표하더라도 유권자의 선택권이 제한되는 측면이 있다.

6 헌법상 조약에 관련된 설명으로 옳지 않은 것은?

① 외국인은 국제법과 조약이 정하는 바에 의하여 그 지위가 보장된다.

② 국회는 모든 조약의 체결·비준에 대해 동의권을 가진다.

③ 대통령은 조약에 대한 체결·비준권을 가진다.

④ 헌법에 의하여 체결·공포된 조약은 국내법과 같은 효력을 가진다.

7 다음 글의 괄호 안에 들어갈 말로 옳은 것은?

> 「병역법」 제2조 제1항 제5호는 산업 기능 요원 편입 관련 부정행위로 인한 병역법 위반죄, 종사의무 위반으로 인한 병역법 위반죄 및 신상 이동 통보 불이행으로 인한 병역법 위반죄 등의 범행 주체인 '고용주'를 '「근로기준법」의 적용을 받는 공·사 기업체나 공·사 단체의 장으로서 병역의무자를 고용하고 있는 자'로 규정하고 있다. 여기서 '사기업체의 장'이란 일반적으로 그와 같은 사기업체를 대외적으로 대표할 수 있는 대표이사를 의미한다고 봄이 상당하다. 그러므로 사기업체의 대표이사가 아닌 실제 경영자를 이 조항에서 규정한 '고용주'에 해당하는 것으로 해석하는 것은 죄형법정주의의 내용 중 하나인 (   )원칙에 어긋나 허용될 수 없다.

① 유추 해석 금지
② 적정성
③ 관습 형법 금지
④ 소급효 금지

8 「노동조합 및 노동관계조정법」상 부당노동행위에 해당하지 않는 것은?

① 근로자가 노동조합에 가입한 것을 이유로 사용자가 해고하였다.
② 노동조합 대표자가 사용자에게 단체 교섭을 요구했지만 사용자는 정당한 이유 없이 이를 거부하였다.
③ 회사의 재무상황이 악화되어 사용자는 근로자에게 최저임금보다 낮은 임금을 지급하였다.
④ 사용자가 근로자를 어느 노동조합에 가입하지 않을 것을 고용 조건으로 회사에 입사하도록 하였다.

9 헌법상 기본권에 대한 설명으로 옳지 않은 것은?

① 참정권은 국정에 참여할 수 있는 능동적 권리로 선거권, 공무담임권 등이 이에 속한다.

② 국민의 자유와 권리는 헌법에 열거되지 아니한 이유로 경시되지 아니한다.

③ 과잉금지의 원칙에서 수단의 적합성을 충족하지 못하더라도 침해의 최소성과 법익의 균형성을 충족한 국가작용은 합헌적인 국가작용이다.

④ 국민의 기본권을 제한하는 경우에도 기본권의 본질적인 내용을 침해할 수 없다.

10 다음은 주택 임대차 계약을 체결한 (갑) ~ (기)의 상황을 나타낸 것이다. 이에 대한 설명으로 옳은 것은? (단, 자연인 (갑) ~ (병)은 등기를 하지 않았으며, 모든 임대차 계약은 일시사용을 위한 것이 아니다)

임차인	임대인	임차인이 실제 거주하고 있는가?	임차인이 전입신고 후 주민등록이 되어 있는가?	임차인이 계약서에 확정일자를 받았는가?
(갑)	(정)	예	아니요	아니요
(을)	(무)	예	예	아니요
(병)	(기)	예	예	예

① (갑)은 자신의 임차권으로 제3자에게 대항할 수 있다.

② (을)은 임차한 주택이 경매 등의 절차를 거치더라도 후순위 권리자보다 우선하여 보증금 2억 전액을 변제받을 수 있다.

③ (병)이 임대차 기간을 1년으로 주택을 임차하였다면 임대차 기간을 2년이라고 주장할 수는 없다.

④ (갑)과 (정)이 임대차 기간이 끝날 때까지 상대방에게 계약 갱신에 관한 어떤 의사도 표시하지 않았다면 원칙적으로 그 기간이 끝난 때에 전 임대차와 동일한 조건으로 다시 임대차한 것으로 본다.

11 밑줄 친 '나의 관점'에 부합하는 것만을 〈보기〉에서 모두 고르면?

근대화 과정을 설명하는 주요 이론으로 A이론과 B이론이 있다. 이 중 A이론은 세계 자본주의 체제가 중심부와 주변부로 구성된다고 가정하고, 주변의 제3세계 국가들은 중심부인 선진국으로부터 자원과 재화를 착취당하는 원료공급지와 상품시장으로 전락하여 저발전 상태를 벗어날 수 없다고 주장한다. 그러나 B이론을 지지하는 <u>나의 관점</u>에서 볼 때, A이론은 라틴아메리카 국가들의 특수한 상황을 토대로 만들어진 이론이며 한국이나 대만과 같은 신흥공업국의 사회경제적 발전을 설명하지 못하고 있다.

〈보기〉
㉠ 전통은 발전에 대한 장애 요인이다.
㉡ 서구 사회가 동양 사회보다 우월한 사회라고 단정 지을 수 없다.
㉢ 모든 사회는 일정한 단계를 거쳐 발전한다.
㉣ 제3세계 국가는 자국 산업을 중심으로 독자적인 발전을 도모해야 한다.

① ㉠, ㉡
② ㉠, ㉢
③ ㉡, ㉣
④ ㉢, ㉣

12 사회 계층화 현상을 설명하는 A, B이론에 대한 설명으로 옳은 것은?

질문　　　　　　　　　　　　　　이론	A이론	B이론
지위 불일치의 가능성을 인정하는가?	예	아니요
내부 구성원 간 귀속 의식을 강조하는가?	아니요	예

① A이론은 계층이 불연속적으로 구분되어 있다고 본다.
② B이론은 다원론적 관점에서 사회 불평등을 이해한다.
③ A이론은 B이론과 달리 사회 불평등 현상에 경제적 요인이 작용한다고 본다.
④ B이론은 A이론과 달리 정치적 불평등이 경제적 불평등에 종속되는 것으로 본다.

13 다음의 일탈 행동 이론에 대한 설명으로 옳은 것은?

> 일탈 행동은 다른 행동과 마찬가지로 학습의 결과이며, 학습은 개인과 친밀하거나 중요한 혹은 의미 있는 사람들과 의사소통을 할 때 주로 발생한다. 특히 기존의 일탈자와의 의사소통을 통해서 개인은 구체적으로 일탈 행동을 수행하는 방식과 더불어 일탈 행동을 정당화할 수 있는 가치 등을 학습한다.

① 문화적 목표를 달성할 수 있는 제도화된 수단의 제공을 강조한다.
② 급격한 사회변동으로 인한 지배적인 규범의 부재로 일탈 행동이 발생한다고 본다.
③ 일탈 행동의 해결 방안으로 사회구조의 근본적인 변혁을 강조한다.
④ 정상적인 집단과의 교류를 통해 일탈 행동을 억제할 수 있다고 본다.

14 다음 주장에 담긴 개인과 사회의 관계를 바라보는 관점에 대한 설명으로 옳지 않은 것은?

> 나의 관심은 왜 자본주의가 16 ~ 17세기 서구에서 발생했는가를 규명하는 데 있다. 그 당시의 물적 조건은 다른 시대와 다른 지역에서도 발견된다. 인간의 자본 획득 본능 역시 이전부터 존재해 온 것이기 때문에 만족스러운 이유가 되지 못한다. 나의 관점에서 보면, 16 ~ 17세기 유럽에서의 자본주의 발흥에는 프로테스탄티즘 윤리라는 도덕적이고 윤리적인 사회정신이 배후에 있었던 것으로 보인다. 이 정신은 이윤 추구를 직업적 성실성, 근면, 검소 등을 핵심으로 하는 도덕적 개혁 운동으로 전환시켜 궁극적으로 자본주의 체제를 태동시켰다. 자본주의는 개인의 단순한 이윤 추구 행위가 아닌 규범과 가치와 시장 제도가 결합된 사회적 수준의 사실이 된 것이다.

① 사회는 개인들로 환원될 수 없는 독자적인 특성을 가진 실체이다.
② 한 사회의 제도나 이념 등이 개별 구성원의 의식과 행동을 구속한다.
③ 개인은 자유의지에 따라 행동하며 사회는 개인의 목표를 증진시켜 주는 도구에 불과하다.
④ 사회의 구조적인 특성을 강조하면서 사회 구성원은 전체를 구성하는 부분으로 이해한다.

15 밑줄 친 ㉠~㉟에 대한 설명으로 옳은 것은?

> 연구자 갑은 우리나라 대학생의 ㉠대학 생활에 대한 만족도에 ㉡대학 내 사회적 관계의 정도가 미치는 영향을 알아보기 위한 연구를 진행하였다. 갑은 우선 모든 조건이 동일하다면, 대학 내 사회적 관계의 정도가 강한 학생일수록 대학 생활에 대한 만족도가 높을 것이라는 가설을 세웠다. 갑은 설문조사에서 대학 내 사회적 관계의 정도를 ㉢과거 6개월간 동아리 활동 참여 횟수로, 대학 생활에 대한 만족도는 5점 척도를 사용한 문항으로 각각 알아보기로 하였다. 갑은 ㉣○○대학교 학부생 중 성별, 학년, 전공을 고려해 ㉤100명의 학부생을 추출한 후 이들을 대상으로 준비한 설문지를 통해 조사를 수행하였다. 조사 수행 후 ㉥동아리 활동에 참여한 적이 없는 학생 집단(집단 A)과 ㉟한 번 이상 참여한 학생 집단(집단 B)으로 구분하여 자료를 분석하였다.

① ㉠은 독립변수, ㉡은 종속변수이다.
② ㉡은 ㉢으로 조작적 정의하였다.
③ ㉣은 모집단, ㉤은 표본집단이다.
④ ㉥은 통제집단, ㉟은 실험집단이다.

16 민간 경제의 순환을 나타낸 다음 그림에 대한 설명으로 옳은 것은? (단, (가), (나)는 서로 다른 경제 주체를, 화살표는 실물 또는 화폐의 흐름을 표시한 것이다)

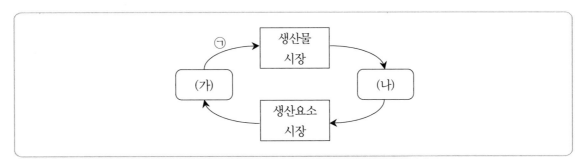

① 화살표가 화폐의 흐름이라면 (가)는 생산물 시장의 수요자이다.
② 화살표가 실물의 흐름이라면 (나)는 생산 활동의 주체이다.
③ (나)가 생산물 시장의 공급자라면 생산 요소에 대한 대가 지급은 ㉠에 해당한다.
④ (가)가 소비활동의 주체라면 (나)의 경제 활동 목적은 효용의 극대화이다.

17 다음 X재, Y재에 대한 설명으로 옳은 것은?

> • X재는 수요 법칙이 적용되며, 공급의 가격 탄력성은 무한대의 값을 갖는다.
> • Y재는 수요 법칙이 적용되며, 공급의 가격 탄력성은 0의 값을 갖는다.

① X재의 공급은 가격에 대해 완전 비탄력적이다.
② X재의 수요가 증가해도 X재 균형 거래량은 변함이 없다.
③ Y재의 공급이 증가하면 Y재 균형 거래량은 증가한다.
④ X재와 Y재 모두 수요가 증가하면 균형 가격이 상승한다.

18 밑줄 친 ㉠, ㉡에 대한 설명으로 옳은 것은?

> 경기 변동은 ㉠총수요의 변동으로 인해 발생하기도 하고, ㉡총공급의 변동으로 인해 발생하기도 한다.

① ㉠이 감소할 경우 스태그플레이션이 나타난다.
② ㉡이 변동할 경우 물가와 실질 GDP는 서로 반대 방향으로 움직인다.
③ ㉡ 곡선이 오른쪽으로 이동하는 요인으로 원자재 가격의 상승을 들 수 있다.
④ ㉠과 ㉡ 모두 증가할 경우 실질 GDP의 증감 여부는 알 수 없다.

19 경기과열 시 총수요를 줄이기 위한 통화정책으로 바르게 묶은 것은?

	국·공채	재할인율	지급준비율
①	매각	인상	인상
②	매각	인상	인하
③	매입	인하	인상
④	매입	인하	인하

20 다음 자료에 대한 분석으로 〈보기〉에서 옳은 것만을 모두 고르면? (단, a~j는 각 영역의 면적에 해당하며, 갑국은 X재만을 거래한다)

D와 S는 T기에 갑국의 X재 국내수요곡선과 국내공급곡선이다. 시장을 개방하지 않았던 갑국은 T + 1기에 시장을 개방하여 자유 무역을 통해 국제 가격 수준에서 X재를 수입하였으나, T + 2기에는 국내 X재 산업 보호를 위해 P_1P_2만큼의 관세를 부과하였다.

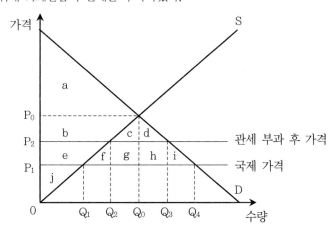

〈보기〉
㉠ T기에 비해 T + 1기에 갑국의 사회적 잉여는 d + h + i 만큼 증가한다.
㉡ T + 2기에 갑국 정부의 관세 수입은 g + h이다.
㉢ T + 1기에 비해 T + 2기에 갑국에서는 f + i 만큼의 사회 후생의 손실이 발생한다.
㉣ T + 2기에 갑국의 생산자 잉여는 T + 1기 보다 j + e 만큼 증가한다.

① ㉠, ㉡   ② ㉠, ㉣
③ ㉡, ㉢   ④ ㉢, ㉣

1 우리나라의 현행 국회의원 선거에 대한 설명으로 옳지 않은 것은?

① 공정한 선거 실시를 위해 선거구 법정주의를 채택하고 있다.

② 원양어선 선원 등을 대상으로 한 선상(船上)투표 제도를 시행하고 있다.

③ 비례대표 의석은 각 정당의 득표율에 따라 배분한다.

④ 유효투표수의 과반수를 얻어야 당선되는 절대다수대표제를 채택하고 있다.

2 (가) ～ (다)의 근대 정치사상에 대한 설명으로 옳은 것은?

> (가) 자연 상태에서 인간은 자연적 권리를 무제한적으로 행사함으로써 끝없이 서로 투쟁하고, 그 결과 항상 죽음의 공포 속에 살아간다. 이러한 상태를 벗어나기 위해 개인들은 권리를 양도하는 계약을 맺어 국가를 세우게 된다.
> (나) 인간은 자연 상태에서는 자유롭게 태어났으나 사회 속에서 자유를 갖지 못하고 구속받는다. 자연 상태와 같이 자유로우려면 사회 계약을 통해 일반 의지를 형성하고 국가를 만들어야 한다.
> (다) 자연 상태는 평화로우나 일부 탐욕스러운 사람들에 의해 권리의 보장이 불안정한 상태이다. 국가는 이러한 불안정한 상태를 예방하고 자유와 평등을 안전하게 보장하기 위해 사회 구성원의 계약을 통해 만들어진 것이다.

① (가)에서는 절대군주제의 폐지를 주장한다.

② (나)에서는 개인의 직접적인 정치 참여를 옹호한다.

③ (다)에서는 자연권을 침해한 정부에 대한 저항권을 부정한다.

④ (가), (다)에서는 국민주권론을 주장한다.

3 국제사회의 행위주체에 대한 설명으로 옳은 것은?

① 유럽연합(European Union)은 기능적 범위가 제한적이지 않고 포괄적인 국제기구이다.

② 국제연합(United Nations)과 국제사면위원회(Amnesty International)는 정부 간 국제기구이다.

③ 여러 나라에 계열회사를 두고 국제적 생산·판매 활동을 하는 대기업은 행위주체가 아니다.

④ 전직 국가원수나 저명 예술가는 행위주체가 될 수 없다.

4 우리나라 국가기관 간의 견제에 대한 설명으로 옳지 않은 것은?

① 대통령은 국회에서 의결된 법률안에 대해 재의를 요구할 수 있다.

② 재의 요구된 법률안은 국회가 재적의원 과반수의 출석과 출석의원 3분의 2 이상의 찬성으로 의결하면 법률로서 확정된다.

③ 대통령이 일반사면을 명하려면 국회의 동의를 얻어야 한다.

④ 국회는 대통령에 대한 탄핵 심판권을 가진다.

5 우리나라 헌법의 기본원리 중 국제평화주의에 대한 설명으로 옳지 않은 것은?

① 국민은 항구적인 세계평화와 인류공영에 이바지한다.

② 대한민국은 국제평화의 유지에 노력하고 일체의 전쟁을 부인한다.

③ 외국인은 국제법과 조약이 정하는 바에 의하여 그 지위가 보장된다.

④ 헌법에 의하여 체결·공포된 조약과 일반적으로 승인된 국제법규는 국내법과 같은 효력을 가진다.

6 다음 상황에 관한 설명으로 옳지 않은 것은?

> 갑(남)과 을(여)이 혼인을 하고 두 명의 자녀를 낳아 살던 중, 갑이 다른 여성과 부정한 관계를 맺고 을의 부모에게 심히 부당한 대우를 하였다. 을이 이혼을 요구하였으나 갑이 거부하였다. 갑과 을은 재판을 거쳐 이혼하였다.

① 이혼숙려기간은 재판상 이혼에 적용되지 않는다.
② 갑은 결혼 생활 중 공동으로 마련한 재산에 대해 분할을 청구할 수 없다.
③ 을은 갑에 대해 손해배상을 청구할 수 있다.
④ 자녀를 직접 양육하지 않게 된 일방은 특별한 사정이 없는 한 면접교섭권을 가진다.

7 (가)에 포함되는 법률만을 〈보기〉에서 고르면?

> [(가)] 는(은) 근대 자본주의 국가에서 나타나는 모순과 부조리를 해결하기 위해 등장한 법으로, 국민의 사적 영역에 국가가 개입하여 공법적 규제를 가할 수 있도록 제정된 법이다.

〈보기〉

ㄱ. 형사소송법   ㄴ. 근로기준법
ㄷ. 독점규제 및 공정거래에 관한 법률   ㄹ. 민법
ㅁ. 국가배상법   ㅂ. 소비자기본법

① ㄱ, ㄷ, ㄹ
② ㄱ, ㄹ, ㅁ
③ ㄴ, ㄷ, ㅂ
④ ㄴ, ㅁ, ㅂ

8 다음 자료에 관한 설명으로 옳은 것은?

위헌법률심판제청신청서

사 건 2019고합◎◎◎

신청인 홍길동

신청 취지

"○○법 제△△조 제△항의 위헌 여부에 관한 심판을 제청한다."라는 결정을 구합니다.

이 유

1. 재판의 전제성

– 생략 –

2. 위헌이라 해석되는 이유

– 생략 –

3. 결론

그러므로, 신청취지와 같이 결정하여 주시기 바랍니다.

2019. ×. ××.

신청인 홍길동(인)

□□지방법원 제21형사부 귀중

---

① 이 신청을 받은 기관에서 위헌법률심판을 한다.

② 이 신청이 기각될 경우 홍길동은 헌법재판소에 위헌심사형 헌법소원심판을 제기할 수 있다.

③ 이 신청을 받은 기관의 위헌법률심판제청에 의해 ○○법 제△△조 제△항은 잠정적으로 효력을 상실한다.

④ 홍길동은 권리구제형 헌법소원을 거친 후에 이 신청서를 제출해야 한다.

9 다음 상황에 처한 갑이 이용할 수 있는 제도에 해당하는 것은?

갑은 을에게 사기를 당하여 200만 원의 직접적인 물적(物的) 피해를 입었다. 을은 사기죄로 기소되었다. 을이 형사 처벌을 받는다고 하더라도 갑이 피해를 배상받으려면 따로 민사 소송 절차를 밟는 것이 원칙이다. 하지만 민사소송은 많은 시간과 노력이 드는 절차이기 때문에 갑이 을로부터 신속, 간이하게 손해배상을 받기가 어렵다.

---

① 범죄피해자구조제도

② 형사보상제도

③ 국가배상제도

④ 배상명령제도

10 (가) ~ (다)에 제시된 기본권에 대한 설명으로 옳은 것은?

> (가) 모든 국민은 직업선택의 자유를 가진다.
> (나) 모든 국민은 법률이 정하는 바에 의하여 공무담임권을 가진다.
> (다) 모든 국민은 법률이 정하는 바에 의하여 국가기관에 문서로 청원할 권리를 가진다.

① (가)는 국가의 적극적인 개입을 통해 실현되는 권리이다.
② (나)는 현대 복지국가 헌법에서 비로소 등장한 권리이다.
③ (다)는 다른 기본권을 보장하기 위한 수단적 권리이다.
④ (가) ~ (다)는 어떠한 경우에도 법률로써 제한할 수 없다.

11 A, B에 대한 설명으로 옳은 것만을 〈보기〉에서 고르면?

> 한 사회 구성원 대부분이 누리는 문화를 [　A　]라고 한다면, 한 사회 내의 일부 구성원들이 공유하는 문화를 [　B　]라고 한다.

> 〈보기〉
> ㉠ A는 사회 내에 존재하는 B의 총합이다.
> ㉡ B는 사회 전체의 문화적 다양성을 저해한다.
> ㉢ 사회 변화에 따라 B는 A가 되기도 한다.
> ㉣ B는 A가 추구하는 가치와는 다른 가치를 추구하기도 한다.

① ㉠, ㉡　　　　　　　　　　　　② ㉠, ㉢
③ ㉡, ㉣　　　　　　　　　　　　④ ㉢, ㉣

12 다음 그림은 우리나라 사회 보장 제도의 유형을 구분한 것이다. A ~ C에 대한 설명으로 옳지 않은 것은?
(단, A ~ C는 각각 사회 보험, 공공 부조, 사회 서비스 중 하나이다)

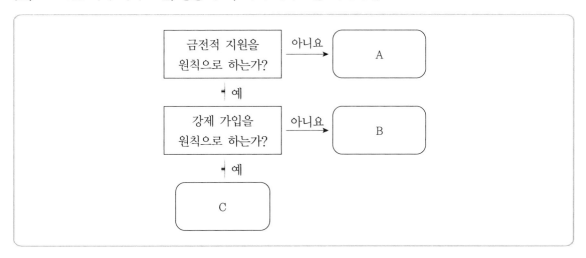

① A제도는 상담, 재활, 돌봄 등을 통하여 국민의 삶의 질이 향상되도록 지원한다.
② B제도는 C제도에 비해 수혜 대상자의 범위가 좁다.
③ C제도는 B제도에 비해 소득 재분배 효과가 작다.
④ C제도는 국가와 지방자치단체가 비용을 전액 부담한다.

13 다음 표는 사회 변동에 따른 각 사회 A ~ C의 특성을 비교한 것이다. 이에 대한 추론이나 일반적 특징으로 옳은 것은? (단, A ~ C는 각각 농업 사회, 산업 사회, 정보 사회 중 하나이다)

구분	A	B	C
생산 방식	(가)	소품종 소량 생산	(나)
가정과 일터의 결합 정도	+	+++	++
사회의 다원화 정도	++	+	+++
정보 확산의 시공간적 제약 정도	++	+++	+

※ +가 많을수록 정도가 크다.

① A는 노동력과 자본이, B는 토지와 노동력이 생산의 중심이 된다.
② 산업에서 제조업이 차지하는 비중은 B가 C에 비해 더 크다.
③ 인간관계에서 면대면 접촉이 차지하는 비중은 C > A > B 순으로 나타난다.
④ (가)는 다품종 소량 생산, (나)는 소품종 대량 생산이다.

14 사회·문화 현상의 연구 방법 (가), (나)의 일반적 특징에 대한 설명으로 옳은 것은?

> (가) 는 사회·문화 현상의 일반적인 경향성이나 이론을 발견하려는 입장이라면, (나) 는 사회·문화 현상에서 행위자의 의미와 동기를 파악하려는 입장이다. 예를 들어, '스마트폰 중독과 초등학생 사회성 발달 간의 상관관계'와 같은 주제를 다루는 연구자는 (가) 의 입장을 취한다. 한편 '초등학생의 스마트폰 중독 과정과 의미'에 관한 연구 주제는 (나) 로 접근할 수 있다.

① (가)에서는 일기, 편지 등 비공식적 자료를 주로 활용한다.
② (나)는 방법론적 일원론을 전제로 한다.
③ (가)는 (나)보다 인과관계의 설명에 유리하다.
④ (나)는 (가)보다 개념의 조작적 정의를 중시한다.

15 (가) ~ (다)는 일탈 행동의 원인에 관한 이론이다. 이 이론에 대한 설명으로 옳은 것은?

> (가) 어떤 사람의 행동에 대해 다른 사람들이 나쁜 행동이라고 규정하고 주변 사람들이 부정적인 시선으로 바라볼 때 그 사람은 일탈자가 되기도 한다.
>
> (나) 사회에 공통적으로 추구하는 문화적 목표가 존재하고, 이러한 문화적 목표를 달성하기 위해 사람들은 그 사회가 합법적으로 허용한 수단을 사용한다. 문화적 목표와 이를 달성하기 위한 합법적 수단이 괴리되는 경우에 일탈 행동이 일어난다.
>
> (다) 교도소에 수감된 사람들은 다른 범죄를 저지르고 수감된 동료들을 만나게 된다. 이 과정에서 일탈 행동에 대한 재소자들의 도덕적 저항감이 이완되기도 한다. 또한 재소자들은 수감기간 동안 새로운 범죄 기술을 배우고, 출소 이후 이를 이용하여 다시 범죄를 저지르기도 한다.

① (가)는 일탈 행동의 상대성을 강조한다.
② (가)는 거시적 관점을, (나)는 갈등론적 관점을 취한다.
③ (다)는 개인의 욕구와 행동을 조정하는 기준이 되는 지배적 규율이 없기 때문에 일탈이 발생한다고 본다.
④ (가), (나)는 (다)에 비해 일탈 행동이 어떠한 과정을 거쳐 학습되고 반복되는지에 주목한다.

16 가격탄력성에 대한 설명으로 옳지 않은 것은?

① 수요의 가격탄력성이 0이면 가격이 변화해도 수요량은 변화하지 않는다.

② 수평축은 수요량을, 수직축은 가격을 각각 나타낸다고 할 때 수요의 가격탄력성이 무한대(∞)이면 수요곡선은 수직이 된다.

③ 공급의 가격탄력성은 공급량의 변화율을 가격의 변화율로 나눈 값이다.

④ 공급의 가격탄력성이 탄력적이면 가격이 1% 상승할 때 공급량은 1%보다 더 크게 상승한다.

17 다음 표는 각국이 보유한 생산요소를 X재나 Y재 중 한 재화에만 투입하였을 때 생산 가능한 최대 생산량을 나타낸 것이다. 이에 대한 설명으로 옳은 것은? (단, 생산요소의 양은 양국이 동일하다)

구분	X재	Y재
갑국	100개	80개
을국	90개	60개

① X재 생산에 따른 기회비용은 을국이 갑국보다 크다.

② 갑국은 두 재화 생산에 모두 비교우위를 가지기 때문에 교역을 통해 이득을 얻을 수 없다.

③ 양국이 비교우위를 가진 재화에 특화할 경우 X재 1개당 Y재 $\frac{11}{15}$개의 교역이 가능하다.

④ 양국이 비교우위를 가진 재화에 특화할 경우 갑국은 X재를, 을국은 Y재를 각각 생산한다.

18 다음 표는 하나의 재화만 생산하는 국가의 실질GDP와 명목GDP를 나타낸 것이다. 이에 대한 분석으로 옳은 것은? (단, 기준 연도는 2016년이다)

(단위: 억 원)

구분	2016년	2017년	2018년
실질GDP	100	110	100
명목GDP	100	110	110

① 2017년의 물가는 2016년에 비해 상승하였다.

② 2017년의 생산량은 2016년에 비해 증가하였다.

③ 2018년의 물가는 2016년에 비해 하락하였다.

④ 2018년의 생산량은 2017년에 비해 증가하였다.

19 경제활동참가율은 80%이고 고용률이 60%인 국가의 실업률은?

① 10%

② 15%

③ 20%

④ 25%

20 다음 표는 한 국가의 구간별 소득세율을 보여준다. 이에 대한 설명 중 옳은 것은? (단, 소득공제는 없다)

연도 소득 구간	2017년	2018년
2,000만 원 이하	5%	10%
2,000만 원 초과 ~ 5,000만 원 이하	25%	20%
5,000만 원 초과	35%	30%

※ 소득세 부과 방식: 연간 소득이 5,500만 원인 경우 2,000만 원까지는 '2,000만 원 이하' 소득 구간의 세율을, 3,000만 원에 대해서 는 '2,000만 원 초과~5,000만 원 이하' 소득 구간의 세율을, 나머지 500만 원에 대해서는 '5,000만 원 초과' 소득 구간의 세율을 각 각 적용한다.

① 소득세 부과방식이 2017년의 누진세제에서 2018년에는 비례세제로 바뀌었다.

② 연간 소득이 2,000만 원인 사람의 2018년 소득세액은 2017년의 소득세액에 비해 5% 증가하였다.

③ 연간 소득이 3,000만 원인 사람의 2018년 소득세액은 2017년의 소득세액에 비해 증가하였다.

④ 연간 소득이 6,000만 원인 사람의 2018년 소득세액은 연간 소득이 2,000만 원인 사람의 2018년 소 득세액의 3배이다.

1 〈보기〉의 (개)~(래)에 해당하는 자료수집방법에 대한 설명으로 가장 옳지 않은 것은?

〈보기〉

• 다음은 근로자들의 생활실태와 의식에 관한 자료를 수집하기 위한 활동이다.
  (개) 근로자들의 수기 내용을 분석하여 근로자들의 의식을 파악한다.
  (내) 근로자들과의 대화를 통해 그들이 생각하는 바를 깊이 있게 조사한다.
  (대) 근로자들이 일하는 공장에서 함께 생활하면서 근로자들이 살아가는 모습을 관찰한다.
  (래) 근로자들이 생각하는 바를 알아보기 위해 질문지를 만들어 그들에게 답을 하도록 한다.

① (개)는 양적 연구와 질적 연구 모두에 활용된다.
② (내)와 (대)는 문맹자에게 사용하기 어렵다.
③ (내)는 (래)에 비해 자료수집과정에서 연구자의 유연성이 높다.
④ (내)와 (래)는 언어를 매개로 한 상호작용이 필수적이다.

2 〈보기〉의 근대화를 설명하는 이론 중 밑줄 친 ㉠, ㉡에 대한 설명으로 가장 옳지 않은 것은?

〈보기〉

우리나라의 사회 과학계에 영향을 끼쳤던 사회학자 갑(甲)은 낙후된 국가의 빈곤 문제를 '종속에 의한 저발전의 심화'라고 설명하며, 근대화를 설명하는 ㉠또 다른 이론에 도전장을 던졌다. ㉡갑의 이론은 서구 선진국에 의해 주도된 이론에 대한 비판 이론으로 주목을 받으며 등장했다. 1970년대 한국에도 유입되어 최근까지 연구가 진행되고 있다.

① ㉠은 사회 변동 방향에 대해 진화론을 기초로 한다.
② ㉡은 낙후된 국가의 저발전 원인을 외부에서 밝히고 있다.
③ ㉡은 ㉠과 비교하여 개별 국가의 주체적 발전을 더 강조한다.
④ ㉠은 ㉡과 달리 각 국가는 다양한 경로를 거쳐 발전할 수 있다고 본다.

3 〈보기〉는 질문 ㈎, ㈏에 따라 경제 체제를 분류한 것이다. 이에 대한 설명으로 가장 옳은 것은? (단, A와 B는 각각 시장 경제 체제와 계획 경제 체제 중 하나이다.)

〈보기〉		
	A	B
㈎	예	아니요
㈏	아니요	예

① A가 계획 경제 체제라면, ㈏는 '기본적인 경제 문제가 발생하는가?'가 될 수 있다.

② A가 시장 경제 체제라면, ㈎는 '정부의 계획에 의한 자원 배분을 강조하는가?'가 될 수 있다.

③ B가 시장 경제 체제라면, ㈎는 '경쟁보다 형평성을 중시하는가?'가 될 수 있다.

④ ㈏가 '시장 가격의 자원 배분 기능을 중시하는가?'이면, A는 B보다 경제적 유인체계를 강조한다.

4 〈보기〉의 ㈎와 ㈏는 민주정치의 참여방식이다. 이에 대한 설명으로 가장 옳지 않은 것은?

> 〈보기〉
> ㈎ 주권자인 국민은 선거를 통해 그들이 선출한 대표에게 국가 의사 및 정책의 결정권을 전적으로 위임한다.
> ㈏ 대의제하에서는 국민의 다양한 의사를 정치과정에 투입하는 데 한계가 있다. 그러므로 국민투표, 국민발안, 국민 소환 제도를 도입하여 대의제를 보완한다.

① ㈎의 정치방식은 민주주의에 부합하지 않는다.

② ㈏는 ㈎에 비해 정책결정의 정당성이 증진될 수 있다.

③ ㈎는 모든 국민이 국가의 의사결정에 참여하는 것은 비현실적이라고 생각한다.

④ ㈏의 정치방식은 시민의 정치적 무관심을 극복하려고 한다.

5 〈보기〉의 사례에 대한 법적 판단으로 가장 옳은 것은?

〈보기〉

갑(甲)과 을(乙)은 결혼한 후 아이가 생기지 않자, 병(丙)이 홀로 키우던 자녀 A와 B 중에서 A를 적법한 절차를 거쳐 친양자로 입양하였다. 이후 A를 키우던 중 갑과 을은 불화로 재판상 이혼을 하였고, 미성년 자녀인 A에 대한 양육권은 갑이 갖기로 하였다. 1년 뒤, 갑은 교통사고로 3억 원의 재산과 1억 원의 빚을 남기고 사망하였다.

① 갑과 을은 이혼할 때, 이혼 숙려 기간을 거쳤을 것이다.
② A가 받을 수 있는 갑의 상속액은 8천만 원이다.
③ 병이 사망한 경우, 병의 법정 상속인은 B이다.
④ A는 갑과 을의 가족 관계 등록부에 양자로 기재된다.

6 〈보기〉는 서로 다른 과세 제도를 나타낸다. 이에 대한 설명으로 가장 옳지 않은 것은?

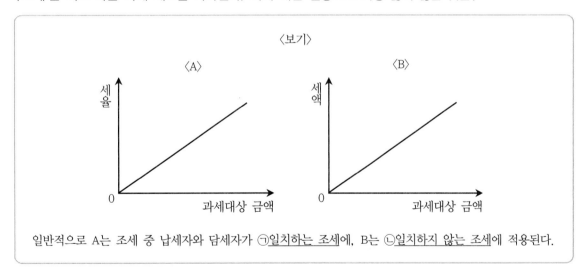

일반적으로 A는 조세 중 납세자와 담세자가 ㉠일치하는 조세에, B는 ㉡일치하지 않는 조세에 적용된다.

① B는 조세부담의 역진성이 나타나 저소득층에게 불리하다.
② A는 경기 자동 안정화 장치로서의 기능을 한다.
③ ㉠은 ㉡에 비해 조세 징수 비용이 크다.
④ ㉡은 ㉠에 비해 소득 재분배 효과가 크다.

7 〈보기〉는 헌법 개정 절차이다. 밑줄 친 ㉠~㉣에 대한 설명으로 가장 옳은 것은?

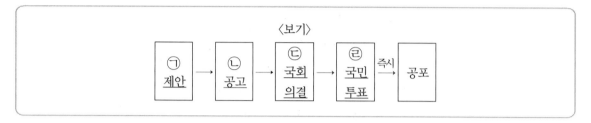

① 국회에서 ㉠을 하기 위해서는 국회재적의원 과반수의 찬성을 얻고, 국무회의 심의를 거쳐야 한다.

② ㉡은 20일 이상의 기간 동안 국회의장이 한다.

③ ㉢은 헌법개정안이 공고된 날로부터 90일 이내에 이루어져야 하며, 국회재적의원 2/3 이상의 찬성을 얻어야 한다.

④ ㉣은 헌법개정안을 국회가 의결한 후 30일 이내에 이루어져야 하며, 국회의원선거권자 과반수의 투표와 투표자 과반수의 찬성을 얻으면 헌법개정안은 확정된다.

8 〈보기〉의 밑줄 친 내용으로 가장 적절하지 않은 것은?

〈보기〉

국내 총생산(GDP)은 한 나라의 경제 활동 수준을 측정하는 데 매우 유용하지만, 국민의 삶의 질이나 생활 수준을 측정하는 데는 한계가 있다.

① 지하 경제에서 거래되는 부분은 국내 총생산에 포함되지 않는다.

② 국내 총생산은 생산활동으로 창출된 재화의 가치만 포함하며 서비스의 가치는 포함하지 못한다.

③ 국내 총생산은 총량의 개념이므로 소득 분배 상태를 정확하게 측정하지 못한다.

④ 국내 총생산의 증가가 반드시 국민의 복지 후생 수준의 향상을 의미하지는 않는다.

9 〈보기〉의 올림픽을 바라보는 관점이 가지는 일반적인 특징에 대한 설명으로 가장 옳은 것은?

〈보기〉

올림픽은 전세계 모든 이들이 꿈과 희망을 품고 하나가 되기를 희망한다. 즉, 올림픽은 경제적 지위, 학력, 인종, 성별이 다른 개인들을 하나의 공동체로 응집해 사회적 연대의식을 고취하는 기능을 수행한다.

① 사회갈등은 사회존속에 필요한 기능적 요건이 충족되지 않았기에 발생한다.
② 행위자에게서 파악될 수 없는 사회적 속성을 경시한다는 비판을 받는다.
③ 사회적 관계가 기본적으로 지배, 피지배의 관계라고 전제한다.
④ 사람들이 주어진 상황에 어떤 의미를 부여하는지에 대한 상황정의를 중시한다.

10 〈보기〉의 밑줄 친 ㉠과 ㉡의 특징에 대한 설명으로 가장 옳지 않은 것은? (단, ㉠과 ㉡은 각각 관료제와 탈관료제 중 하나이다.)

〈보기〉

○○ 기업 경영 혁신 보고서

○○ 기업의 경우 구성원 간의 위계를 바탕으로 모든 업무에 있어 표준화된 업무 처리 지침을 갖추고 있는 등 ㉠안정적으로 관리되는 조직이지만, 다가올 4차 산업혁명 시대에 발맞추어 보다 ㉡유연한 조직으로 개편하여 급변하는 기업 환경에 적극적으로 대처할 필요성이 있다.

① ㉠은 ㉡보다 중간 관리층의 역할이 크다.
② ㉠은 ㉡에 비해 구성원이 교체되어도 상대적으로 안정적인 과업 수행이 가능하다.
③ ㉡은 ㉠과 달리 과업 수행 과정에서 예측 가능성이 상대적으로 높다.
④ ㉡은 ㉠과 달리 승진에서 연공서열이 차지하는 비중이 상대적으로 낮다.

11 〈보기〉의 밑줄 친 ㉠, ㉡에 대한 설명 중 가장 옳은 것은?

〈보기〉

매달 A군은 1만 엔을, B군은 100달러를 구입한다. ㉠원/엔 환율 변동과 ㉡원/달러 환율 변동으로 인해 A군과 B군이 각각 엔화와 달러화를 구입하기 위해 매달 지불해야 하는 원화의 양이 아래의 표와 같이 변하였다.

구분	변동 전	변동 후
A군	9만 원	10만 원
B군	11만 원	10만 원

① 엔화의 수요 감소는 ㉠의 요인이다.
② 달러화의 공급 감소는 ㉡의 요인이다.
③ ㉠은 우리나라 대일상품 수지를 개선시키는 요인이다.
④ ㉡은 우리나라 국민의 미국 유학 경비 부담을 증가시키는 요인이다.

12 〈보기 1〉의 A, B 선거구제의 특징에 대한 설명 중 옳은 것을 〈보기 2〉에서 모두 고르면?

〈보기 1〉

구분	A	B
내용	한 선거구에서 1명의 대표자를 선출	한 선거구에서 2명 이상의 대표자를 선출

〈보기 2〉

㉠ A 방식에 비해 B 방식에서 국민의 다양한 의사가 선거에 반영된다.
㉡ 일반적으로 A 방식에 비해 B 방식에서 사표(死票)가 많이 발생한다.
㉢ B 방식보다 A 방식이 양당제를 촉진하는 경향이 있다.
㉣ B 방식이 A 방식에 비해 선거 비용이 적게 든다.

① ㉠, ㉡   ② ㉠, ㉢
③ ㉡, ㉣   ④ ㉢, ㉣

13 〈보기〉의 자료는 갑(甲)국의 t기와 t+1기의 선거 결과를 나타낸 것이다. 이에 대한 분석 및 추론으로 가장 옳은 것은? (단, 갑국은 전형적인 대통령제 국가이다.)

〈보기〉

구분	t기	t+1기
A당	40%	60%
B당	32%	37%
C당	25%	2%
기타	3%	1%

※ 두 시기 모두 행정부 수반은 A당 소속임.

① t기에 비해 t+1기에는 다수당의 횡포가 감소할 것이다.

② t+1기와 달리 t기에는 연립 정부가 구성되었을 것이다.

③ t기에 비해 t+1기에는 행정부 수반의 법적 권한이 많아졌을 것이다.

④ t+1기에 비해 t기에는 국민의 다양한 의견이 국정에 반영될 가능성이 클 것이다.

14 〈보기〉 표의 A~C는 정치참여집단이다. 이에 대한 설명으로 가장 옳은 것은? (단, A~C는 시민단체, 이익집단, 정당 중 하나이다.)

〈보기〉

질문 내용	A	B	C
정치적 책임을 지는가?	예	아니요	아니요
공익을 사익보다 우선시하는가?	예	예	아니요
(가)	예	예	예

① A는 정권 획득을 목표로 하며 B, C와 달리 사회 구성원에 대한 정치 사회화 기능을 수행한다.

② B는 A와 달리 자발적으로 결성된 집단으로, 정치과정에서 투입 기능을 한다.

③ C는 B와 달리 대의제의 한계를 보완하기 위해 등장한 집단이다.

④ (가)에는 '정책 결정 과정에 영향력을 행사하는가?'가 들어갈 수 있다.

15 〈보기〉에 대한 분석으로 가장 옳은 것은?

> 〈보기〉
>
> 보일러를 독점 생산하는 K기업은 보일러 가격 10% 인상을 고려하고 있다. 아래의 표는 K기업의 사원 A~D가 예상한 보일러의 가격 인상에 따른 판매수입 변화율을 나타낸다.
>
> | 구분 | A | B | C | D |
> |---|---|---|---|---|
> | 판매수입 변화율(%) | 10 | −10 | 5 | 0 |

① A는 보일러의 수요가 가격에 대해 완전비탄력적이라고 본다.

② B는 가격 인상 후 보일러의 수요량에 변화가 없을 것이라고 본다.

③ C는 가격상승률이 수요량 감소율보다 작다고 본다.

④ D는 보일러의 수요가 가격에 대해 탄력적이라고 본다.

16 〈보기〉에 나타난 문화의 속성에 대한 설명으로 가장 옳은 것은?

> 〈보기〉
>
> 한국인들은 김치 냄새만 맡아도 군침이 돌고 밥 생각이 간절해진다. 식당에서 라면을 주문할 때도 당연히 김치가 나올 것을 기대한다. 오랜 외국생활을 한 사람들은 매콤한 김치에 흰쌀밥을 가장 그리워한다는 의견이 많다. 이는 김치가 한국인들에게 특별한 의미를 가지기 때문이다.

① 문화는 환경에 적응하는 과정에서 끊임없이 변화한다.

② 문화는 상대방의 행동을 예측하고 대응할 수 있게 해준다.

③ 문화는 계승되면서 보다 풍부한 요소를 갖추게 된다.

④ 문화의 한 부분의 변동은 다른 부분에 영향을 주어 변동을 일으킨다.

17 〈보기〉의 ㈎, ㈏의 상황 및 그로 인해 나타날 수 있는 변화에 대한 설명으로 가장 옳지 않은 것은? (단, 노동가능 인구수의 변화는 없다.)

〈보기〉

㈎ 직장의 사정으로 인해 일자리가 없어진 갑(甲)은 일자리를 구하고 있는 중이다.

㈏ 직장을 다니던 을(乙)이 학업을 위해 대학원에 진학하게 되면서 직장을 그만두게 되었다.

① 전체 인구			
③ 만 15세 미만 인구	② 노동 가능 인구(만 15세 이상 인구)		
	④ 비경제활동 인구	⑤ 경제활동 인구	
		⑥ 취업자	⑦ 실업자

* 실업률 ⑦÷⑤×100   * 취업률 ⑥÷⑤×100

* 고용률 ⑥÷②×100   * 경제활동참가율 ⑤÷②×100

① ㈎의 경우 이전보다 실업률은 상승하고 고용률은 하락한다.

② ㈏의 경우 실업률은 이전과 동일하고, 고용률은 이전보다 하락한다.

③ 갑은 취업자에서 실업자, 을은 취업자에서 비경제활동 인구가 되었다.

④ 경제활동참가율은 ㈎의 경우 이전과 동일하지만, ㈏의 경우 이전보다 하락한다.

18 〈보기〉는 우리나라가 2008년에 도입하여 시행 중인 재판의 절차이다. 이와 관련한 설명으로 가장 옳은 것은?

① ⓒ에 불복하는 경우 검사와 피고인 모두 2심 법원에 항소할 수 있다.

② ⑦은 일정한 법적 지식이 있는 만 20세 이상의 국민 중에서 선정된다.

③ 국민의 의견을 반영해야 하므로 재판부는 반드시 ⓛ에 따라 판결을 선고해야 한다.

④ 민사 재판과 형사 재판에서 피고인이 신청하는 경우에만 실시된다.

19 〈보기〉와 같은 글을 쓴 근대 사상가에 대한 설명으로 가장 옳은 것은?

〈보기〉

인간은 자연 상태에서는 자유롭고 행복하고 선량하지만, 스스로 만든 사회 제도나 문화에 의해 억압당하는 불행한 삶을 살고 있다. …… 다른 사람과 더불어 살면서 자신의 신체와 재산을 지키고 자신에게만 복종하는, 마치 자연 상태와 같이 자유로우려면 사회 계약을 통해 국가를 만들어야 한다. …… 국가는 국민의 자유의사로 만들어진다. 주권자인 국민의 ⑦ 에 의해 형성된 국가는 특수한 개인이나 집단의 의지를 초월하는 보편적 가치를 지닌다.

– 「인간 불평등 기원론」 中 –

① ⑦에는 '보통선거'가 적절하다.

② 프랑스 혁명의 영향을 받은 사상가이다.

③ 자연 상태를 '만인에 대한 만인의 투쟁'으로 보았다.

④ 국가는 개인의 자유로운 계약으로 형성된다고 보았다.

20 〈보기〉는 우리나라 사회보장 제도를 구분한 것이다. A~C에 대한 설명으로 가장 옳은 것은? (단, A~C는 각각 사회보험, 공공부조, 사회 서비스 중 하나이다.)

〈보기〉			
특징 \ 제도	A	B	C
소득 재분배 효과가 있는가?	아니요	예	예
상호부조의 성격이 강한가?	아니요	예	아니요

① A는 강제 가입을 원칙으로 한다.

② B는 수혜 정도에 따라 비용을 부담한다.

③ C는 대상자 선정 과정에서 부정적 낙인이 발생할 수 있다.

④ A, B는 C와 달리 비금전적 지원을 원칙으로 한다.

☞ 정답 및 해설 P.70

1 「민법」상 특수 불법 행위에 대한 설명으로 가장 적절하지 않은 것은?

① 미성년자가 타인에게 손해를 가한 경우에 그 행위의 책임을 변식할 지능이 없는 때에는 배상의 책임이 없고 그를 감독할 법정의무가 있는 자가 그 손해를 배상할 책임이 있다. 다만, 감독의무를 게을리하지 아니한 경우에는 그러하지 아니하다.

② 타인을 사용하여 어느 사무에 종사하게 한 자는 피용자가 그 사무집행에 관하여 제삼자에게 가한 손해를 배상할 책임이 있다. 그러나 사용자가 피용자의 선임 및 그 사무감독에 상당한 주의를 한 때 또는 상당한 주의를 하여도 손해가 있을 경우에는 그러하지 아니하다.

③ 동물의 점유자는 그 동물이 타인에게 가한 손해를 배상할 책임이 있다. 그러나 동물의 종류와 성질에 따라 그 보관에 상당한 주의를 해태하지 아니한 때에는 그러하지 아니하다.

④ 공작물의 설치 또는 보존의 하자로 인하여 타인에게 손해를 가한 때에는 공작물점유자가 손해를 배상할 책임이 있다. 이때 점유자가 손해의 방지에 필요한 주의를 해태하지 아니한 때에도 그 공작물의 소유자에게는 손해배상을 청구할 수 없다.

2 「민법」상 유언에 대한 설명으로 가장 적절하지 않은 것은?

① 유언은 「민법」에서 정한 방식에 의하지 아니하면 효력이 발생하지 아니한다.

② 공정증서에 의한 유언은 유언자가 증인 1인이 참여한 공증인의 면전에서 유언의 취지를 구수하고 공증인이 이를 필기낭독하여 유언자가 그 정확성을 승인한 후 유언자와 공증인이 서명 또는 기명날인해야 한다.

③ 비밀증서에 의한 유언은 유언자가 필자의 성명을 기입한 증서를 엄봉날인하고 이를 2인 이상의 증인의 면전에 제출하여 자기의 유언서임을 표시한 후 그 봉서표면에 제출연월일을 기재하고 유언자와 증인이 각자 서명 또는 기명날인하여야 한다.

④ 녹음에 의한 유언은 유언자가 유언의 취지, 그 성명과 연월일을 구술하고 이에 참여한 증인이 유언의 정확함과 그 성명을 구술하여야 한다.

3 다음 자료는 국제 사회를 바라보는 두 관점 중 하나에 해당된다. 이에 대한 설명으로 가장 적절하지 않은 것은?

> 국제 사회란 보편적인 선(善)이나 국제 규범에 의해 지배되고 있으며 국제적으로 발생하는 다양한 문제들에 대응하기 위해 국가 간 연합과 협력도 이루어지고 있습니다.

① 국제법과 국제기구의 중요성을 강조한다.
② 국제 사회에도 도덕 및 윤리 규범이 적용된다고 주장한다.
③ 국제 관계에서 자국의 이익을 최우선해야 한다고 강조한다.
④ 국가 간의 협력을 중시하며 집단 안보 체제를 강조한다.

4 선거구 제도의 유형 A와 B에 대한 설명으로 가장 적절한 것은?

구분 \ 선거구 제도	A	B
다수 대표제와 결합 여부	아니오	예
사표의 발생 정도	적음	많음

① A는 B보다 후보자 입장에서 선거 비용이 적게 든다.
② A는 B보다 후보자 난립 가능성이 낮다.
③ B는 A보다 신진 인사의 정계 진출이 불리하다.
④ B는 A보다 군소 정당에 유리하다.

5 우리나라 대통령제에서 나타나는 의원내각제적 요소에 대한 설명으로 가장 적절하지 않은 것은?

① 국회는 대통령 및 국무위원 등에 대하여 탄핵소추를 의결할 수 있다.
② 국회는 국무총리 또는 국무위원의 해임을 대통령에게 건의할 수 있다.
③ 국회의 임시회는 대통령 또는 국회 재적의원 4분의 1 이상의 요구에 의하여 집회된다.
④ 국무총리는 대통령을 보좌하며, 행정에 관하여 대통령의 명을 받아 행정 각부를 통할한다.

6 다음의 표는 기본권 유형을 A~C로 구분한 것이다. 이에 대한 설명으로 가장 적절하지 않은 것은? (단, A~C는 각각 자유권, 참정권, 사회권 중 하나이다.)

구분 / 기본권	A	B	C
국가의 존재를 전제로 하는 권리	아니오	예	예
국민이 국가에 인간다운 생활의 보장을 요구	아니오	아니오	예

① A는 역사가 가장 오래된 기본권 유형으로 소극적·방어적 권리이다.

② B는 다른 기본권을 보장하기 위한 수단적·절차적 권리이다.

③ C는 복지 국가 실현과 밀접한 연관이 있는 적극적 권리이다.

④ 헌법에 열거되지 아니한 이유로 경시되어서는 안 될 권리는 A이다.

7 다음은 경쟁 형태에 따라 시장을 구분한 것이다. A~D 시장의 특징에 대한 설명으로 가장 적절하지 않은 것은?

시장 구분		공급자의 수
A		다수
불완전 경쟁시장	B	다수
	C	소수
	D	하나

① A시장은 기업의 시장에 대한 자유로운 진입과 탈퇴가 허용된다.

② B시장은 상품의 성격이 다소 다르기 때문에 상품 차별화가 존재하여 어느 정도의 독점력이 존재한다.

③ C시장의 기업들은 경우에 따라 담합 등을 통해 경쟁을 제한할 수 있다.

④ D시장은 다른 시장에 비해 개별 기업의 생산 규모가 크게 나타나기 때문에 규모의 비경제 실현에 유리하다.

8 다음 자료에 대한 설명으로 가장 적절하지 않은 것은?

> 연봉 4,000만 원인 직장인 A는 커피숍 개업을 위해 1,000만 원을 들여 커피숍 사업에 대한 시장 조사를 하였다. 시장 조사에 따른 연간 지출 내역은 아래와 같다.
> (단, 연간 예상 수입은 2억 5,000만 원으로 가정한다.)
>
> (단위 : 만 원)
>
> | 구분 | 인건비 | 재료비 | 임차료 | 대출 이자 | 기타 경비 |
> |------|--------|--------|--------|-----------|-----------|
> | 금액 | 10,000 | 5,000 | 3,000 | 1,000 | 1,000 |

① 커피숍 개업에 따른 경제적 이윤은 0원이다.

② 커피숍 개업에 따른 명시적 비용은 2억 원이다.

③ 시장 조사 비용 1,000만 원은 매몰비용에 해당한다.

④ 커피숍 개업에 따른 암묵적 비용은 4,000만 원이다.

9 수요의 가격 탄력성과 기업의 판매 수입 비교에 대한 설명으로 가장 적절하지 않은 것은?

① 수요의 가격 탄력성이 단위 탄력적인 경우 상품 가격의 변동과 관계없이 기업의 판매 수입이 일정하다.

② 수요의 가격 탄력성이 완전 비탄력적인 경우 상품 가격을 인상하면 인상한 비율만큼 기업의 판매 수입이 감소한다.

③ 수요의 가격 탄력성이 탄력적인 경우 상품 가격을 인상하면 수요량이 많이 줄어들어 기업의 판매 수입이 감소한다.

④ 수요의 가격 탄력성이 비탄력적인 경우 상품 가격을 인하하면 수요량이 적게 늘어나 기업의 판매 수입이 감소한다.

10 경제 안정화 정책에 대한 설명으로 가장 적절하지 않은 것은?

① 재할인율을 인상하면 통화량이 증가할 것이므로 이자율이 하락하여 가계의 소비와 기업의 투자가 증가한다.

② 지급준비율을 인하하면 통화량이 증가할 것이므로 이자율이 하락하여 가계의 소비와 기업의 투자가 증가한다.

③ 세율을 인하하면 가계의 가처분소득이 증가하고, 기업의 투자수익이 증가하여 가계의 소비와 기업의 투자가 증가한다.

④ 중앙은행이 공개시장에서 국공채를 매입하면 통화량이 증가하여 이자율이 낮아지며, 가계의 소비와 기업의 투자가 증가한다.

11 원/달러 환율이 1달러당 1,100원에서 1,300원으로 상승하는 경우의 경제적인 효과에 대한 설명으로 가장 적절하지 않은 것은?

① 국내 기업의 외채 상환 부담이 증가한다.

② 외국으로 갈 경우의 경비 부담이 증가하여 해외여행이나 외국으로의 유학이 감소한다.

③ 수입품의 원화 표시 가격이 하락하여 국산품의 상대 가격이 상승하고 수입이 감소한다.

④ 수출로 벌어들이는 외화가 수입으로 지출하는 외화에 비해 많아져 통화량이 증가하고 물가가 상승한다.

12 조세는 세율 적용의 방식에 따라 비례세와 누진세로 구분할 수 있다. 이에 대한 설명으로 가장 적절하지 않은 것은?

① 비례세는 저소득층에 불리한 반면, 누진세는 고소득층에 불리하다.

② 부가가치세, 주세 등이 비례세에 해당하고, 상속세, 증여세 등이 누진세에 해당한다.

③ 비례세는 과세 대상 금액이 높을수록 높은 세율이 적용되는 반면, 누진세는 과세 대상 금액에 상관없이 동일한 세율이 적용된다.

④ 비례세는 납세자와 담세자가 일치하지 않는 조세에 적용되는 반면, 누진세는 납세자와 담세자가 일치하는 조세에 적용된다.

13 다음 그림은 신발과 쌀만을 생산하는 A국과 B국의 생산 가능 곡선이다. 이를 분석하고 추론한 설명으로 옳은 것을 〈보기〉에서 모두 고른 것은? (단, 양국이 보유한 생산 요소의 양은 동일하며, 양국은 이익이 발생하는 경우 비교 우위 재화에 특화하여 무역한다.)

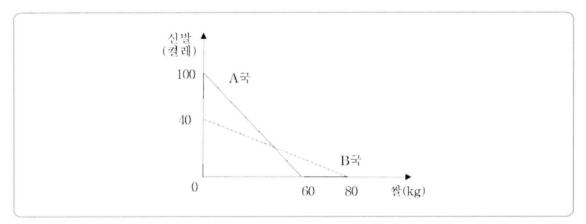

〈 보 기 〉

㉠ 신발 1켤레 생산의 기회비용은 B국이 A국보다 크다.
㉡ 신발과 쌀의 교환 비율이 1:2이면, A국과 B국은 이득을 얻을 수 있다.
㉢ A국은 쌀 생산에, B국은 신발 생산에 절대 우위를 가진다.
㉣ A국과 B국은 절대 우위를 가지는 재화의 생산에 비교 우위도 동시에 가진다.

① ㉠㉡
② ㉡㉢
③ ㉢㉣
④ ㉠㉣

14 다음은 사회·문화 현상 연구를 위한 자료 수집 방법 중 일부에 대한 내용이다. (가)와 (나)를 올바르게 나타낸 것으로 가장 적절한 것은?

구분	방법	
	(가)	(나)
장점	• 문맹자에게 적용 가능 • 심층적인 자료 수집 가능	• 다량의 자료 수집 가능 • 응답자 간의 비교 분석 용이
단점	• 시간과 비용이 많이 듦 • 조사자의 주관 개입 가능성 존재	• 문맹자에게 적용 불가능 • 응답자가 조사 내용을 잘못 이해할 가능성 존재

	(가)	(나)
①	면접법	질문지법
②	참여관찰법	실험법
③	면접법	실험법
④	참여관찰법	질문지법

15 다음은 A국가의 인구 부양비 및 고령화에 대한 전망을 나타낸 표이다. 이를 분석하고 추론한 설명으로 옳은 것을 〈보기〉에서 모두 고른 것은? (단, 주어진 자료만을 고려하여 판단한다.)

구분 \ 연도	1970	2010	2050
총부양비(%)	84	37	89
유소년 부양비(%)	78	22	18
노년 부양비(%)	6	15	71
고령화 지수(%)	7	68	377

〈인구 부양비 및 고령화 지수 계산식〉

1) 총부양비 $= \dfrac{\text{유소년}(0 \sim 15\text{세 미만})\text{인구수} + \text{노년}(65\text{세 이상})\text{인구수}}{\text{경제활동인구}(15\text{세 이상} \sim 65\text{세 미만})\text{인구수}} \times 100$

2) 유소년 부양비 $= \dfrac{\text{유소년}(0 \sim 15\text{세 미만})\text{인구수}}{\text{경제활동인구}(15\text{세 이상} \sim 65\text{세 미만})\text{인구수}} \times 100$

3) 노년 부양비 $= \dfrac{\text{노년}(65\text{세 이상})\text{인구수}}{\text{경제활동인구}(15\text{세 이상} \sim 65\text{세 미만})\text{인구수}} \times 100$

4) 고령화 지수 $= \dfrac{\text{노년}(65\text{세 이상})\text{인구수}}{\text{유소년}(0 \sim 15\text{세 미만})\text{인구수}} \times 100$

* 부양 인구(경제활동인구) : 15세 이상~65세 미만 인구

* 피부양 인구 : 0~15세 미만 인구 + 65세 이상 인구

〈 보 기 〉

㉠ 2010년에는 피부양 인구가 부양 인구보다 적지만 2050년에는 피부양 인구가 부양 인구보다 많다.

㉡ 2050년 부양 인구 대비 유소년 인구 비율은 1970년에 비해 급격히 감소하고 있으며 이는 사회적으로 저출산 문제에 직면하고 있음을 유추할 수 있다.

㉢ 1970년 노년 인구는 유소년 인구의 10분의 1 미만이지만 2010년 노년 인구는 유소년 인구의 3분의 2 이상이다.

① ㉠㉡
② ㉡㉢
③ ㉠㉢
④ ㉠㉡㉢

16 사회 실재론과 사회 명목론에 대한 설명으로 가장 적절하지 않은 것은?

① 사회 실재론에 따르면 개인은 독자적인 판단이나 사고에 따라 행동하는 것이 아니라 사회의 영향을 반영하여 행동하며 사회·문화 현상을 이해하려면 개인의 특성보다는 사회 구조를 탐구해야 한다고 설명하고 있다.

② 사회 실재론에 따르면 사회는 개인의 외부에 실제로 존재하며 개인의 사고와 행위의 한계를 정하고 구속하는 특징을 갖고 있다.

③ 사회 명목론에 따르면 실제로 존재하는 것은 사회가 아니라 자유 의지에 따라 행동하는 개인뿐이다. 따라서 사회·문화 현상을 이해하려면 그 사회를 구성하는 개인들의 특성을 탐구해야 한다고 설명하고 있다.

④ 사회 명목론에 따르면 사회란 개인으로 환원될 수 없는 고유한 성격을 갖는다는 관점이다. 즉 사회는 사회를 구성하는 개인들의 속성과 구별되는 독립적인 실체이다.

17 다음은 다양한 문화의 속성 중 일부의 사례를 설명한 글이다. ㈎, ㈏, ㈐의 문화적 속성을 표현한 것으로 가장 적절한 것은?

> ㈎ 김치는 구전을 통해 혹은 음식과 관련한 문헌 등을 통해 지역별로 다양하게 계승되었다. 이 과정에서 배추김치는 한국인 대다수가 즐겨 먹는 김치가 되었고 시간의 흐름 속에서 발전해 온 한국의 대표적인 음식 문화이다.
>
> ㈏ 우리나라에서는 추석에 송편을, 설날에 떡국을 먹는 것을 자연스럽게 여기는 풍습이 존재한다.
>
> ㈐ 중앙아시아 유목민은 대체로 돼지고기를 먹지 않는데 이러한 음식 문화는 물을 귀하게 여기는 건조 지역의 특성, 물을 많이 먹지 않는 가축을 선호하는 목축 형태, 물을 많이 필요로 하는 돼지를 기피하는 태도, 돼지고기 먹는 것을 금하는 종교적 규율 등과 밀접하게 연관되어 있다.

	㈎	㈏	㈐
①	학습성	축적성	변동성
②	축적성	학습성	총체성
③	학습성	총체성	변동성
④	축적성	공유성	총체성

18 다음은 문화를 이해하는 다양한 태도 중에서 하나를 설명한 내용이다. 이와 관련된 사례로 가장 적절한 것은?

- 외국 상품에 대한 절대적이고 맹목적인 선호
- 국악보다는 서양의 클래식 음악을 잘 알아야 교양 있는 사람으로 여기는 풍조

① 과거에 유럽 강대국이 식민지의 문화를 미개한 것으로 보고 자신의 문화를 식민지에 이식하려고 했던 행동과 유사하다.
② 과거에 우리나라가 중국의 문자나 제도, 학문 등을 우월한 것으로 여기며 숭상하고 모방했던 태도와 유사하다.
③ 일제 강점기 때 일본이 우리 고유의 문화를 무시하면서 신사참배나 일본식 성명 사용을 강요한 것과 유사하다.
④ 이슬람교도들은 라마단 기간을 두어 행하는 종교의식이 있는데 이러한 문화를 평가하는 절대적 기준은 존재할 수 없다는 태도와 유사하다.

19 다음 두 사례에 공통적으로 나타난 사회 이동의 유형으로 가장 적절한 것은?

- 노비의 아들로 태어난 A는 사회 혁명으로 인해 평민이 되었고, 공무원 시험에 합격하여 하급 공무원이 된 후 성실하게 근무하고 뛰어난 능력을 발휘하여 고위직 공무원이 되었다.
- 귀족의 딸로 태어난 B는 부모님이 물려주신 많은 재산을 사치와 향락으로 탕진하고 범죄에 연루되어 노예 신분으로 강등되었다.

① 개인적 이동 – 수평 이동 – 세대 간 이동
② 구조적 이동 – 수직 이동 – 세대 간 이동
③ 개인적 이동 – 수직 이동 – 세대 내 이동
④ 구조적 이동 – 수평 이동 – 세대 내 이동

20 사회 복지의 다양한 유형에 대한 설명으로 가장 적절하지 않은 것은?

① 사회 보험으로는 산업 재해 보상 보험 제도, 고용 보험 제도, 기초 연금 제도, 국민 건강 보험 제도 등이 있다.

② 사회 서비스는 국가 및 지방 자치 단체나 민간 부문의 도움이 필요한 모든 국민이 대상이 되며 재활, 돌봄, 역량 개발 등을 통하여 국민의 삶의 질이 향상될 수 있도록 지원하는 제도이다.

③ 사회 보험은 가입자의 부담 능력에 따라 보험료 수준이 결정되며 정해진 자격 요건을 갖춘 사람은 강제로 가입해야 한다는 특징이 있다.

④ 공공 부조는 세금을 통해 재원을 마련하여 저소득층에게 무상으로 지원하기 때문에 부유층의 소득을 빈곤층에 재분배하는 효과가 있다.

☞ 정답 및 해설 P.76

1 국제사회의 변천 과정에 대한 설명으로 옳지 않은 것은?

① 1648년 베스트팔렌 조약을 기점으로 영토, 국민, 주권을 지닌 국민국가가 국제사회의 주체로 등장하였다.

② 국제연맹은 미국의 참여와 주도에도 불구하고 일본과 독일, 이탈리아의 탈퇴로 실질적인 효과를 거두지 못하였다.

③ 미국은 1947년 트루먼 독트린을 통해 공산주의 세력의 위협을 받는 국가에 군사 및 경제 원조를 제공하였다.

④ 1990년대 들어 냉전이 종식되면서 민족, 종교, 영토, 자원 등으로 인한 분쟁은 오히려 증가했다.

2 국가의 구성요소인 주권에 대한 설명으로 옳은 것만을 모두 고르면?

> ㉠ 일반 사회 집단도 소유할 수 있다.
> ㉡ 국가 원수로서 대통령만이 갖는 권한이다.
> ㉢ 민주주의 국가에서는 그 소재가 국민에게 있다.
> ㉣ 주권은 대내적으로 최고성, 대외적으로 독립성을 갖는다.

① ㉠, ㉡

② ㉠, ㉣

③ ㉡, ㉢

④ ㉢, ㉣

3 우리나라의 지방자치제도에 대한 설명으로 옳은 것은?

① 지역 주민들은 조례 제정 및 개폐 청구권을 가진다.

② 기초의회는 비례대표 의원 없이 지역구 의원만으로 구성된다.

③ 지방자치단체장은 지방자치단체의 예산을 심의·확정하고, 결산을 승인한다.

④ 교육자치를 위해 광역자치단체와 기초자치단체에 각각 교육감을 두고 있다.

4 ㉠과 ㉡에 대한 설명으로 옳은 것은?

> - 국회의원 A는 ㉠「도로교통법」 일부 개정 법률안을 대표 발의하려고 한다.
> - 정부는 ㉡「형의 집행 및 수용자의 처우에 관한 법률」 일부 개정 법률안을 국회에 제출하려고 한다.

① ㉠의 발의자는 국회의원 5인 이상이어야 한다.

② ㉠이 가결되어 정부에 이송되면 대통령은 15일 이내에 국회로 환부하여 재의를 요구할 수 있다.

③ 정부는 ㉡을 국회에 제출하기 전에 국회 상임위원회의 심의를 거쳐야 한다.

④ ㉡은 국회의원 임기 만료의 경우를 제외하고는 회기 중에 의결되지 못하면 폐기된다.

5 그림의 (가)~(다)에 대한 설명으로 옳지 않은 것은? (단, (가)~(다)는 각각 정당, 시민단체, 이익집단 중 하나이다)

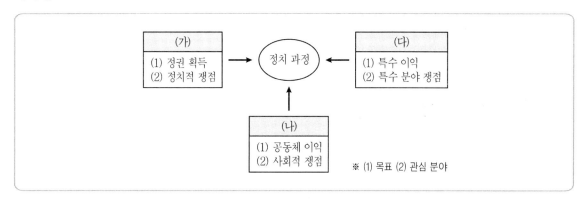

① (가)는 정치적 충원과 여론 형성 및 조직화 기능을 수행한다.

② (나)는 시민들에 의해 자발적으로 구성되는 집단이다.

③ (다)는 사회 전체의 보편적 이익과 충돌하는 활동을 할 우려가 있다.

④ (가)와 (다)는 정치적 책임을 진다는 공통점이 있다.

6 연령기준과 관련된 법 규정으로 옳지 않은 것은?

① 「민법」은 '만 18세가 된 사람은 혼인할 수 있다'고 규정하고 있다.

② 헌법은 '대통령으로 선거될 수 있는 자는 선거일 현재 25세에 달하여야 한다'고 규정하고 있다.

③ 「민법」은 '사람은 19세로 성년에 이르게 된다'고 규정하고 있다.

④ 「공직선거법」은 '18세 이상의 국민은 대통령 및 국회의원의 선거권이 있다'고 규정하고 있다.

7 상점 절도를 저지른 갑 ~ 정에 대한 판단으로 옳은 것만을 〈보기〉에서 모두 고르면?

구분	갑	을	병	정
10세 이상의 '소년'인가요?	아니요	아니요	예	예
기소할 수 있는 연령인가요?	예	아니요	아니요	예

〈보 기〉

㉠ 갑과 정은 모두 선도조건부 기소유예 처분을 받을 수 있다.
㉡ 정의 연령은 을, 병보다 높지만 갑보다는 낮다.
㉢ 을, 병은 모두 형사 미성년자이다.
㉣ 검사는 정에 대한 피의사건 수사 결과, 보호처분에 해당하는 사유가 있다고 인정한 경우에는 사건을 관할 법원 소년부에 송치하여야 한다.

① ㉠, ㉢
② ㉡, ㉣
③ ㉠, ㉡, ㉢
④ ㉡, ㉢, ㉣

8 국회 인사청문회의 청문대상 공직이 아닌 것은?

① 대법원장
② 감사원 감사위원
③ 국무총리
④ 대법관

9 갑에 대한 법적 조언으로 옳은 것은?

> 만 18세인 갑은 친권자인 양부모의 동의를 얻어 을이 사장인 주유소에서 하루 8시간씩 근로를 하게 되었다. 사장인 을은 근무 기간이 3개월이 안 될 경우 유급 휴일이 인정되지 않는다고 하였고, 갑은 3개월간 쉬는 날 없이 성실하게 일하였다. 그 동안 학업을 병행하느라 월급에 대해 신경을 쓰지 못하고 있었는데 알고 보니 양부인 병이 근로 계약서를 작성하여 갑의 임금이 병에게 지급되고 있었다.

① 갑의 근로 시간은 1일 7시간을 초과할 수 없다.
② 사용자는 근로자에게 1주에 평균 1회 이상의 유급 휴일을 보장하여야 한다.
③ 민사상 미성년자이기 때문에 친권자인 양부모가 대리로 계약을 체결하는 것은 물론, 갑의 임금을 대리 지급받는 것도 가능하다.
④ 사용자와의 합의에 따라 휴식 시간은 1일 1시간 보장되고, 근로 시간은 1일 30분 한도로 연장 가능하다.

10 민법의 기본원리인 (가)~(다)에 대한 설명으로 옳은 것만을 〈보기〉에서 모두 고른 것은?

구분	관련 내용
(가)	개인의 재산권은 공공복리에 적합하도록 행사되어야 한다.
(나)	개인은 자유로운 의사에 기초하여 타인과 법률관계를 형성할 수 있다.
(다)	가해자는 직접적인 고의나 과실이 없는 경우에도 일정한 요건에 따라 손해 배상 책임을 질 수 있다.

> 〈보 기〉
> ㉠ (가)는 개인 소유의 재산에 대해 사적 지배를 인정하지 않는다.
> ㉡ (나)에 의해 사회적 이익에 반하거나 불공정한 계약은 법적 효력이 없다.
> ㉢ (다)는 제조물 책임에 대해서 적용되는 원칙이다.
> ㉣ (가)와 (다)는 개인이나 기업의 사회적 책임을 강조한다.

① ㉠, ㉡
② ㉠, ㉢
③ ㉡, ㉣
④ ㉢, ㉣

11 다음은 연구 단계를 순서 없이 나열한 것이다. 이에 대한 설명으로 옳은 것은?

> (가) 수집한 자료를 통계 처리하여 변수 간의 인과관계 분석
> (나) 자기주도학습이 학업 성취도에 미치는 영향을 연구 주제로 선정
> (다) 자기주도학습 태도를 지닌 고등학생일수록 학업 성취도가 높을 것이라는 잠정적 결론 도출
> (라) ○○시 △△고교 학생 1,500명을 대상으로 연구주제에 대한 설문조사 실시
> (마) 학업 성취도는 1학기와 2학기의 지필평가 평균 점수를 비교하여 측정하기로 결정

① (가) 단계와 (다) 단계에서는 연구자의 가치 중립적 태도가 요구된다.

② (가) 단계에서는 (다) 단계와 달리 연구자의 직관적 통찰이 필요하다.

③ (나) 단계와 (마) 단계에서는 연구자의 가치가 개입된다.

④ 연구는 (나)→(라)→(가)→(마)→(다)의 순서로 진행되어야 한다.

12 다음에 제시된 A ~ C에 대한 설명으로 옳은 것은?

> A. 회사 내 노동조합
> B. 직장 내 등산 동호회
> C. 환경 정책을 감시하는 시민단체

① A는 자발적 결사체이자 비공식 조직이다.

② B는 공식 조직으로 2차 집단의 성격이 강하다.

③ C는 A와 달리 자연 발생적으로 형성된 집단이다.

④ A ~ C는 모두 사회의 다원화에 기여하는 이익 사회이다.

13 자료 수집 방법 (가)~(다)에 대한 설명으로 옳은 것은?

자료 수집 방법	특 징
(가)	– 비교적 짧은 시간에 다수의 대상으로부터 자료를 얻는 데 용이함 – 통계처리가 용이하며 비교 분석 연구에 적합함
(나)	– 문맹자에게도 사용할 수 있음 – 응답자만이 알고 있는 심층적인 정보를 얻을 수 있음
(다)	– 의사소통이 어려운 집단을 조사할 때 유용함 – 생동감 있고 깊이 있는 정보를 직접 파악할 수 있음

① (가)는 양적 연구에서 주로 활용되는 자료 수집 방법이다.

② (나)는 시간과 비용 측면에서 효율적이라는 장점이 있다.

③ (다)는 인위적인 상황을 만들어 변수 간의 인과관계를 파악하는 방법이다.

④ (가), (나)와 달리 (다)는 질적 연구에서 주로 활용되는 자료 수집 방법이다.

14 사회화를 바라보는 갑과 을의 관점에 대한 설명으로 옳은 것은?

> 갑 : 개인은 사회적 환경 속의 다른 대상자들처럼 자신을 대상으로 보는 과정을 통하여 자아를 형성해 간다. 또한 개인이 자아 관념을 형성하는 과정에서는 감정적으로 강한 애착을 느낄 수 있는 가족, 또래 집단 등이 중요하다.
>
> 을 : 어린아이들이 게임을 하는 과정에서 각기 다른 사람들의 역할을 배우고, 게임의 규칙에 따라 주어진 역할을 모방함으로써 사회 전반적으로 받아들여지는 태도와 역할을 배우게 된다.

① 한 사회의 보편적인 가치나 규범은 사회의 지배 집단에 의하여 규정된다.

② 사회화를 거시적 관점에서 바라보며, 사회화는 사회구조의 안정과 질서를 유지하는 데 반드시 필요한 과정이다.

③ 사회화는 언어나 몸짓, 기호와 같은 상징을 사용하여 다른 사회 구성원과 상호 작용하는 과정을 통하여 이루어진다.

④ 사회화는 기존의 불평등한 사회구조를 정당화하려는 것이며, 기득권층에 유리한 가치와 행동을 학습시키는 과정이다.

15 다음 표는 부모 세대와 자녀 세대의 계층적 위치를 나타내고 있다. 이에 대한 설명으로 옳은 것은?

(단위 : %)

구분		부모의 계층			
		상	중	하	계
자녀의 계층	상	2	8	10	20
	중	6	14	40	60
	하	2	8	10	20
	계	10	30	60	100

① 자녀 세대의 계층 구조는 피라미드형이다.
② 부모 세대 상층의 경우 세대 간 이동은 일어나지 않았다.
③ 자녀 세대보다 부모 세대에서 세대 내 이동이 활발하게 일어났다.
④ 부모가 중층인 경우 세대 간 상승 이동 비율과 세대 간 하강 이동 비율은 같다.

16 그림 (가)와 (나)의 인플레이션 유형에 대한 설명으로 옳지 않은 것은? (단, 우하향하는 총수요곡선, 우상향하는 총공급곡선을 가정한다)

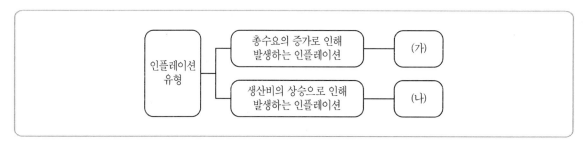

① (가)는 물가 상승과 경기 침체가 함께 발생하는 스태그플레이션(stagflation)을 발생시킬 수 있다.
② (나)의 원인은 임금 상승, 임대료 상승, 원자재 가격 상승 등이다.
③ (가)는 실질 GDP의 증가, (나)는 실질 GDP의 감소를 가져온다.
④ (가)는 총수요곡선의 우측 이동, (나)는 총공급곡선의 좌측 이동으로 나타난다.

17 다음은 외부 효과가 존재하는 경우에 대한 설명이다. 각 빈칸에 적절한 내용으로 옳은 것은? (단, 우하향하는 수요곡선, 우상향하는 공급곡선을 가정한다)

구분	생산 측면의 ⑺	소비 측면의 ⑼
영향	• 사회적 최적 가격보다 시장 균형 가격이 낮다. • 사회적 최적 거래량에서 사회적 비용이 사적 비용보다 (㉠)	• 사회적 최적 가격보다 시장 균형 가격이 낮다. • 사회적 최적 거래량에서 사회적 편익이 사적 편익보다 (㉡)
문제점	사회적 최적 수준보다 (㉢)	사회적 최적 수준보다 (㉣)
개선책	(㉤)	(㉥)

① ⑺는 '외부 경제', ⑼는 '외부 불경제'이다.

② ㉠과 ㉡ 모두 '작다'이다.

③ ㉢은 '과다 생산', ㉣은 '과소 소비'이다.

④ ㉤은 '소비자에게 보조금 지급', ㉥은 '소비자에게 세금 부과'이다.

18 정부가 시장에 대해 두 가지 가격규제 정책 ⑺와 ⑼를 시행할 때 나타나는 변화에 대한 설명으로 옳은 것은?

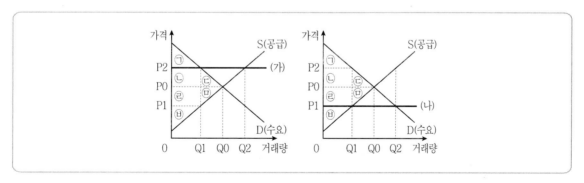

① ⑺를 시행하면 Q1 ~ Q2만큼 초과수요가 발생하고, 사회적 잉여 ㉢+㉤이 감소한다.

② ⑼를 시행하면 생산자 잉여였던 ㉣+㉤은 소비자 잉여로 바뀐다.

③ ⑺와 ⑼, 두 경우 모두 사회적 잉여 ㉢+㉤이 감소한다.

④ ⑺를 시행하면 소비자 잉여가 증가하고, ⑼를 시행하면 생산자 잉여가 증가한다.

19 다음은 미국 달러화에 대한 각 국가 통화 가치의 변동을 나타낸다. 이에 대한 분석으로 옳은 것은?

구분	원화	엔화
미국 달러화 대비 통화 가치	상승	하락

① 한국 기업의 달러 표시 외채 상환 부담이 증가한다.

② 일본 유학 중인 자녀에게 송금하는 한국 학부모의 학비 부담이 감소한다.

③ 한국으로 여행을 오는 미국 사람들의 여행 경비 부담이 감소한다.

④ 미국 시장에서 일본산 제품과 경쟁하는 한국산 제품의 가격 경쟁력이 강화된다.

20 다음은 각 연도의 물가 상승률과 명목 GDP 증가율을 나타낸다. 표에 대한 분석으로 옳은 것은? (단, 물가는 GDP 디플레이터로 측정되며, 실질 GDP 측정의 기준년도는 T−1년이다)

구분	T년	T+1년	T+2년
물가 상승률(전년도 대비, %)	0	3	1
명목 GDP 증가율(전년도 대비, %)	0	3	−1

① T년의 GDP 디플레이터는 100보다 크다.

② T년에 비해 T+1년의 실질 GDP는 증가하였다.

③ 실질 GDP는 T+2년이 가장 크다.

④ GDP 디플레이터는 T+2년이 가장 크다.

☞ 정답 및 해설 P.82

1 〈보기〉의 밑줄 친 ㉠~㉢과 같은 현상의 일반적인 특징에 대한 설명으로 가장 옳은 것은?

〈보기〉

환경부에서 ㉠멸종 위기 야생 생물로 지정한 열목어는 연어과의 민물고기로 ㉡산란기가 되면 온몸이 짙은 홍색으로 변한다. 열목어 개체 수가 급감하자 여러 기관에서는 인공 증식한 열목어를 방류하는 등 ㉢열목어 복원 사업을 추진하고 있다.

① ㉠과 같은 현상은 몰가치적, ㉢과 같은 현상은 가치 함축적이다.
② ㉡과 같은 현상은 ㉠과 같은 현상과 달리 확실성의 원리가 적용된다.
③ ㉢과 같은 현상은 ㉡과 같은 현상과 달리 존재 법칙의 지배를 받는다.
④ ㉠과 같은 현상은 ㉡, ㉢과 같은 현상과 달리 보편성과 특수성이 공존한다.

2 「형법」상 죄형 법정주의를 실현하는 구체적인 원칙과 그에 대한 설명으로 가장 옳지 않은 것은?

① 관습 형법 금지의 원칙 – 불문법인 관습법을 근거로는 처벌할 수 없다.
② 유추 해석 금지의 원칙 – 범죄 행위가 형법에 명확히 규정되어 있지 않은 때에 유사한 규정을 적용해서는 안 된다.
③ 명확성의 원칙 – 무엇이 범죄이고 그 범죄에 어떤 형벌이 부과되는지 법률에 명확히 기재되어 있어야 한다.
④ 소급효 금지의 원칙 – 범죄 행위 당시 그 처벌 규정이 법률에 없었으나 범죄 행위 이후에 그 처벌 규정이 법률에 제정되었다면 반드시 소급하여 처벌해야 한다.

3 〈보기〉의 밑줄 친 「헌법」상 기본권 A~C에 대한 설명으로 가장 옳은 것은? (단, A~C는 각각 자유권, 사회권, 청구권 중 하나이다.)

〈보기〉

갑(甲)은 과거 시민단체에서 인권 운동가로 활동했는데, 국가기관이 갑(甲)의 인적사항, 가족사항, 정당 및 사회 활동, 대인접촉 관계, 집회 또는 시위 참가 활동 내역 등을 수집하였다는 것을 알게 되어 A를 침해한다고 보았다. 그리하여 갑(甲)은 B를 바탕으로 국가를 상대로 소송을 제기하였고, 대법원은 국가 의 책임을 인정하였다. 지친 심신을 회복하기 위해 도시 근교로 이사를 갔지만 주변 공장으로 인한 환 경 공해와 자동차 행상들의 확성기 사용으로 인한 소음 공해가 매우 심각하다고 느껴 C 역시 침해 받 고있다.

① A는 소극적 · 열거적 성격의 권리이다.
② B는 국가에 특정 행위를 요구할 수 있는 절차적 권리이다.
③ C는 민주주의 이념 중 하나로 다른 기본권 보장의 전제 조건이 되는 기본권이다.
④ A는 B와 C의 보장과 실현을 위한 수단적 성격의 권리이다.

4 〈보기〉의 (가), (나)는 개인과 사회의 관계를 바라보는 서로 다른 관점에 대한 주장이다. 이에 대한 설명으 로 가장 옳은 것은?

〈보기〉

(가) 무엇보다 중요한 것은 직원 개개인의 능력입니다. 변화가 필요한 곳에 능력이 뛰어난 사람을 배치 한다면, 반드시 좋은 성과를 낼 수 있을 것입니다.
(나) 뛰어난 직원도 지금의 조직 문화 속에서는 좋은 성과를 낼 수 없습니다. 모두가 좋은 성과를 낼 수 있도록 동기를 부여하는 조직 문화를 되살리는 것이 더 시급 합니다.

① (가)는 사회를 개인의 외부에 존재하는 실체라고 본다.
② (나)는 사회 명목론이다.
③ (가)는 (나)와 달리 개개인의 노력을 통해 사회 문제를 해결할 수 있다고 본다.
④ (나)는 (가)와 달리 사회의 독자적 특성이 존재하지 않는다고 본다.

5 관료제와 탈관료제에 대한 설명으로 가장 옳은 것은?

① 관료제는 업무의 세분화와 전문화를 강조한다.

② 탈관료제는 관료제에 비해 연공서열에 따른 보상을 중시한다.

③ 탈관료제는 관료제와 달리 조직 운영의 효율성을 추구한다.

④ 탈관료제는 업무 수행 방식의 표준화를 중시한다.

6 〈보기〉는 사회·문화 현상의 연구 방법 A, B를 분류한 것이다. 이에 대한 설명으로 가장 옳은 것은?

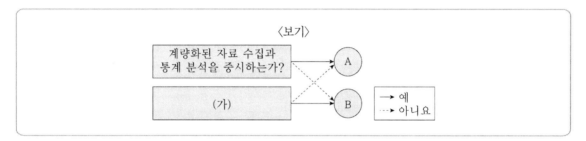

① A는 연구자의 직관적 통찰을 통한 이해를 강조한다.

② B는 변인 간 관계에 대한 법칙 발견을 목적으로 한다.

③ A는 방법론적 일원론, B는 방법론적 이원론에 기초한다.

④ (가)에는 '경험적 관찰을 통해 자료를 수집하는가?'가 들어갈 수 있다.

7 〈보기〉의 근대 사회 계약론자 갑(甲), 을(乙)에 대한 설명으로 가장 옳은 것은?

〈보기〉

• 갑(甲) : 자연 상태는 강제할 수 있는 선악의 기준이 전혀 없는 상태이다. 따라서 자연 상태는 일종의 전쟁 상태이고, 인간이 자기 보존을 위해 자연권을 갖고 있다고 해도 오히려 생명의 위험에 처하는 상태가 발생한다. 그러므로 인간은 계약을 맺어 자연권을 포기하고 각 사람이 가지는 힘을 모아 좀 더 큰 집단적 힘을 가지는 정치 사회를 만든다.

• 을(乙) : 사람들이 계약에 따라 사회를 이룩한 것은 자연 상태에 대한 절망에서가 아니라 불편함 때문이다. 즉 자연 상태에서는 누구나 자연법의 집행권을 갖고 있으므로 자기 소유물을 지키는 데 불안을 느끼게 된다. 따라서 계약의 절차를 밟아 통치자를 세우는 데 동의하고, 또 통치자에게 자연권을 위임하는 동시에 자연권의 보호를 맡긴다. 통치자와 국민의 관계는 동의와 신탁 위에서만 성립한다.

① 갑(甲)은 국가가 사회 계약을 위반한다면 국민은 국가를 부정할 권리를 가진다고 본다.
② 을(乙)은 국가 권력은 위임 목적에 맞게 행사되도록 분립되어야 한다고 본다.
③ 갑(甲)과 달리 을(乙)은 일반의지에 의한 통치를 강조한다.
④ 갑(甲), 을(乙) 모두 국가를 수단이 아닌 목적으로 간주한다.

8 〈보기〉의 밑줄 친 ㉠~㉢ 중 혼인의 효력에 대한 설명으로 가장 옳지 않은 것은?

〈보기〉

혼인한 부부는 원칙적으로 함께 살며 서로 부양하고 협조해야 할 법률상의 의무를 진다. 「민법」은 혼인하였더라도 ㉠부부가 각자의 재산을 따로 소유·관리·처분하는 부부 별산제를 원칙으로 한다. ㉡혼인 중 부부가 협력하여 취득한 재산은 명의가 어느 쪽으로 되어 있는지에 따라 부부 각자의 재산으로 본다. 부부는 공동생활에 필요한 비용을 함께 부담해야 하므로 이를 위하여 ㉢일상의 가사에 대해 상대방을 대리할 수 있다. ㉣일상의 가사에 대해 부부 중 어느 한쪽이 지는 채무는 별도의 의사 표시가 없는 한 부부에게 연대 책임이 있다.

① ㉠   ② ㉡
③ ㉢   ④ ㉣

9 〈보기〉의 밑줄 친 ㉠과 관련하여 우리 헌법에서 규정하고 있는 제도는?

〈보기〉

헌법은 법 위의 법이다. 헌법의 목적은 법을 만들고 실행하는 정치가나 관료들이 자신들에게 주어진 권한을 남용하거나 기본 원칙들을 위반하는 것을 막는 것이다. 그러므로 ㉠의회에서 어떤 특정한 법안을 통과시킬 때는 그 법안이 헌법이 정한 테두리를 벗어나지 않는지를 먼저 확인하여야 한다. 또한 정부가 함부로 헌법을 바꾸지 못하도록 여러 가지 제도적 장치들을 마련해 놓고 있다. 헌법은 정권이 바뀔 때마다 제정되는 것이 아니며, 가장 기본적이고 신성한 영역으로 간주되어야 한다.

① 탄핵 심판
② 권한 쟁의 심판
③ 위헌 법률 심판
④ 위헌 정당 해산 심판

10 〈보기〉에서 밑줄 친 부분에 대한 사례 발표로 보기에 가장 어려운 것은?

〈보기〉

사회자 : 노동 관련법 위반과 관련한 피해 사례를 발표해 주시기 바랍니다.
• 갑(甲) : 제가 다니는 회사는 임금을 주는 날짜가 정해져 있지 않습니다. 회사 매출이 많을 때 주다 보니 임금 3개월치를 한꺼번에 받기도 합니다.
• 을(乙) : 제대 후 PC방에서 아르바이트를 하는데, 하루에 12시간씩 일합니다. 일이 많아서 휴일도 없이 일주일 내내 일해야 합니다.
• 병(丙) : 최근 회사 경영이 어려워졌다면서 여자들을 중심으로 해고를 시작했습니다. 저도 여자라는 이유로 갑자기 해고를 당했습니다.
• 정(丁) : 회사가 엔터테인먼트 분야로 사업 영역을 확장하겠다고 합니다. 노동조합에서는 이러한 경영 계획에 반대하고 이 문제에 대한 협의를 위해 단체 교섭을 요청했지만 회사는 이를 거절했습니다.

① 갑(甲)   ② 을(乙)
③ 병(丙)   ④ 정(丁)

11 〈보기〉의 ㈎와 ㈏가 각각 나타내는 사회 보장 제도의 일반적인 특징에 대한 설명으로 가장 옳은 것은?

> 〈보기〉
> ㈎ 가구 소득 인정액이 기준액 이하인 가구의 최저 생활을 보장하고 자활을 지원하기 위해 국가나 지방 자치 단체가 생계, 의료 등 급여를 지급하는 제도
> ㈏ 노령, 사망, 장애 등으로 인한 소득 상실을 보전하고 기본 생활을 지원하기 위해 가입자와 고용주 등이 분담해서 마련한 기금을 통해 연금 급여를 지급하는 제도

① ㈎가 속한 유형은 비금전적 지원을 원칙으로 한다.
② ㈏가 속한 유형은 사전 예방적 성격이 강하다.
③ ㈎가 속한 유형은 ㈏가 속한 유형과 달리 소득 재분배 효과가 나타난다.
④ ㈏가 속한 유형은 ㈎가 속한 유형과 달리 수혜 대상자가 수혜 정도에 따라 비용을 부담한다.

12 〈보기〉의 밑줄 친 ㉠, ㉡에 대한 설명으로 가장 옳은 것은?

> 〈보기〉
> 사회자 : 현재 경기 상황을 극복하기 위한 대책은 무엇입니까?
> • 갑 : ㉠소득세율을 인상해야 합니다.
> • 을 : ㉡지급 준비율을 인상해야 합니다.

① ㉠은 금융 정책에 해당한다.
② ㉠을 통해 가계의 가처분 소득은 증가한다.
③ ㉡을 통해 통화량이 증가한다.
④ ㉠과 ㉡ 모두 총수요 감소 정책에 해당한다.

13 〈보기〉는 금융상품 A~C를 질문을 통해 구분한 것이다. 이에 대한 설명으로 가장 옳지 않은 것은? (단, A~C는 각각 요구불 예금, 주식, 채권 중 하나이다.)

질문	A	B	C
〈보기〉			
만기가 있는가?	아니요	예	아니요
배당 수익을 얻을 수 있는가?	아니요	아니요	예
(가)	예	예	아니요

① A는 예금자 보호 제도의 적용을 받는다.

② B의 발행 기관은 B를 발행할 경우 부채가 증가하게 된다.

③ B와 달리 C는 시세 차익을 얻을 수 있다.

④ (가)에는 '이자 수익을 얻을 수 있는가?'가 들어갈 수 있다.

14 〈보기〉는 우리나라 헌법 개정 과정을 나타낸 것이다. 〈보기〉의 (가)~(라)의 내용으로 가장 옳지 않은 것은?

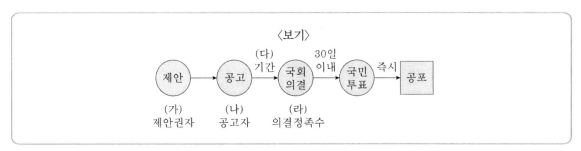

① (가) 국회 재적 의원 3분의 1 이상 또는 대통령

② (나) 대통령

③ (다) 60일 이내

④ (라) 국회 재적 의원 3분의 2 이상 찬성

15 〈보기〉는 경제 체제 A와 B를 구분한 것이다. 이에 대한 설명으로 가장 옳은 것은? (단, A와 B는 각각 시장 경제 체제와 계획 경제 체제 중 하나이다.)

〈보기〉

질문	A	B
생산 수단의 사적 소유를 인정하는 경제 체제와 관련이 있는가?	예	아니요
개별 경제 주체들의 자유로운 경제 활동을 보장하는가?	㉠	㉡
(가)	아니요	예

① A는 기본적인 경제 문제의 해결에서 형평성을 더 강조한다.
② B보다 A에서 경제적 유인 체계를 더 중시한다.
③ ㉠에는 '아니요', ㉡에는 '예'가 들어간다.
④ (가)에는 '보이지 않는 손을 중시하는가?'가 들어갈 수 있다.

16 〈보기〉의 밑줄 친 ㉠, ㉡에 대한 설명으로 가장 옳은 것은?

〈보기〉

세금을 국가나 지방 자치 단체에 납부하는 사람을 '납세자'라고 하고, 부과된 세금을 실질적으로 부담하는 사람을 '담세자'라고 한다. 납세자와 담세자의 일치 여부에 따라 조세를 분류하면 ㉠간접세와 ㉡직접세로 나뉜다.

① ㉠은 납세자와 담세자가 일치하는 조세이다.
② ㉡은 주로 소비 지출에 부과되는 조세이다.
③ ㉠이 ㉡보다 조세에 대한 저항이 더 강하다.
④ ㉡이 ㉠보다 소득 재분배 효과가 더 크다.

17 〈보기〉의 사례에 대한 「민법」상 판단으로 가장 옳은 것은?

> 〈보기〉
>
> 갑(甲, 만 17세)은 법정 대리인인 부모의 동의 없이 신형 스마트폰 판매자인 을(乙, 만 40세)과 고가의 스마트폰 매매 계약을 체결하였다. 갑(甲)은 을(乙)과 이에 대한 계약서를 작성하였지만 아직 매매 대금을 지불하지 않았다.

① 갑(甲)과 을(乙)의 계약은 당연히 처음부터 효력이 발생하지 않는다.
② 을(乙)은 갑(甲) 본인에게 계약을 취소할 것인지에 대한 확답을 촉구할 권리를 갖는다.
③ 을(乙)은 갑(甲)과 계약을 체결할 당시에 갑(甲)이 미성년자임을 몰랐을 경우에만 철회권을 행사할 수 있다.
④ 매매 계약이 성립되는 시기는 매매 대금이 완납되는 시점부터이다.

18 〈보기 1〉과 관련된 우리나라 헌법의 기본원리를 실현하기 위한 내용으로 옳은 것을 〈보기 2〉에서 모두 고른 것은?

> 〈보기 1〉
>
> 헌법재판소는 공연장, 박물관, 미술관, 문화재 등의 시설을 관람하거나 이용하는 사람에게 특별 부담금을 부과하도록 한 구(舊) 「문화 예술 진흥법」의 해당 조항을 위헌으로 결정하였다.

> 〈보기 2〉
>
> ㉠ 국가는 평생 교육을 진흥하여야 한다.
> ㉡ 국가는 문화의 보호 및 발전을 위해 노력해야 한다.
> ㉢ 국가는 균형 있는 국민 경제의 성장 및 안정과 적정한 소득의 분배를 유지해야 한다.
> ㉣ 의료, 교육, 고용 등의 분야에서 국가가 적극적으로 나서야 한다.

① ㉠, ㉡   ② ㉠, ㉢
③ ㉡, ㉣   ④ ㉢, ㉣

19 〈보기〉에 대한 설명으로 가장 옳은 것은?

> 〈보기〉
>
> 아래의 표는 갑(甲)국과 을(乙)국이 X재 1개와 Y재 1개를 각각 생산하는 데 필요한 노동자 수를 나타낸 것이다. (단, 양국은 X재와 Y재만을 생산하고 노동만을 생산 요소로 사용하며 양국이 보유한 노동자 수는 각각 100명이다.)
>
> | 구분 | 갑(甲)국 | 을(乙)국 |
> | --- | --- | --- |
> | X재(1개) | 4명 | 2명 |
> | Y재(1개) | 5명 | 4명 |

① 갑(甲)국은 Y재를 최대 25개 생산할 수 있다.
② 갑(甲)국의 X재 1개 생산에 따른 기회비용은 Y재 5/4개이다.
③ 갑(甲)국은 X재에, 을(乙)국은 Y재에 비교우위를 가진다.
④ 을(乙)국은 X재 10개와 Y재 20개를 동시에 생산할 수 있다.

20 〈보기〉의 (가)는 X재 시장의 상황을 나타낸다. 〈보기〉 (나)의 수요와 공급의 변동 요인을 통해 추론할 수 있는 X재 시장의 균형 가격과 균형 거래량의 변화로 가장 옳은 것은? (단, X재와 Y재는 모두 수요법칙과 공급법칙을 따른다.)

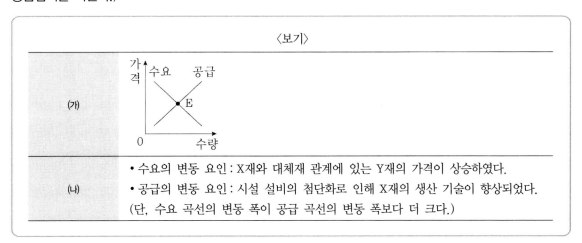

	〈보기〉
(가)	(가격-수량 그래프: 수요, 공급 곡선이 E점에서 교차)
(나)	• 수요의 변동 요인 : X재와 대체재 관계에 있는 Y재의 가격이 상승하였다. • 공급의 변동 요인 : 시설 설비의 첨단화로 인해 X재의 생산 기술이 향상되었다. (단, 수요 곡선의 변동 폭이 공급 곡선의 변동 폭보다 더 크다.)

① 균형 가격은 상승하고, 균형 거래량은 증가한다.
② 균형 가격은 상승하고, 균형 거래량은 감소한다.
③ 균형 가격은 하락하고, 균형 거래량은 증가한다.
④ 균형 가격은 하락하고, 균형 거래량은 감소한다.

☞ 정답 및 해설 P.88

1 (개), (나)에 대한 설명으로 옳은 것은?

> 정치 과정은 사회의 다양한 요구가 표출되는   (개) , 정책 결정 기구가 정책을 수립하고 집행하는   (나) , 산출된 정책에 대한 사회의 평가가 재투입되는 환류 과정을 의미한다.

① 정부가 국회에 법률안을 제출하는 것은 (개)에 해당한다.
② 정당이 공직 선거에 후보자를 공천하는 것은 (나)에 해당한다.
③ (개)가 (나)에 잘 반영될수록 시민들의 정치적 효능감이 높아진다.
④ 향리형 정치문화가 지배적인 사회에서는 (나)보다 (개)가 활성화된다.

2 헌법상의 국가 기관 A, B에 대한 설명으로 옳은 것은?

> A : 정부의 권한에 속하는 중요한 정책을 심의하는 행정부 내 최고 심의 기관의 의장
> B : 국가의 세입·세출의 결산, 국가 및 법률이 정한 단체의 회계검사와 행정기관 및 공무원의 직무에 관한 감찰 등을 담당하는 기관

① A는 국무총리의 제청으로 대통령이 임명한다.
② A는 국민의 직접 선거로 선출되며, 임기는 5년이다.
③ B는 권한 쟁의 심판을 담당한다.
④ B는 사법부 소속의 독립성을 갖는 헌법 기관이다.

3 현행법상 지방자치단체 주민의 지방 자치 참여에 대한 설명으로 옳지 않은 것은?

① 주민은 법령으로 정하는 바에 따라 지방자치단체의 장 및 지방의회의원(비례대표 지방의회의원은 제외함)을 소환할 수 있다.

② 19세 이상의 주민은 지방자치단체와 그 장의 권한에 속하는 사무의 처리가 법령에 위반된다고 인정되면 「지방자치법」이 정하는 바에 따라 감사를 청구할 수 있다.

③ 국민인 주민은 법령으로 정하는 바에 따라 그 지방자치단체에서 실시하는 지방의회의원과 지방자치단체의 장의 선거에 참여할 수 있다.

④ 주민은 지방의회의 의결이 월권이거나 법령에 위반되거나 공익을 현저히 해친다고 인정되면 그 의결사항에 대해 재의를 요구할 수 있다.

4 국회의 권한에 대한 설명으로 옳은 것은?

① 국회는 헌법 또는 법률에 특별한 규정이 없는 한 재적의원 3분의 1 이상의 출석과 출석의원 과반수의 찬성으로 의결한다.

② 국회는 국가 기관 구성과 관련하여 헌법재판소장 임명권 및 중앙선거관리위원회 위원장 선출권을 가진다.

③ 국회는 정부의 동의 없이 정부가 제출한 지출예산 각 항의 금액을 증가하거나 새 비목을 설치할 수 있다.

④ 국회는 국정을 감사하거나 특정한 국정사안에 대하여 조사할 수 있으며, 이에 필요한 서류의 제출 또는 증인의 출석과 증언이나 의견의 진술을 요구할 수 있다.

5 그림의 (가)~(다)에 대한 설명으로 옳은 것은? (단, (가)~(다)는 고대 아테네 민주정치, 근대 민주정치, 현대 민주정치 중 하나이다)

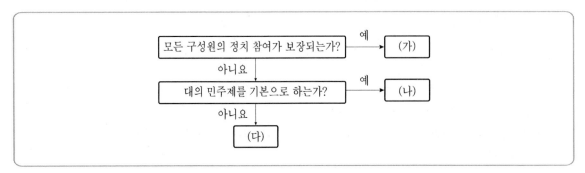

① (가)는 시민이 직접 국가를 운영하는 정치형태이다.

② (나)의 사상적 배경은 계몽사상과 사회계약설이다.

③ (가), (나)의 공통점은 보통 선거 제도를 확립한 것이다.

④ (가), (다)의 공통점은 여성의 정치 참여가 제도화된 것이다.

6 국제법의 법원(法源) (가)~(다)에 대한 설명으로 옳은 것은? (단, (가)~(다)는 조약, 국제 관습법, 법의 일반 원칙 중 하나이다)

> (가) 국내 문제 불간섭 원칙
> (나) 신의 성실의 원칙, 권리 남용 금지의 원칙
> (다) 한미 상호 방위 조약, 교토 의정서

① (가)는 국제 행위 주체 간의 합의가 명시적 문서로 작성된 것이다.

② (나)는 문명국들이 공통적으로 승인하여 따르는 법의 보편적인 원칙이다.

③ (다)는 국제 사회의 관행이 국제 사회에서 법으로 승인된 것이다.

④ 우리나라에서 (가), (나)가 국내법과 같은 효력을 갖기 위해서는 별도의 법적 절차를 거쳐야 한다.

7 다음 사례에 대한 설명으로 옳은 것은?

> • 법원은 ㅁㅁ법 일부 조항이 기본권 침해의 소지가 크다며 A에 (㉠)을 제청하였다.
> • △△법 위반으로 기소된 갑은 1심 재판 중 해당 법 조항에 대해 법원에 (㉡)을 신청한 후, 기각되자 A에 (㉢)을 청구하였다.

① A의 종국심리에 관여한 재판관 과반수가 찬성하면 해당 법률조항은 위헌으로 결정된다.

② 법원이 ㉠을 제청하기 위해서는 소송 당사자의 제청 신청이 있어야 한다.

③ 갑이 법원에 신청한 ㉡은 위헌법률심판 제청이다.

④ ㉠은 위헌법률심판이고, ㉢은 권한쟁의심판이다.

8 밑줄 친 ㉠, ㉡에 대한 설명으로 옳은 것은?

> 갑과 을은 법률상의 부부이다. 혼인 생활을 유지하던 중 갑은 을의 심각한 부정행위를 알게 되어 을에게 ㉠협의상 이혼을 요구하였다. 하지만 을은 이를 거절하였고, 이에 갑은 가정법원에 ㉡재판상 이혼을 청구하였다.

① ㉠의 효력은 법원에서 이혼 의사 확인을 받은 즉시 발생한다.

② ㉠과 달리 ㉡에서만 을은 갑에게 재산 분할을 청구할 수 있다.

③ ㉠, ㉡ 모두 법원을 거쳐야만 혼인 관계를 해소할 수 있다.

④ ㉡은 법률로 정한 이혼의 사유나 원인을 필요로 하지 아니한다.

9 밑줄 친 ㉠~㉣에 대한 설명으로 옳은 것은?

> 갑은 을에게 상해를 입힌 혐의로 체포되었다. 경찰은 갑을 ㉠구속 수사한 후 사건을 검찰에 송치하였고, 갑은 기소되었다. 그 이후 갑은 법원의 허가를 받아 ㉡석방되었고, 국민 참여 재판이 열렸다. ㉢1심 법원은 갑에게 ㉣징역 1년에 집행 유예 2년을 선고하였다.

① 검사가 영장실질심사를 한 후 ㉠ 여부를 결정한다.
② ㉡을 위해 갑은 구속적부심사를 법원에 청구하였다.
③ ㉢은 지방 법원 본원 합의부이다.
④ ㉣은 선고 후 2년이 지나면 형의 선고가 없었던 것으로 된다.

10 다음 사례에 대한 법적 판단으로 옳은 것만을 〈보기〉에서 모두 고르면?

> 갑은 노동조합에 가입하였다는 이유로, 을은 잦은 결근을 하였다는 이유로 모두 A 회사로부터 해고를 당하였다. 갑과 을은 각각 B 지방 노동 위원회에 구제신청을 하였는데, B 지방 노동 위원회는 갑의 구제신청은 받아들이고 을의 구제신청은 기각하는 결정을 하였다.

〈보기〉
㉠ 갑, 을 모두 지방 법원에 해고 무효 확인 소송을 제기할 수 있다.
㉡ 을은 B 지방 노동 위원회의 기각 결정 처분을 송달받은 날부터 10일 이내에 A 회사 사용자를 상대로 행정 소송을 제기할 수 있다.
㉢ B 지방 노동 위원회는 갑의 해고에 대해 부당노동행위가 성립한다고 판정한 때에는 A 회사 사용자에게 구제명령을 발하여야 한다.
㉣ A 회사의 노동조합은 갑과 을의 해고에 대해 B 지방 노동 위원회에 구제신청을 할 수 있다.

① ㉠, ㉢
② ㉠, ㉣
③ ㉠, ㉡, ㉢
④ ㉡, ㉢, ㉣

11 다음 대화를 통해 추론할 수 있는 개인과 사회를 바라보는 갑과 을의 관점으로 가장 적절한 것은?

> 갑 : 회사 실적을 올리기 위해 무엇보다 중요한 것은 직원 개개인의 능력입니다. 변화가 필요한 곳에 능력이 뛰어난 사람을 배치한다면, 반드시 좋은 성과를 낼 수 있을 것입니다.
>
> 을 : 아무리 뛰어난 직원이라도 현재 우리 회사의 조직 문화 속에서는 좋은 성과를 내기 어렵습니다. 회사의 실적을 올리기 위해 무엇보다도 시급한 것은 조직 문화를 개선하는 것입니다.

① 갑의 입장은 집단의 속성을 개인 속성의 총합과 같다고 본다.

② 갑의 입장은 개인주의와 자유주의를 토대로 하면서 사회 유기체설에 기반을 둔 주장과 일치한다.

③ 을의 입장은 사회가 개인들 간의 합의에 따라 움직인다고 본다.

④ 을의 입장은 사회를 개인의 행복과 자유를 추구하기 위한 단순한 수단으로 본다.

※ 다음 글을 읽고 〈보기〉에서 옳은 것만을 모두 고르시오. 【12~13】

12

> • '골드 러시'라고 불리는 미국 서부 개척 시대였던 1853년, 한 독일 출신 청년이 광부들의 작업복이 쉽게 찢어지는 것을 보고, ㉠텐트용으로 생산된 두꺼운 천으로 바지를 만들기 시작하였다. 얼마 지나지 않아 이 바지는 광부들로부터 폭발적인 인기를 끌었고, 이 청년의 이름을 따서 바지 상표를 만들게 되었는데 이때부터 청바지의 역사가 시작되었다. ㉡우리나라에는 청바지가 6·25 전쟁 때 참전한 미군으로부터 소개된 후, 생맥주, 통기타 등과 어우러지면서 청년 문화의 상징이 되었다가 지금은 남녀노소 누구나 즐겨 입는 옷이 되었다.
>
> • 19세기 이후 서구 열강의 지배를 받은 아프리카의 많은 나라에 서양 문물이 전해졌는데, 그중에는 종교도 있었다. ㉢많은 선교사들이 아프리카로 건너가 기독교를 전파함으로써 ㉣아프리카 고유의 토속 신앙이 사라지고 서양 종교인 기독교로 종교가 대체되기도 하였다.

〈보기〉

㈎ ㉠은 알려지지 않았던 문화 요소를 찾아내는 발견에 해당한다.

㈏ ㉡은 외재적 변동에 해당한다.

㈐ ㉢은 간접전파에 해당한다.

㈑ ㉣은 문화변동의 결과 중 문화동화의 사례에 해당한다.

---

① ㈎, ㈐

② ㈏, ㈑

③ ㈎, ㈏, ㈐

④ ㈏, ㈐, ㈑

13

우리나라의 사회보장제도는 (㉠), (㉡), (㉢)(으)로 구성되어 있다. 이 가운데 (㉠)에 해당하는 대표적인 제도인 (㉣)은(는) 생활이 어려운 사람에게 생계급여, 주거급여, 의료급여, 교육급여 등 필요한 급여를 제공하여 이들의 최저생활을 보장하고 자활을 돕는 것을 목적으로 한다.

한편, (㉡)에 해당하는 대표적인 제도 중 하나인 (㉤)은(는) 업무와 관련하여 질병이나 장애를 얻거나 또는 사망할 경우, 본인의 치료비와 가족에게 생계비를 보장해 주는 제도이다.

〈보기〉
㉮ ㉠은 소득 재분배 효과가 있지만, ㉡은 소득 재분배 효과가 없다.
㉯ ㉠의 수혜자는 ㉢의 수혜자가 될 수 있다.
㉰ 기초연금제도는 ㉡에 해당한다.
㉱ ㉣은 국민기초생활보장제도이며, ㉤은 산업재해보상보험이다.

① ㉮, ㉰   ② ㉯, ㉱
③ ㉰, ㉱   ④ ㉯, ㉰, ㉱

14 자료수집 방법 A ~ C에 대한 설명으로 가장 적절한 것은? (단, A ~ C는 질문지법, 참여관찰법, 문헌연구법 중 하나이다)

비교 항목	비교 결과
자료수집 방법의 구조화·표준화 정도	A ⟨ C
조사대상자들의 상호작용 파악 용이성 정도	B, C ⟨ A
오랜 시간이 경과되어 접근이 어려운 사회·문화 현상 탐구 용이성 정도	A, C ⟨ B

※ 낮음 또는 작음 ⟨ 높음 또는 큼

① A는 조사대상자와 연구자의 의사소통을 전제로 한다.

② B는 수집된 자료를 해석하는 과정에서 연구자의 주관이 개입될 여지가 있다.

③ C는 양적 자료보다 질적 자료의 수집에 적합하다.

④ A와 달리 C는 문맹자를 대상으로 자료를 수집할 수 있는 기법이다.

15 다음은 갑국의 계층별 인구 구성 변화를 요약한 것이다. 이에 대한 분석으로 옳은 것은? (단, 갑국의 총 인구는 2000년 이후 1,000만 명으로 변화가 없다)

- 2005년 : 상층 인구보다 중층 인구는 4배 많고, 하층 인구는 상층 인구보다 5배 많다.
- 2010년 : 2005년에 비해 상층 인구는 2배 증가했고, 하층 인구는 1/2로 감소하였다.
- 2015년 : 2005년에 비해 중층 인구는 1/2로 감소했고, 하층 인구는 동일하다.

① 2005년의 계층 구조는 2015년과 달리 모래시계형이다.

② 2005년의 하층 인구는 같은 해 상층과 중층의 인구를 합한 것보다 많다.

③ 2010년의 상층 인구와 2015년의 상층 인구는 같다.

④ 2010년의 사회 구조가 2005년과 2015년에 비해 더 안정적이다.

16 물가가 지속적으로 상승하는 현상이 발생할 경우, 일반적으로 나타날 수 있는 경제 상황에 대한 추론으로 옳은 것만을 모두 고르면?

㉠ 채권자는 유리해지고 채무자는 불리해진다.
㉡ 환율의 변화가 없는 경우, 경상수지가 악화된다.
㉢ 고정된 임금을 받는 가계의 실질소득이 감소하게 된다.
㉣ 실물 자산을 보유한 사람이 화폐 자산을 보유한 사람에 비해 불리해진다.

① ㉠, ㉡

② ㉠, ㉣

③ ㉡, ㉢

④ ㉢, ㉣

17 그림은 X재 시장의 균형점 E의 이동 방향을 나타낸 것이다. 이에 대한 설명으로 옳은 것은?

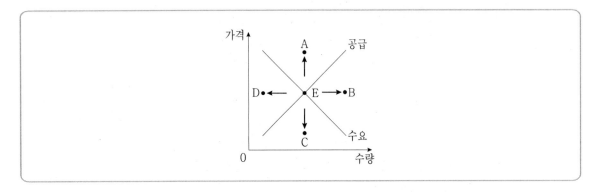

① X재의 생산 기술이 발전하고 X재에 대한 수요자의 선호가 감소하면, E는 A로 이동할 수 있다.

② X재의 생산 기술이 발전하고 X재 수요자의 소득이 증가하면, E는 B로 이동할 수 있다.

③ X재의 원자재 가격이 하락하고 X재의 대체재 가격이 상승하면, E는 C로 이동할 수 있다.

④ X재의 원자재 가격이 상승하고 X재의 보완재 가격이 하락하면, E는 D로 이동할 수 있다.

18 그림은 조세를 세율의 적용 방식에 따라 두 가지 유형 A와 B로 구분하여 나타낸 것이다. 이에 대한 설명으로 가장 적절한 것은?

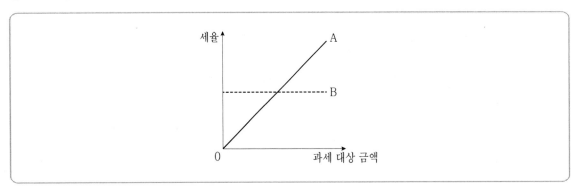

① 부가 가치세에는 주로 A가 적용된다.

② 법인세와 개인소득세에는 주로 B가 적용된다.

③ 직접세는 일반적으로 A보다는 B를 적용한다.

④ 소득 재분배 효과는 B에서보다 A에서 크게 나타난다.

19 표는 총수요나 총공급의 변동이 국민 경제 균형에 미치는 영향을 나타낸다. 이에 대한 설명으로 옳은 것은? (단, 총수요 곡선은 우하향하며 총공급 곡선은 우상향한다. 또한 A, B는 총수요, 총공급 중 하나이다)

구분	균형 물가 수준	균형 실질 GDP
A만 증가	상승	㉠
B만 감소	상승	㉡
(가)	하락	증가

① A는 총공급, B는 총수요이다.

② ㉠과 ㉡은 모두 '증가'이다.

③ (가)에는 'B만 증가'가 들어갈 수 있다.

④ 정부 지출의 증가는 (가)의 원인이다.

20 그림은 가격이 2% 상승했을 때 각 재화의 수요량 변화율을 나타낸 것이다. 이에 대한 분석으로 옳은 것은?

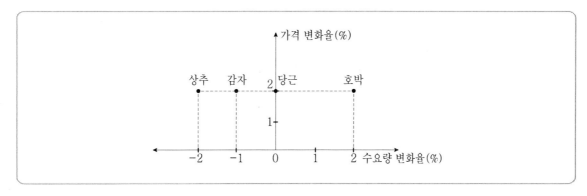

① 감자와 호박의 판매수입은 각각 증가하였다.

② 당근의 수요는 가격에 대해 완전 탄력적이다.

③ 상추 판매수입은 감소하고, 당근 판매량은 감소하였다.

④ 상추의 수요는 가격에 대해 탄력적이다.

정답 및 해설

2014. 3. 15.
제1차 경찰공무원(순경) 시행

---

1 ③

(가)는 기능론, (나)는 갈등론의 관점에서 학교 교육을 보고 있다.
① 개인의 사회적 성취를 결정하는 데 있어 귀속적인 요인을 강조하는 것은 갈등론이다.
② 기능론적 관점이다.
④ 학교 교육이 계층 내 수평 이동만을 가능하게 한다고 보는 것은 갈등론이다.

2 ②

ⓒ ⓒ는 표본 집단, ⓓ는 실험 집단이다.
ⓔ ⓕ는 ○○대학교 학생들 중 일부를 대상으로 한 실험 결과로 전체 대학생들에게 일반화할 수 없다.

3 ②

② 퇴직 후 새 환경에 적응하기 위해 다시 사회화하는 과정이므로 재사회화이며, 미래의 직업을 위해 준비하는 것이니 예기 사회화이다.
① 회사는 비공식적 사회화 기관으로 이익창출이 목적이며 사회화 기능은 부수적이다.
③ 현재의 처지와 미래에 대한 불안감으로 심경이 복잡한 것은 역할 갈등 상황으로 보기 어렵다.
④ ⓔ은 귀속 지위, ⓜ은 성취 지위이다.

4 ②

지문은 문화의 전체성에 대한 사례이다.
① 문화의 축적성에 대한 설명이다.
③ 문화의 변동성에 대한 설명이다.
④ 지문은 문화가 받는 환경적 영향에 대해 보여주고 있다.

5 ③

갑의 태도는 문화의 상대성을 인정하는 태도이며 을의 태도는 자문화 중심주의적 태도라고 볼 수 있다.
㉠ 문화의 상대성을 인정하는 태도는 바람직한 문화인식 태도이다.
ⓒ 자문화 중심주의적 태도는 자신의 문화가 가장 우월하다고 생각한다. 문화의 우열을 가릴 수 없다고 보는 것은 문화 상대주의이다.

6 ③

(가)는 문화 동화, (나)는 문화 공존(병존), (다)는 문화 융합에 해당한다.
① 문화 공존(병존)의 예이다.
② 문화 동화가 주로 나타난다.
④ 사회 구성원의 문화적 정체성이 약할 때 잘 나타나는 것은 문화 동화이다.

7 ④

A는 계층, B는 계급에 해당한다.
㉠ 계급에 대한 설명이다.
ⓒ 계층에 대한 설명이다.

8 ③

지문은 민주주의의 원리 중 권력분립에 대한 내용이다.
㉠ 입헌주의에 대한 설명이다.
ⓔ 국민주권주의에 대한 설명이다.

9 ④

A는 정당, B는 시민단체, C는 이익집단에 해당한다.
㉠ A는 정당이다.
ⓒ 자기 집단의 배타적 이익을 추구하는 것은 이익집단이다.

10 ①

(가)는 사회권, (나)는 청구권에 대한 설명이다.
② 청구권에 대한 설명이다.
③ 자유권에 대한 설명이다.
④ 참정권에 대한 설명이다.

11 ②

⑦는 구성요건 해당성, ㉯는 책임성, ㉰는 위법성, ㉱는 위법성 조각사유에 대한 설명이다.

② 만 9세는 형사미성년자(14세미만)이므로 ㉱의 책임성 조각사유가 된다.

12 ①

법정상속의 경우 피상속인을 기준으로 '직계비속→직계존속→형제자매→4촌 이내의 방계혈족'의 순으로 상속된다. 배우자는 1순위와 2순위의 상속인이 있는 경우에는 그 상속인과 동순위로 상속인이 되며 1, 2순위 상속인이 없는 경우에는 단독 상속인이 된다.

① 1순위에 해당하는 직계비속이 있으므로 어머니는 상속인이 될 수 없다.

13 ④

㉠ 불구속 수사가 원칙이며 구속 수사는 범죄의 증거가 명백하거나, 도주 또는 증거인멸의 우려가 있는 경우에만 가능하다.

㉡ 기소는 검사만 할 수 있다.

14 ①

A는 누진세, B는 비례세, C는 역진세이다.

㉢ 역진세는 과세 표준이 증가함에 따라 세율이 감소하므로 일정 수준을 넘어서면 높은 과세 표준에 부과된 세액이 낮은 과세 표준에 부과된 세액보다 적을 수 있다.

㉣ 역진성이 높은 것은 C이다.

15 ④

① 원자재 가격이 상승한 X재의 가격은 상승할 것이다.

② 가격이 비싸진 X재는 거래량이 감소할 것이다.

③ X재의 대체재인 Y재 수요가 많아져서 가격이 상승할 것이다.

16 ③

최저가격규제 시행에 대한 그림이다.

③ 규제 이전 균형거래량은 8만개이다. 규제가 진행되면서 수요량이 4만 개로 감소하였으므로 시장 거래량은 4만 개 감소하였다.

17 ③

지문에서 설명하고 있는 재화는 공공재이다.

③ 공공재의 경우 무임승차문제 때문에 민간에서 공급되기 어려우며 따라서 민간 기업에 맡겨 둘 경우 사회적으로 최적인 수준보다 적게 생산된다.

18 ④

국내 총생산은 자국민의 국내생산과 외국인의 국내생산을 말한다. 따라서 외국에서 생산된 재화를 수입한 것은 국내 총생산에 포함되지 않는다.

19 ①

지문은 실망실업자에 대한 설명이다. 실망실업자는 비경제 활동 인구로 분류되는데 이를 실업자로 분류한다면 실업률이 상승할 것이다.

② 고용률은 변화가 없다.

③ 비경제활동인구는 감소하게 된다.

④ 경제활동인구는 증가한다.

20 ①

달러화에 비해 원화와 엔화가 모두 평가 절상되고 있다.

① 엔화가 원화에 비해 더 평가 절상 되고 있으므로 미국 시장에서 우리나라 제품의 수출 가격 경쟁력이 높아질 것이다.

② 엔화가 원화보다 더 평가 절상되므로 원/엔화 환율은 상승할 것이다. 따라서 일본산 부품을 사용하는 우리나라 기업의 생산 비용이 증가하게 된다.

③ 원화의 가치가 상승하여 달러 표시 외채 상환 부담이 감소한다.

④ 미국이 한국과 일본에 수출하는 제품의 가격 경쟁력이 높아진다.

1 ④

① 홉스에 대한 설명이다.

② 루소는 인간의 자유를 자연적 자유와 사회적 자유 두 가지로 나눴다. '자연적 자유'란 개인의 힘 이외에 어떠한 것에 의해서도 제한될 수 없고, 얻고자 하는 모든 것을 가질 수 있는 무제한의 자유를 말한다. 이러한 자연적 자유는 실제 사회 속에서 비록 현실성은 없지만 실현되어야 할 자유의 원형으로 존재한다. 이에 반해 '사회적 자유'는 시민적 자유로 구체화되는데 자신이 만든 법률에 복종하면서 자기 자신이 주인이 되는 것을 말한다. 사회적 자유는 공동의 자유라는 성격을 내포하기 때문에 이러한 사회 구성원으로서의 시민은 자신이 속한 사회가 정당한 법을 가졌을 때 자유롭게 된다고 본다.

③ 루소는 권력분립을 별도로 강조하지 않고 있다.

④ '일반 의지'는 루소의 독창적이고도 핵심적인 개념으로 국가 구성원의 동질성을 전제로 할 때 성립될 수 있다. 동질적인 사회 집단의 구성원들이 다 같이 바라는 공공의 복지와 의지가 곧 일반 의지인 것이다. 시민 사회의 정당성은 오직 일반 의지의 차원에서만 가능하므로 일반 의지는 구성원들의 입장에서 볼 때 항상 정당하고 공공의 이익을 목적으로 하고 있으며 파괴되거나 분할할 수 없는 절대성을 갖고 있다고 본다. 이러한 점에서 루소는 특수 의지의 단순한 양적인 합인 전체 의지를 일반 의지와 구분하고 있다.

2 ④

㉮ 영국(의원내각제), ㉯ 미국(대통령제)이다.

㉠, ㉡은 의원내각제, ㉢, ㉣은 대통령제이다.

3 ①

① X정당이 지역대표에서 득표율은 50%를 획득했음에도 불구하고 지역구의석수는 60%를 넘어서고 있는 점에 비추어 과대 대표되고 있다는 것을 알 수 있다.

② 위 A국의 국회의원 선거는 지역대표와 비례대표 두 명을 찍는 1인 2표이기 때문에 평등선거 원칙에 충실해질 수 있다. 무소속후보를 지지하는 유권자의 투표가치와 선호정당과 선호후보가 다른 경우의 유권자도 배려할 수 있기 때문이다.

③ A국이 의원내각제 국가라면 X정당이 행정부를 구성하지만 대통령제 국가라면 여당이 작고 야당이 커지는 것도 가능하기 때문에 Y정당이 행정부를 구성할 수도 있게 된다. 물론 위 표에서는 어느 당이 여당이고 야당인지를 확인할 수 없어 여소야대라고 단정할 수는 없다.

④ A국이 의원내각제 국가라면 지역대표와 비례대표의 의석수가 가장 많은 X 정당의 단독 정부가 구성될 가능성이 있다.

4 ③

일사부재의원칙(一事不再議原則)…회의체의 의사과정에 있어서 그 회기 중에 부결된 의안은 그 회기 중에는 다시 제출하지 못한다는 원칙. 이것은 회의체의 의결이 있는 이상 그 회의체의 의사는 이미 확정되었기 때문에 다시 이를 논할 필요가 없다는 데 근거를 둔 것으로 의사진행의 원활화와 소수파의 의사방해를 방지하기 위한 제도적 장치라 할 수 있다. 국회의 일사부재의원칙에 대해서는 「국회법」에 규정되어 있다.

5 ①

위 제시문은 국제 레짐(International Regimes)에 대한 설명이다.

※ 국제 레짐(International Regimes)…지구촌의 국제관계가 점점 복잡해지고 일부 국가 간에 의존이 심화되는가 하면 또 다른 국가 간에서는 분쟁이 많이 발생하자 국제적 규범 내지 국제적 협력 체제를 창출해야 할 필요성이 대두되었는데 이를 국제 레짐이라 한다. 국제 레짐은 국제관계를 규율하는 보다 포괄적인 장치로서 행위주체들이 바라는 바가 수렴되는 제도, 원칙, 규범, 절차 등을 총칭하는 광범위한 개념이다. 이에 따라 제네바 조약이나 고문금지조약, 대인지뢰금지조약, 전범재판소나 국제형사재판소 설치 등과 같은 활동을 통해 국가 간의 대립과 갈등을 조정하고 있다. 이러한 국제 레짐은 단순히 강대국이 가지는 군사·경제적 힘의 우위에 근거하여 강압적으로 강요되는 것이 아닌 규범의 준수가 가져오는 장기적인 비용감소 효과와 도덕적 이익 때문에 어느 정도 자발적으로 준수되고 있다.

6 ②

위 문제에서 B의 불법행위책임요건이 구비되었다고 본다면, A는 가해자B에게 불법행위로 인한 손해배상청구권을 행사할 수 있으며, 이 경우 재산상 피해는 물론 정신적 피해까지 모두 배상 청구할 수 있다.

③ 민법상 출생의 시기는 전부노출설(완전노출설)이 판례의 입장이다.

④ 민법상 태아는 불법행위에 기한 손해배상의 청구권에 관하여는 이미 출생한 것으로 보는 것이 맞다.

7 ③

① 법원은 당사자의 신청이 있는 경우 외에 직권제청으로도 헌법재판소에 위헌법률 심판의 제청을 할 수 있다.

② 당해 사건의 당사자인 경우에는 법원에 위헌법률심판 제청신청을 하지 않고 직접 헌법재판소에 위헌법률심판을 청구할 수는 없다.

③ 당해 사건의 법원이 당사자의 위헌법률심판 제청신청을 기각 또는 각하하면 당사자는 헌법재판소에 헌법소원심판을 청구할 수 있다.

④ 당해 사건의 법원이 당사자의 위헌법률심판 제청신청을 기각하면 당사자는 법원의 기각결정에 대해 항고할 수 없고, 직접 헌법재판소에 헌법소원심판을 신청할 수 있다.

8 ①, ④

① 미성년자는 독자적으로 임금을 청구할 수 있다.

④ 근로기준법 제69조(근로시간)가 2018. 3. 20에 개정되어 현재는 ④번 보기도 틀린 내용이 된다.

※ 근로기준법 제69조(근로시간) … 15세 이상 18세 미만인 자의 근로시간은 1일에 7시간, 1주에 35시간을 초과하지 못한다. 다만, 당사자 사이의 합의에 따라 1일에 1시간, 1주에 5시간을 한도로 연장할 수 있다. 〈개정 2018. 3. 20〉

9 ②

A는 정당방위, B는 긴급피난 또는 추정적 승낙, C는 자구행위, D는 강요된 행위로서 모두 범죄에 해당하지 아니한다. 또한 A~C는 위법성조각사유, D는 책임조각사유에 해당한다.

10 ③

위 사례에서 다가구 주택은 단독주택으로 취급하므로 다음과 같이 정리할 수 있다.

1순위 : C[소액임차인의 최우선변제권] – 3,000만원

2순위 : B[전세권자] – 5,000만원

3순위 : D[저당권자] – 9,000만원

11 ④

④는 탈 관료제의 내용이다.

※ 관료제(bureaucracy) … 엄격한 권한의 위임과 전문화된 직무의 체계를 가지고 합리적인 규칙에 따라 조직의 목표를 능률적으로 실현하는 조직관리 운영체제로 관료제란 용어는 프랑스의 중농주의 경제학자 구르네가 1745년 경에 처음 사용한 것으로 전해지고 있으며 그 어원은 사무용 책상을 뜻하는 'bureau'와 통치를 뜻하는 'cratia'의 합성어이다. 관료제 이론은 독일이 사회학자인 막스 베버가 제시한 모형이 대표적이다.

12 ②

위 제시문은 근대화론에 대한 것으로 근대화론은 문화 사대주의에 바탕을 두고 있다. 따라서 이러한 근대화론에 대한 반대하여 나온 이론이 종속이론이다. ㄹ은 종속이론에 대한 설명이다.

13 ①

㈎ 고위정체 ㈏ 초기확장 ㈐ 후기확장 ㈑ 저위정체 단계를 나타낸다.

② 노년층의 인구 비율이 높아져 고령화가 사회 문제로 나타나는 단계는 ㈑단계이다.

③④ 의학발전 등을 이유로 인구증가율이 급격히 상승하는 단계는 ㈏단계이다.

14 ③

ⓒ은 문화의 속성 중 공유성의 사례로 예측가능성을 제공한다.

① ㉠은 문화 사대주의와 직접 관련지을 수 없다.

② ㉡은 관념문화가 아닌 물질문화의 사례이다.

④ ㉣은 기술지체가 아닌 문화지체의 사례이다.

15 ③

위 연구 계획서는 설문지법으로서 양적 연구방법에 해당한다. 설문지법은 방법일원론에 근거하고 있으며, 설문지라는 구조화 및 표준화된 자료수집방법을 사용한다. 또한 조사대상을 광역시에 소재하는 특성화고등학교 학생들로 한정했기 때문에 조사결과를 전국으로 일반화하기에는 대표성이 약하다 할 수 있다.

16 ④

④ 공공재는 비배제성으로 인해 무임승차의 문제가 발생할 수 있으며, 이로 인해 시장에서 공공재가 충분히 공급되지 못하는 문제가 생길 수도 있다.

17 ②

복리(複利)란 이자를 원금에 포함시킨 금액(원금+이자)에 대해 이자를 주는 것으로 쉽게 말하면 이자가 이자를 낳는 구조라 할 수 있다. 따라서 연 10% 고정금리일 경우 이자는 1년차 이자 100만 원과 2년차 이자 110만 원을 합쳐 210만 원이 된다.

18 ②

갑이 기업이면 을은 가계가 되고, A는 생산물시장, B는 생산요소시장이 된다. 또한 생산요소에서 노동력을 제공하고 받는 임금은 가계소득의 주원인이라 할 수 있다.

19 ④

쌀 생산의 기회비용 : A국의 기회비용은 $\frac{4}{3}$, B국의 기회비용은 2이므로, A국은 쌀 생산에서 B국보다 비교우위에 있다고 할 수 있고, B국은 밀 생산에서 A국보다 비교우위에 있다고 할 수 있다. 반면 양국의 노동량이 동일하다고 가정하면 B국은 밀과 쌀 생산 모두에서 A국보다 절대 우위에 있다고 할 수 있다. 또한 B국이 A국과 동일한 노동력을 투입하더라도 더 많은 밀과 쌀을 생산할 수 있으므로 기술수준이 A국보다 더 높다고 할 수 있다.

20 ③

A, B국은 모두 통화가치가 상승하는 점에 비추어 환율은 하락하고 있으며, 반대로 C국은 통화가치가 하락하는 점에 비추어 환율은 상승하고 있다. A, B국의 대미 수출은 장기적으로 보면 하락할 것이지만, 반대로 미국은 A, B국에 더 많은 재화를 수출할 수 있을 것이다.

③ A, B국으로 여행하려는 미국 사람들은 A, B국의 통화가치가 더 상승하기 전에 미리 환전해둘 필요가 있을 것이다. 왜냐하면 달러가치는 점차 약화될 것이기 때문이다.

④ B국 부품을 달러화로 결제할 경우 수입원가가 더욱 증가하게 되어 생산비는 점점 상승하게 된다.

---

1 ①

갑은 '기능론'의 관점에서 사회 계층 현상을 바라보았고 을은 '갈등론'의 관점에서 사회 계층 현상을 바라보았다.

※ 사회 계층 현상 … 사회계층현상은 기능론과 갈등론으로 크게 나뉘는데 기능론에서는 사회 계층이 개인의 자질과 능력을 바탕으로 사회적 희소가치의 차등분배에 따라 합법적인 절차를 거쳐 발생하는 필연적이고 보편적인 현상으로 보는 반면, 갈등론에서는 권력이나 가정의 배경을 바탕으로 지배집단의 기득권 유지를 위한 노력을 통해 존속되는 것으로 보고 있다.
따라서 이러한 사회 계층화의 기능에 있어서도 기능론자들은 사회 계층화가 개인과 사회가 최선의 기능을 다하도록 함으로써 개인과 사회 양자를 유지 발전시킨다고 보는 반면, 갈등론자들은 사회계층화가 사회적 박탈감을 초래하여 집단 간의 대립과 갈등이 유발되고 이로 인해 사회 발전이 저해된다고 보고 있다.

2 ①

㈎ - 양적연구방법, ㈏ - 질적연구방법
※ 양적연구방법과 질적연구방법
  ㉠ 양적연구방법 : 사회 현상이 경험적으로 증명될 때 사회적 실재가 된다고 보는 것으로 이를 위해 먼저 연구자가 구체적 질문에 대한 가설을 정하고 이 가설을 증명하기 위해 사회 현상을 실험 가능한 현상으로 전환한다. 그리고 실제 경험적 자료를 구하기 위해 연구 설계를 하고 이에 따라 자료를 수집, 분석한 후 결과가 가설과 일치하면 가설을 선택하고 일치하지 않으면 가설을 기각하여 버린다.
  ㉡ 질적연구방법 : 연구할 질문에 따라 연구 주제를 정하지만 이는 양적연구방법에서 가설을 설정하는 것처럼 자세히 하는 것이 아니라 단지 사회현상의 문제 자체를 가지고 연구를 시작한다. 물론 연구를 시작하기 전에 자신의 연구 대상, 특히 자세히 관찰해야 할 대상을 설정하고 어떻게 접촉할 것인지를 사전에 설계한다. 그 후 참여관찰이나 면접을 통해 연구 대상과 비교적 오랫동안 관계를 유지하면서 연구가 진행된다. 질적연구방법은 양적연구방법과는 다르게 연구를 진행하는 과정에서 새로운 것을 발견하면 처음 의도했던 내용과 다른 연구로 변경되기도 한다. 그리고 이렇게 해서 얻어진 자료를 바탕으로 자료를 해석하고 의미를 파악하여 연구결과를 발견하는 것이다.

3 ②

갑은 사회명목론을, 을은 사회실재론의 관점에서 개인과 사회의 관계를 설명하고 있다.

② 사회명목론에 대한 설명으로 을의 관점과는 반대되는 것이다.

※ 사회명목론과 사회실재론

     ○ 사회명목론 : 사회는 개인의 단순한 합이며 오로지 이름으로만 존재한다고 주장하는 관점으로 집단은 그 구성원인 개인들이 가진 특징의 단순한 합에서 벗어나지 않으며 집단의 영향력은 개인에 의해 결정된다고 본다. 따라서 이들은 사회를 연구할 때 개인의 행위에 초점을 두며 문제를 잘 해결하기 위해서도 개인의 의식을 개선하는 것이 중요하다고 보기 때문에 당연히 개인의 권리를 더 중요시 여기고 사회 질서를 유지하기 위해 개인의 이익이 침해당하는 것은 용납하지 않는다. 이러한 관점은 사회계약설과 통한다고 볼 수 있다.

     ○ 사회실재론 : 개인들과 별개로 사회는 실제로 존재한다고 믿으며 사회를 구성하는 개인들의 합 이외에 'α'가 존재하기 때문에 사회는 단순히 개인의 합이라 할 수 없다고 주장하는 관점이다. 따라서 사회실재론에서는 사회를 연구하기 위해 그 구조나 제도에 초점을 두어야 하며 문제 해결을 위해서는 구조와 제도의 개선이 중요하다고 본다. 또한 사회질서나 공익은 개인의 이익보다 우선하기에 개인의 권리가 어느 정도 제한될 수도 있다고 본다. 이는 사회유기체설과 맥락을 같이 한다.

4 ④

① 3세대 가구 외에 4세대 이상 가구 또한 확대 가족에 포함된다. 그러나 기타 가구 비율에는 4세대 이상 가구와 1인 가구 등을 포괄하여 나타내고 있으므로 확대 가족의 정확한 비율을 알 수 없다.

② 핵가족에는 '부부 가구'와 '(한)부모와 미혼 자녀'가 해당된다. 따라서 B지역의 1990년 핵가족 비율은 72.5%(= 10.1% + 62.4%), 2010년 핵가족 비율은 57.6%(= 14.2% + 43.4%)이다.

③ 1990년의 경우 A지역의 핵가족 비율은 76.7%(부부가구 6.6% + (한)부모와 미혼 자녀70.1%)이므로 확대 가족 비율보다 높다. 따라서 확대 가족의 수가 핵가족 수보다 적다.

④ 1세대 핵가족은 부부가구를 의미한다. 2010년의 경우 A지역은 11.8%, B지역은 14.2%로 A지역의 1세대 핵가족 비율이 더 낮다. 그러나 총 가구 수가 A지역은 10,000가구, B지역은 2,500가구이므로 1세대 핵가족 가구 수에서는 A지역이 1,180(= 10,000 × 11.8%)가구, B지역이 355가구가 된다. 따라서 2010년 B지역은 A지역보다 1세대 핵가족 수가 더 적다.

5 ②

㈎는 낙인이론이고 ㈏는 아노미이론이다.

※ 낙인이론과 아노미이론

     ○ 낙인이론 : 일탈 혹은 범죄행동이 행위자의 심리적 성향이나 환경적 조건보다 특정행동에 대한 사회문화적 평가와 소외의 결과로 인해 일어난다고 보는 이론으로 이 이론에서는 일탈의 예방과 치유를 위해 세워진 교도소, 소년원 등이 오히려 일탈을 영속화 시킨다고 보고 있다.

     ○ 아노미이론 : 비행이나 일탈의 원인을 사회구조와 개인의 관계 속에서 찾으려 하며 결국 이러한 사회적 문제는 사회생활을 하는 개인의 가치 혼란 속에서 개인이 자신의 욕망을 억제하지 못하거나 제도화되지 않은 비합법적인 수단을 사용하였기 때문에 발생하는 것으로 본다.

6 ③

③ 행정상 손실보상 : 적법한 공권력의 행사로 사유재산권에 가해진 특별한 희생에 대한 사유재산권의 보장과 공평부담의 견지에서 행할 수 있는 조절적인 재산적 전보를 말한다.

7 ②

② 세계인권선언 : 1948년 12월 10일 국제연합 총회에서 당시 가입국 58개국 중 50개국이 찬성하여 채택된 인권에 관한 세계 선언문으로 360개 언어로 번역되어 가장 많이 번역된 유엔 총회 문건이며 비록 세계 인권선언은 국제연합의 결의로서 법적 구속력은 없지만 오늘날 많은 국가의 헌법이나 기본법에 그 내용이 반영되어 있어 실효성이 크다.

8 ④

④ 청소년 보호법에서 말하는 청소년이란 19세 미만의 사람으로 만 19세가 되는 해의 1월 1일을 맞이한 사람은 제외하므로 만 19세의 대학생은 술과 담배 구매가 가능하다.

9 ③

③ 대법원은 제조물로 인해 피해가 발생할 경우 제품의 결함과 손해 발생과의 관계에 대한 인과관계의 추정을 인정하여 소비자측의 입증책임을 완화시키고 있다.

10 ①

① 알 권리는 헌법에 직접적으로 규정된 기본권은 아니며 단지 헌법상 표현의 자유에 대한 전제로서 당연히 인정되는 기본권이다.

11 ④

㈎ – 명예혁명, ㈏ – 미국독립혁명, ㈐ – 프랑스 혁명
㉠ 명예혁명이 성공한 후 영국 의회는 권리장전을 작성하였고 이는 영국 역사에 있어서 매우 중요한 위치를 차지하게 되었다.
㉡ 미국독립혁명에는 실정권 사상이 아닌 자연권 사상이 더 많은 영향을 끼쳤다.

12 ①

발안제 … 직접 민주주의의 한 형태로 창안제라고도 하며 일반 선거권자들이 직접 중요 법률이나 조례의 제·개정이나 헌법 개정안, 헌장 수정안 등을 행정부나 입법부에 요구할 수 있는 제도이다. 적용 범위에 따라 국민발안제와 주민발안제로 부르기도 한다.

13 ②

① 1952년 1차 개헌에 의하여 대통령 직선제가 채택되었다.
③ 대통령 3선이 처음으로 허용된 것은 1954년 2차 개헌에 의해서이다.
④ 1987년 9차 개헌에 의하여 대통령 단임제로 개정되었고 대통령 직선제가 채택되었다.

14 ①

㉠은 투입, ㉢은 산출을 나타낸다.
㈐ ㉠에서는 이익집단이 중요한 역할을 한다.
㈑ ㉠과 ㉣은 민주주의 체제에서 활발해진다.

15 ③

2001년 7월 19일 헌법재판소는 당시 시행되고 있던 비례 대표 국회의원 의석 배분 방식 및 1인 1표제가 국민의 자유로운 선택권을 방해하고 평등선거 원칙에 위배되며 직접 선거 원칙에도 위배된다는 이유로 위헌 판결을 내리고 제 17대 국회의원 선거부터 1인 2표제로 바꾸었다. 이로 인해 '국민의 자유로운 선택권 방해'와 '평등선거 원칙에 위배'된다는 기존제도의 위헌적 요소를 해결하였지만 '직접 선거 원칙에 위배'라는 요소는 여전히 해결하지 못했다.

16 ③

A시장 : 독점시장, B시장 : 과점시장, C시장 : 독점적 경쟁시장, D시장 : 완전경쟁시장이다.
① B시장에 해당된다.
② A시장에 해당된다.
④ D시장과 관련이 없다.

17 ④

① 균형가격은 1000원이 맞지만 균형거래량은 360개가 아닌 180개이다.
② 균형가격이 1600원일 경우 수요량은 150개가 되므로 결국 모두 팔지 못하게 된다.
③ 수요의 법칙에 따르는 Y재가 X재의 대체재인 경우, Y재 가격이 하락하면 균형가격은 1000원보다 작아진다.
④ 세금이 600원 부과되었으므로 공급곡선은 수직(가격 축)으로 상승하게 된다. 변동 공급곡선과 수요곡선은 거래량 160개, 가격 1,400원에서 새로운 균형점을 이룬다. 따라서 균형 거래량은 160개가 되므로 원래 균형 거래량이었던 180개에서 20개가 줄었다.

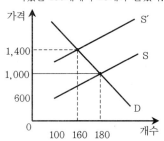

공급량	가격 변화		수요량	가격
140	600→1,200		200	600
160	800→1,400		190	800
180	1,000→1,600		180	1,000
200	1,200→1,800		170	1,200
220	1,400→2,000		160	1,400
240	1,600→2,200		150	1,600

18 ②

합리적 선택이 되기 위해서는 '편익＞비용'이 되어야 하며 이 때 비용은 크게 명시적 비용과 묵시적 비용으로 나뉜다. 이 문제에서 명시적 비용은 B 프로젝트에 투자하기 위해 부족한 돈 200만 원에 대한 대출이자, 즉 200만원×0.05=10만원이고, 묵시적 비용은 A 프로젝트를 선택했을 때 얻을 수 있었던 수익이므로 200만원×0.09=18만원이다. 결론적으로 400만 원을 투자했을 때 총 비용이 28만 원이 들어가

므로 편익이 더 크기 위한 최저 수준의 연간수익률은 $\frac{28만원}{400만원} \times 100 = 7(\%)$이 되어야 한다.

※ 명시적 비용과 묵시적 비용
　⊙ 명시적 비용 : 다른 사람들이 가진 생산요소를 사용한 대가로 지불하게 되는 비용을 말하며 회계적 비용과 같은 의미이다.
　ⓒ 묵시적 비용 : 흔히 잠재적 비용이라고도 하며 기업가 자신이 소유하고 있으면서 생산에 투입한 생산요소의 기회비용이라 할 수 있다.

19 ④
① 위에 나와 있는 자료는 모두 비율을 나타낸 것으로 실업률만 가지고는 정확한 실업자 수를 알 수 없다.
② 명목 GDP의 증가율은 실질 GDP증가율과 물가상승률의 합으로 위의 자료에서는 B국이 가장 높은 것으로 나타난다.
③ 경제성장률 또한 비율이므로 정확한 실질 GDP 증가액을 알기는 힘들다.
④ 1인당 실질 GDP는 실질 GDP를 인구로 나눈 값이다. 증가율을 따졌을 때, A국과 C국은 전년대비 경제성장률에 비해 분모로 들어가는 전년대비 인구증가율 수치가 더 크다. 그에 반해 B국은 인구증가율보다 경제성장률 폭이 더 크기 때문에 1인당 실질 GDP 증가율이 가장 높다고 할 수 있다.

20 ③
A는 환율상승을 나타내는 것으로 보기 중에서 환율상승의 영향으로 옳은 것을 고르면 된다.
③ 환율이 상승하면 그만큼 많은 원화를 필요로 하기 때문에 해외에 있는 자녀에게 송금하는 부모 입장에서는 당연히 불리해진다.

2014. 6. 21.
제1회 지방직 시행

---

1 ④
민원사무 처리에 관한 법률 제15조(처리 결과의 통지) 제①항 … 행정기관의 장은 민원인이 신청한 민원사항의 처리 결과를 민원인에게 문서로 통지하여야 한다. 다만, 대통령령으로 정하는 경우에는 구술 또는 정보통신망으로 통지할 수 있

다. 이 경우 민원인이 요청할 때에는 지체 없이 처리 결과에 관한 문서를 내주어야 한다.

2 ①
수요의 가격탄력성(Ed) = (수요의 변화율/가격의 변화율)
• 수요의 변화율 $= \frac{318}{300} = 1.06(6\%$ 증가$)$
• 가격의 변화율 $= \frac{850}{1000} = 0.85(15\%$ 하락$)$
∴ 수요의 가격탄력성(Ed) $= \frac{6}{15} = 0.4$

3 ③
㈎는 탈관료제 조직이고 ㈏는 관료제 조직이다.
① ㈏는 ㈎에 비해 공식적 규칙과 절차를 중요시한다.
② ㈏는 ㈎에 비해 인간소외 현상이 발생할 가능성이 높다.
④ ㈎는 ㈏에 비해 환경 변화에 대한 대응이 용이하다.

4 ②
① 보통선거(universal suffrage) : 사회적 신분 · 재산 · 인종 · 성별 등에 의한 자격요건의 제한 없이 일정한 연령에 달한 모든 국민에게 원칙적으로 선거권을 인정하는 것으로서, 제한선거에 대응되는 말이다.
② 평등선거(equal suffrage) : 모든 유권자에게 동등하게 1인 1표의 투표권을 인정하는 것이다. 신분에 따라 특권층에 2표의 투표권을 주는 복수투표제 또는 재산의 다과에 따라 선거인을 등급으로 나누어 각각 같은 수의 의원을 선출하는 등급별선거제 등의 불평등 선거와 대응된다.
③ 비밀선거(secret vote) : 선거인이 어느 후보자를 선출하는지 알 수 없게 하는 것으로 공개선거에 대립되는 말이다.
④ 직접선거(direct vote) : 선거권자가 중간선거인을 선정하지 않고 직접 피선거권자를 선출하는 것으로, 간접선거에 대응하는 말이다.

5 ③
③ 헌법 제31조 제①항에 따르면 모든 국민은 능력에 따라 균등하게 교육을 받을 권리를 가진다. 여기서 교육은 초등교육과 법률이 정하는 의무교육으로 특정한 교육제도나 교과과정을 요구할 수 있는 권리는 아니다.

6 ③

(갑) 기능론적 관점, (을) 갈등론적 관점
ㄹ 유년기 사회화 과정에서 개인을 능동적 존재로 가정하는
것은 상징적 상호작용론적 관점이다.

7 ②

① 정부의 조세 수입은 판매량Q1에 100원을 곱한 만큼
(b+d)이 된다.
② 공급자에게 세금을 부과해 공급량이 감소되었으므로 소
비자 잉여(a+b+c→a)와 생산자 잉여(d+e+f→f) 모두
감소한다.
③ 사회적 후생은 조세 부과 전 a+b+c+d+e+f에서 조세
부과 후 a+b+d+f가 되어 c+e만큼의 손실이 생겼다.
④ 조세 부과로 공급 곡선이 변동되면서 균형 가격이 60원
상승하였다. 이 만큼이 소비자가 부담하는 부분(판매량
Q1×60원)이 되고, 나머지는 생산자가 부담(판매량
Q1×40원)하므로 결과적으로 생산자가 소비자보다 세금
을 더 적게 부담한다.

8 ①

형법은 제20조에서 제24조까지에서 정당행위, 정당방위, 긴
급피난, 자구행위, 피해자의 승낙 등을 위법성조각사유로
규정하고 있다.
① A는 자신 소유의 자동차에 불을 질러 공공의 위험을 발
생시켰으므로 형법 제166조(일반건조물 등에의 방화)에
따라 처벌된다.
※ 형법 제166조 (일반건조물 등에의 방화)
① 불을 놓아 전2조에 기재한 이외의 건조물, 기차, 전
차, 자동차, 선박, 항공기 또는 광갱을 소훼한 자는
2년 이상의 유기징역에 처한다.
② 자기소유에 속하는 제1항의 물건을 소훼하여 공공의
위험을 발생하게 한 자는 7년 이하의 징역 또는 1천
만 원 이하의 벌금에 처한다.

9 ③

제시문은 마르크스주의의 근거가 되는 사적유물론에 대한
설명이다.
① 사회변동의 요인은 그 사회의 내재적 요인으로부터 나타난다.
② 사적 유물론에서는 인간의 존재에 필요 불가결한 물질적 생활의
생산이 사회적 삶 전반을 발달시킨 기초라고 생각한다.
④ 경제적 요소에 의해 사회의 가치체계가 변화될 가능성을
강조하고 있다.

10 ④

배분적 정의는 실질적 평등을 의미한다.
ㄱㄴ은 산술적 평등에 해당한다.

11 ①

① 헌법 제60조 제①항에 따르면 국회는 상호원조 또는 안전
보장에 관한 조약, 중요한 국제조직에 관한 조약, 우호통
상항해조약, 주권의 제약에 관한 조약, 강화조약, 국가나 국민
에게 중대한 재정적 부담을 지우는 조약 또는 입법사항에
관한 조약의 체결·비준에 대한 동의권을 가진다.
② 국제법은 통일된 입법기관에서 제정되는 것이 아니기 때
문에 분쟁의 소지가 많다.
③ 국제법을 위반할 경우 국내법을 위반한 경우보다 이행을
강제하기 어렵다.
④ 헌법에 의해 체결·공포된 조약과 일반적으로 승인된 국
제법규는 국내법과 같은 효력을 가진다.

12 ④

① 공식적인 사회화기관으로는 학교 등의 교육기관이 있다.
② ㄴ은 이익사회이다.
③ ㄹ은 ㄷ에 비해 공익을 추구한다. 노동조합은 이익집단
으로서 특수이익을 추구한다.

13 ②

제시문은 계몽사상에 대한 설명으로 천부인권설과 함께 근
대 시민혁명의 사상적 기원이 되었다.

14 ④

매키버(R. M. MacIver)는 그의 저서 「우리가 지켜야 할 성
벽(The Ramparts We guard)」에서 민주주의의 참과 거짓
을 가리는 기준을 다음과 같이 제시하였다.
첫째, 사람들이 정부 시책에 대해 반대해도 이전과 다름없
이 심신의 안전을 보장받을 수 있는가?
둘째, 정부의 시책에 반대되는 정책을 표방하는 단체를 자
유롭게 조직할 수 있는가?
셋째, 집권당에 대해서 자유롭게 반대 투표를 할 수 있는가?
넷째, 집권당에 반대하는 투표가 다수일 경우 정부를 권력
에서 물러나게 할 수 있는가?
다섯째, 이와 같은 문제를 결정하는 선거가 일정 기간 또는
일정 조건하에서 실시될 수 있는 입헌적인 조치가
되어 있는가?
이상의 물음 중에서 하나라도 '아니요'라는 대답이 나오면
그 나라의 정치 체제는 민주주의가 아니다.

15 ③

- 차관도입 : 금융계정 +5
- 휴대폰 수출 : 경상수지 +10
- 과일 수입 : 경상수지 −2
- 자동차 공장 설립 : 금융계정 −4
- 관광객 수입 : 경상수지 +3

① 상품수지는 8억 달러 흑자이다.
② 금융 계정은 1억 달러 흑자이다.
④ 이전소득수지는 항목에 나와 있지 않다.

16 ③

〈보기1〉은 초기의 필립스 곡선이며, 〈보기2〉는 스태그플레이션 상황이다.

① 초기의 필립스곡선상에서 긴축정책을 시행하면 물가는 안정되는 반면, 실업률은 증가한다.
② 스태그플레이션 상황에서는 물가상승률과 실업률 간에는 양(+)의 상관관계가 있다.
④ 중앙은행이 기준금리를 낮출 경우, 두 경우 모두 인플레이션이 나타난다.

17 ②

② 배수관이 설치된 여관 앞 골목길은 평소에 여관 내부를 엿보려고 하는 행인들이 있었고 그러한 사람들이 배수관을 잡고 올라가는 경우가 있어 배수관이 자주 훼손되므로 여관 주인이 이를 방지하기 위하여 보호벽을 설치하게 되었으며, 보호벽을 설치하면서 보호벽의 맨 윗부분에 여러 개의 못까지 박아 두었는데, 행인이 음주를 한 상태에서 여관의 내부를 들여다보기 위하여 그 보호벽을 타고 올라가다가 보호벽이 무너지는 바람에 사고를 당하게 된 경우, 그 보호벽의 본래의 용도는 어디까지나 배수관이 훼손되는 것을 방지하기 위한 것이므로, 보호벽이 스스로 넘어지지 않을 만큼의 견고성을 갖도록 설치하였다면 이로써 보호벽은 일단 본래의 용도에 따른 통상적인 안전성을 갖추었다고 할 것이고, 그와 같이 보호벽 윗부분에 못을 박아 사람들이 보호벽 위로 올라가서 여관방을 들여다보는 것을 방지하는 조치까지 취하였음에도 불구하고 행인들이 윗부분에 꽂혀 있는 못에 찔려 다칠 위험을 무릅쓰고 보호벽에 올라가 여관 내부를 들여다보는 부정한 행위를 저지를 것까지 예상하여 보호벽을 설치·관리하는 여관 주인에게 이러한 경우까지 대비한 방호조치를 취할 의무는 없다〈대판 1998.01.23. 선고 97다25118〉.

18 ①

제시문은 사회명목론과 관련된 주장이다.
② 뒤르켐의 사회실재론에 대한 설명이다.
③ 사회실재론의 관점이다.
④ 사회유기체설은 사회실재론의 이론적 기반이다.

19 ①

A 대통령제, B 의원내각제

※ 대통령제와 의원내각제의 장·단점

구분	대통령제	의원내각제
장점	• 정책의 계속성 • 국회 다수파의 횡포 방지 • 3권 분립의 원리를 비교적 충실히 반영 • 당파주의와 정경유착 완화 • 대통령의 임기 보장으로 정치적 안정과 행정의 능률성 제고에 도움 • 의회의 입법권 남용과 행정지배를 방지	• 변화하는 환경에 대해 직접적 대응 • 국민 선택에 의한 책임 정치 가능 • 내각과 의회의 긴밀한 협조 아래 능률적인 정책 집행 가능 • 사회적 욕구를 수시로 수렴·해소 가능 • 권력의 1인 집중화와 체제의 경직화를 방지 • 정치의 세대교체 촉진 • 선거과열 완화 • 평화적 정권교체가 용이
단점	• 독재화의 우려 • 정당정치와 의회정치의 발전이 어려움 • 정책에 대한 책임소재 파악이 어려움 • 포괄적 정책수립이 어려움 • 행정부 지도층 충원이 차별적 • 선거전이 과열되기 쉽고 그에 따르는 부작용이 큼 • 행정부에 대한 감사와 통제에 있어서의 특수한 문제 • 대통령 유고시에 따르는 위험 부담이 큼 • 대통령을 보좌하는 소수에 의해 국가정책이 좌우되기 쉬움	• 내각에 대한 불신임결의가 남발될 경우 정국 불안이 가중 • 의회와 내각을 한 정당이 독점하는 경우 정당독재의 우려 • 내각이 교체되는 경우 행정공백 및 국가정책의 일관성이 단절되기 쉬움 • 행정의 정치적 예속이 쉬움 • 정권의 지도노선과 국가정책이 인기에 영합하기 쉬움 • 우세 정당체제하에서 집권당에 의한 장기집권이 우려

20 ②

ⓐ 15세 이상 인구는 변함이 없는데 고용률이 하락하였으므로 취업자 수는 감소했다.

ⓑ 실업률=(실업자÷경제활동인구)×100으로 구한다. 취업자 수가 감소한 상황(ⓐ)에서 실업률이 동일하므로, 실업자 수가 감소했음을 알 수 있다.

ⓒ 취업자 수와 실업자 수가 감소하였으므로 경제 활동 참가율은 감소했다.

$$경제활동참가율(\%) = \frac{경제활동인구}{15세이상인구} \times 100$$

$$= \frac{경제활동인구}{(경제활동인구 + 비경제활동인구)} \times 100$$

ⓓ 15세 이상 인구의 변화가 없고, 경제 활동 참가율이 감소하였으므로 비경제 활동 인구는 증가하였다.

2014. 6. 28.
서울특별시 시행

---

1 ⑤

〈보기〉는 인플레이션 상황에 대한 설명이다.

⑤ 인플레이션이 심화되었을 때 정부는 긴축재정을 운용하여 총수요를 억제한다.

①②③④ 디플레이션에 대응하기 위해 총수요를 증가시키는 정책에 해당된다.

2 ⑤

갑이 유언도 남기지 못한 채 사망하였기 때문에 법정 상속이 진행된다. 배우자와 직계비속이 1순위로 상속받으며, 5할이 가산되는 배우자가 3억 원, 나머지 자녀들이 각각 2억 원씩 상속받는다.

⑤ 직계존속인 노모는 2순위이기 때문에 상속받지 못한다.

3 ③

③ 행정 기관의 재량권은 약화된다.

※ 공공기관의 정보공개에 관한 법률 제조(목적) … 이 법은 공공기관이 보유·관리하는 정보에 대한 국민의 공개 청구 및 공공기관의 공개 의무에 관하여 필요한 사항을 정함으로써 국민의 알권리를 보장하고 국정(國政)에 대한 국민의 참여와 국정 운영의 투명성을 확보함을 목적으로 한다.

4 ④

ⓐ 예산의 심의·의결(국회), ⓑ 결산(감사원)

④ 국회는 회계연도 시작 전에 예산안을 심의·의결하여야 한다. 회계연도 및 예산안 제출·의결 시기를 정리해보면 다음과 같다(2019년 기준)

국가회계법 제5조(회계연도) … 국가의 회계연도는 매년 1월 1일에 시작하여 12월 31일에 종료한다.

대한민국헌법 제54조 제2항 … 정부는 회계연도마다 예산안을 편성하여 회계연도 개시 90일전까지 국회에 제출하고, 국회는 회계연도 개시 30일전까지 이를 의결하여야 한다.

국가재정법 제33조(예산안의 국회제출) … 정부는 제32조의 규정에 따라 대통령의 승인을 얻은 예산안을 회계연도 개시 120일 전까지 국회에 제출하여야 한다.

※ 국가재정법에서는 '120일 전까지'라고 규정하고 있는데 이는 헌법에서 규정한 '90일 전까지' 범위에서 위반되지 않으므로 합헌이다.

5 ③

ⓐ 대통령제, ⓑ 의원내각제

③ 의원내각제에서 의원은 내각을 겸할 수 있으며, 내각은 법률안 제출권이 있다.

6 ⑤

〈보기〉는 시민단체에 대한 설명이다.

⑤ 시민단체는 공식조직에 속한다.

※ 공식조직과 비공식 조직

구분	공식조직	비공식 조직
발생	공적인 목표를 추구하기 위한 인위적 조직으로서 제도화된 공식규범의 바탕 위에 성립한다.	구성원 상호 간의 상호작용에 의하여 자연발생적으로 성립된다.
특징	권한의 계층, 명료한 책임분담, 표준화된 업무수행, 몰인정적인 인간관계를 특징으로 한다.	혈연, 지연, 학연, 취미, 종교 등의 기초 위에 형성한다.
성격	외면적이고 가시적이다.	내면적이고 비가시적이다.
구성·운영	능률이나 비용의 논리에 의해 구성·운영된다.	감정의 논리에 의해 구성·운영된다.
대상	전체 조직이 인식의 대상이다.	공식조직의 일부를 점유하며 산재해 있다.
형태	계속 확대되는 경향이 있다.	친숙한 인간관계를 요건으로 하여 소집단 형태를 유지한다.

7 ⑤

⑤ 준거집단은 한 개인이 자신의 신념·태도 및 행동방향을 결정하는 데 준거기준으로 삼고 있는 사회집단이다.

① 내집단은 한 개인이 그 집단에 소속한다는 느낌을 가지며, 구성원 간에 우리라는 공동체 의식이 강한 집단을 말한다.

② 외집단은 내집단에 반하여 이질감이나 적대 의식을 가지는 집단을 말한다.

③ 공동 사회는 일반적으로 긴밀한 인격적 관계가 주축을 이루고, 사회의 모든 부면(部面)이 공동체의식의 지배를 받는 사회를 말한다.

④ 이익 사회는 결합의 동기가 이해관계에 있고, 구성원들의 선택의지에 의하여 이루어지는 사회를 말한다.

8 ①

밑줄 친 어떤 사람들의 관점은 사회명목론적 관점이다.

① 개인을 사회의 그림자로 보는 것은 사회실재론의 관점이다.

9 ⑤

① 의회와 정부를 매개하는 것은 정당이다.

② 정당은 선거에 후보자를 배출한다.

③ 정치 사회화 기능은 정당, 이익집단, 시민단체 모두가 할 수 있다.

④ 이익집단은 영리를 추구하는 집단이다.

10 ②

헌법소원은 공권력으로 인해 기본권을 침해받은 경우 이를 회복시켜 달라고 헌법재판소에 청구하는 일을 말한다. 국가기관의 공권력 행사 또는 불행사로 국민이 헌법상 보장된 기본권을 침해받은 경우 국민은 이를 회복하기 위해 헌법재판소에 헌법소원심판을 청구할 수 있다.

② 헌법상 기본권인 통신의 자유를 침해당한 경우이다.

①③④⑤ 법원에 소송을 청구할 수 있는 사례이다.

11 ④

㉠ 경합성과 비배재성을 가지므로 공유자원에 해당한다.

㉡ 제3자에 부정적 영향을 끼치므로 외부불경제에 해당한다.

㉢ 비경합성과 배재성을 갖춘 요금재에 해당한다.

㉣ 비경합성과 비배재성을 가진 공유재이기 때문에 무임승차의 문제가 발생할 수 있다.

12 ③

(가) 관료제, (나) 탈관료제

㉠ 탈관료제는 규약과 절차로부터 비교적 자유롭다.

㉡ 아메바 조직은 탈관료제 조직의 하나이다.

㉢ 인간 소외 현상과 목적 전치 현상은 관료제의 역기능에 해당한다.

㉣ 관료제에서는 높은 위치로 갈수록 의사결정의 폭이 넓고 책임도 크다.

13 ③

국내 총생산(GDP)은 일정 기간 동안 한 나라의 국경 안에서 생산된 모든 최종생산물의 시장가치로, A국의 국내 총생산은 국적과 관계없이 A국 내에서 생산된 것의 총합이다.

③ A국의 국내 총생산은 C국의 근로자가 A국에 취업해서 받은 200만 달러와 C국의 항공기 업체가 A국에 공장을 세워 생산한 제품을 B국에 수출하여 벌어들인 1,000만 달러를 더한 1,200만 달러이다.

14 ③

① 감사 및 조사는 공개로 한다. 다만, 위원회의 의결로 달리 정할 수 있다.〈국정감사 및 조사에 관한 법률 제12조〉

② 조약 체결 및 비준 권한은 대통령이 가진다.

④ 법률안 의결은 재적의원 과반수의 출석과, 출석의원 과반수 이상 찬성이 필요하다.

⑤ 예산안 처리에 대해 대통령은 거부권을 행사할 수 없다.

15 ③

주어진 내용은 환율의 하락에 대한 기사이다.

① 내국인의 해외 여행이 증가한다.

② 수입품의 가격 하락으로 수입 물가가 하락한다.

④ 원화 가치의 상승으로 기업의 외채 상환 부담이 감소한다.

⑤ 총수요는 감소하고 총공급은 증가하므로 국내 경기는 위축된다. 국민소득의 변동은 알 수 없다.

16 ④

불법행위 성립에 있어서 우선적으로 확인해야 할 사항은 가해행위, 위법성, 고의 또는 과실, 손해의 발생, 인과관계, 책임능력 등이다.

④ 배상능력은 우선적으로 확인해야 할 사항이 아니다.

17 ①

(개) 직접세, (내) 간접세

② 저소득층이 상대적으로 많은 세금을 내게 되는 것은 소비를 기준으로 비례세율을 적용하는 (내)이다.

③ 개별소비세는 (내)에 속하지만 소득재분배의 효과가 크다.

④ 조세 저항이 커서 징수하기 어려운 것은 직접세의 특징이다.

⑤ (내)는 조세 전가가 발생한다. 조세 전가가 발생하지 않는 것은 (개)이다.

18 ①

① 헌법 제26조의 청원권과 제30조의 범죄피해자구조청구권은 청구권적 기본권으로 국가에 일정한 행위를 요구하는 수단적 권리이다.

②③ 자유권에 대한 설명이다.

④ 사회권에 대한 설명이다.

⑤ 참정권에 대한 설명이다.

19 ④

㉠ 조세 부과 전 생산자 잉여는 'E + F + G'이다.

㉢ 조세 부과는 사회적 후생은 'D + F'만큼 감소한다.

20 ②

(개) 계층 체계 내에서의 개인의 위치 변화→개인적 이동

(내) 사회 변동으로 기존의 계층구조가 변화됨으로써 나타나는 위치 변화→구조적 이동

2015. 3. 14.
사회복지직 시행

---

1 ②

제국주의에 기초한 유럽열강의 식민지 확보 경쟁→국제연맹 창설→국제연합 창설→다극체제의 과정을 거쳐 오늘날의 국제사회가 형성되었다.

2 ④

• 정부 간 기구의 예 : 세계무역기구(WTO), 북미자유무역협정(NAFTA), 유럽연합(EU), 국제올림픽위원회(IOC), 국제통화기금(IMF) 등

• 비정부 간 기구의 예 : 국제사면위원회(AI), 국제인권연맹(ILHR), 국경없는 의사회(MSF) 등

3 ①

① 향리형 정치문화에서는 국가의 정치체제에 대한 인지가 낮게 나타나고 신민형 정치문화에서는 권위에 복종하게 되는 정치문화가 나타나므로 두 정치문화에서는 시민들의 정책결정과정에 대한 참여 의지가 약하다고 볼 수 있다.

4 ③

표에서 한 선거구에서 2명이 당선된 것을 알 수 있으므로 '중선거구제', '소수 대표제'이다.

① 비례대표제에 대한 설명이다.

② 지역구 국회의원 선거는 '소선거구제', '다수대표제'로 시행하고 있다.

③ 2인 이상의 당선자가 있으므로 사표(死票)가 줄어든다.

④ 한 선거구에서 총 유효 득표수의 과반수 또는 그 이상의 일정 수 이상을 득표한 후보자를 당선인으로 결정하는 방식을 '절대다수 대표제'라 하며 소선거구제와 관련된다.

5 ②

심의민주주의는 대의제의 한계와 국민적 여론의 왜곡을 보완하기 위해 만들어졌으며 시민의 참여와 토론을 중시한다. 이러한 이유로 심의민주주의는 시간과 비용의 측면에서 어려움이 있다.

6 ②(정답 없음)

(출제 당시에는 ②번이 답이었지만, 공직선거법 개정으로 2019년 기준 현행법에 따르면 답 없음)

① 헌법 제116조 제2항 : 선거에 관한 경비는 법률이 정하는 경우를 제외하고는 정당 또는 후보자에게 부담시킬 수 없다.

② 개정 전 공직선거법 제24조 제1항 : 국회의원지역선거구와 자치구 시·군의원지역선거구의 공정한 획정을 위하여 국회에 국회의원선거구획정위원회를, 시·도에 자치구·시·군의원선거구획정위원회를 각각 둔다.

현행 공직선거법 제24조 제2항 : 국회의원선거구획정위원회는 중앙선거관리위원회에 두되, 직무에 관하여 독립의 지위를 가진다.

③ 국회의원선거에서는 지역구 의원 선출을 위하여 지역구 의원 후보자에게 1표, 비례대표 의원을 선출하기 위하여 별도로 정당에 1표를 행사하므로 1인 2표제를 시행하고 있다.
④ 공직선거법 제18조에서 '선거권이 없는 자'에 대하여 규정하고 있긴 하지만, 그와 같은 '합리적 이유'가 있는 경우를 제외하고는 보통선거 제도가 보장된다.
개정 전 공직선거법 제15조 1항 : 19세 이상의 국민은 대통령 및 국회의원의 선거권이 있다. (이하 생략)
현행 공직선거법 제 15조 1항〈개정 2020. 1. 14.〉: 18세 이상의 국민은 대통령 및 국회의원의 선거권이 있다. (이하 생략)

7 ④
④ 국회의 임시회는 대통령 또는 국회재적의원 4분의 1 이상의 요구에 의하여 집회된다.(헌법 제47조 제1항)

8 ③
③ 환경이나 제조물에 대한 책임은 무과실 책임이 인정되는 대표적 사례에 해당한다.

9 ④
우선 갑의 흡연권과 을의 혐연권은 모두 헌법상으로 보장되는 기본권에 해당하며 위 사례는 ○○시 조례에 의해 갑과 을의 이러한 기본권이 충돌하고 있는 상황이다. 따라서 갑은 위 조례에 의해 자신의 기본권이 침해될 경우 기본권 보장을 위해 헌법소원을 청구할 수 있다.

10 ①
① 죄형법정주의의 파생원칙(관습형법의 배척, 형법불소급의 원칙, 유추해석의 금지, 절대적 부정기형의 금지)에 따라 관습법과 같은 불문의 법률은 법관이 적용할 수 있는 형벌에 관한 법에 포함되지 않는다.

11 ①
① 양적 연구에 대한 보기로 위 주장에 부합한 사회 탐구 방법의 일반적 특징에 해당한다고 보기 어렵다.
②③④ 질적 연구의 일반적 특징이라 할 수 있다.

12 ②
ⓒ 1차적이고 비공식적인 사회화 기관에 속한다.
ⓒ 2차적이고 공식적인 사회화 기관에 속한다.

13 ②
② ⑦는 문화공존에 대한 도식으로 기존 문화와 새로 유입된 문화가 서로 공존하고 있는 경우 발생한다.

14 ④
위 지문에서 말하는 사회학적 개념은 '사회구조'이다.
㉠ 사회구조는 거시적 관점에서 주요한 분석의 대상이 된다.
㉡ 사회구조는 구성원들의 능동적인 의지에 따라 쉽게 변하지 않는다.

15 ③
㉠ 문화상대주의적 관점 ㉡ 자문화 중심주의적 관점
① ㉠과 같은 시각은 다양한 생활양식에 대한 관용적인 인식을 바탕으로 한다.
② ㉡과 관련 없는 보기이다.
④ ㉡은 오히려 자문화의 정체성이나 주체성을 강조할 우려가 있다.

16 ①
① 가격 하한제는 시장에서 형성되는 균형가격 수준이 너무 낮다고 판단하여 공급자를 보호할 목적으로 실시하는 제도이다. 이 제도가 실시될 때 하한가격이 유효하다면 시장에서 초과공급이 발생한다.

17 ④
④ 일반적으로 닭고기 가격이 상승하면 그만큼 닭고기 수요량이 감소하게 되면서 자연히 대체재인 돼지고기 수요는 증가하게 된다. 그리고 돼지고기 수요가 증가하게 되면 돼지고기 가격 또한 그에 걸맞게 상승하게 된다.
※ 수요량과 수요
수요량의 변화 … 소비자가 가격이 변화함에 따라 구입하고자 하는 의도의 양이 달라지는 경우
수요의 변화 … 구매 의도에 영향을 줄 수 있는 가격 이외의 다른 요인들이 변화하여 해당 재화를 구매하고자 하는 의도가 달라지는 경우. 대표적인 요인들로는 인구의 증가, 소득의 증가, 연관재의 가격 변화, 소비자의 취향 등이 있다.

18 ③

③ 양적완화의 효과가 지나치면 통화량이 증가하여 물가가 상승하게 되고 실질 이자율은 낮아진다.

※ 양적완화 … 중앙은행이 국채 매입 등을 통해 시중에 통화를 직접 공급하여 경기를 부양하는 통화정책의 한 가지로 양적완화를 하게 되면 시중에 통화량이 증가하여 통화가치가 하락하게 된다. 따라서 양적완화는 수출을 증대시키는 효과를 가져오는 반면 인플레이션을 초래할 수도 있다.

19 ③

③ 위 그래프를 보면 2012년 이후 실질 GDP는 계속 증가하는 반면 명목 GDP는 변동이 없다. 따라서 2014년으로 갈수록 GDP 디플레이터는 계속 낮아지므로 물가수준 또한 점점 하락하게 된다.

※ GDP 디플레이터 … 국민소득에 영향을 주는 모든 경제활동을 반영하는 종합적 물가지수로 명목 GDP를 실질 GDP로 나누고 100을 곱한 값($\frac{명목\,GDP}{실질\,GDP} \times 100$=GDP 디플레이터) 이다.

20 ②

② 국내 금리가 인상되면 외화의 공급이 증가하여 환율이 하락하게 되고 달러화 차입기업의 이자부담은 감소하게 된다.

2015. 4. 18.
인사혁신처 시행

---

1 ②

제시된 내용은 구성원들의 능력과 노력에 따라 다르게 분배된 사회적 희소자원으로 인해 사회계층화 현상이 불가피하다고 보는 기능론적 관점이다.
①③④ 갈등론적 관점에 대한 설명이다.

2 ②

• 세계 각국에서 온 주방장들이 자국의 음식 맛을 그대로 살린 식당을 엶→㉠ 직접 전파
• 이주민→㉢ 자발적 문화 접변
• 한국 음식 문화와 외국 음식 문화의 공존→㉣ 문화 공존

3 ①

① 제시된 연구과정은 실증적 연구과정으로 문제를 제기하고 가설을 설정하는 과정에서 조작적 정의가 필요하다.

4 ③

제시된 내용은 사회 계약설에 입각한 사회 명목론의 관점이다.
①②④ 사회 실재론에 대한 설명이다.

5 ②

A는 관료제이다.
① 관료제는 절차와 형식을 중시하여 업무환경 변화에 대응하는 유연성이 떨어진다.
③ 관료제는 의사결정권이 상위직급에 집중되어 현장실무자의 의견이 신속하게 반영되기 어렵다.
④ 탈관료제의 장점이다.

6 ①

① 법무부장관, 국가정보원장 임명과는 달리 대법관의 임명에는 국회의 동의가 필요하다.

7 ④

①②③ 규범적 구성요건요소로 법해석을 필요로 한다.

8 ②

② 행정소송은 행정심판과 달리 행정행위의 위법성만 판단할 수 있다.

9 ④

제시된 헌법조항에서 공통으로 나타나는 기본권은 사회적 기본권이다.
④ 자유권적 기본권에 대한 설명이다.

10 ③

③ 불법행위를 한 행위자에게는 재산적·비재산적 손해배상을 부과하는 것이 원칙으로, 개별법에 특별한 규정이 없는 한 징벌적 손해배상을 부과할 수 없다.

11 ②

② 비례대표국회의원은 전국을 하나의 선거구로 하여 선출하고 있기 때문에 지역대표성이 약하다.

③ 소선거구 단순다수제에서 지역구 후보 중 최다 득표를 한 1명만 당선되므로 사표(死票)가 많이 발생한다.

12 ①

㈎ 국무총리, 대법원장, 헌법 재판소장, 감사원장에 대한 임명 동의권은 국회의 국가 기관 구성 기능이다.

㈏ 국회 대정부질문은 국정 감시 통제 기능에 해당한다.

13 ③

① 민회는 아테네 시민들의 총회이다.

② 오늘날의 의회에 대한 설명이다.

④ 전쟁 관련 직책은 선거로 선출하였으며, 추첨제는 재판정의 배심원 선출에 활용되었다.

14 ④

베스트팔렌조약…30년 전쟁을 끝마치기 위해 1648년에 맺어진 평화조약으로 가톨릭 제국으로서의 신성로마제국을 사실상 붕괴시키고, 주권 국가들의 공동체인 근대 유럽의 정치구조가 나타나는 계기가 되었다.

15 ④

㈎는 홉스, ㈏는 로크의 주장이다.

① 홉스의 관점은 인간의 본성에 관한 성악설에 기초하고 있다.

② 민주주의 국가에 부합하는 이론은 ㈏이다.

16 ②

① 증권 투자는 금융 계정에 포함된다.

② 경상수지는 55억 달러('상품수지 50억' + '서비스수지 −10억' + '소득수지 10억' + '이전수지 5억'), 자본·금융 계정은 15억 달러(금융 계정 10억+자본 수지 5억)로 둘 다 흑자이다. 총 70억 달러로 국제 수지가 흑자이므로 외환보유액이 증가했다고 할 수 있다.

③④ 경상수지 및 자본·금융 계정은 계속 흑자이다.

17 ①

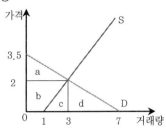

①③ 수요량과 공급량이 일치하는 지점에서 균형 가격과 균형거래량이 성립된다. QD = QS에서 식을 대입해 풀어보면 '7−2P=1+P'에서 P=2가 된다. 따라서 가격은 2가 된다. P=2일 때, 균형 거래량(QD = QS)은 3이 된다.

②④ 생산자 잉여는 b, 사회적 잉여는 a+b이다. a=3×1.5÷2= 2.25, b=6−(2×2÷2)=4이므로 생산자 잉여(b)는 4이고, 사회적 잉여(a+b)는 6.25이다(b의 면적은 사각형 b+c에서 삼각형 c의 면적을 빼는 방법으로 구할 수 있다).

18 ①

㈎ 햄버거의 대체재인 라면 가격이 상승하면 햄버거의 수요가 증가한다.

㈏ 햄버거 생산 공장의 부지 임대가격이 상승하면 햄버거 공급이 감소한다.

따라서 시장 균형거래량의 변화는 알 수 없지만 시장 균형 가격은 반드시 상승한다.

19 ④

· 경제활동참가율 = $\dfrac{경제활동인구}{노동가능인구} \times 100$

· 실업률 = $\dfrac{실업자}{경제활동인구} \times 100$

· 취업률 = $\dfrac{취업자}{경제활동인구} \times 100$

· 경제활동인구 = 취업자 + 실업자

① 경제활동참가율이 감소했는데, 노동가능인구(분모)는 일정하다고 했으므로 분자인 경제활동인구가 줄어들었음을 알 수 있다. 또, 실업률이 줄어들었으므로(가로축) '취업률+실업률=100%'에서 취업률이 증가했다. 취업률 구하는 식에서 분모인 경제활동인구가 줄어드는 가운데 취업률이 감소했다는 것은 분자인 취업자 수가 더 큰 폭으로 줄어들었다는 것을 의미한다.

② 경제활동참가율이 일정하게 나타나므로 경제활동인구 또한 변함없다(∵노동가능인구 동일). 그러한 가운데 실업률이 증가했으므로 실업자 수가 증가했음을 알 수 있다.

③ '노동가능인구＝경제활동인구＋비경제활동인구'에서 남성의 경우 노동가능인구가 일정한 조건에서 경제활동인구가 줄어들었으므로 비경제활동인구가 증가했음을 알 수 있다. 여성의 경우에는 경제활동참가율이 일정하므로 변화가 없다. 따라서 남녀 전체로 봤을 때는 비경제활동인구가 증가했다.

④ 여성의 경제활동인구는 변함이 없지만, 남성의 경제활동인구가 감소했으므로 전체 비중에서 여성의 경제활동인구 비중이 높아졌다.

20 ③

① 로렌츠 곡선이 완전평등선을 보이므로 A국의 소득분배가 가장 균등하다.

② B국은 하위소득 인구의 40%가 약 20%의 소득누적비율을 차지한다.

④ 4개 국가 중 D국의 <u>지니계수 값</u>이 가장 크다.

※ 지니계수＝$\dfrac{A}{\triangle BCD}$

2015. 6. 13.
서울특별시 시행

---

1 ④

㉡ 20대 국회 제출 발의안 가결수는 $10,867 \times 0.51 = 5542$건 정도이며, 정부 제출 발의안 가결수는 $16,542 \times 0.39 = 6,451$건으로 정부 제출 발의안 가결수가 더 많다.

㉣ 여대야소인 경우는 21대 국회로서 가결률이 58%이므로 여소야대인 19대, 20대보다 더 높다.

㉠ 20대 국회가 여당의석률이 두 번째로 높지만 가결률은 제일 낮다.

㉢ 갑국은 19대, 20대 국회 시기에 여소야대가 나타났으므로 대통령제 정부형태이다. 의원내각제에서는 과반 의석을 확보한 정당이 여당이 되어 행정부를 구성하므로 여당의 의석률이 50% 미만이 될 수 없다.

2 ①

① 서초구의 지방의회 의원 선거는 기초의회 의원 선거로 중선거구제, 소수 대표제 방식으로 진행된다.

② 우리나라 대부분의 선거는 소선거구제를 채택하고 있다.

③ 서울시 지방의회 의원 선거에서는 1인 2표제와 정당명부식 비례대표제를 병행하고 있다.

④ 대통령의 임기는 5년이다.

3 ④

④ 국제사법재판소는 국제연합의 사법기관이지만 가맹국만을 대상으로 하지는 않으며, 비가맹국도 재판의 당사국이 될 수 있다.

①② 안전보장이사회는 국제평화와 안전의 유지를 위한 전권을 가지고 있으며, 5개 상임이사국과 10개 비상임이사국으로 구성되고 상임이사국은 거부권을 갖는다. 이는 국제 사회에서 힘의 원리가 지배하는 것을 나타내는 현실주의의 관점에서 접근할 수 있다.

③ 국제사법재판소의 판결 내용을 일방 당사국이 이행하지 않는 경우, 안전보장이사회는 판결의 이행 권고 또는 필요한 조치를 할 수 있다.

4 ②

㉣ 특수 불법행위의 유형으로는 공동 불법행위 책임, 사용자 배상 책임, 책임무능력자의 감독자 책임 등이 있다.

5 ③

③ 확정일자를 받으면 이미 설정되어 있는 저당권에 대해서는 후순위가 되지만 그 이후의 후순위권리자에 대해서는 우선변제권이 인정된다.

① 임대차 기간은 보통 2년으로 하며, 입주와 전입신고를 통해 대항력을 갖출 수 있다.

② 저당권이 설정되어 있으므로 집이 경매에 넘어갈 경우 1순위로 저당권이 변제받기 때문에 임차보증금을 반환받지 못할 수도 있다.

④ 최우선 변제권은 보증금 중 일정액을 다른 담보물권자보다 최우선적으로 변제받을 권리를 말하는데 소액임차인에 해당하는 경우 일부 금액에 대하여 최우선으로 변제받을 수 있다.

6 ③④ **(복수정답)**

㉠은 집행유예, ㉡은 선고유예이다.

②④ 선고유예는 경미한 범죄에 대하여 일정한 기간 형의 선고를 유예하고 그 유예기간을 사고 없이 지내면 형의 선고를 면하게 하는 제도로, 선고유예를 받은 날로부터 2년을 경과한 때에는 면소된 것으로 본다. 즉, 유죄판결의 선고가 없었던 것과 같은 효력이 있다.

① 형의 집행을 유예하는 경우에는 보호관찰을 받을 것을 명하거나 사회봉사 또는 수강을 명할 수 있다〈형법 제62조의2 제1항〉.

③ 3년 이하의 징역 또는 금고의 형을 선고할 경우에 제51조의 사항을 참작하여 그 정상에 참작할 만한 사유가 있는 때에는 1년 이상 5년 이하의 기간 형의 집행을 유예할 수 있다〈형법 제62조 제1항〉. 집행유예의 선고를 받은 자가 유예기간 중 고의로 범한 죄로 금고 이상의 실형을 선고받아 그 판결이 확정된 때에는 집행유예의 선고는 효력을 잃는다〈형법 제63조〉.

7 ②

㉠㉡은 자연현상, ㉢은 사회·문화 현상이다.

② ㉡은 자연현상으로 존재법칙의 지배를 받는다.

8 ①

㈎는 뒤르켐의 아노미이론, ㈏는 머튼의 아노미이론이다.

① 뒤르켐과 머튼은 기능론적 관점에서 일탈의 원인을 분석한다.

② 갈등론적 관점에 대한 설명이다.

③ 차별적 교제이론에 대한 설명이다.

④ ㈎와 ㈏ 모두 일탈의 원인을 아노미로 본다.

9 ③

③ 준거집단은 개인의 신념, 태도, 행동 판단의 기준이 되는 집단으로 지우의 준거집단은 ㉠과 ㉢이다.

① 내집단은 자기 자신이 소속해 있으면서 그 집단의 구성으로 동일시하는 집단을 말한다. 지우는 ㉠에 소속해 있지 않으므로 내집단이 아니다.

② ㉡은 이익 사회이자 2차 집단이다.

④ ㉢은 결합의지에 따른 구분에 의하면 선택적 의지에 의한 이익 사회 집단이다.

10 ②

② 문제의 조건에서 남성의 정규직 평균 임금은 지속적으로 상승하였다고 나와 있다. 그런데 정규직 평균 임금 대비 비정규직 평균 임금 또한 2012년에 비해 2013년에 상승하였다. 따라서 남성의 경우 전년대비 2013년의 평균 임금상승률은 비정규직이 정규직보다 더 높다고 할 수 있다.

① 여성의 정규직 평균임금의 상승폭을 알 수 없으므로 정규직과 비정규직의 평균 임금 차이를 알 수 없다.

③④ 표는 정규직 평균 임금 대비 비정규직 평균 임금의 비율만을 나타내고 있으므로 평균 임금의 수치를 비교할 수 없다.

11 ①

① 갑국의 대물림 인구는 2+25+10=37명으로 나머지 63명은 세대 간 이동을 하였다. 따라서 갑국의 세대 간 계층 이동 인구가 대물림 인구보다 많다.

② 부모와 같은 계층인 자녀의 수는 중층(25명)에서 가장 높게 나타난다.

③ 세대 간 상승 이동은 3+5+35=43명이고, 세대 간 하강 이동은 10+3+7=20명이므로 세대 간 이동은 상승 이동이 더 많다.

④ 부모계층은 피라미드형이고, 자녀계층은 다이아몬드형이므로 자녀계층이 더 안정적인 계층구조가 나타난다.

12 ②

A는 문화 사대주의, B는 자문화 중심주의, C는 문화 상대주의이다.

㉠ 문화 사대주의는 자신의 문화를 무시하거나 낮게 평가하고 다른 문화만을 동경하거나 숭상하는 태도로 선진 문물의 수용에 기여할 수 있고, 자기문화의 낙후성을 개선할 수 있다.

㉡ 자문화 중심주의는 자신의 문화를 우월하게 생각하여 자기 기준으로 다른 문화를 평가하는 태도로 19세기 서구 열강들의 서구 중심적 가치관으로 다른 문화와의 마찰 가능성, 문화제국주의로 전락할 가능성 등이 단점이다.

㉢ 문화 상대주의는 각 사회의 문화는 독특한 의미가 있기 때문에 문화 간 열등하거나 우월한 것을 평가할 수 없다는 태도로 타문화를 올바로 이해함으로써 문화 다양성을 보존할 수 있다.

㉣ 문화 이해 태도로 문화 사대주의 관점과 문화 중심주의 관점을 가진 사람에게는 부정적으로 인식되는 문화가 존재한다.

13 ③

③ 2009년 고용률 : $\frac{19,000}{30,000} \times 100 = 63.3\%$

2014년 고용률 : $\frac{18,000}{35,000} \times 100 = 51.4\%$

따라서 2009년보다 2014년에 고용률이 더 낮다.

① 2009년 실업률 : $\frac{1,000}{20,000} \times 100 = 5\%$

2014년 실업률 : $\frac{3,000}{21,000} \times 100 = 14.3\%$

따라서 2014년보다 2009년에 실업률이 더 낮다.

② 2009년의 취업자 수는 19,000명이고 2014년의 취업자 수는 18,000명이므로 2014년보다 2009년 취업자가 더 많다.

④ 2009년 대비 2014년 실업자 수는 1,000명에서 3,000명으로 증가하였으나, 2009년 대비 2014년 취업자 수는 19,000명에서 18,000명으로 감소하였다.

14 ④

④ Y재 추가 생산에 따른 기회비용은 C에서 B로 이동할 때 Y재 1개당 X재 $\frac{1}{20}$이지만 D에서 C로 이동할 때는 Y재 1개당 X재 $\frac{1}{25}$이다. 따라서 Y재 추가 생산에 따른 기회비용은 C에서 B로 이동할 때가 D에서 C로 이동할 때보다 더 크다.

① A~E는 갑국이 보유한 자원으로 생산할 수 있는 X재와 Y재의 최대 생산량 조합을 나타내므로 모든 점이 다 효율적이다.

② X재 추가 생산에 따른 기회비용은 B에서 C로 이동할 때 X재 1개당 Y재 20개로 A에서 B로 이동할 때와 같다.

③ B에서 A로 이동할 때 Y재 1단위 추가 생산에 따른 기회비용은 X재 $\frac{1}{20}$이다.

15 ④

A재의 부품 가격의 하락으로 A재의 공급이 증가하여 A재의 가격이 하락하고 거래량은 증가한다.

④ A재의 수요의 가격탄력성이 1보다 작기 때문에 A재의 가격 하락으로 판매수입은 감소한다.

① A재의 가격하락으로 대체관계에 있는 B재의 수요는 감소하여 B재의 거래량은 감소한다.

② A재의 가격하락으로 보완관계에 있는 C재의 수요는 증가하여 가격은 상승한다.

③ A재와 B재 모두 가격은 하락한다.

16 ②

② B재의 수요는 가격에 대해 완전 비탄력적이다. 이 경우에는 가격이 인상되어도 판매량에 변화가 없다.

① A재의 수요는 가격에 대해 비탄력적이다.

③ C재의 수요는 가격에 대해 단위 탄력적이다.

④ D재는 가격이 인상될 경우 수요량도 증가하므로 판매수입은 증가한다.

17 ③

③ 2012년 물가지수 : $\frac{400}{400} \times 100 = 100$

2013년 물가지수 : $\frac{400}{500} \times 100 = 80$

따라서 2013년의 물가는 전년도에 비해 하락했다.

① 2011년 물가지수 : $\frac{400}{300} \times 100 = 133.3$

② 2012년의 물가지수는 100이므로 전년도에 비해 하락했다.

④ 2012년 물가상승률 : $\frac{100-133}{133} \times 100 = -24.8\%$

2013년 물가상승률 : $\frac{80-100}{100} \times 100 = -20\%$

18 ②

② 외국계 금융회사의 한국 금시장 진출의 증가는 금융계정에서 외화수취에 해당한다.

19 ③

③ 정부의 관세 수입은 $(P_1 - P_0) \times (Q_3 - Q_2)$이다.

20 ④

	X재 1단위 생산의 기회비용	Y재 1단위 생산의 기회비용
갑국	Y재 1개	X재 1개
을국	Y재 $\frac{1}{2}$개	X재 2개

① 갑국은 Y재 생산에, 을국은 X재 생산에 비교 우위가 있다.

② 을국에서 X재 1개 생산의 기회비용은 Y재 $\frac{1}{2}$개다.

③ Y재 1개를 더 생산할 때 포기해야 하는 X재는 갑국이 을국보다 작다.

④ 특화 재화를 무역을 통해 교환할 때는 각국이 직접 생산할 때 포기되는 재화보다 더 많은 재화를 교환하므로 무역 후 특화 상품 1개의 소비 기회비용은 커진다.

1 ①
① 소액사건은 제소한 때의 소송목적의 값이 3,000만 원을 초과하지 아니하는 금전 기타 대체물이나 유가증권의 일정한 수량의 지급을 목적으로 하는 제1심의 민사사건으로 한다〈소액사건심판규칙 제1조의2〉.

2 ③
③ 국민참여재판에서 배심원의 평결은 법원을 기속하지 않는다〈국민의 형사재판 참여에 관한 법률 제46조〉.

3 ④
① 부동산등기부는 누구나 열람할 수 있다.
② 주택임대차계약서를 작성할 때 반드시 부동산 중개업자가 필요한 것은 아니다.
③ 보증금 우선변제권을 행사하기 위해서는 주택의 인도와 전입신고, 확정일자를 갖추어야 한다.

4 ④
④ 책임조각사유에 해당한다. 현행 형법에서는 저항할 수 없는 폭력 등으로 인해 강요된 행위, 과잉방위, 과잉피난, 과잉자구행위, 친족간의 증거인멸·은닉·위조 또는 변조 등이 책임조각사유에 해당된다.
① 정당방위에 의한 위법성 조각사유이다.
② 정당행위에 의한 위법성 조각사유이다.
③ 피해자의 승낙에 의한 위법성 조각사유이다.

5 ③
㉠ 대한민국에서 선거연령은 만 19세 이상이다.
㉣ 만 19세 미만의 청소년은 술을 구매할 수 없다.

6 ④
④ A는 헌법재판소이다. 헌법재판소는 위헌법률심판, 헌법소원심판, 탄핵심판, 정당해산심판, 권한쟁의심판의 권한이 있다.

7 ①
① 국가인권위원회가 언급한 기본권은 사생활의 자유에 관한 기본권으로 자유권이다. 자유권은 소극적이고 방어적인 성격을 가진다.
② 사회권 ③ 청구권 ④ 참정권

8 ①
A : 국제연합, B : 안전보장이사회
② 국제연합은 정부간 국제기구이다.
③ 사법적 절차를 통해 국가 간의 분쟁을 해결하는 것은 국제사법재판소이다.
④ 안전보장이사회의 의결 시 상임 이사국만이 거부권을 행사할 수 있다.

9 ③
㈎ 합의형 여론, ㈏ 분산형 여론
③ 분산형 여론은 찬성과 반대가 양극화되어 심한 의견대립을 나타낼 수 있다.

10 ②
② 우리나라 국회는 내각 불신임권을 가지고 있지 않다.
내각 불신임권이란 내각이 정치를 못할 경우 책임을 물어 내각 구성원 전원을 사퇴하게 할 수 있는 권한을 말한다.

11 ②
㉡ D는 생산이 비효율적인 점이다.
㉢ A에서 C로의 이동은 X재의 추가 생산에 따라 포기하게 되는 Y재 생산량을 의미한다.

12 ②
㈎ 총수요 감소요인으로 물가는 하락하고, 국내총생산은 감소한다.
㈏ 총공급 증가요인이며 이로 인해 물가는 하락하고, 국내총생산은 증가한다.
② 총수요 감소가 총공급 증가보다 훨씬 크므로 물가수준 하락, 국내총생산 감소를 가져온다.

13 ②

· GDP 디플레이터$=\dfrac{\text{명목}GDP}{\text{실질}GDP}\times100$

GDP 디플레이터는 위와 같이 구하므로 명목GDP와 실질 GDP를 먼저 구해야 한다.

2011년의 명목GDP는 당해연도 생산량과 당해연도 가격의 곱으로 구하므로 $1,500\times3=4,500$이다. 실질GDP는 당해연도 생산량과 기준연도 가격의 곱으로 구하므로 2011년 실질 GDP는 $1,500\times2=3,000$이다. 따라서 2011년의 GDP 디플레이터는 $4,500/3,000\times100=150$이다.

14 ①

① 수요의 소득탄력성이 1.5이므로 소득이 10% 하락하면, 컴퓨터의 수요량은 15% 감소한다. 이전과 동일한 컴퓨터의 소비수준을 유지시키기 위해서는 수요량을 15% 증가시켜야 하는데, 수요의 가격탄력성이 1.0이므로 가격을 15% 하락시켜야 한다.

15 ④

① 총수요가 증가하거나 총공급이 증가할 때 실질GDP가 증가하게 된다. 만약 총공급이 증가해서 실질GDP가 증가했다면 물가가 하락할 것이기 때문에 표에서처럼 물가상승률이 양의 값을 가질 수 없다. 반면에, 총수요가 증가한다면 실질GDP의 증가와 물가상승률 증가 현상이 동시에 나타나게 된다. 표에서 둘 다 양의 값이므로 총수요는 증가했다고 말할 수 있다.

② 물가상승률이 양수(+)이므로 동일한 물건을 사는 데에 필요한 화폐가 많아졌다는 걸 나타낸다. 따라서 화폐가치는 낮아졌다.

③ 실업률$=\dfrac{\text{실업자}}{\text{경제활동인구}}\times100$으로 구하는데 제시된 표에서는 2013년과 2014년 각각의 경제활동인구 수를 알 수 없으므로 실업자 수 역시 알 수 없다.

④ 경제 성장률은 실질GDP 증가율과 동일하다. 2014년에 경제성장률, 인구증가율 모두 증가했지만, 분자 값으로 들어가는 경제성장률의 증가율이 인구증가율보다 더 큰 값을 가지기 때문에 1인당 실질GDP는 증가했음을 알 수 있다.

16 ④

제시된 글은 입시경쟁이 사회불평등을 더욱 심화시키고 지배질서의 재생산에 기여한다고 보므로 갈등론적 관점에 해당한다.

㉠㉡ 기능론적 관점

㉢㉣ 갈등론적 관점

※ 기능론적 관점과 갈등론적 관점

기능론적 관점	갈등론적 관점
• 사회 구성요소들은 상호의존, 상호보완 관계에 있다. • 모든 구성원들은 사회 전체의 유지와 존속에 필요한 일들을 합의에 따라 분담한다.	• 사회 구성요소들은 서로 대립되거나 불일치한 상태의 상호모순적 관계에 있다. • 투쟁과 갈등은 사회 변혁의 원동력이다.
• 안정과 질서, 균형상태 강조 • 협동과 조화, 상호의존 관계 중시 • 제도와 규범의 준수 강조	• 개인, 집단 간의 갈등 현상에 주목 • 자본주의 계급착취, 갈등 관계 강조 • 변동과 발전, 개혁과 혁명에 관심

17 ②

② 관료제의 역기능 중 목적전치 현상에 관한 설명이다. 어떤 목적을 효율적으로 달성하기 위하여 정해 놓은 절차와 방식이, 나중에는 목적은 잊혀진 채 절차와 방식을 갖추는 일에만 주력하게 되는 현상을 말한다.

18 ②

② 차별적 교제 이론에 관한 설명이다.

19 ③

① 2세대 가구 수에 핵가족(부부+미혼 자녀)과 확대가족(부부+기혼 자녀)이 포함되는데 표에서 따로 구분하지 않고 있으므로 핵가족 수는 알기 어렵다.

② 가구당 인원수에 대한 정보가 없으므로 알 수 없는 내용이다.

④ A지역의 1세대 가구 비율은 40%이고, B지역의 1세대 가구 비율은 50%이므로, A지역보다 B지역이 더 높다.

20 ④

㈎ 사회명목론, ㈏ 사회실재론

①② 사회실재론에 관한 설명이다.

③ 사회명목론에 관한 설명이다.

※ 사회실재론과 사회명목론

	사회실재론	사회명목론
개념	• 사회는 실재한다. • 사회는 개인의 합 이상이다.	• 사회는 없고, 개인이 있을 뿐이다. • 사회는 개인의 합이다.
사회	• 사회는 견고한 실체다. • 사회는 사회를 구성하는 개인과 관계없는 나름대로의 성질을 가진다. • 사회는 개개인의 밖에 존재한다.	• 개인이 모인 것이 사회다. • 개인을 떠난 사회란 있을 수 없다. • 좋은 사회를 만들기 위해서는 개인을 교육시키면 된다.
개인	• 개인은 사회의 그림자일 뿐이다. • 개인의 특징은 사회에서 영향을 받아서 만들어진 것일 뿐이다. • 개인은 사회에 종속되며 의존한다. • 개인은 사회(정당, 국가)의 지배를 받고 영향을 받는다.	• 사회의 핵심은 개인이다. • 사람 그 자체가 독립 변수다. • 역사를 움직이고 사회를 바꾸는 것은 개인들의 힘이다. • 개인이 사회라는 감옥에 감혀 있는 것처럼 보이지만 그 사회를 만드는 것은 바로 개인이다.
한계	• 인간을 꼭두각시로 비하시킨다. • 인간의 타율성과 수동성을 너무 강조한다. • 사회를 변화시키는 것은 지극히 어려운 일로 생각해버린다.	• 인간의 힘을 너무 믿고 강조한다. • 모든 사회 문제를 개인의 문제로 보기 때문에 사회 문제를 해결하기 어렵다. • 부정부패 문제의 경우 개인적인 노력뿐만 아니라, 사회의 관습이나 제도를 개선해야만 고쳐질 수 있는 것이다.

---

1 ②

제시문은 머튼의 아노미이론에 관한 내용이다. 머튼의 아노미 이론에서는 문화적인 목표와 이에 도달하기 위한 제도적 수단 간의 불일치로 인해 일탈이 발생한다고 본다. 제시문에서의 '물질적 성취'는 문화적인 목표를 의미하며, '사회적으로 인정되는 실제 가용수단'은 제도적 수단을 의미한다.

② 머튼의 아노미 이론은 기능론적 관점에서 일탈행동을 파악한다. 일탈행동은 일시적 현상이며, 사회가 정상을 회복하면 일탈행동은 사라진다고 보는 거시적인 관점이다.

① 2차적 일탈에 주목하고 있는 이론은 낙인이론이다. 낙인이론에 따르면 가벼운 일탈(1차적 일탈)에 대하여 사회적으로 낙인을 찍으면, 일탈자는 이러한 사회적 낙인을 내면화하게 되고 일탈을 반복하게 된다(2차적 일탈).

③ 일탈을 기존의 지배적인 규범이 붕괴되어 규범의 공백이 발생할 때 나타나는 현상으로 파악하는 이론은 뒤르켐의 아노미이론이다.

④ 일탈자와의 지속적인 교제를 통해 일탈 기술을 학습하고, 그 동기를 내면화하여 정당화하고 일탈행동이 발생한다고 보는 이론은 차별적 교제 이론이다.

2 ①

① 일관적으로 양적연구(실증적 연구)의 관점을 가지고 있다.

• 사회·문화 현상의 객관적 관찰 가능성을 전제한다. → 양적연구, 실증적 연구

• 사회·문화 현상을 행위자의 내재적 관점에서 파악하고자 한다. → 질적연구, 해석적 연구

• 실제 현실 속에서 관찰되는 경험적 자료의 계량화에 기반한 통계적 상관의 검증을 중시한다. →양적연구, 실증적 연구

• 연구대상자의 행위가 발생한 문화적 맥락의 파악을 통해 행위의 의미에 대한 이해를 추구한다. →질적연구, 해석적 연구

3 ③

ⓐ 1차적 사회화 기관은 기초적인 사회화를 담당, 기본적 인성과 정체성 형성에 영향을 준다. 가족, 친족, 또래 집단 등이 있다. 2차적 사회화 기관은 전문적이고 고차 원적인 사회화를 담당하며, 사회생활을 위한 지식과 기 능 습득에 영향을 준다. 학교, 정당, 직장, 대중 매체 등이 있다. 그러므로 ⓐ~ⓕ은 2차적 사회화 기관에 해 당한다.

ⓑ '가난한 농부의 장남으로 태어나 현재 건설회사의 대표 이사로 재직하고 있는 것'은 부모세대에서의 세대 간 이 동에 해당한다. '노숙자 생활을 하였으나, 현재 건설회사 의 대표이사가 된 것', '신문사에 입사하였지만, 노숙자 생활을 하게 된 것' 등은 계층 간 수직이동이며, 세대 내 이동이다. 그리고 이러한 이동이 개인적 노력에 의해 나타난 것이므로 개인적 이동이라고 할 수 있다. 수직이 동, 세대 간 이동, 세대 내 이동, 개인적 이동 모두가 나타나있다.

ⓒ 직업학교는 특정 목적을 달성하기 위해 수단적 만남이 이루어지는 집단이며, 자연적·본질적 의지가 아니라 선 택적·의도적 의지에 따라 형성되는 이익사회이다.

ⓓ ⓐ~ⓓ는 사회나 집단에서 차지하는 위치인 지위를 말한 다. ⓐ는 태어나면서 자연적으로 갖게 되는 귀속지위이 며, ⓑ~ⓓ는 개인의 능력이나 노력으로 얻게 되는 성취 지위이다.

4 ④

(가) 기능론적 관점 : 사회는 유기체처럼 다양한 부분들이 상호 의존적으로 맞물려서 하나의 체계를 형성하고 있고, 각 부분들은 사회 전체의 존속과 통합을 위해 각자의 기능을 수행한다. 각 부분들이 제 기능을 온전히 수행할 때 사회 는 조화와 균형을 이루며, 이를 통해 안정과 질서 상태를 유지할 수 있다고 본다. 사회변동은 사회가 갈등이나 마 찰을 극복하면서 균형의 상태를 찾아가는 과정으로 본다.

(나) 갈등론적 관점 : 사회적 희소가치의 배분에 관하여 지배 계급과 피지배 계급의 이익은 양립할 수 없으며, 사회 구조나 제도는 기득권을 가지고 있는 지배 집단이 자신 의 기득권 유지를 위해 강제와 억압으로 규정한 것에 불과하다고 본다. 사회 변동은 불공정한 자원 배분으로 인해 사회적 희소가치를 갖지 못한 피지배 집단이 지배 집단에 저항하는 과정에서 나타나는 변화라고 본다.

④ 사회적으로 합의된 규범에 의한 구성원들의 재사회화를 중시하는 입장은 기능론에 대한 설명이다.

① 기능론적 관점은 사회의 안정을 바탕으로 하여 점진적인 사회변동에 대해서는 설명할 수 있지만, 혁명과 같은 급 격한 사회 변동을 설명하는 데는 부적절하다는 한계를 지닌다.

② 기능론적 관점은 사회의 각 부분들이 제 기능을 온전히 유지할 때 사회가 조화와 균형을 이루고, 이를 통해 안 정과 질서를 유지할 수 있다고 보는 보수적 관점이다.

③ 기능론적 관점과 갈등론적 관점은 모두 사회구조와 제도 측면에서 사회 변동을 설명하는 거시적인 관점이다.

5 ①

문화 변동의 요인

내재적 요인	(나)발명	기존의 문화 요소를 조합하거나 변형하 여 이전에 없었던 새로운 문화 요소를 만들어 내는 것
	(다)발견	이미 존재하는 사물이나 사실 중 그동 안 인식하지 못했던 것을 찾아내는 것
(가) 외재적 요인	직접 전파	두 문화 체계 사이의 직접적인 접촉으 로 이루어지는 전파
	간접 전파	대중 매체나 인쇄물 등을 통해 이루어 지는 전파
	자극 전파	문화 요소의 전파로 인해 자극을 받아 새로운 발명이 이루어지는 것

① 이두문자는 문화 변동의 요인이 외부에 있으며 문화 요 소의 전파로 자극을 받아 새로운 발명이 이루어지는 자 극 전파이므로 (가)에 해당한다.

② 중성자의 존재 규명이나 불의 사용은 문화변동의 요인이 내부에 있으며, 이미 존재하는 사물이나 사실 중 그동안 인식하지 못했던 것을 찾아내는 발견이므로, (다)에 해 당된다.

③ 훈민정음은 문화 변동의 요인이 내부에 있고, 기존의 문 화 요소를 조합하거나 변형하여 이전에 없었던 새로운 문화 요소를 만들어내는 발명인 (나)에 해당된다.

④ 오늘날의 외재적 요인으로 인한 문화 변동, 즉 전파는 주로 직접 접촉보다는 간접 접촉을 통해 이루어진다.

6 ④

④ 헌법 개정안에 대한 국회의 의결은 국회 재적 의원 2/3 이상의 찬성을 얻어야 한다.

※ 헌법 개정 절차

   ⊙ 헌법 개정은 국회 재적 의원 과반수의 찬성 또는 대통령의 발의로 제안된다.

   ⓛ 제안된 헌법개정안은 대통령이 20일 이상의 기간 동안 공고해야 한다.

   ⓒ 헌법개정안에 대한 국회의 의결은 공고 60일 이내에 국회 재적 의원 2/3 이상의 찬성을 얻어야 한다.

   ⓔ 국민투표는 국회의 의결 30일 이내 국회의원 선거권자 과반수의 투표와 투표자 과반수의 찬성 시 그 결과가 확정된다.

   ⓜ 대통령은 국민투표 결과가 확정되면 그 즉시 개정된 헌법을 공포한다.

7 ②

(가)는 자유권, (나)는 참정권, (다) 사회권을 말한다.

② 양심의 자유→자유권, 국민투표권→참정권, 교육을 받을 권리→사회권

① 집회·결사의 자유→자유권, 손실보상청구권→청구권, 환경권→사회권

③ 언론·출판의 자유→자유권, 근로자의 단결권→사회권, 선거권→참정권

④ 재판청구권→청구권, 공무담임권→참정권, 재산권→자유권

8 ①

면책 특권과 불체포특권은 국회의 자주성을 보장하고, 국회의원의 지속적 직무 수행을 보장하기 위해 국회의원에게 주어지는 권리이다.

①② 면책특권 : 국회의원은 국회에서 직무상 행한 발언과 표결에 관하여 국회 외에서 책임을 지지 아니한다〈헌법 제45조〉.

③④ 불체포특권 : 국회의원은 현행범인인 경우를 제외하고는 회기 중 국회의 동의 없이 체포 또는 구금되지 아니한다〈헌법 제44조 제1항〉.

9 ③

③ 갑의 경우 배우자 정(丁), 직계 비속인 무(戊)가 1순위 상속인이다. 갑이 사망함에 따라 갑의 재산 18억 원은 배우자 정(丁)과 직계 비속 무(戊)가 공동상속하게 되는데, 배우자 정(丁)은 배우자이기 때문에 공동 상속권자인 무(戊)의 상속분에 대하여 50%를 가산하여 상속받게 된다. 정(丁) : 무(戊) = 1.5 (3/5) : 1(2/5)이라고 볼 수 있다. 그러므로 배우자 정(丁)은 10억 8천만 원(18억 원×3/5), 직계 비속 무(戊)는 7억 2천만 원(18억 원×2/5)을 상속받게 된다.

10 ④

④ 「형사소송법」에 따른 일반 절차 또는 재심(再審)이나 비상상고(非常上告) 절차에서 무죄재판을 받아 확정된 사건의 피고인이 미결구금(未決拘禁)을 당하였을 때에는 이 법에 따라 국가에 대하여 그 구금에 대한 보상을 청구할 수 있다〈형사보상 및 명예회복에 관한 법률 제2조 제1항〉.

① 범죄현장을 목격한 사람이라면 누구나 고발할 수 있지만, 형사소송법에서 정하고 있는 고소권자는 피해자, 피해자의 법정대리인, 피해자 사망 시에는 피해자의 배우자, 직계친족 또는 형제자매 등이다〈형사소송법 223조, 225조〉.

② 체포 또는 구속된 피의자 또는 그 변호인, 법정대리인, 배우자, 직계친족, 형제자매나 가족, 동거인 또는 고용주는 관할법원에 체포 또는 구속의 적부심사를 청구할 수 있다〈형사소송법 제214조의2 제1항〉.

③ 국민 참여 재판에서 배심원의 평결은 권고적 효력만 있을 뿐, 법원을 기속하지 않는다.

11 ③

③ 로크와 루소는 '국민 주권론'을 주장하였다.

① 홉스는 '군주 주권론'을 주장하였고, 로크는 '국민 주권론'을 주장하였다.

② 인간의 본성에 대하여 홉스는 '성악설', 루소는 '성선설'을 주장하였다. 로크는 인간의 본성에 대하여 '성무선악설 및 백지설'을 주장하였다.

④ 자연 상태에 대하여 홉스는 '생존의 위협이 존재하는 만인의 만인에 대한 투쟁 상태'로 보았고, 로크와 루소는 '자유롭고 평화스러운 상태'라고 보았다.

12 ③

③ 네 가지 역사적 사건들 모두 자본주의 진영과 사회주의 진영의 다원화 및 냉전의 완화(데탕트)에 영향을 미친 사건들이다.

- 드골의 독자외교 : 프랑스의 드골 대통령이 추구했던 외교 정책으로 북대서양 조약기구(NATO)의 탈퇴, 핵실험, 비동맹 국가들과의 적극적 외교 정책 등을 통해 미국과 소련 사이에 또 하나의 세력을 형성하여 이익을 극대화하려고 했던 외교 정책이다.
- 제3세계 : 제2차 세계 대전 이후에 냉전 체제가 지속될 때, 어떤 노선도 따르지 않으면서 독자적인 비동맹 외교 노선을 구축했던 나라들을 일컫는 말이다. 제3세계 비동맹 국가 연합을 결성하여 새로운 세력으로 등장했다.
- 중 · 소 분쟁 : 스탈린 사망 이후에 집권한 소련의 최고 지도자 흐루시초프는 중국 마오쩌둥의 독재를 비판했고, 이에 대해 중국이 반발했다. 중국과 소련 간의 국경 분쟁까지 겹치면서 사회주의 양대 축의 갈등이 심화되었다.
- 닉슨 독트린 : 닉슨 대통령이 발표한 선언으로, 사회주의 진영에 대한 적대정책을 포기한다는 내용의 선언이다. 중국이 이를 수용하고, 두 나라간 수교로 이어지게 된다.

13 ②

그림의 정부 형태는 국민의 선거를 통해 입법부를 선출하고 행정부는 별도의 선거 없이 입법부를 통해 구성되는 정부 형태이므로 '의원내각제의 전형적인 형태'이다.

② 의원내각제에서 의회가 의결하여 내각을 신임하지 않는다는 의사 표시를 하면, 내각은 총사퇴하고 새로운 내각이 구성되는 등 정치적 책임을 진다.

① 의원내각제에서 의회는 내각 불신임권을 가지고 있으며, 행정부의 수반은 의회를 해산할 수 있는 의회 해산권을 가진다.

③ 입법부와 행정부의 구성원이 중복되기 때문에 권력 융합적인 형태를 띤다.

④ 과반수 의석을 차지하는 다수당이 없으면, 의석이 많은 순서대로 연립 내각을 구성할 수 있는 협상권을 가진다. A국의 행정부 수반이 ㉡당 소속이므로, ㉠당이 연립내각의 구성에 실패하고, 다음 협상권을 가진 ㉡당이 군소 정당과 연합하여 과반수 의석을 확보하고 연립 내각을 구성한 것이다.

14 ②

② 선거구에 따라 인구수의 차이가 많이 나는 경우, 선거구 간 유권자 표의 가치 역시 차이가 많이 나게 된다. 이 경우 인구 편차를 엄격하게 설정하면, 그만큼 유권자 표의 등가성의 원리를 확보할 수 있게 된다.

① 헌법재판소는 지역구별 인구 편차를 3대1에서 2대1로 변경하는 것이 타당하다고 밝혔다. 이것은 인구 편차 기준을 지나치게 완화하여 선거구를 획정하면 평등 선거의 원칙에 위반된다고 본 것이며, '지역 대표성'보다 '인구 대표성'을 중시한 것이다.

③ 선거구 법정주의는 선거구를 법에 의하여 획정하여야 한다는 것이고, 직접 선거 원칙은 선거인이 대리인을 거치지 않고 직접 대표자를 선출하는 것을 말한다. 인구편차 기준을 엄격하게 하는 것은 이와 관련이 없다.

④ 선거구 법정주의에 의거하여 국회가 공직선거법을 개정하여야 한다.

15 ④

㈎는 미국의 독립선언서, ㈏는 프랑스의 인권 선언문이다.

④ 영국의 명예혁명에 대한 내용이다. 영국은 명예혁명을 통해 전제군주제에서 입헌군주제로 변화하였다. 미국은 독립 혁명으로 최초의 민주공화국이 탄생했고, 프랑스는 대혁명으로 공화정이 세워졌다.

① '국민의 주권에 근거해서 만들어진 정부'에서 국민주권주의를 표방한다는 것을 알 수 있고, '이러한 목적에 어긋날 경우, 국민은 새로운 정부를 조직할 수 있는 권리를 가진다.'에서 저항권을 인정하고 있음을 알 수 있다.

② 사회계약설과 계몽사상의 영향으로 사회적 모순을 바로잡고, 인권을 보장받기 위해 시민혁명을 일으켜 얻은 성과가 '인권 선언문'이라고 할 수 있다. 이는 민주정치 발전의 토대를 마련한 것으로 평가받고 있다.

③ 미국의 독립 혁명, 프랑스 대혁명, 영국의 명예혁명 모두 군주의 간섭에서 벗어나 자유로운 경제 활동을 추구하고, 자유와 평등이라는 천부적 권리와 기본권 보장을 요구한 시민혁명이다.

16 ①

기회비용

구분	꿀	옷
갑국	옷 1벌(100/100)	꿀 1병(100/100)
을국	옷 1/2벌(40/80)	꿀 2병(80/40)

① 비교 우위란 재화나 서비스를 더 적은 기회비용으로 생산할 수 있는 능력을 말한다. 꿀 생산의 기회비용은 을국이 더 작고, 옷 생산의 기회비용은 갑국이 더 작다. 그러므로 꿀 생산에 있어서 비교 우위는 을국에게 있고, 옷 생산에 있어서 비교 우위는 갑국에게 있다.

② 절대 우위란 동일한 양을 생산하면서 자원을 더 적게 사용할 수 있는 능력, 동일한 자원을 이용하여 더 많이 생산할 수 있는 능력을 말한다. 갑국과 을국이 보유한 노동의 총량은 동일하지만, 갑국이 을국에 비해 꿀과 옷을 각각 더 많이 생산할 수 있으므로 꿀과 옷 생산에 있어 절대 우위는 모두 갑국에게 있다.

③ 을국에서 꿀 1병 생산의 기회비용은 옷 1/2벌이다.

④ 기회비용 및 비교우위는 국제무역이 발생하는 원인으로, 두 국가가 비교우위 상품을 특화해 교환하면 모두 이득을 얻을 수 있다. 기회비용을 고려할 때 갑국은 옷 생산에 특화해야 하고, 을국은 꿀 생산에 특화해야 한다.

17 ②

① 최고가격제는 정부가 소비자 보호를 목적으로 실시한다. 정부가 공급자 보호를 목적으로 실시하는 제도는 상품 생산자의 이익을 보호하기 위하여 정부가 하한 가격 또는 최저 가격을 설정하여 그 이하로 가격이 내려가지 못하도록 하는 제도, 즉 최저가격제이다.

③ 시장 균형 가격보다 낮은 수준에서 최고가격이 설정될 경우 균형 거래량에 비해 공급량은 작아지고, 수요량은 커지므로 초과 수요가 발생한다.

④ 최고가격제는 최고가격을 설정하고 그 이상으로 가격이 올라가지 못하도록 규제하는 제도이다.

※ 최고가격제…정부가 시장 균형 가격이 너무 높다고 판단하여, 물가를 안정시키고 소비자를 보호할 목적으로 가격 상한을 설정하여 상한 가격(최고가격)이하에서만 거래하도록 통제하는 제도이다. 최고가격제 하에서는 초과 수요 발생으로 암시장이 형성되는 문제가 발생한다. 대표적인 예로 아파트 임대료 규제 등이 있다.

18 ③

③ GDP 디플레이터 $= \dfrac{\text{명목}GDP}{\text{실질}GDP} \times 100$

2014년의 GDP 디플레이터는 1,000/1,000×100=100이며, 2015년의 GDP 디플레이터는 1,200/800×100=150이다.

① 물가상승률은 물가지수의 변화율로 측정할 수 있다. 물가지수(GDP 디플레이터)가 100에서 150으로 변화했으므로 물가상승률은 50%이다.

② 경제성장률은 실질 GDP의 증가율로 측정할 수 있다. 실질 GDP가 1,000에서 800으로 변화했으므로 경제성장률은 −20%이다.

④ 실제 생산수준은 실질 GDP로 측정할 수 있다. 실질 GDP가 1,000에서 800으로 변화했으므로 실제 생산수준은 감소하였다.

19 ①

외부효과 … 시장 실패의 원인 중 하나이며, 경제주체의 행동이 의도와 관계없이 제3자에게 이익이나 손해를 주고도 그에 대한 대가를 받거나 지불하지 않는 것을 말한다.

① 외부불경제 상황에서는 재화가 사회적 최적 생산 수준보다 과다 소비 또는 과다 생산된다.

② 외부경제가 발생하는 상황에서의 재화는 사회적 최적 수준보다 과소 생산되어 시장 균형 거래량은 사회적 최적 거래량보다 적다.

③ 외부경제의 경우 사회적 최적 수준보다 과소 생산 또는 과소 소비되므로 외부경제 소비에는 보조금 지급, 외부경제 생산에는 세금 감면 등을 통해서 자원배분의 효율성을 높일 수 있다.

④ 생산에서 외부불경제가 발생하는 경우 생산자가 부담하는 사적비용은 사회적 비용보다 작으며, 외부경제는 사적비용이 사회적비용보다 큰 경우를 말한다.

20 ③

주어진 상황에서 원/달러 환율이 상승하고 있다. 일반적으로 이러한 경우에는 재화를 미국에서 수입하는 경우 불리해지고, 미국으로 수출하는 경우 유리해진다. 또한 달러로 환전하기 위해 필요한 원화의 가치가 커지므로 미국에서 소비를 해야 하는 경우에도 불리해진다.

③ 환율이 상승할 때 수입 원자재를 사용하지 않고 국내 원자재만을 사용하여 만든 상품을 미국에 수출하는 기업은 수출 상품의 달러 표시 가격이 하락하기 때문에 수출이 증가하여 유리해진다.

①② 원/달러 환율이 상승하면 1$의 생활비/여행비를 마련하기 위해 더 많은 원화를 지불해야 하므로 원/달러 환율이 상승하면 불리해지는 경우에 해당한다.

④ 미국에서 원두를 수입하는 수입 업체는 환율의 상승으로 수입품의 원화 표시 가격이 상승하기 때문에 불리해진다.

2016. 4. 9.
인사혁신처 시행

---

1 ①

네트워크형 조직이 발달한 사회는 정보사회이므로, A는 정보사회, B는 산업사회이다.

① 중간 관리층의 역할은 관료제 조직에서 중시된다. 관료제는 산업사회의 조직형태이다.

2 ②

ⓒ 인터넷 해외 직접구매를 통해 새롭고 다양한 상품을 소비할 수 있게 된 것은 문화의 간접전파로 인한 문화변동에 해당한다.

ⓒ 법이나 제도가 문화변동의 속도를 따라가지 못해 문제점이 발생하는 문화지체 문제를 해결하려는 노력이 필요하다.

㉠ 인터넷이 발달하면서 자발적 문화접변 현상이 증가하고 있다.

ⓔ 문화복고 현상은 제시된 상황과 관계없다.

3 ③

A : 질문지법, B : 실험법, C : 참여관찰법, D : 면접법

주관의 개입 가능성이 낮은 A와 B는 질문지법, 실험법 등이 될 수 있고, 주관의 개입 가능성이 높은 C와 D는 면접법이나 참여관찰법 중 하나이다.

시간-비용 효율성이 높은 방법이 A이므로 A는 질문지법, B는 실험법이 된다. C와 D 중에서는 자료 수집 도구의 구조화 정도가 아주 낮은 C가 참여관찰법, D는 면접법이라 할 수 있다.

③ 시간과 공간의 제약을 적게 받으면서 폭넓은 연구가 가능한 것은 문헌연구법이다.

4 ③

A : 공동사회(2차 집단), B : 이익사회(2차 집단), C : 공동사회(1차 집단), D : 이익사회(1차 집단)

㉠ 형식화된 규약에 의한 공식적 통제가 잘 이루어지는 것은 이익사회이다.

ⓒ 가족, 친족, 민족은 공동사회(C)에 해당한다.

5 ④

① 중위소득은 소득에 따라 가구의 순위를 매겼을 때 가운데 위치하는 가구의 소득이다.

② 절대적 빈곤율과 상대적 빈곤율이 같다고 해서 최저 생계비와 중위소득이 같다고 할 수 없다.

③ 절대적 빈곤율은 감소하지만, 각 연도별로 전체 가구 수를 알 수 없으므로 절대적 빈곤가구 수가 감소하는지는 알 수 없다.

④ 빈곤율은 소득이 가장 낮은 가구부터 측정되므로 2000년의 상대적 빈곤가구가 모두 절대적 빈곤가구에 포함된다.

6 ①

㉠은 권리능력이다.

① 미성년자도 권리능력이 있다.

② 법인도 권리능력을 가진다.

③ 권리능력은 출생신고가 아닌 출생으로 취득할 수 있다.

④ 제한능력자 제도는 행위능력이 없는 사람을 보호하기 위한 제도이다.

7 ①

① 탄핵 소추 의결권은 국회의 권한이다. 헌법재판소는 탄핵 심판권을 가진다.

8 ④

④ 안전보장, 주권제약, 중대한 재정적 부담 등과 관련된 조약의 경우 국회의 동의를 필요로 한다.

9 ③

제시된 글은 특수 불법행위에 대한 설명으로, ③은 일반 불법행위에 해당한다. 특수 불법행위란 타인의 가해 행위에 대해 책임을 지는 경우를 말하는데, 민법에서 '책임 무능력자의 감독자 책임', '사용자의 배상 책임', '공작물 점유자 및 소유자의 책임', '동물 점유자의 책임', '공동불법행위자의 책임' 등을 규정하고 있다.
① 동물 점유자의 책임
② 사용자 배상 책임
④ 책임 무능력자의 감독자 책임

10 ④

즉결심판에 관한 절차법 참조 〈시행 2017. 7. 26〉
① 관할경찰서장 또는 관할해양경찰서장이 관할 법원에 청구한다.
② 20만 원 이하의 벌금, 구류 또는 과료에 처하는 가벼운 범죄사건에 활용된다.
③ 형의 집행은 경찰서장이 하고, 그 집행결과를 지체 없이 검사에게 보고하여야 한다.

11 ③

③ 로크는 행정부에 대하여 입법부의 우위를 보장하는 2권 분립을 주장하였다.

12 ②

② 우리나라는 지방자치단체 기초의회의원 지역구 선거에서는 중선거구제를 적용하고 있다.
※ **공직선거법 제26조 제②항** … 자치구·시·군의원지역구는 인구·행정구역·지세·교통 그 밖의 조건을 고려하여 확정하되, 하나의 자치구·시·군의원 지역구에서 선출할 지역구자치구·시·군의원 정수는 2인 이상 4인 이하로 하며, 그 자치구·시·군의원지역구의 명칭·구역 및 의원정수는 시·도 조례로 정한다.
① 다수대표제는 당해 선거구에서 가장 많은 표를 얻은 후보자가 당선되는 제도이고, 소선거구제는 한 선거구에서 한 명의 대표를 뽑는 제도이다. 한 명만 선출되기 때문에 일반적으로 다수대표제와 결합하여 시행된다.
③④ 1개의 선거구에서 여러 명의 대표자를 선출하는 제도를 중·대 선거구제라 하는데 이 경우 소수의 의사도 반영될 수 있어 사표(死票)를 최소화할 수 있다는 장점이 있다. 소선거구제에 비해 정당 득표율과 정당 의석률의 불일치 정도도 완화될 수 있다.

13 ④

㈎ 형식적 법치주의, ㈏ 실질적 법치주의
④ 전체주의 국가는 ㈏보다 ㈎로 법치주의를 받아들이고 있다.

14 ③

㈎ 대통령제, ㈏ 의원내각제
① 대통령제는 의원내각제에 비해 권력분립이 엄격하다.
② 의원내각제가 입법부가 행정부에 대해 불신임권을 행사한다.
④ 우리나라 정부 형태는 대통령제를 기반으로 하며 의원내각제 요소를 가미하고 있다.

15 ①

② 거부권은 안전보장이사회 상임이사국에게만 주어진다.
③ UN의 주요기구는 총회, 안전보장이사회, 경제사회이사회, 국제사법재판소, 사무국, 인권이사회로, 유네스코와 인권이사회는 안전보장이사회 산하기구가 아니다.
④ 국제사법재판소는 서로 국적이 다른 15명의 재판관으로 구성된다.

16 ②

A : 독점시장, B : 완전경쟁시장
ⓒ 기업의 시장지배력은 독점시장이 높다.
ⓒ 기업 간 담합 발생은 과점시장에서 나타날 가능성이 높다.

17 ①

② 경기과열 시 세율을 인상하는 긴축재정 정책이 요구된다.
③ 경기침체 시 국공채를 매입하는 양적완화 정책이 요구된다.
④ 경기침체 시 정부지출을 증가시키는 확장재정 정책이 요구된다.

18 ②

ⓒ 금융계정 지급 항목에 해당한다.
ⓒ 본원 소득 수지 중 수취 항목에 해당한다.
※ 국제수지는 일정기간(보통 1년) 동안 한 나라가 다른 나라와 행한 모든 경제적 거래를 체계적으로 분류한 것으로 경상수지와 자본수지로 나뉜다.
ⓙ 경상수지 : 외국과 물건(재화)이나 서비스(용역)를 팔고 산 결과(수치)를 나타낸다.
• 상품 수지 : 상품의 수출입에 따른 외화 수취와 외화 지급의 차액

- 서비스 수지 : 여행, 통신, 교육, 운수, 특허권 사용료 등 외국과의 서비스 거래 결과 등 서비스의 수출입을 통한 외화 수치와 외화 자금의 차액
- 본원소득 수지 : 국내 외국인 근로자와 해외 내국인 근로자의 임금, 투자소득 등 관련
- 이전소득 수지 : 대가 없이 이루어지는 종교기관이나 자선단체의 기부금, 구호물자 등과 정부 간의 무상원조, 해외 유학생에게 송금 등 관련
- ⓛ 자본수지 : 재화·서비스의 거래 없이 외국에서 빚을 얻어오거나 빌려준 것 등을 수치화한 것을 말한다.
  - 투자수지 : 민간기업·금융기관·정부의 자본 거래(투자, 차관 등) 관련
  - 기타 자본수지 : 해외이주비 등과 같은 자본이전과 특허권, 저작권 등 무형자산의 취득 및 처분 등과 관련

자유무역 실시 전 소비자 잉여는 '가+나', 생산자 잉여는 '다+라+샤'이며 사회적 잉여는 그 합이다. 자유무역 실시 후 소비자 잉여는 '가+나+다+라+마+바', 생산자 잉여는 '샤'이며 사회적 잉여는 그 합이다.
③ 사회적 잉여는 증가한다.
④ 자유무역 실시 전 P_0의 가격으로 Q_0 수량만큼 판매하지만, 시장 개방 후에는 P_1 가격에 Q_1 만큼 판매한다. 따라서, 판매수입이 $(P_0 \times Q_0)$에서 $(P_1 \times Q_1)$으로 감소한다.

2016. 6. 18.
제1회 지방직 시행

---

1 ④
④ 병과 정은 혼인신고를 하지 않은 사실혼 관계이다. 따라서 병과 정은 법원의 판결을 통해 이혼할 수 없다.
법률혼이 성립하기 위해서는 실질적 요건(혼인의사의 합치, 혼인적령 충족 등)과 함께 '혼인 신고'라는 형식적 요건이 충족되어야 한다.

2 ②
- 갑 : 구속되었지만 검찰에서 혐의없음 처분을 받았으므로 형사보상을 받을 수 있다.
- 을 : 재심을 통해 무죄를 선고받았으므로 「형사보상 및 명예회복에 관한 법률」 제2조 제2항에 의하여 형사보상을 받을 수 있다.
- 병 : 기소유예는 유죄 판결이므로 형사보상을 받을 수 없다.
- 정 : 징역, 집행유예는 유죄 판결이므로 형사보상을 받을 수 없다.

3 ②
책임능력이란 자기의 행위가 불법행위로서 법률상의 책임을 발생하게 한다는 것을 지각할 수 있는 정신능력이다. 따라서 가해자에게 적용되는 것이지, 피해자(병)에게 요구되는 능력이 아니다.

4 ②
정당방위, 긴급피난, 자구행위에 대한 사례이다. 따라서 갑, 을, 병의 행위는 위법성조각사유에 해당한다.

19 ④
- 경제활동 참가율 $= \dfrac{\text{경제활동인구}}{\text{노동가능 인구}} \times 100$
→ 경제활동 인구는 A국이 7,500명, B국이 7,200명, C국이 7,200명이 된다.
- 노동가능 인구 = 경제활동 인구 + 비경제활동 인구
→ 각국의 비경제활동 인구를 구하면 A국은 2,500명, B국은 4,800명, C국은 1,800명이다.
- 실업률 $= \dfrac{\text{실업자수}}{\text{경제활동인구}} \times 100$
→ 자료에서 실업률이 A국, B국, C국 각각 6%, 7%, 8%라고 했으므로 실업자 수는 A국이 450명, B국이 504명, C국이 576명이다.
- 경제활동인구 = 취업자 수 + 실업자 수
→ 각국의 경제활동인구와 실업자 수를 알고 있으므로 취업자 수 역시 구할 수 있다. A국의 취업자 수는 7,050명, B국은 6,696명, C국은 6,624명이다.
① 비경제활동인구 수는 B국이 가장 많다.
② 경제활동인구 수는 A국이 가장 많다.
③ 취업자 수는 A국이 가장 많다.

20 ③

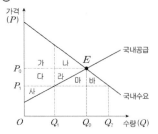

5 ③

③ 법률이 헌법에 위반되는지 여부가 재판의 전제가 된 경우에는 당해 사건의 법원만이 헌법재판소에 위헌법률심판을 제정할 수 있다. 당사자는 법원에 위헌법률심판을 제정할 수 있다.

6 ④

제시문과 같이 주장한 근대 사상가는 로크이다.
① 홉스의 견해이다.
② 로크는 계약으로 탄생한 정부는 개인의 이익을 추구해야 한다고 주장한다.
③ 로크는 정부가 사유재산을 보호해야 한다고 주장한다.

7 ①

수권법은 형식적 법치주의에 해당한다. 형식적으로 합법적이며 정부에서 의결했기 때문에 다수결의 원칙에 위배하여 채택되었다고 볼 수 없다.

8 ④

④ 국회는 대통령에 대한 탄핵소추권을 갖는다. 탄핵심판권은 헌법재판소의 권한이다.

9 ①

㉠ 보통 선거 원칙에 따라 일정 연령 이상의 모든 국민에게 선거권을 부여한다.
㉡ 게리맨더링이란 용어는 1812년 미국 매사추세츠 주지사 게리가 선거구 법정주의를 위배하여 자의적으로 선거구를 획정한 데에서 나왔다.
㉢ 현행 국회의원 선출방식에서 한 유권자가 행사하는 지역구 1표의 가치는 그가 행사하는 비례대표 1표의 가치보다 작다고 볼 수 없다.
㉣ 표 등가성 원리에 어긋난 선거구는 선거구 획정위원회에서 획정안을 만들어 국회에 제출하면 국회에서 법률로써 다시 획정한다.

10 ③

서로 협력할 경우 혼자 할 때에 들던 수고보다 각각이 들이는 수고가 작아지고 모두가 얻는 총 효용이 커짐에도 불구하고 협력은 잘 일어나지 않는다. 국제 사회는 국제 협력의 결과가 반대의 결과보다 모두에게 이익이 됨에도 불구하고 국제 협력이 잘 성사되지 않는 특징이 있다.

11 ①

① 소형 주택에 대한 선호도가 높아지면 수요곡선이 오른쪽으로 이동하고, 그로 인해 균형가격이 상승하면서 공급곡선상의 공급량이 증가한다. 가격 이외의 다른 요인들이 작용하지 않았으므로 공급의 변화, 즉 공급 곡선의 이동은 일어나지 않는다.

12 ②

A상품은 경합성과 배제성이 없는 공공재였던 것이 정부가 특정 조치를 취하자 경합성은 없는데 배제성이 발생하는 요금재가 되었다. 따라서 밑줄 친 특정 조치는 공공재의 유료화에 해당한다.

13 ③

수확량의 1/3을 폐기 처분한 것은 공급의 감소이며 이로 인해 공급곡선이 왼쪽으로 이동하게 되고 균형가격은 상승한다.
• 총수입＝가격×거래량
• 수요의 가격탄력성＝$\dfrac{\text{수요량의 변화율(\%)}}{\text{가격의 변화율(\%)}}$

가격이 상승하고 거래량이 감소하는 상황에서 총수입이 증가했다는 것은 가격의 상승률이 거래량(수요량)의 감소율에 비해 크게 나타났음을 의미한다. 즉, 수요의 가격탄력성을 구했을 때, 분자에 들어가는 수요량의 변화율보다 분모 값(가격 변화율)이 크므로 1보다 작은 값을 가지며 이는 수요의 가격 탄력성이 비탄력적임을 뜻한다.

14 ②

② 확대 재정 정책을 시행한다면 총수요가 증가하므로 물가가 상승하며, 국민소득의 증대, 실업률 감소 등의 현상이 나타난다. 따라서 E에서 A로 이동할 것이다.

15 ③

미국 달러에 대한 원화 환율이 하락하는 것은 달러의 가치가 하락하고 원화의 가치가 평가절상되는 것을 의미한다.
㉠㉢㉣은 손해를 본다.
㉠ 원/달러 환율이 하락하면 미국 수출품의 달러 표시 가격은 상승하여 가격 경쟁력이 낮아지게 되므로 미국으로 수출하는 국내 기업은 불리해진다.
㉡ 원/달러 환율이 하락하면 미국에 송금해야 하는 달러와 교환하는 원화 금액이 적어지므로 원화로 임금을 받아 미국에 달러로 송금하는 미국 근로자는 유리하다.

ⓒ 원/달러 환율이 하락하면 같은 금액의 달러로 교환할 수 있는 원화 금액이 적어지기 때문에 국내로 여행 오는 미국 관광객은 더 많은 달러가 있어야 원래 교환하려 했던 금액만큼의 원화로 바꿀 수 있다. 따라서 원/달러 환율 하락으로 손해를 보는 경우이다.

ⓔ 원/달러 환율이 하락하면 달러를 교환하기 위해 더 적은 원화가 필요하므로, 미국으로 어학연수를 떠나는 우리나라 학생은 혜택을 본다.

ⓜ 원/달러 환율이 하락하면 달러를 교환하기 위해 더 적은 원화가 필요하므로, 미국 현지에 공장을 건설하려는 국내 기업은 유리하다.

ⓗ 원화로 표시한 미국 채권의 가치는 원/달러 환율이 하락하면 국내 투자자에게 그 가치가 줄게 되므로 손해를 보는 경우이다.

16 ③
① 사원이라는 성취 지위는 찾을 수 있지만 역할 갈등(한 사람이 동시에 여러 가지 지위를 가지거나, 하나의 지위에 상반되는 여러 역할이 부과될 때 나타남)은 찾을 수 없다.
② 성과급은 역할이 아니라 역할 행동에 대한 보상 수단에 해당한다.
④ 특별교육이수센터는 공식 조직이고 회사에 의해 설립되었기 때문에 자발적 결사체에 해당하지 않는다.

17 ④
④ 제시된 연구는 실증적 연구방법을 활용하였다. 자료의 분석 과정에서 감정이입과 직관적 통찰을 통한 이해를 중시하는 것은 해석적 연구방법이다.

18 ②
(가) 문화 동화, (나) 문화 융합
ⓒ (가), (나)는 문화의 반동과 복고 현상에 해당하지 않는다. 문화의 반동과 복고 현상은 외래 문화의 유입으로 인해 기존 고유문화 정체성이 위협받을 경우, 외래문화를 거부하고 고유문화를 강화하려는 움직임을 말한다.
ⓔ (가), (나)는 외재적 요인에 의해서 발생한 문화 접변 사례에 해당된다.

19 ①
갑은 갈등론, 을은 기능론적 관점이다.
② 개인의 능력보다 가정의 배경을 중시하는 입장은 갈등론에 해당한다.
③ 교육을 통해 사회 구성원이 적재적소에 재배치된다고 보는 것은 기능론에 해당한다.
④ 갈등론과 기능론은 모두 거시적 관점에서 교육 제도를 바라보는 것이다.

20 ④
ⓐ 정보 전달 과정에서 시간과 공간의 제약이 줄어든다.

2016. 6. 25.
서울특별시 시행

---

1 ①
낙인 이론은 일탈 행위가 행위자의 심리적 성향이나 환경적 조건에서 기인하는 것이기보다는 특정행동에 대한 사회문화적 평가와 소외의 결과로 규정된다고 보는 관점이다.
② 아노미 이론 : 자본주의가 급격히 발달하는 과정에서 사회 해체가 일어나고 사회 규칙이 붕괴되는 무규범 상태인 아노미가 발생한다.
③ 사회 해체론 : 기존의 사회 조직이 해체되면서 사회 문제가 발생한다는 입장이다.
④ 차별적 교제론 : 일탈자들과의 지속적인 상호작용을 반복하면서 일탈을 당연하게 여기는 부정적인 사회화가 일어난다.

2 ①
(가) 실증적 연구, (나) 해석적 연구
② (가)는 양적 연구, (나)는 질적 연구에 해당한다.
③ 계량화를 바탕으로 한 통계적 분석이 가능한 것은 (나)보다 (가)이다.
④ 실증적 연구(가)는 자연 현상과 사회 현상이 본질적으로 다르지 않기 때문에 연구 방법과 목적에 있어서도 같아야 한다는 방법론적 일원론을 취하며, 해석적 연구(나)는 사회 현상은 자연 현상과 달리 가치를 포함하고 있어 연구 방법 또한 달라야 한다는 방법론적 이원론의 입장이다.

3 ②

제시된 내용에 나타나는 문화 접변은 '문화 융합'이다.
① 새로운 문화가 탄생한 것이므로 융합에 해당한다.
③ 문화 공존에 대한 사례이다.
④ 문화 동화의 사례이다.

4 ②

빈칸에 들어갈 이론은 '종속 이론'이다.
ⓒ 종속 이론은 중남미의 경험을 바탕으로 한 것으로, 우리
　나라, 대만 등 신흥 공업 국가들의 경제 발전을 합리적
　으로 설명할 수 없다.
ⓒ 종속 이론은 후진국의 경제적 문제에 영향을 미치는 국
　제적 요인에 주목한다.

5 ①

(개)는 기초 연금으로 공공부조에 해당한다.
(내)는 노인 장기 요양 보험으로 사회 보험에 해당한다.
② 사회 보험은 가입과 탈퇴가 제한된다.
③ 기초 연금은 공공부조의 성격을 가진 제도이다.
④ 공공부조는 정부의 재정 부담 심화시킬 수 있고 근로 의
　욕 저하 등 복지병을 유발할 수 있다.

6 ①

위법성 조각 사유
㉠ 정당방위 : 자기 또는 타인의 법익에 대한 현재의 부당한
　침해를 방위하기 위한 행위는 상당한 이유가 있는 때에
　는 벌하지 아니한다〈형법 제21조 제1항〉.
ⓒ 긴급피난 : 자기 또는 타인의 법익에 대한 현재의 위난을
　피하기 위한 행위는 상당한 이유가 있는 때에는 벌하지
　아니한다〈형법 제22조 제1항〉.
ⓒ 자구행위 : 법정절차에 의하여 청구권을 보전하기 불능한
　경우에 그 청구권의 실행불능 또는 현저한 실행곤란을
　피하기 위한 행위는 상당한 이유가 있는 때에는 벌하지
　아니한다〈형법 제23조 제1항〉.
ⓔ 피해자의 승낙 : 처분할 수 있는 자의 승낙에 의하여 그
　법익을 훼손한 행위는 법률에 특별한 규정이 없는 한 벌
　하지 아니한다〈형법 제24조〉.
ⓜ 정당행위 : 법령에 의한 행위 또는 업무로 인한 행위 기
　타 사회상규에 위배되지 아니하는 행위는 벌하지 아니한
　다〈형법 제20조〉.

7 ②

② 강행 법규란 당사자의 의사 여부와 관계없이 강제적으로
　적용되는 법규로 강행 법규에 반하는 계약은 무효이다.

8 ④

④ 사생활의 비밀과 자유는 자유권적 기본권에 해당한다.
　자유권적 기본권은 '국가로부터의 자유'이다. 국가에 의
　한 자유는 사회권적 기본권이다.
① '위헌 법률 심판'이란 국회가 만든 법률이 헌법에 위반되
　는지 여부를 심사하고 헌법에 위반된다고 판단되는 경우
　에 그 법률의 효력을 잃게 하거나 적용하지 못하게 하는
　제도이다. 재판 중인 사건에 적용되는 법률의 위헌 여부
　를 알기 위하여 '법원'이 '헌법재판소'에 '위헌 법률 심판
　제청'을 하고, 헌법재판소가 위헌 법률 심판을 한다. 해
　당 사건 당사자는 법원에 '위헌 법률 심판 제청'해줄 것
　을 '신청'할 수 있다.
② 헌법 소원에는 '권리구제형 헌법소원'과 '위헌심사형 헌법
　소원'이 있다.
　권리구제형 헌법소원 … 공권력의 행사 또는 불행사로 인
　해 헌법상 보장된 기본권을 침해받은 자가 제기하는 것
　위헌심사형(규범통제형) 헌법소원 … 법원에 위헌법률 심판
　제청 신청을 했으나 기각된 경우에 그 당사자가 헌법재
　판소에 제기하는 것
③ 헌법 제10조에서 '모든 국민은 인간으로서의 존엄과 가
　치를 가지며, 행복을 추구할 권리를 가진다.'고 하여 행
　복추구권을 국민의 기본권으로 명시하고 있다.

9 ③

제시된 글은 루소의 사회계약설에 관한 내용이다.
ⓒ 실정권 사상은 천부인권 사상을 부정하고 실정법의 범위
　안에서 기본권을 인정하는 사상으로, 루소의 사회계약설
　은 천부인권 사상을 긍정한다.

10 ④

(개)는 비례대표제, (내)는 상대 다수 대표제이다.
④ 상대 다수 대표제에서는 최다 득표를 한 후보자 이외의
　후보에게 투표를 한 표는 모두 사표가 된다.
① 국회의원은 상대 다수 대표제(지역구)와 비례대표제(비
　례대표)로 선출하며, 광역 지방자치단체의 장, 기초자치
　단체의 장은 모두 상대 다수 대표제로 선출한다.
② 비례대표제는 각 정당별 득표수에 따라 의석을 배분하는 제
　도로 군소정당들의 국회 진출에 긍정적인 영향을 미친다.
③ 상대 다수 대표제는 거대 정당에게 유리하다. 따라서 다
　원적인 정치적 의사를 충분히 반영하지 못한다.

11 ③

'공중도덕상 유해한 업무'가 무엇인지에 대한 명확한 정의가 없어 '명확성의 원칙'을 위반하였다고 할 수 있다.

12 ④

④ 대통령은 국회에서 재의결된 법률안을 지체 없이 공포하여야 한다. 다만 확정법률이 정부에 이송된 후 5일 이내에 대통령이 공포하지 아니하면 국회의장이 이를 공포한다.

13 ③

(가)는 현실주의, (나)는 이상주의적 관점이다.
① 국제 관계에서 국가 간 상호 의존적 관계를 중시해야 한다고 보는 것은 (나)이다. 현실주의 (가)는 자국의 이익 추구를 우선시한다고 보는 입장이다.
② NATO, WTO 등은 군사 동맹 조약 기구로서 힘의 균형을 유지하기 위한 것이다. 따라서, 현실주의의 사례가 된다.
④ 국제 관습법과 같은 국제법의 중요성을 강조하는 것은 (나)이다.

14 ④

A와 B 모두 가처분 소득이 40만 원이므로 소비할 수 있는 경우의 수와 그에 따른 A, B 각각의 총 만족감을 구해보면 다음과 같다.

구 분		A의 총 만족감	B의 총 만족감
고급레스토랑 외식	뮤지컬 관람		
0회(0원)	2회(40만 원)	0+45=45	0+31=31
2회(20만 원)	1회(20만 원)	16+25=41	19+18=37
4회(40만 원)	0회(0원)	29+0=29	33+0=33

④ 총 만족감이 가장 크므로 뮤지컬 관람만 하는 것이 A의 합리적인 선택이다.
① B의 경우 뮤지컬 관람 1회(18), 고급 레스토랑 외식 2회(19)일 때의 총 만족감이 37로 가장 크다.
② 뮤지컬 관람 횟수를 1회에서 2회로 늘릴 때 A의 총 만족감 증가는 20, B의 총 만족감 증가는 13로 A가 B보다 크다.
③ 현재 뮤지컬 1회를 관람하기 위해서는 고급 레스토랑 외식 2회를 포기해야 한다. 그런데 고급 레스토랑에서 1회 외식할 때의 비용이 증가하면, 뮤지컬 1회를 관람하기 위해서 포기해야 할 고급 레스토랑의 횟수가 작아진다. 따라서 뮤지컬을 1회 관람할 때의 기회비용은 감소한다.

15 ④

A는 경기 침체기이다. 경기 침체기에 정부와 중앙은행은 확장 정책을 펼쳐 경기를 회복시켜야 한다.
④ 중앙은행이 국공채를 매각할 경우 통화량이 감소하고 이는 이자율 상승으로 이어져 경기가 더 침체되게 만들기 때문에 적절하지 않다.

16 ③

③ B집단은 가격이 10만 원 하락할 때 가격 변화율은 –10%, 수요량 변화율은 5%이므로 수요의 가격 탄력성은 0.5이며 비탄력적이다. 즉, 가격이 하락하면 판매 수입이 감소하고 가격이 상승하면 판매 수입이 증가하므로 가격 변동 방향과 판매 수입 변동 방향이 일치한다.
① A집단은 가격이 10만원 하락할 때 가격 변화율은 –10%, 수요량 변화율은 50%이므로 수요의 가격 탄력성은 $\frac{50}{10}=5$로, 1보다 크다.
② A집단은 가격이 10만 원 하락할 때 가격 변동률은 –10%인데 수입 변화율은 35%($=\frac{90\times15-100\times10}{100\times10}\times100$)이므로 수입 변화율이 더 크다.
④ A집단은 수요의 가격 탄력성이 탄력적이고 B집단은 비탄력적이므로 판매 수입 증대를 위해서 A집단에 대해서는 가격 인하, B집단에 대해서는 가격 인상을 해야 한다.

17 ③

(가)는 외부경제, (나)는 외부불경제에 해당한다.
③ 공장 가동으로 인한 환경오염은 사적 효용을 위해 더 큰 사회적 비용을 발생시킨 생산의 외부불경제에 해당한다.
① (가)는 외부경제, (나)는 외부불경제에 해당한다.
② (가), (나)는 외부 효과로, 공공재 부족과는 관련 없다.
④ '누이 좋고, 매부 좋다'라는 속담은 둘 다에게 이익이 발생하는 것으로 외부불경제보다는 외부경제에 해당한다.

18 ①

(가)는 균형가격보다 높은 수준으로 규제 가격을 설정하고 있으므로 최저 가격제($P_0 < P_2$), (나)는 균형가격보다 낮은 수준으로 규제 가격을 설정하고 있으므로 최고 가격제($P_0 > P_1$)이다.

① $Q_2 \sim Q_1$만큼의 초과공급이 발생한다.

② (나)에서 가격규제를 시행하면 초과수요가 발생하게 되므로 규제가격 P_1보다 높은 가격으로 거래하려는 수요자가 생기므로 암시장이 형성될 수 있다.

③ 분양가 상한 제도는 주택을 분양할 때 규제 가격보다 높은 가격으로 거래하지 못하도록 하는 제도이다. 따라서 (나)에 해당한다.

④ (가)는 규제가격보다 낮은 가격으로 거래하지 못하도록 하여 공급자를 보호하고, (나)는 규제가격보다 높은 가격으로 거래하지 못하도록 하여 소비자를 보호한다.

19 ②

㉠ (가)에서 '원/달러 환율'과 '원/유로 환율'이 모두 상승하고 있으므로 수출품의 달러 및 유로화 표시 가격이 모두 하락하여 미국과 EU에 대한 한국 기업들의 수출이 증가한다.

㉡ (나)에서 '원/달러 환율'은 하락하고 '원/유로 환율'은 상승하고 있다. '원/달러 환율'의 하락으로 한국기업들은 미국 부품을 더 낮은 원화 가격으로 수입할 수 있고, '원/유로 환율' 상승으로 한국기업들이 완제품을 EU에 수출할 때 수출품의 유로화 표시 가격이 낮아져 높은 가격 경쟁률을 가지게 되므로 유리해진다.

㉢ (다)에서 '원/달러 환율'은 상승하므로 수입된 미국산 자동차의 원화 표시 가격이 높아진다. 또, '원/유로'환율이 하락하고 있으므로 EU산 자동차의 원화 표시 가격은 낮아진다. 따라서 미국산 자동차보다 EU산 자동차의 가격 경쟁력이 더 높다.

㉣ (라)에서는 '원/달러 환율', '원/유로 환율'이 모두 하락하고 있다. 이는 미국 회사와 EU 회사의 주식 배당금을 원화로 환산할 때 원화 금액이 모두 감소함을 뜻한다.

20 ②

② 채권은 정부, 지방자치단체, 특수법인, 금융기관, 주식회사 등이 발행할 수 있으며 발행 주체에 따라 국채, 지방채, 특수채, 금융채, 회사채로 구분한다.

2017. 3. 18.
제1회 서울특별시 시행

---

1 ④

A : 조약, B : 국제관습법

① 우리나라의 경우 조약의 체결권과 비준권은 대통령에게 있다. 국회는 조약의 체결 및 비준에 관한 동의권을 가진다.

② 헌법 제6조 제1항에 따르면 헌법에 의하여 체결·공포된 조약과 일반적으로 승인된 국제법규는 국내법과 같은 효력을 가진다. 따라서 모든 조약이 국회의 동의가 있어야 효력이 인정되는 것은 아니다.

③ 국제관습법은 국제사회의 모든 국가에 대하여 법적 구속력이 발생한다.

2 ①

A 비례 대표제, B 다수 대표제, C 소수 대표제

① 비례 대표제는 다수 대표제에 비해 선거 절차와 방법이 복잡하다.

② 다수 대표제는 최다 득표자 한 명만 당선되기 때문에 정당 득표율과 의석률 간의 차이가 크다.

③ 다수 대표제는 양당제를, 소수 대표제는 다당제를 촉진한다.

④ 다수 대표제는 최다 득표자 이외의 후보에게 투표한 유권자의 표는 모두 사표가 된다. 소수 대표제는 한 선거구에서 여러 후보가 당선되므로 사표가 상대적으로 적게 발생한다.

3 ④

제시된 자료는 독일의 수권법에 대한 내용이다. 히틀러와 나치는 이 법을 통과시켜 실질적으로 국가의 모든 권력을 장악하였다.

① 수권법은 형식적 법치주의이다.

② 수권법은 독재 체제를 정당화시켜준 것으로 국민의 자유와 권리를 보장하는 것은 목적이 아니었다.

③ 사법권의 독립, 탄핵 심판 제도 등은 실질적 법치주의와 관계 깊다.

4 ②

① 과실에 의한 경우도 불법 행위가 성립한다.

③ 공작물의 설치·보존에 하자가 있어 그것으로 인하여 타인에게 손해를 가했을 때에는 1차적으로 공작물의 점유자인 정에게 책임이 있다. 다만, 점유자가 손해의 발생에 충분한 주의를 했음이 인정될 경우 2차적으로 공작물 소유자가 책임을 지게 된다.

④ 사용자 배상 책임은 기본적으로 사용자의 과실을 전제로 하는 과실 책임이다. 반면 공작물의 소유자 책임은 무과실 책임이다.

5 ④

제시된 법률 조항은 사회적 기본권에 해당한다.

① 사회적 기본권은 국가에 의한 자유이다. 국가로부터의 자유는 자유권과 연결된다.

② 사회권적 기본권은 복지 국가의 실현과 관련 있다. 이는 실질적인 평등을 위한 것이다.

③ 국가가 문화 활동의 자유를 보장해야 한다는 것은 문화 국가의 원리이다.

6 ③

A는 헌법재판소이다. 헌법재판소는 위헌법률심판, 탄핵심판, 정당해산심판, 권한쟁의심판, 헌법소원심판 등의 다섯 가지 헌법재판 권한을 행사 한다. 보기③ 지문은 권한쟁의심판에 대한 설명이다.

① 사법부의 최고 기관은 대법원이다.

② 위헌 법률 심판 제청권은 법원(대법원, 고등법원, 지방법원)의 권한이다.

④ 탄핵 소추 의결권은 국회의 권한이다. 헌법재판소는 탄핵 심판권을 가진다.

7 ③

㉠ 제조물 책임법에 따르면 제조사의 제조물 책임은 무과실 책임이다. 다만 제조사가 제조물을 공급한 당시 기술적 수준으로 결함의 존재를 발견할 수 없었다는 사실을 입증하면 면책사유가 된다.

㉣ 제조업자는 제조물의 결함으로 생명·신체 또는 재산에 손해(그 제조물에 대하여만 발생한 손해는 제외)를 입은 자에게 그 손해를 배상하여야 한다.

※ **면책사유**〈제조물 책임법 제4조 제1항〉… 손해배상책임을 지는 자가 다음 각 호의 어느 하나에 해당하는 사실을 입증한 경우에는 이 법에 따른 손해배상책임을 면한다.

㉠ 제조업자가 해당 제조물을 공급하지 아니하였다는 사실

㉡ 제조업자가 해당 제조물을 공급한 당시의 과학·기술 수준으로는 결함의 존재를 발견할 수 없었다는 사실

㉢ 제조물의 결함이 제조업자가 해당 제조물을 공급한 당시의 법령에서 정하는 기준을 준수함으로써 발생하였다는 사실

㉣ 원재료나 부품의 경우에는 그 원재료나 부품을 사용한 제조물 제조업자의 설계 또는 제작에 관한 지시로 인하여 결함이 발생하였다는 사실

8 ①

㉢ 대통령은 긴급 재정·경제 처분 및 명령을 발포 후 국회에 보고하여 <u>승인</u>을 얻어야 한다.

㉣ 국무 회의는 정부의 권한에 속하는 중요한 정책을 <u>심의</u>한다.

9 ②

① 부동산 매매의 계약 체결은 매도인과 매수인의 의사 합치로 성립한다.

③ 소유권 이전은 등기를 마쳐야 완료된다.

④ 소유권 이전 등기를 하게 되면 등기부 갑구의 내용이 변경된다.

10 ①

② t대 의회에서 갑당이 55%의 의석을 확보하였으므로 단독으로 내각을 구성할 수 있다.

③ t+1대 의회에서는 과반의석을 확보한 정당이 없으므로 연립 내각을 구성해야 한다. 이 경우 정치적 책임 소재가 불분명하고 정국이 불안해질 가능성이 있다.

④ 연립 내각을 구성해야 하는 상황이므로 갑당만이 수상을 배출할 수 있는 것은 아니다.

11 ③

㉠ ㉠은 문화 절대주의, ㉡은 자문화 중심주의, ㉢은 문화 사대주의이다.

㉢ 중국의 중화사상은 자문화 중심주의의 예이다.

12 ①

(개) 기초연금, (내) 사회서비스, (대) 사회보험

② 상호 부조의 원칙이 적용되는 것은 사회보험이다.

③ 사회서비스는 사전 예방과 사후 처방의 성격을 모두 가지며 사회보험은 사전 예방의 성격을 가진다.

④ 사회보험의 대상자는 부담능력에 따라 비용을 부담하게 된다.

13 ③

① 아버지와 동아리 부장 모두 성취 지위이다.

② 경영대학은 2차적 사회화 기관이면서 공식적 사회화 기관이다.

④ 역할 행동에 대한 보상이다.

14 ①

A : 질문지법, B : 참여 관찰법, C : 면접법, D : 실험법

② 조사 대상자의 깊이 있는 답변을 유도하기에 용이한 것은 면접법이다.

③ 연구 변수에 대한 인위적인 처치와 조작을 강조하는 것은 실험법이다.

④ 일반적인 법칙 발견에 유리한 자료 수집 방법은 질문지법과 실험법이다.

15 ②

㉠㉣ 사회 · 문화 현상, ㉡㉢ 자연 현상

㉢ 개연성은 사회 · 문화 현상의 특징이다.

㉣ 사회 · 문화 현상은 당위 법칙, 자연 현상은 존재 법칙이 적용된다.

16 ③

점 A에서 B로 이동하면 원/달러 환율은 상승하고 원/엔 환율은 하락한다. 따라서 내년도에 나타날 세 화폐의 가치는 달러>원>엔 순이다.

① 원/달러 환율이 상승하므로 미국 제품의 원화 표시 가격이 높아지게 되므로 미국 제품의 가격 경쟁력이 낮아질 것이다.

② 미국산 원재료를 수입할 때 '원/달러 환율' 상승으로 인해 원화 표시 가격이 높아지므로 한국 기업의 생산비가 증가할 것이다.

③ 일본에서 부품을 수입할 때는 '원/엔 환율' 하락으로 보다 낮은 원화 가격으로 수입하고, 미국으로 수출할 때는 '원/달러 환율' 상승으로 인해 수출품의 달러 표시 가격이 낮아져 상대적으로 가격경쟁력이 높아진다. 따라서 한국 기업의 이익은 증가할 것이다.

④ '원/엔 환율' 하락으로 일본 제품의 원화 표시 가격은 낮아지고, '원/달러 환율' 상승으로 미국 제품의 원화 표시 가격은 상승하므로 일본 제품의 가격경쟁력이 미국 제품의 가격경쟁력보다 높아질 것이다.

17 ③

㈎ 가계, ㈏ 기업, (A) 생산물, (B) 생산 요소

① 가계는 소비 활동의 주체이다. 생산 활동의 주체는 기업이다.

② 효용의 극대화를 목적으로 하는 것은 가계이다. 기업은 이윤의 극대화를 추구한다.

④ 국방, 치안, 기상 정보는 국가에서 제공하는 서비스로 (A), (B) 둘 다 아니다.

18 ②

• 수요의 가격 탄력성 $= \dfrac{\text{수요량의 변화율}(\%)}{\text{가격의 변화율}(\%)}$

• 판매수입 = 가격×판매량(수요량)

① 평일 심야에는 가격의 변화율에 비해 수요량의 변화율이 더 크므로(∵ 판매수입이 감소함) 수요의 가격 탄력성은 1보다 크며 탄력적이다.

② 가격이 5% 상승했음에도 판매 수입에 변화가 없다는 것은 같은 비율로 수요량이 감소했음을 뜻한다. 즉, 가격 변화율과 수요량 변화율이 같으므로 수요의 가격 탄력성은 1이고, 단위 탄력적이다.

③ 주말에는 가격의 변화율에 비해 수요량의 변화율이 작게 나타나고 있으므로(∵ 판매수입이 증가함) 수요의 가격 탄력성은 1보다 작으며 비탄력적이다.

④ A극장의 수요의 가격 탄력성 크기는 평일 심야>평일>주말 순이다.

19 ④

주어진 표를 생산가능곡선으로 나타내면 아래와 같다.

B에서 C로 오토바이 생산을 1대 늘릴 때, 자전거 생산이 20대 줄어든다. C에서 D로 변할 때는 오토바이 1대 생산 증가는 동일하지만 자전거를 25대 더 적게 생산하므로 C→ D로 변할 때 기회비용이 더 크다.

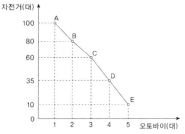

① 오토바이 3대와 자전거 50대 생산은 가능하다.

② B에서 C로 이동할 때, 오토바이 1대당 추가 생산에 따른 기회비용은 자전거 20대이다.

③ 자전거의 생산량을 늘려감에 따라, 자전거 생산의 기회비용은 점차 증가한다.

20 ④

(개) 최저 가격제, (내) 최고 가격제

④ (개)와 (내)에서는 모두 정부의 규제를 피해 암시장이 형성될 수 있다.

① 농림축산식품부는 현재의 쌀 시장 가격이 낮으므로 일정 수준 이하로 가격이 설정되지 못하도록 하는 (개)최저가격제를 요구하고 있다. 반면, 기획재정부는 쌀 가격이 일정 수준 이상에서 형성되지 못하도록 하는 (내)최고가격제를 요구하고 있다.

② 가격 규제 이후 거래량은 (개)와 (내) 모두에서 Q_1으로 같다.

③ 거래량은 Q_1으로 같지만, 가격 규제로 인해 판매되는 가격은 (개)에서는 P_1, (내)에서는 P_2로 각각 다르게 나타난다. 따라서 총 거래액(＝거래량×판매 가격)은 (개)는 $Q_1 \times P_1$, (내)는 $Q_1 \times P_2$이므로 (개)에서 더 크다는 것을 알 수 있다.

2017. 4. 8.
인사혁신처 시행

---

1 ③

③ 트루먼 독트린은 1947년 3월 미국 대통령 H. S. 트루먼이 의회에서 선언한 미국외교정책에 관한 원칙으로, 공산주의 세력의 확대를 저지하기 위하여 자유와 독립의 유지에 노력하며, 소수자의 정부지배를 거부하는 의사를 가진 여러 나라에 대하여 군사적·경제적 원조를 제공한다는 것이었다.

2 ②

㉠ 참정권, ㉡ 사회권

① 환경권과 보건권은 사회권에 포함된다.

③ 사회권은 현대적 기본권이다. 가장 오래된 핵심적 권리는 자유권이다.

④ 자본주의가 발달한 현대 사회에서는 사회권의 필요성이 점차 늘어나고 있다.

3 ③

(개) 이상주의, (내) 현실주의

③ 국가 안보를 가장 중시하는 것은 현실주의적 관점이다.

4 ③

제시된 문서는 영국에서 명예혁명 이후에 채택된 권리장전이다. 권리장전은 의회의 동의 없이 법을 제정하거나 법의 효력을 정지시킬 수 없도록 하여, 왕의 권력도 헌법에 의하여 제한받는 '입헌 군주제'로 변화하는 기틀을 마련하였다.

① 영국의 명예혁명은 1688년, 프랑스 대혁명은 1789년에 발생하였다.

② 프랑스 대혁명 이후 채택된 인권선언문과 관련된 설명이다.

④ 영국에서 보통선거와 평등선거는 20세기 들어서 확립되었다.

5 ④

㉠ 다당제가 양당제보다 소수집단의 의사가 더 잘 반영된다.

㉢ 양당제가 다당제보다 다수당의 횡포 가능성이 높다.

6 ③

A : 농촌, B : 도시

③ 도시에 비해 농촌에서는 가정과 직장의 분리 정도가 낮다.

① 도시에 비해 농촌에서는 고령화에 따른 노동력 부족 현상이 더 심각하다.

② 도시에 비해 농촌에서는 비공식적 수단에 의해 사회 통제가 이루어진다.

④ 농촌에서는 1차적 인간관계가 지배적으로 나타난다.

7 ②

(개) 차별적 교제이론, (내) 아노미 이론

② 차별적 교제이론에서는 인간의 상호 작용을 통한 문화와 행동의 학습을 강조한다.

① 목표와 수단 간의 괴리를 일탈 행위의 원인으로 파악하는 것은 아노미 이론이다.

③ 특정 행위를 일탈 행위로 규정하는 사회적 반응에 주목하는 것은 낙인이론이다.

④ 일탈 행위의 원인으로 정보 사회의 불평등 구조를 강조하는 것은 갈등론이다.

8 ①

㉠㉡ 이익 사회

㉢ 역할 수행에 대한 평가 결과

㉣ 가족은 내집단이다.

9 ①

① 순환론은 운명론적 관점으로 "서구 중심적 사고라는 비판을 받는가?"라는 질문에 대한 대답으로 '아니요'가 적절하다.

② 순환론과 진화론은 모두 사회 변동이 특정한 방향성을 가지고 있다고 본다.

③ 제국주의를 정당화하는 근거로 사용된 것은 진화론이다.

④ 진화론은 단선적 방향성으로 사회 변동 과정에서 문명이 퇴보할 수 없다고 본다. 순환론은 사회 변동 과정에서 문명이 퇴보할 수 있다고 본다.

10 ④

④ 환부거부된 법률안이 국회에서 재의결된 경우 대통령의 공포와 상관없이 법률로서 확정되고 공포 후 20일이 지나면 효력이 발생한다.

11 ④

현행 범인으로서의 요건을 갖추었다고 인정되지 않는 부당한 상황에서 경찰관의 강제연행에 저항하다가 상해를 가했으므로 이는 정당방위에 해당한다.

※ 위법성 조각 사유

ⓐ 정당행위 : 법령에 의한 행위 또는 업무로 인한 행위 기타 사회상규에 위배되지 아니하는 행위는 벌하지 아니한다.

ⓑ 정당방위 : 자기 또는 타인의 법익에 대한 현재의 부당한 침해를 방위하기 위한 행위는 상당한 이유가 있는 때에는 벌하지 아니한다.

ⓒ 긴급피난 : 자기 또는 타인의 법익에 대한 현재의 위난을 피하기 위한 행위는 상당한 이유가 있는 때에는 벌하지 아니한다.

ⓓ 자구행위 : 법정절차에 의하여 청구권을 보전하기 불능한 경우에 그 청구권의 실행불능 또는 현저한 실행 곤란을 피하기 위한 행위는 상당한 이유가 있는 때에는 벌하지 아니한다.

ⓔ 피해자의 승낙 : 처분할 수 있는 자의 승낙에 의하여 그 법익을 훼손한 행위는 법률에 특별한 규정이 없는 한 벌하지 아니한다.

12 ①

ⓑ A는 실험 처치를 했으므로 실험 집단, B는 실험 처치를 하지 않았으므로 통제 집단이 된다.

ⓓ ㈎의 연구 결과는 甲이 근무하는 ○○고등학교 1학년 학생의 20%만을 대상으로 연구하였으므로 표본의 대표성을 확보하지 못하여 일반화가 불가능하다.

13 ④

① 대통령, 국회의원, 광역자치단체장(도지사 등), 비례대표 광역의회의원의 당선 효력에 관한 소송(당선 소송)과 선거의 효력에 관한 소송(선거 소송)은 단심제(대법원 심판)가 적용된다.

② 행정소송은 행정법원, 고등법원, 대법원의 3심제가 적용된다.

③ 특허법원은 특허소송(2심제)의 1심을 담당하며 고등법원과 같은 위치에 있다. 특허법원의 판결에 대한 상고도 대법원이 심판한다.

14 ②

② 행정부의 장은 국무위원 중에서 국무총리의 제청으로 대통령이 임명한다.

① 대통령의 사면권은 대통령의 '국가원수로서의 권한' 중 하나이다.

일반사면 : 범죄의 종류를 지정하여 해당하는 모든 범죄인을 대상으로 하는 사면이며, 국회의 동의가 필요하다.

특별사면 : 형을 선고받은 특정인에 대하여 그 집행을 면제하는 것으로 국회의 동의를 얻을 필요가 없다.

④ 헌법 제99조에서 '감사원은 세입·세출의 결산을 매년 검사하여 대통령과 차년도국회에 그 결과를 보고하여야 한다.'고 규정하고 있다. '차기 국회(다음 회기 국회)'와 '차년도 국회(다음 연도 국회)'는 다른 의미이므로 주의해야 한다.

15 ②

근로기준법은 미성년자도 독자적으로 임금을 청구할 수 있다고 규정하고 있다.

① 대통령선거의 피선거권은 선거일 현재 5년 이상 국내에 거주하고 있는 40세 이상의 국민에게 있다.

③ 형사미성년자는 만 14세 미만이다.

④ 甲은 만 18세이고 혼인신고를 하였으므로 민법상 성년의제에 해당한다. 성년의제의 효력은 이혼으로 사라지는 효력이 아니고 사법(私法)상의 법률관계에서만 행위능력이 인정된다. 주택 처분은 사법(私法) 관계이므로 성년의제되어 甲의 부모가 이를 취소할 수 없다.

16 ②

② 채권보유자는 일정기간 후에 원금과 이자를 받을 권리만 있을 뿐 경영참가권을 갖는 것은 아니다.

① 이익배당청구권은 주식을 보유한 주주(株主)가 발생한 이익에 대하여 분배를 청구할 수 있는 권리를 말한다. 즉, 주주는 이익배당청구권을 가지지만 채권보유자는 가지지 못한다.

③ 주식은 주식회사가 발행하고, 정부와 지방자치단체는 발행할 수 없다.
④ 주식보유자는 이자소득이 아니라 배당금 소득을 받게 된다.

17 ④
• 판매 수입 = 가격 × 판매량(수요량)
• 수요의 가격 탄력성 = $\dfrac{\text{수요량의 변화율(\%)}}{\text{가격의 변화율(\%)}}$

① 가격이 $P_1 \rightarrow P_3$로 올라가더라도 B재의 판매 수입은 일정하다. 즉, 가격의 상승하는 만큼 B재의 수요량이 감소하는 것이다. 따라서 B재의 수요 가격탄력성은 단위 탄력적이다.
② 가격이 P_2일 때 A재의 판매수입은 $P_2 \times$A판매량, B재의 판매수입은 $P_2 \times$B판매량이다. 그래프에서 B재의 판매수입이 더 많으므로 B재의 판매량이 더 많다.
③ 문제에서 A재가 수요의 법칙을 따른다고 했으므로, 가격이 $P_2 \rightarrow P_3$로 상승할 때 A재의 판매량(수요량)은 감소한다.
④ 가격이 하락하는데도 판매수입(=가격×판매량)이 증가한다는 것은 가격의 하락률보다 판매량의 증가율이 더 크다는 것을 의미한다. 따라서 A재의 수요의 가격탄력성은 1보다 큰 값을 가지며, 탄력적이다.

18 ②
수요와 공급의 변화로 균형 가격은 변하지 않고 균형 거래량만 증가하려면 공급과 수요가 같은 폭으로 증가해야 한다.
② 보완재 가격 하락→수요 증가
   생산 기술의 발전→공급 증가
① 대체제 가격 상승→수요 증가
   생산 요소 가격 상승→공급 감소
③ 소득 감소→수요 감소
   공급자 수 증가→공급 증가
④ 선호도 감소→수요 감소
   노동자 임금 상승→공급 감소

19 ①
GDP 디플레이터를 구하기 위해서는 우선 명목GDP와 실질GDP를 알아야 한다. 명목GDP는 당해 연도 가격과 당해 연도 생산량으로 구하고, 실질GDP는 기준 연도 가격과 당해 연도 생산량으로 구한다. 표로 나타내면 다음과 같다.

T년	명목GDP	$(50 \times 200) + (70 \times 100) = 17,000$
	실질GDP	(기준연도 T년이므로 명목 GDP와 동일) → 17,000
(T+1)년	명목GDP	$(60 \times 250) + (80 \times 90) = 22,200$
	실질GDP	$(60 \times 200) + (80 \times 100) = 20,000$

• GDP 디플레이터 = $\dfrac{\text{명목} GDP}{\text{실질} GDP} \times 100$ 이므로 T년의 GDP 디플레이터는 100, (T+1)년의 GDP 디플레이터는 111이다. 따라서 T년 대비 (T+1)년의 GDP 디플레이터 변화를 구해보면 $\dfrac{111-100}{100} \times 100 = 11(\%)$ 상승했음을 알 수 있다.

20 ④
㉠ 경제 성장률이 전년 대비 실질 GDP의 증가율이므로 A국의 2016년 실질 GDP는 2015년에 비해 2% 증가하였다.
㉡㉢ B국의 경제 성장률은 2014년에 0이므로 2013년과 2014년의 실질 GDP는 동일하다. 2015년의 경제 성장률은 2%이므로 2015년의 실질 GDP가 전년대비 2% 증가한 것이고, 2016년에는 2015년과 동일하다. 따라서 B국의 실질 GDP는 2013=2014<2015=2016이 성립하므로 2016년이 2013년보다 많다.
㉣ C국의 경제성장률에서 2014년은 2013년 대비 1% 감소하고, 2015년에는 2014년 대비 1% 증가했지만 그 값은 같아지는 것이 아니라 오히려 작아진다(증가율의 비대칭성). 2013년의 실질 GDP를 100이라고 하면 2014년의 실질 GDP는 1%(=1) 감소한 99가 된다. 2015년에는 2014년의 1%(=0.99)가 증가했다고 했으므로 99.99가 된다. 따라서 실질 GDP는 2013년이 2015년보다 많다.

2017. 6. 17.
제1회 지방직 시행

---

1 ③
③ 2001년 3월 전세계 이산화탄소 배출량의 28%를 차지하고 있는 미국이 자국의 산업보호를 위해 탈퇴하였다.
① 탈냉전기 이후 국제사회의 주요 문제로 환경, 보건, 인권문제 등이 부각되었고, 안보 문제 역시 여전히 주요 문제로 인식되고 있다.
② 국제문제는 국경을 초월하여 발생하므로 세계 각국의 적극적인 협력을 통해 해결해야 한다.
④ 동서문제는 과거 냉전체제에서 소련과 미국의 군사적 대립문제를 말한다. 경제 격차에 따른 문제는 북반구와 남반구의 남북문제이다.

2 ③

③ 정당의 목적이나 활동이 민주적 기본 질서에 위배될 때에는 정부는 국무회의의 심의를 거쳐 헌법재판소에 정당의 해산을 제소할 수 있다.

3 ①

갑 : 루소, 을 : 로크, 병 : 홉스

① 홉스는 개인이 갖는 자연권 전부를 제3의 주권자인 군주에게 양도한다고 하였으므로, 개인들이 국가에 권리를 영도한 정도가 가장 크다.

② 루소는 직접 민주주의, 로크는 입헌군주제, 홉스는 절대 군주제를 주장하였다.

③ 개인들이 자연 상태에서 평화롭다고 인식한 것은 루소와 로크이다.

④ 홉스는 군주주권론을 주장하였다.

4 ④

(가) 근대 민주 정치, (나) 고대 아테네 정치, (다) 현대 민주 정치

① 공직자를 추첨이나 윤번제 등으로 충원한 것은 (나) 고대 아테네 정치이다.

② 고대 아테네 정치에서는 직접 민주주의가 시행되었으나, 입헌주의는 근대 시민혁명 이후이다.

③ 영국의 차티스트 운동은 근대 민주 정치에서 현대 민주 정치로 발전하는 데 기여하였다. 차티스트 운동은 19세기 노동자층이 중심이 되어 선거권을 획득하기 위해 전개된 영국의 민중운동이다.

5 ②

② 단순 다수 대표제의 경우 거대정당에게 유리하여 양당제 성립이 용이하다. A국 총 의원 550명 중 500명이 단순 다수 대표제에 의해 당선되므로 양당제일 가능성이 더 높다.

① 결선 투표는 절대 다수 대표제에서 이뤄진다.

③ 비례 대표 의원 정수 50명만 정당 득표율만으로 결정된다.

④ 단순 다수 대표제에서는 정치 신인의 당선 가능성이 낮다.

6 ①

A : 양적연구, B : 질적연구

ⓒ 질적연구는 해석적 연구를 통해 사회·문화 현상을 이해하지만, 보편적 법칙 발견에는 적합하지 않다. 보편적 법칙 발견은 양적연구가 적합하다.

ⓓ 질적연구는 직관적 이해를 중시한다. 통계화된 자료의 수집을 중시하는 것은 양적연구이다.

7 ④

④ 햄버거가 미국에 전해진 초기에는 대다수가 즐겨 먹는 음식이 아닌, 청소년과 하층민들이 즐겨 먹었으므로 하위 문화에 해당한다.

① 발견은 이미 존재하였으나 알려지지 않은 문화 요소를 찾아내는 것이다. ⓐ은 문화 변동의 외재적 요인 중 전파에 해당한다.

② 문화 지체는 물질 문화의 급속한 변동에 비해 비물질 문화의 완만한 변화가 상대적으로 뒤처지는 현상으로 ⓑ은 문화 지체 사례는 아니다.

③ 강제적 문화 접변은 정복이나 식민지 지배 등 강제성을 띤 외부의 압력에 의해 일어나는 것이다.

8 ①

② 시민 단체는 이익 사회이며 공식 조직에 해당한다.

③ 종친회는 이익 사회에 해당한다.

④ 자발적 결사체는 공통의 목표를 지닌 사람들이 자발적으로 만든 집단으로, 동창회와 같은 친목 집단, 의사회나 변호사회 같은 이익 집단, 환경 단체나 경제 정의 실현 등을 목표로 하는 사회 봉사 집단 등이 있다. 대기업은 공식 조직이지만 자발적 결사체는 아니다.

※ 1차 집단과 2차 집단

ⓐ 1차 집단 : 구성원 간의 대면적 접촉과 친밀감을 바탕으로 결합되어 구성원들이 전인격적인 관계를 이루는 집단을 1차 집단 또는 원초적 집단이라고 한다.

ⓑ 2차 집단 : 집단 구성원 간의 간접적 접촉과 특정한 목적 달성을 위한 수단적인 만남을 바탕으로 하여 인위적으로 결합되고, 구성원들이 극히 부분적 관계로 이루어진 집단을 2차 집단이라고 한다.

9 ③

③ 65세 이상의 전체 노인 중 가구의 소득인정액이 선정기준액 이하인 노인에게 매달 일정액의 연금을 지급하는 제도인 기초연금제도는 공공부조이다.

① 사회보험과 공공부조 모두 소득 재분배 효과가 있다.

② 수급자 선정 과정에서 낙인 문제가 발생하는 것은 공공부조이다.

④ 강제가입을 원칙으로 하는 것은 사회보험이다.

10 ②

② 을국의 자녀 수를 100이라고 할 때, 중층 '부모와 불일치' 6명이 모두 상승 이동이라고 하더라도 상승 이동한 자녀의 수는 2+6=8명이고 하강 이동한 자녀의 수는 14명으로, 을국에서 세대 간 상승 이동한 자녀의 수는 세대 간 하강 이동한 자녀의 수보다 적다.

① 갑국의 자녀 세대는 상층 10(=7+3), 중층 30(=24+6), 하층 60(=54+6)의 피라미드형 계층 구조이다.

③ 병국에서 상층과 하층에서 부모와 계층이 일치하는 자녀의 수는 12+16=28명으로, 중층에서 부모와 계층이 일치하는 자녀의 수 42명보다 적다.

④ 갑국과 을국은 하층일 때, 병국은 중층일 때 세대 간 대물림이 가장 많다.

11 ①

• 수요의 가격탄력성 = $\dfrac{\text{수요량의 변화율(\%)}}{\text{가격의 변화율(\%)}}$

• 판매 수입 = 가격×판매량(수요량)

A : 수요량의 변동율이 가격 변동율보다 큰 탄력적 재화이다. → 탄력성>1

B : 가격이 상승해도 판매 수입의 변화가 없었으므로 가격 변동율과 수요량의 변동율이 같은 단위탄력적 재화이다. → 탄력성=1

C : 수요량의 변동율이 가격 변동율보다 작은 비탄력적 재화이다. → 탄력성<1

D : 가격 변동율과 판매 수입 변동율이 일치하므로 가격이 변화해도 수요량은 변화하지 않는 완전비탄력적 재화이다. → 탄력성=0

ⓒ A의 수요량 변동률은 가격 변동율보다 크고, D의 수요량 변동율은 0이다.

ⓔ B는 C보다 수요의 가격 탄력성이 크다.

12 ③

⑺는 본원 소득 수지이다. 본원 소득 수지는 경상 수지 구성요소 중 하나로, 우리나라 국민이 해외에서 받은 급료, 임금 및 투자소득과 외국인이 국내에서 받은 급료, 임금 및 투자소득의 차액을 말한다.

③ 정부가 외국에서 채권을 발행하고 지급한 이자는 본원 소득 수지에 포함된다.

① 상품 수지는 상품의 거래 결과로 들어온 외화의 수요와 공급의 차액으로 수출액과 수입액의 차이만 알 수 있을 뿐 증가율은 알 수 없다.

② 서비스 수지로는 서비스 거래의 차액만 알 수 있을 뿐 서비스 거래 규모는 알 수 없다.

④ 이전 소득 수지는 대가 없이 주고받은 외화의 수요와 공급의 차액으로, 이전 소득 수지가 증가한 것은 무상거래를 통한 외화의 유입이 유출보다 많아졌다는 것을 보여준다.

13 ②

균형점 E보다 달러의 거래량과 환율이 모두 상승하였으므로 외환시장의 수요 증가 원인을 찾아야 한다. 미국 상품에 대한 한국의 수입이 증가하면 외화의 유출이 증가하여 외화의 수요가 증가하게 된다.

① 한국의 이자율이 상승하면 한국 금융상품의 수익률이 높아지고 이는 외국인의 투자 증가 등으로 이어진다. 따라서 한국 외환시장에서 달러 공급이 증가하는 요인으로 작용한다.

③ 미국 소비자의 소비 심리가 위축되면 한국의 미국 수출량이 감소하여 수출로 벌어들이는 외화가 감소하게 된다. 이는 달러의 공급 감소 요인이다.

④ 한국 상품에 대한 미국 소비자의 선호도가 증가하면 한국에서 미국으로 수출하는 상품 양이 증가하고 이는 외화시장에서 외화의 증가, 즉 달러의 공급 증가 요인이 된다.

14 ④

③④ 갑이 한식 전문 요리점을 운영하는데 발생하는 기회비용은 연봉 6천만 원+인건비 3천만 원+시설 보수비 1천만 원+재료비 7천만 원으로 총 1억 7천만 원으로 매출 1억 5천만 원보다 크다. 따라서 운영하지 않는 것이 경제적으로 합리적인 선택이다.

① ㉠은 묵시적 비용이다. 묵시적 비용은 다른 대안을 선택함에 따라 얻을 수 있었던 이익을 말하고, 명시적 비용은 어떤 대안을 선택할 때 실제 지출하는 비용을 의미한다.

② 합리적 선택을 하기 위해서는 매몰비용을 고려하지 않는다.

15 ④

- 고용률 $= \dfrac{\text{취업자수}}{\text{15세 이상 인구}} \times 100$

- 취업률 $= \dfrac{\text{취업자수}}{\text{경제활동인구}} \times 100$

- 실업률 $= \dfrac{\text{실업자수}}{\text{경제활동인구}} \times 100$

15세 이상 인구는 변함 없는 상황에서 고용률이 상승하였다는 것은 취업자가 증가한 것이다. 취업자가 증가하였는데 취업률이 하락하였으므로 경제활동인구의 증가가 취업자 증가보다 컸음을 의미한다. 따라서 감소한 것은 비경제활동인구이다.

16 ④

갑은 제한 능력자 중 미성년자에 해당한다.
④ 미성년자와 단독으로 거래한 상대방은 1개월 이상의 기간을 정하여 갑의 법정대리인에게 그 거래 행위를 추인할 것인지 여부의 확답을 촉구할 권리가 있다.
① 미성년자가 단독으로 한 행위는 취소할 수 있다. 취소 이전까지는 유효하고 취소되면 소급하여 효력이 상실된다.
② 제한 능력자가 속임수로써 계약을 한 때에는 그 계약을 취소할 수 없다.
③ 권리만 얻거나 의무만 면하는 행위, 처분이 허락된 재산의 처분, 허락된 영업에 관한 법률행위, 임금 청구 등은 법정대리인의 동의 없이 단독으로 할 수 있다.

17 ①

국민참여재판의 절차이다.
① 피고인의 신청이 없는 경우 국민참여재판을 진행할 수 없다.
② 배심원은 만 20세 이상의 국민이면 신청할 수 있지만, 전과자나 변호사, 경찰관 등은 선정에서 제외된다.
③ 국민참여재판의 대상은 지방법원 합의부가 관할하는 사건이다.
④ 배심원의 평결은 재판부에 권고의 효력만 가질 뿐 법적 구속력은 없다.

18 ④

④ 중앙노동위원회의 재심 판정에 불복하는 경우 사용자나 근로자 또는 노동조합은 15일 이내에 중앙노동위원장을 대상으로 취소를 구하는 행정소송을 제기할 수 있다.
① 부당 노동 행위에 대한 행정적 구제절차에서 '초심'은 지방노동위원회가, '재심'은 중앙노동위원회가 담당한다.
② 재심(ⓒ)에서 근로시간의 면제 종료를 일방적으로 통보한 것(A회사의 행위)이 노동조합의 기본적인 활동을 방해하는 부당노동행위로 인정하였다.
③ 지방노동위원회의 구제명령이나 기각결정에 불복하는 경우에, 사용자 또는 노동조합(근로자)은 중앙노동위원회에 재심을 신청할 수 있다.

19 ④

A : 구성 요건 해당성, B : 위법성, C : 책임성이다.
④ 강요된 행위는 책임성이 조각되고, 정당방위는 위법성이 조각되어 범죄가 성립되지 않는다.

20 ③

헌법 제1조는 국민 주권의 원리에 대한 것이다.
'선거권과 공무 담임권'등의 민주적 선거 제도 보장, 국민이 자유로운 정치적 의사를 형성하는 데 기여하는 '언론·출판·집회·결사의 자유' 보장, 그리고 간접 민주제(대의제)와 직접 민주제(국민 투표)는 모두 '국민 주권의 원리'에 대한 것이다.
ⓔ 최저임금제는 복지국가의 원리에 해당한다.

2017. 6. 24.
제2회 서울특별시 시행

---

1 ①

㈎ 형식적 법치주의(법에 의한 지배), ㈏ 실질적 법치주의 (법의 지배)
① 형식적 법치주의는 '법에 의한 지배'로 독재를 합리화하는 수단으로 악용되기도 한다.
② '악법도 법이다.'라는 주장을 지지하는 것은 형식적 법치주의이다.
③ 실질적 법치주의는 자연법사상, 형식적 법치주의는 실정법사상에 입각한 것이다.
④ 형식적 법치주의는 법의 형식적 합법성을, 실질적 법치주의는 법의 실질적 정당성을 강조한다.

2 ②

② 국회는 국무총리 또는 국무위원의 해임을 대통령에게 건의할 수 있다〈헌법 제63조 제1항〉.

① 국무총리는 국회의 동의를 얻어 대통령이 임명한다.

③ 현행 헌법은 지난 1980년 헌법에 규정됐던 국회해산권과 비상조치권 등 대통령의 '대권적 권한'들을 삭제했다.

④ 제52조의 '국회의원과 정부도 법률안을 제출할 수 있는 점'과 제62조① '국무총리 · 국무위원 또는 정부위원은 국회나 그 위원회에 출석하여 국정처리상황을 보고하거나 의견을 진술하고 질문에 응답할 수 있다는 점은 의원내각적 요소에 해당한다. 제53조② 대통령의 법률안 거부권은 대통령제적 요소이다.

3 ③

②③ A시의 인구를 약 90만, B시의 인구를 약 30만으로 볼 때, 국회의원 수가 3명인 A시 유권자 1표의 가치는 $\frac{1}{30만}$이고 국회의원 수가 2명인 B시의 유권자 1표의 가치는 $\frac{1}{15만}$이므로 B시 유권자 1표는 A시 유권자 1표의 2배의 가치가 있다.

① 소선거구제는 중 · 대선거구제에 비해 후보자가 난립할 가능성이 낮아 입후보자의 인물 파악이 쉽다.

④ 선거구를 공정하게 획정하기 위해서는 법에 의해 선거구를 획정하는 선거구 법정주의에 따라야 하며 인구 대표성과 지역 대표성을 고려해야 한다.

4 ④

④ 재의의 요구가 있을 때에는 국회는 재의에 붙이고, 재적의원 과반수의 출석과 출석의원 3분의 2 이상의 찬성으로 전과 같은 의결을 하면 그 법률안은 법률로서 확정된다. 대통령은 확정된 법률을 지체없이 공포하여야 한다. 확정법률이 정부에 이송된 후 5일 이내에 대통령이 공포하지 아니할 때에는 국회의장이 이를 공포한다.

① 헌법개정은 국회재적의원 과반수 또는 대통령의 발의로 제안된다.

② 대통령은 필요하다고 인정할 때에는 외교 · 국방 · 통일 기타 국가안위에 관한 중요정책을 국민투표에 붙일 수 있다. 즉, 국민투표는 대통령의 전속적인 권한이다.

③ 국회에서 부결된 법안은 동일 회기 중에 다시 발의하거나 심의하지 못한다. 재의는 법률안에 이의가 있을 때 대통령이 요구할 수 있다.

5 ④

④ ㉣에 해당하는 제도로는 집행 유예와 선고 유예가 있다.

① 기소는 검사만 할 수 있다.

② 변호인의 도움을 받을 권리는 수사 과정에서부터 인정된다.

③ 형의 집행 단계에서의 지휘권은 검사가 갖는다.

6 ④

A : 참여관찰법, B : 실험법, C : 질문지법, D : 문헌연구법

④ 문헌연구법은 연구자의 주관적 가치가 자료 해석 과정에서 개입될 우려가 있다.

① 통제의 정도가 가장 높아 신뢰도가 높은 연구 방법은 실험법이다.

② 방법론적 이원론에 기초한 연구 방법은 해석적(질적) 연구 방법이다. 실험법은 실증적(양적) 연구방법에 적합하다.

③ 질문지법은 문맹자에게 실시하기 어렵다.

7 ②

② ㉡ 담임선생님, ㉛ 아버지, ㉢ 수험생은 성취지위이고 ㉣ 막냇동생은 귀속지위이다.

8 ①

① 문화 동화는 외부로부터 유입된 문화에 의해서 수용하는 측의 문화가 상당한 정도로 변질된 결과 수용자의 문화가 제공자의 문화를 닮아 가는 현상을 말한다. 을국의 의복 문화에서 갑국의 의복 문화로의 문화 동화가 나타난다.

9 ②

② 전체 가구는 매년 증가하고 있는 상황에서 2000년과 2010년을 비교했을 때 한부모 가구가 차지하는 비율이 6.09%에서 6.81%로 증가하였으므로 전체 가구 수보다 한부모 가구 수가 더 큰 비율로 증가하였다.

① 한부모 가구의 가구 수는 증가하였지만, 가구당 구성원 수를 알 수 없으므로 총인구의 증가 여부는 알 수 없다.

③ 모+미혼자녀 가구 수가 부+미혼자녀 가구 수의 4배 이상인 것은 2000년도뿐이다.

④ 가구 구성에 변화가 있을 수 있으므로 2000년의 한부모 가구가 모두 2010년의 한부모 가구에 포함되는지는 알 수 없다.

10 ④

④ ㉣이 유효하다면 병의 재산 7억 중 절반인 3억 5천만 원은 장학 재단에 기부하게 된다. 나머지 3억 5천만 원 중 배우자 갑과 직계 비속인 A, B가 1.5 : 1 : 1로 상속받는다. 따라서, 갑은 1억 5천만 원을 상속받는다.

① ㉠에 의해 A는 권리 능력을 취득하였다. 자연인은 출생으로 권리 능력을 취득하고 19세 성년이 되어야 (민법규정) 행위능력을 취득한다.

② 친양자의 입양 전 친족관계는 친양자 입양이 확정된 시점에 종료된다. 그러나 부부의 일방이 그 배우자의 친생자를 단독으로 입양한 경우에는 배우자와 친생자 간의 친족관계가 소멸되지 않는다.

③ 직계 존속인 C는 2순위 상속인으로 1순위 상속인인 배우자와 직계 비속이 있을 경우 상속을 받을 수 없다.

11 ③

A : 사회복지서비스, B : 사회보험, C : 공공부조

③ 세금을 재원으로 하는 공공부조는 수혜자 부담의 원칙이 적용되는 사회보험에 비해 소득 재분배 효과가 크다.

① 강제 가입의 원칙이 적용되는 것은 사회보험이다.

② 사회보험의 보험료 부담 수준은 소득이나 재산 같은 부담 능력에 따라 결정된다.

④ 상담, 재활, 직업 소개 등은 사회복지서비스의 사례이다.

12 ④

④ 최저생계비는 절대적 빈곤율의 기준이 되고, 중위소득의 50%는 상대적 빈곤율의 기준이 된다. 2015년은 절대적 빈곤율이 5.9%, 상대적 빈곤율이 11.7%이므로 최저생계비가 중위소득의 50%보다 작다.

① 상대적 빈곤율이 감소하고 있으므로 A국의 계층 간 소득 격차는 점점 작아지고 있다.

② 전체 가구 수를 알지 못하므로 절대적 빈곤 가구 수를 비교할 수 없다.

③ 2014년의 절대적 빈곤율은 6%이고 상대적 빈곤율은 12%이므로, 전체 가구 중 소득이 중위소득의 50% 미만인 가구의 수가 소득이 최저생계비 미만인 가구 수의 2배이다. 하지만 그렇다고 중위 소득의 25%와 최저생계비가 일치하는 것은 아니다.

13 ③

주어진 자료에 따라 시장 수요량을 구하면 다음과 같다.

가격 (원)	갑의 수요량(개)	을의 수요량(개)	시장 공급량(개)	시장 수요량(개)
2,500	5	4	17	5+4=9
2,000	6	6	16	6+6=12
1,500	7	8	15	7+8=15
1,000	8	10	14	8+10=18

㉠ 시장 수요량과 시장 공급량이 일치할 때 균형을 이루므로 균형 거래량은 15개이다.

㉡ 가격이 1,000원일 때 시장 공급량은 14개, 시장 수요량 18개이므로 초과 수요량은 4개이다.

14 ②

㉠㉣ 희소성이 큰 재화일수록 높은 가격에 거래된다. 따라서 망고보다 바나나가 더 희소성이 크다. 희소성은 재화의 존재량과 인간의 욕구와의 관계에서 상대적으로 결정된다.

㉡ (가)와 (나) 사례에서 가격을 결정한 요인은 교환가치와 희소성이다.

㉢ (나)에서 다이아몬드가 비싼 이유는 교환가치가 더 높기 때문이다.

15 ④

생산량에 따른 총수입, 총비용, 총이윤을 구하면 다음과 같다.

생산량	1개	2개	3개	4개	5개	6개
총수입	10	20	30	40	50	60
총비용	7	13	19	26	37	50
총이윤	3	7	11	14	13	10

① 생산량이 2개일 때 총이윤은 7만 원, 3개일 때 총이윤은 11만 원이다.

② 평균 비용은 총비용을 생산량으로 나눈 값으로 다음과 같다.

생산량	1개	2개	3개	4개	5개	6개
평균 비용	7	6.5	6.333…	6.5	7.4	8.333…

③ 평균 비용이 가장 작을 때(3개) 총이윤은 11만 원으로 최대가 아니다.

16 ②

비교우위란 다른 생산자보다 더 작은 기회비용으로 생산할 수 있는 능력을 말한다. 갑국과 을국의 기회비용을 구하면 다음과 같다.

1톤 생산의 기회비용	갑국	을국
곡물	20/10 = 육류 2	50/20 = 육류 2.5
육류	10/20 = 곡물 0.5	20/50 = 곡물 0.4

① 갑국은 곡물 생산에, 을국은 육류 생산에 비교우위를 갖고 있다.
③ 을국의 육류 1톤 생산의 기회비용은 곡물 0.4톤이다.
④ 교환을 통해 이익을 얻기 위해서는 '재화 1단위 > 재화 1단위의 기회비용'이 성립해야 한다. 갑국은 '곡물 1톤 > 육류2톤'의 범위에서, 을국은 '육류1톤 > 곡물 0.4톤(→육류 2.5톤 > 곡물 1톤)'의 범위에서 교역할 때 이익을 얻을 수 있다. 따라서 양국 모두 이익을 얻을 수 있는 범위는 '육류2톤 < 곡물 1톤 < 육류 2.5톤'이다. 곡물과 육류를 1:1의 비율로 교환하면 양국 모두 이익을 얻을 수 없다.

17 ①

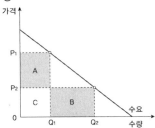

가격이 P_1일 때 판매수입은 A+C, 가격이 P_2일 때 판매수입은 B+C가 된다. 따라서 A는 판매 수입 증가분, B는 판매 수입 감소분을 의미한다.
① A > B라면 판매 수입 증가분이 판매 수입 감소분보다 큰 것으로, 가격이 상승하는데 판매 수입이 증가하므로 수요의 가격 탄력성이 1보다 작고 비탄력적이다.

• 수요의 가격탄력성 = $\dfrac{수요량의 \ 변화율(\%)}{가격의 \ 변화율(\%)}$

② B는 판매 수입의 감소를 의미한다.
③ 가격이 P_1일 때 판매수입은 A+C, P_2일 때 판매수입은 B+C가 된다.
④ A는 판매 수입 증가분으로 가격 인상의 편익이다. 가격 인상의 기회비용은 B이다.

18 ③

③ 경상수지가 매년 흑자로 이 결과는 외환보유고 증가 요인으로 작용한다.
① 경상수지는 수출로 벌어들인 금액과 수입으로 인한 지출 금액의 차이를 나타내므로 경상수지만으로 수출 규모를 파악하기는 어렵다.
② 2014년은 2013년보다 서비스수지의 적자가 줄어들었지만 이를 해외여행 감소 때문이라고 추론하기는 어렵다.
④ 지속적인 경상수지의 흑자 발생은 외환 시장에서의 초과 공급을 의미하므로 원-달러 환율 하락을 압박하는 요인이 된다.

19 ①

주어진 이동이 일어나기 위해서는 수요가 증가하고 공급은 감소해야 한다.
㉠ 공급 감소
㉡ 열등재이므로 소득이 증가할 때 소비가 감소한다.
→ 수요 감소
㉢ 수요 증가
㉣ 수요 감소

20 ③

명목 GDP는 당해 연도의 가격과 당해 연도의 생산량으로 계산하며, 실질 GDP는 기준 연도의 가격과 당해 연도의 생산량으로 계산한다.
주어진 자료를 바탕으로 명목 GDP, 실질 GDP, GDP디플레이터를 구하면 다음과 같다.

연도	명목 GDP, 실질 GDP, GDP디플레이터
2013	• 명목 GDP = (10 × 100) + (5 × 40) = 1,200 • 실질 GDP = (10 × 100) + (5 × 40) = 1,200 • GDP디플레이터 = $\dfrac{1,200}{1,200} \times 100 = 100$
2014	• 명목 GDP = (15 × 80) + (10 × 40) = 1,600 • 실질 GDP = (10 × 80) + (5 × 40) = 1,000 • GDP디플레이터 = $\dfrac{1,600}{1,000} \times 100 = 160$
2015	• 명목 GDP = (17 × 100) + (15 × 60) = 2,600 • 실질 GDP = (10 × 100) + (5 × 60) = 1,300 • GDP디플레이터 = $\dfrac{2,600}{1,300} \times 100 = 200$

① 2014년의 물가지수는 160이다.

② 2014년의 경제성장률은

$$경제성장률 = \frac{금년도\ 실질\ GDP - 전년도\ 실질\ GDP}{전년도\ 실질\ GDP} \times 100$$

이므로 $\frac{1,000 - 1,200}{1,200} \times 100 ≒ -16.67\%$이다.

④ 2015년의 경제성장률은 $\frac{1,300 - 1,000}{1,000} \times 100 = 30\%$이다.

2018. 4. 7.
인사혁신처 시행

---

1 ③

③ 헌법 제53조에 따르면, 대통령은 국회에서 의결된 법률안에 이의가 있을 때 이의서를 붙여 국회로 환부하고, 그 재의를 요구할 수 있다. 이러한 법률안 거부권은 대통령제적 특징이다.

2 ④

갑 : 루소, 을 : 홉스
① 일반의지는 공익의 핵심적 개념으로 공공의 이익을 추구한다.
② 루소는 직접 민주주의를 이상적인 정치형태로 보았다. 입헌군주정을 이상적인 정치형태로 본 사람은 로크이다.
③ 사회계약설에서 국가는 개인들이 자신의 권리를 보장받기 위해 계약을 통해 국가를 구성하였다고 본다. 따라서 국가는 목적이 아니라 수단이다.

3 ④

④ B와 D의 지역구 의석 점유율 합은

$\left(\frac{42}{200} \times 100\right) + \left(\frac{36}{200} \times 100\right) = 21 + 18 = 39\%$이고,

B와 D 정당 득표율 합은

$\left(\frac{32}{100} \times 100\right) + \left(\frac{10}{100} \times 100\right) = 32 + 10 = 42\%$이다.

따라서 2017년 갑국의 국회의원선거에서 B와 D 정당의 지역구 의석 점유율 합은 B와 D 정당 득표율 합보다 더 작다.

① 우리나라 지역구 기초의회선거 선거구제는 중선거구제이다. 〈조건〉에 따르면 지역구별로 최소 2명에서 최대 4명까지 득표가 많은 순으로 당선자를 확정하므로 갑국도 중선거구제를 채택하고 있다고 할 수 있다.
② 우리나라 지역구 국회의원선거 선거구제는 소선거구제이다. 중선거구제는 소선거구제에 비해 군소정당이 의석을 확보하는 데 더 유리하다.
③ 지역구 당선자 수와 정당 득표율에 따라 선출된 비례대표의원 수 (100×정당득표율)를 합한 각 정당별 총 의석수를 보면 A : 141석, B : 74석, C : 39석, D : 46석으로 총 300석 중 과반수 의석을 차지한 정당은 없다.

4 ②

② 최다 득표자 1인만을 당선자로 선정하는 다수대표제는 특정 거대정당에게 유리한 제도이다. 이에 비해 소수 득표자라 할지라도 정원수의 범위 안에서 득표 순위에 따라 대표자로 선출될 수 있어 2인 이상의 당선자를 내는 소수대표제는 중소정당이 의석을 확보하는 데 유리하다. 따라서 소수대표제에서 다수대표제로 대표결정방식을 바꿀 경우 특정 거대정당에 권력이 집중될 수 있다.

5 ③

최대 선거구의 경우 최소 선거구에 비해 유권자 수가 3배나 많음에도 불구하고, 최소 선거구와 동일하게 1인의 대표자만을 선출할 수 있으므로 이는 최대 선거구 유권자의 표 가치가 과소대표 된 것이라고 볼 수 있다.
① 국회의원선거에서 평등선거의 원칙을 강화하고자 한 것이다.
② 선거구획정에서 인구 대표성을 중시한 결정이다.
④ 헌법 제41조 제3항에 따르면 국회의원의 선거구와 비례대표제 기타 선거에 관한 사항은 법률로 정한다.

6 ①

① 민법 제186조(부동산물권변동의 효력)에 따르면, 부동산에 관한 법률행위로 인한 물권의 득실변경은 등기하여야 그 효력이 생긴다. 따라서 을이 소유권이전등기를 한 때에 소유권을 취득했다고 볼 수 있다.

7 ④

㉠ 민사상 손해배상에 합의하였다고 하여 폭행에 대한 형사책임이 면제되는 것은 아니다.
㉡ 형사재판의 당사자는 검사와 피고인이다. 따라서 형사재판의 원고는 검사이다.

ⓒ 을은 폭행의 피해자이므로 갑에게 손해배상을 요구하는 민사소송을 제기할 수 있다.
ⓔ 피고인은 무죄추정의 원칙에 따라 유죄의 판결이 확정될 때까지는 무죄로 추정된다.

8 ③

면책사유〈제조물 책임법 제4조〉
① 손해배상책임을 지는 자가 다음의 어느 하나에 해당하는 사실을 입증한 경우에는 이 법에 따른 손해배상책임을 면한다.
  1. 제조업자가 해당 제조물을 공급하지 아니하였다는 사실
  2. 제조업자가 해당 제조물을 공급한 당시의 과학·기술 수준으로는 결함의 존재를 발견할 수 없었다는 사실
  3. 제조물의 결함이 제조업자가 해당 제조물을 공급한 당시의 법령에서 정하는 기준을 준수함으로써 발생하였다는 사실
  4. 원재료나 부품의 경우에는 그 원재료나 부품을 사용한 제조물 제조업자의 설계 또는 제작에 관한 지시로 인하여 결함이 발생하였다는 사실
② 손해배상책임을 지는 자가 제조물을 공급한 후에 그 제조물에 결함이 존재한다는 사실을 알거나 알 수 있었음에도 그 결함으로 인한 손해의 발생을 방지하기 위한 적절한 조치를 하지 아니한 경우에는 제1항 제2호부터 제4호까지의 규정에 따른 면책을 주장할 수 없다.

9 ①

• 형사소송법 제198조(준수사항) 제1항에 따르면 피의자에 대한 수사는 불구속 상태에서 함을 원칙으로 한다. → 옳음
• 형사소송법 제247조(기소편의주의)에 따르면 검사는 「형법」 제51조(양형의 조건)의 사항을 참작하여 공소를 제기하지 아니할 수 있다. → 틀림
• 1심법원의 판결에 대하여 불복이 있을 때 2심재판을 청구하는 것은 항소이고, 2심법원의 판결에 대하여 불복이 있을 때 대법원에 재판을 청구하는 것은 상고이다. 항고는 법원의 결정에 대하여 불복이 있을 때 하는 것이다. → 틀림
• 형의 집행은 원칙적으로 검사가 지휘한다. → 틀림
• 형의 선고유예를 받은 날로부터 2년을 경과한 때에는 면소(免訴)된 것으로 간주한다. 형 선고가 효력을 상실하는 것은 집행유예 기간 경과의 효과이다. → 틀림

10 ②

② 헌법 제107조 제2항에 따르면 명령·규칙 또는 처분이 헌법이나 법률에 위반되는 여부가 재판의 전제가 된 경우에는 대법원은 이를 최종적으로 심사할 권한을 가진다.
헌법재판소의 위헌법률심판(헌법 제107조 제1항 : 법률이 헌법에 위반되는 여부가 재판의 전제가 된 경우에는 법원은 헌법재판소에 제청하여 그 심판에 의하여 재판한다.)과 구분하도록 한다.

11 ②

㉮ 식생활, 의복, 주거 문화, 예술 활동 등 생활 전체에 영향을 미침 → 총체성
㉯ 일란성 쌍둥이가 서로 다른 환경에 살면서 서로 다른 문화를 학습함 → 학습성
※ **문화의 속성**
  ㉠ 공유성 : 한 사회 구성원들에게는 공통적으로 나타나는 행동 및 사고방식
  ㉡ 학습성 : 문화적 특성은 선천적인 것이 아니라, 후천적으로 학습을 통하여 생성
  ㉢ 축적성 : 언어·문자 등을 통하여 다음 세대로 전승되면서 축적
  ㉣ 총체성(전체성) : 문화의 각 요소는 서로 긴밀한 관계를 유지하면서 총체적 체계를 형성
  ㉤ 변동성 : 문화는 고정 불변의 것이 아니라 시간이 지남에 따라 변화
  ㉥ 다양성 : 문화는 인간이 환경에 적응하는 수단으로서 다양한 방식이 존재

12 ④

제시된 설명에 나타나는 개인과 사회의 관계를 바라보는 관점은 사회 실재론이다. 사회 실재론은 행위의 능동성보다 구조의 영향력을 강조하여 개인이 사회로부터 자유로울 수 없다고 본다.
①②③ 사회 명목론에 대한 설명이다.

13 ③

㉮ 아노미 이론 → ㉡, ㉢
㉯ 차별적 접촉이론 → ㉠, ㉣, ㉤
※ **일탈 이론**
  ㉠ 아노미 이론 : 목표 달성을 위한 적절한 제도적 수단이 강구되지 못할 때 일탈이 발생할 가능성이 크다고 본다.

ⓛ 차별적 접촉(교제)이론 : 일탈자들과의 지속적인 상호
작용을 반복하면서 일탈을 당연하게 여기는 부정적인
사회화가 일어난다.
ⓒ 낙인 이론 : 일탈 행위가 행위자의 심리적 성향이나
환경적 조건에서 기인하는 것이라기보다 특정행동에
대한 사회문화적 평가와 소외의 결과로 규정된다.
ⓔ 사회 해체론 : 기존의 사회 조직이 해체되면서 사회
문제가 발생한다.

14 ①

제시된 내용에 해당하는 관점은 사회 변동 이론 중 진화론이다.
ⓒⓔ 순환론에 대한 설명이다.

15 ①

① 갑국은 하층의 비율이 줄어들고 중층이 증가하였다. 즉, 사
회 계층 구조가 피라미드형에서 다이아몬드형으로 변한 것으
로, 안정적으로 변하였다고 볼 수 있다.
② 을국은 1980년에 비해 상층과 하층이 모두 증가하였으
므로 중층이 감소하였음을 알 수 있다. 따라서 사회 계
층 구조는 모래시계형으로 변하였다.
③ 제시된 자료만으로는 계층 간 이동을 알 수 없으므로 폐
쇄성은 비교할 수 없다.
④ 복지제도가 확충되었다면 하층이 줄고 중층이 늘어날 것
을 추론할 수 있다. 2010년 을국은 하층이 늘고 중층이
줄어들었으므로 복지제도가 확충되었다고 보기 어렵다.

16 ③

스태그플레이션은 스태그네이션(stagnation)과 인플레이션
(inflation)을 합성한 신조어로, 경기 침체와 물가 상승이
동시에 일어나는 불황 속의 인플레이션을 말한다.
ⓐ 1930년대 미국의 대공황은 인플레이션의 사례이다. 스태
그플레이션의 대표적인 사례로는 1970년대 오일쇼크가
있다.
ⓛ 비용 인상 인플레이션의 경우에도 생산비용 증가로 총
공급이 감소하여 물가가 상승하고, 경기침체도 나타나게
되어 스태그플레이션에 해당된다.

17 ④

ⓐ 절대 우위론에 따르면 B국은 A국에 대해 신발과 전화기
모두에서 우위에 있다. 따라서 절대 우위론에 따르면 두
국가 간의 무역은 이루어지지 않는다.
ⓛ 신발 1단위를 생산하는 데 드는 기회비용은 A국 전화기
7/9단위, B국 전화기 6/5단위이다. 따라서 신발 생산의
절대 우위는 B국에 있지만 비교 우위는 기회비용이 적
은 A국에 있다.
ⓒ 전화기 1단위를 생산하는 데 드는 기회비용은 A국 신발
9/7단위, B국 5/6단위이다. 따라서 전화기 생산의 절대
우위와 비교 우위 모두 B국에 있다.

18 ①

제시된 그림은 과세대상 금액이 증가함에 따라 과세액이 일
정한 비율로 증가하는 비례세에 해당한다. '과세대상 금액
× 세율 = 과세액'이라고 할 때, 과세대상 금액과 과세액이
일정한 비율로 증가한다는 것은 세율이 일정하다는 것이다.
③ 우리나라의 소득세는 누진세를 적용한다.
④ 저소득 계층에 유리하게 작용하는 것은 누진세이다.

19 ③

X재의 균형 가격을 높이는 동시에 균형 거래량을 줄이려면
공급 곡선이 왼쪽으로 이동해야 한다. 즉, X재의 공급이 감
소해야 한다.
③ X재 생산에 사용되는 원자재 가격이 상승하면 X재의 공
급이 감소한다.
① X재와 대체 관계에 있는 상품의 가격이 하락하면 X재의
수요가 감소한다.
② X재는 정상재이므로 소비자들의 소득 수준이 향상되면
X재의 수요가 증가한다.
④ 해외로부터 X재 수입이 증가하면 X재 공급이 증가한다.

20 ②

- 고용률 = $\dfrac{취업자수}{생산가능인구} \times 100$

- 실업률 = $\dfrac{실업자수}{경제활동인구} \times 100$

- 경제활동참가율(%) = $\dfrac{경제활동인구}{생산가능인구} \times 100$

    = $\dfrac{경제활동인구}{(경제활동인구 + 비경제활동인구)} \times 100$

- A국 : 생산 가능 인구 10,000명 중 비경제 활동 인구가 40%이면 4,000명이므로 경제 활동 인구는 6,000명이다.

  ㉠이 200일 때, ㉡은 $\frac{5,800}{10,000} \times 100 = 58\%$이고, ㉠이 300일 때, ㉡은 $\frac{5,700}{10,000} \times 100 = 57\%$이다.

- B국 : 실업자 수가 300명인데 실업률이 2%이므로 B국의 경제 활동 인구는 15,000명이다. ($\because \frac{300}{x} \times 100 = 2$)

  ㉢이 25,000일 때, ㉣은 $\frac{15,000}{25,000} \times 100 = 60\%$이고, ㉢이 30,000일 때, ㉣은 $\frac{15,000}{30,000} \times 100 = 50\%$이다.

2018. 5. 19.
제1회 지방직 시행

---

1 ④

④ 국제연합은 사법기관으로 국제사법재판소(ICJ : International Court of Justice)를 운영하고 있다.

2 ①

갑국의 지역구 선거 방식은 하나의 선거구에서 한 명의 당선자를 뽑는 소선거구제이며, 해당 선거구에서 가장 많은 표를 얻은 후보자가 당선되는 다수대표제이다. 비례대표 선거의 경우 지역구 득표율과 비례대표 득표율이 다른 것으로 보아 정당 지지에 대한 선거를 따로 실시하는 1인 2표제 형태임을 추론할 수 있다.
② 지역구 선거에서는 지역구 254개 선거구에서 254명이 당선되었으므로 한 선거구에서 최다득표자 1명만 당선되는 다수대표제가 적용되었을 것이다.
③ 지역구 선거에서 A당과 B당 모두 득표율에 비해 의석률이 높지만(→과대 대표), 사표가 전혀 없었을 것이라고는 추측할 수 없다.
④ 지역구 선거에서 C당과 D당 모두 득표율에 비해 의석률이 낮은 것으로 보아 C당과 D당 후보에 투표한 유권자의 의사는 과소 대표되었을 것이다.

3 ③

③ ㈎에 '선거에 후보자를 공천합니까?'가 들어간다면 '예'라고 대답한 A는 정당이다. '공익실현을 추구합니까?'에 '예'라고 대답한 B는 시민단체이며, C는 이익집단이 되므로, ㉡은 '아니요'가 들어가야 한다.
① '정치 사회화 기능'은 정당, 이익집단, 시민단체 모두에 해당한다. 따라서 ㈎에는 '정치 사회화 기능을 합니까?'가 들어갈 수 없다.
② ㉠이 '아니요'라면 A는 이익집단이다. 따라서 ㈎에는 '정권 획득을 목적으로 합니까?'가 들어갈 수 없다. '정권 획득'은 정당의 목적이다.
④ 정당, 이익집단, 시민단체는 모두 정치 과정에 영향력을 행사하는 비공식적 참여자이다. 따라서 ㉢이 '예'라도 C가 '아니요'이므로 ㈎에는 '정치 과정에 영향력을 행사합니까?'가 들어갈 수 없다.

4 ③

'투표시간 연장', '정당 설립 요건 완화', '사전 투표 제도 도입'은 모두 시민들의 정치 참여를 확대하기 위한 방안이다.
① 시민들의 정치 참여는 대의민주주의에서 활성화된다.
② 시민의 권한이 강화될 것이다.
④ 제시된 주장들은 법 제정 과정에서의 신속성 제고와는 큰 관련이 없다. 다만 시민들의 정치 참여가 확대된다면 그 의사를 반영하는 과정에서 법 제정 과정이 지연될 가능성이 있다.

5 ④

㈎는 특정 정당이나 특정 후보자에게 유리하도록 불공평하게 선거구를 책정하는 게리맨더링에 대한 설명이다.
㉠ 공정한 선거를 위해서는 게리맨더링을 피해야 한다.
㉢ 비례대표 국회의원 선거에서는 유권자가 정당에 대해 투표하고, 전국적으로 정당이 얻은 득표수를 합산해서 그 정당 득표율에 따라 의석수를 배분하므로 게리맨더링의 문제가 나타나지 않는다.

6 ④

㉠ 내용증명우편이란 보내는 사람이 받는 사람에게 어떤 내용의 문서를 언제 발송하였다는 사실을 우편관서가 공적으로 증명하는 제도로, 우편에 기재된 내용에 대한 사실 관계를 법적으로 확정하는 것은 아니다.

ⓛ 민사조정제도는 민사에 관한 분쟁을 법관 또는 법원에 설치된 조정위원회가 간이 절차에 따라 분쟁의 당사자로부터 각자의 주장을 듣고 관계 자료를 검토한 후, 여러 사정을 참작하여 당사자들이 서로 양보하고 타협하여 합의를 하도록 주선·권고함으로써 화해에 이르게 하는 법적절차이다. 민사조정제도는 당사자들의 임의로 거칠 수 있는 제도이며, 민사소송을 제기하기 위해 반드시 거쳐야 하는 제도는 아니다.

7 ②

갑은 아들 병을 살해하겠다는 을의 협박에 방어할 방법이 없어 어쩔 수 없이 신기술 관련 정보를 빼내어 알려주었다. 이는 「형법」 제12조에 규정된 강요된 행위(저항할 수 없는 폭력이나 자기 또는 친족의 생명, 신체에 대한 위해를 방어할 방법이 없는 협박에 의하여 강요된 행위)로, 강요된 행위에 해당할 경우 책임이 조각되어 범죄가 성립하지 않는다.

8 ②

ⓛ 소비자분쟁조정위원회의 위원장으로부터 분쟁조정의 내용을 통지받은 당사자는 그 통지를 받은 날부터 15일 이내에 분쟁조정의 내용에 대한 수락 여부를 조정위원회에 통보하여야 한다. 이 경우 15일 이내에 의사표시가 없는 때에는 수락한 것으로 본다〈소비자보호법 제67조(분쟁조정의 효력 등) 제2항〉.

ⓒ 제조물 책임(제조물 책임법 제3조)은 그 하자에 대해 제조업자의 과실을 요하지 않는 무과실 책임이다. 따라서 과실 입증의 책임이 없다.

9 ①

갑의 행위는 「민법」상 불법행위, 「형법」상 명예훼손에 해당한다.

ⓛ 행정심판이란, 행정청의 위법·부당한 처분(또는 그 밖에 공권력의 행사·불행사) 등으로 권리 및 이익을 침해받은 국민이 신속하고 간편하게 법적으로 이를 구제받을 수 있도록 한 제도이다.

ⓔ 정정보도청구란 사실적 주장에 관한 언론보도 등이 진실하지 아니함으로 인하여 피해를 입은 자가 해당 언론보도 등이 있음을 안 날부터 3개월 이내에 언론사, 인터넷 뉴스서비스사업자 및 인터넷 멀티미디어 방송사업자에게 그 언론보도 등의 내용에 관한 정정보도를 청구할 수 있도록 한 제도이다.

10 ③

① 형사미성년자는 만 14세 미만이다.

② 갑은 을과 병에 대하여 불법행위에 근거한 손해배상책임을 진다. 갑과 을, 갑과 병 당사자 간 채권·채무 관계가 존재하지 않으므로 갑에게 채무불이행에 근거한 손해배상책임은 없다.

④ 갑은 특별한 사정이 없는 한 책임능력이 있다고 판단되는 미성년자로, 갑이 손해배상책임이 있다고 하여 갑의 부모도 갑의 행위에 대한 감독 의무를 게을리한 것으로 간주되는 것은 아니다. 갑의 부모가 감독 의무를 제대로 이행하지 않았다는 사실을 입증해야 그 책임을 지울 수 있다.

11 ④

④ 종속 이론은 주변부가 중심부에 종속되어 있다고 보는 이론으로, 주변부는 미발전 상태(발전을 시도하지 않은 상태)가 아니라, 저발전 상태(발전을 시도했지만 낮은 수준에 머무르는 상태)에 머물 수밖에 없다고 주장한다.

12 ④

④ 부모 세대는 상층에서 하층으로 갈수록 구성원이 더 많아지는 피라미드형 계층 구조이고, 자식 세대는 상층과 하층에 비해 중층의 구성원이 많은 다이아몬드형 계층 구조이다. 중층 구성 비율이 높은 다이아몬드형 계층 구조가 더 안정적이다.

① A국은 세대 간 계층 이동이 나타나고 있으므로 폐쇄적 계층 구조 형태를 띠고 있다고 볼 수 없다.

② 자식 세대는(상층 : 17, 중층 : 58, 하층 : 25) 다이아몬드형 계층 구조로 부모 세대(상층 : 16, 중층 : 31, 하층 : 53)에 비해 양극화 현상이 덜하다.

③ 상승 이동과 하강 이동을 구분하면 다음과 같다.

상승 이동(32%)	하강 이동(5%)
• 부모 하층→자식 상층 : 3%	• 부모 상층→자식 중층 : 2%
• 부모 하층→자식 중층 : 28%	• 부모 상층→자식 하층 : 1%
• 부모 중층→자식 상층 : 1%	• 부모 중층→자식 하층 : 2%

따라서, 하강 이동 비율보다 상승 이동 비율이 높은 것으로 나타난다.

13 ②

① 독립 변수는 어떠한 효과를 관찰하기 위하여 실험적으로 조작되거나 혹은 통제된 변수이고, 종속 변수는 독립 변수의 조작·통제로 인하여 영향을 받는 변수를 말한다. 따라서 ㉠은 종속 변수, ㉡은 독립 변수이다.

③ 통제 집단은 실험설계에서 처치를 받은 실험 집단의 효과를 비교하기 위한 대상으로, 처치를 받지 않은 집단을 말한다. 따라서 ㉣은 실험 집단, ㉤은 통제 집단이다.

④ 가설 채택의 가능성이 높아지기 위해서는 ㉤에서 비슷했던 두 집단 간에 직무 만족도 평균값이 한 달 후인 ㉦에서는 A집단(실험집단)의 직무 만족도 평균값이 B집단(통제집단)의 직무 만족도 평균값에 비해 의미 있는 수준으로 증가해야 한다.

14 ②

제시된 내용은 사회적 사실이 행위자들의 외부에 존재하며 그들에게 강제적인 영향력을 행사한다고 보는 사회 실재론이다.

① 사회 실재론은 사회구조들과 문화적 규범 및 가치관들이 개인에게 미치는 영향을 지나치게 강조한다.

③④ 사회 명목론의 한계에 대한 설명이다.

15 ③

제시된 글에서 말하는 '이 조직'은 관료제 조직이다.

㉠ 관료제 조직은 공식적 절차와 규범을 강조하는 조직으로, 비공식 조직의 중요성을 인정하지 않는다.

㉢ 관료제 조직은 공식적 절차와 규범을 강조하므로 업무 수행 결과에 대한 책임 소재가 분명하다는 장점이 있다.

16 ②

㉮ 완전 경쟁 시장, ㉯ 독점적 경쟁 시장, ㉰ 독점 시장, ㉱ 과점 시장

② 독점적 경쟁 시장에서 독점력을 가진 개별 기업은 시장 가격에 어느 정도 영향을 미칠 수 있다.

17 ③

㉮ 직접 금융 시장, ㉯ 간접 금융 시장

① 정기적금은 간접 금융 시장에서 거래되는 대표적인 금융 상품이다.

② 자금 공급자가 자금 거래로 인해 발생하는 위험을 전액 부담하는 것은 직접 금융 시장이다.

④ 자금 공급자의 자금이 어느 기업으로 투자되었는지 알기 쉬운 것은 직접 금융 시장이다.

18 ①

㉠ 중앙은행이 이자율을 인하하면 저축으로 얻을 수 있는 이자 수익이 줄어들게 되므로, 주식이나 부동산에 투자하려는 사람들이 늘어나 주식, 부동산 등의 자산 가격이 상승한다.

㉡ 중앙은행이 이자율을 인하하면 국내보다는 해외 금융 상품에 대한 선호도가 높아져 외화 유출이 발생한다. 그에 따라 환율이 상승하여 수출이 증가하고 수입이 감소하므로, 순수출은 증가한다.

㉢ 중앙은행이 이자율을 인하하면 가계 소비와 기업 투자, 순수출이 증가하여 총수요가 증가한다.

※ 유동성 함정 : 금리를 아무리 낮추어도 투자나 소비 등의 실물경제에 아무런 영향을 미치지 못하는 상태.

19 ④

제시된 내용을 바탕으로 A국의 경상 거래를 정리하면 다음과 같다.

• A국 기업의 상품 수출 20억 달러 → 상품 수지 20억 달러 흑자
• A국 국민의 해외 직접 투자를 통한 배당 소득 50억 달러 수취 → 본원 소득 수지 50억 달러 흑자
• A국 기업이 사용한 해외 저작권 사용료 50억 달러 지급 → 서비스 수지 50억 달러 적자
• B국 국민이 A국 여행에 150억 달러 지출 → 서비스 수지 150억 달러 흑자
• C국의 지진 피해에 대한 응급 복구 비용 100억 달러 지원 → 이전 소득 수지 100억 달러 적자
• D국 기업으로부터 원자재 수입 30억 달러 → 상품 수지 30억 달러 적자

따라서 2017년 경상 수지 합계는 20 + 50 − 50 + 150 − 100 − 30 = 40억 달러 흑자이다.

④ 국제 수지에서 오차 및 누락이 0인 경우 경상 수지와 자본·금융 계정의 합은 0이다. 2016년 A국의 경상 수지가 0으로 제시되었으므로 자본·금융 계정 또한 0이 된다. 2017년의 경우 경상 수지가 +40억 달러이므로 자본·금융 계정은 −40억 달러가 된다. 따라서 2017년 자본·금융 계정은 2016년 대비 40억 달러가 감소하였다.

① 서비스 수지는 +100억 달러로 양의 값을 갖는다.

② 본원 소득 수지와 이전 소득 수지의 합은 −50억 달러이다.

③ 제시된 자료로는 상품 수지의 변화를 알 수 없다.

20 ①

두 재화의 주어진 가격 하에서 X재와 Y재의 수요량이 각각 200개 증가할 때, 각 재화 시장에서 일어나는 변화를 정리하면 아래와 같다.

재화(개)\가격(원)		80	90	100	110	120
X재	수요량	800	700	600	500	400
	변화된 수요량	1,000	900	800	700	600
	공급량	400	500	600	700	800
Y재	수요량	800	700	600	500	400
	변화된 수요량	1,000	900	800	700	600
	공급량	600	600	600	600	600

① 수요량이 증가한 후 Y재의 균형 가격은 120원으로 X재의 균형가격인 110원보다 높아진다.

② 수요량 변화 후에도 거래량이 600개로 동일한 Y재와 달리 X재의 균형 거래량은 600개에서 700개로 증가한다.

③ 수요량이 증가한 후 X재의 판매 수입은 110원 × 700개 = 77,000원이고, Y재의 판매 수입은 120원 × 600개 = 72,000원이다. 따라서 X재의 판매 수입이 Y재의 판매 수입보다 많아진다.

④ 균형 가격 상승률과 판매 수입 증가율이 동일한 것은 공급이 완전 비탄력적인 Y재이다. 즉, 거래량이 600개로 변화가 없기 때문에 가격 상승률과 판매수입 증가율이 동일하다.

2018. 6. 23.
제2회 서울특별시 시행

---

1 ②

상징적인 권위와 실질적인 통치권을 함께 부여하는 ⑺는 대통령제, 그렇지 않은 ⑼는 의원내각제이다.

② 대통령제에서 행정부 수반의 임기는 예외적이고 특별한 경우를 제외하면 엄격히 보장된다.

① 입법권와 집행권의 분리를 강조하는 로크의 2권 분립을 바탕으로 하는 것은 의원내각제이다.

③ 의원내각제의 경우 의회가 행정부 수반을 불신임할 경우 그에 대한 정치적 책임을 지고 사퇴하게 된다. 대통령제에서 대통령은 의회에 대한 정치적 책임을 지지 않는다.

④ 영국과 일본은 의원내각제, 대한민국과 미국은 대통령제를 채택하고 있다.

2 ③

⑺ 사회적 기본권(근로 3권), ⑼ 청구권적 기본권(범죄 피해자 구조 청구권)

㉠ 사회적 기본권은 국민이 생존을 유지하거나 생활을 향상시켜 '인간다운 생활'을 하기 위하여 국가에 대하여 적극적인 배려를 요구할 수 있는 권리이다.

㉡ 청구권적 기본권은 국민이 자신의 권리나 이익이 침해되었을 때나 그 우려가 발생하였을 때 국가에 대하여 적극적으로 일정한 행위를 요구할 수 있는 권리이다.

㉢ 청구권적 기본권은 사회적 기본권과 달리 수단적이고 절차적 권리라는 성격을 가진다.

㉣ 근대 시민 혁명 직후 확립된 기본권은 자유권이다. 사회적 기본권은 1919년 바이마르 헌법에서 처음 등장했으며, 현대적 권리라고 할 수 있다.

3 ④

⑺ 실증적 연구 방법, ⑼ 해석적 연구 방법

① 실증적 연구 방법은 방법론적 일원론의 입장, 해석적 연구 방법은 방법론적 이원론의 입장을 취한다.

② 실증적 연구 방법은 변인 간 법칙 발전, 해석적 연구 방법은 연구 대상자의 내면세계 중시를 목적으로 한다.

③ 실증적 연구 방법은 객관적인 관찰이 가능하다고 본다. 이와 달리 해석적 연구 방법은 연구자의 주관적 가치 개입 가능성이 커 객관적인 관찰이 불가능하다고 본다.

4 ③

③ 자신들의 행위에 대해 정치적 책임을 지는 것은 정당이다. 따라서 C는 정당, B는 시민 단체가 된다. 정당은 정부와 의회를 매개하는 역할을 한다.

① 특수한 이익보다 공익을 추구하는 것은 정당과 시민 단체이다. 따라서 A는 이익 집단이다.

② 노동조합은 이익 집단이므로 ⑺에는 '대표적인 사례로 노동조합을 들 수 있는가?'가 들어갈 수 없다.

④ 사회 문제를 해결하기 위해 자발적으로 결성된 집단은 시민 단체이다.

5 ①

㉠ ⑺ 헌법소원심판, ⑼ 위헌법률심판, ⑽ 정당해산심판

㉡ 위헌법률심판의 제청 주체는 해당 법률을 재판에 적용할지 판단하는 법원이다.

㉢ 상고는 2심법원의 판결에 대하여 불복이 있을 때 대법원에 재판을 청구하는 것이다. 헌법재판소의 심판 결과에 대해서는 대법원에 상고할 수 없다.

㉣ 정당해산심판의 제소권은 정부에 있다.

6 ③

〈보기 1〉의 ○○구는 팀제를 바탕으로 조직을 운영하고 있다.
㉠ 팀제는 탈관료제 중 하나로 분권화된 조직 운영 체계를 가진다.
㉡ 권한이 분권화되어 위계가 수평적으로 변한다.
㉢㉣ 팀제는 주어지는 과업을 중심으로 팀을 조직하여 상황 변화에 유동적으로 대응할 수 있다.

7 ①

(가) 기능론적 관점, (나) 갈등론적 관점
① 기능론적 관점은 사회 불평등을 능력의 차이에 따른 서열화로 보며, 갈등론적 관점은 사회 불평등을 권력이나 배경에 따라 나타나는 것이라고 본다.
② 사회 불평등이 생산 수단의 소유 여부에서 비롯된다고 보는 것은 갈등론적 관점이다.
③ 직업 간 사회적 중요도가 다르다고 보는 것은 기능론적 관점이다.
④ 사회 불평등 현상을 필수 불가결한 것으로 보는 것은 기능론적 관점이다.

8 ②

㉠ (가)는 출생률이 줄어들기 시작하고 사망률은 낮아진 후기 산업 사회이며, (나)는 출생률과 사망률이 모두 낮은 고도 산업 사회에 해당한다.
㉡ 우리나라 1960년대는 산업화가 진행되면서 여성의 사회 진출이 늘어 출생률이 감소하는 (가)에 해당한다.
㉢ 노인층의 비율은 소산소사형 인구 모형을 보이는 고도 산업 사회에서 가장 높게 나타난다.

9 ④

㉠ 〈보기 1〉의 표를 재정리하면 다음과 같다. 따라서 乙국의 상층은 20%, 중층은 60%이므로 ㉠은 80%이다.

계층	갑(甲)국	을(乙)국
중층 + 상층	50%(하층→50%)	㉠
하층 + 상층	70%(중층→30%)	40%(중층→60%)
하층 + 중층	80%(상층→20%)	80%(상층→20%)

㉡ 甲국은 하층이 50%로 인구수가 가장 많다.
㉢ 乙국은 하층 20%, 중층 60%, 상층 20%로, 다이아몬드형 계층 구조를 보인다.
㉣ 총 인구를 알 수 없으므로 비율만으로 두 나라의 상층 인구수를 비교할 수 없다.

10 ③

A는 실질GDP가 최정점을 향해 가파르게 올라가고 있는 시기로, 과열된 경기를 안정화시킬 수 있는 긴축 정책이 요구된다. 재할인율은 중앙은행이 시중은행에 대출할 때 적용하는 금리로, 재할인율이 높아지면 금융기관의 차입이 억제되고 이에 따라 금융기관의 투자 등이 감소한다. 따라서 재할인율 인상은 긴축 통화 정책의 일환으로 과열된 경기를 안정화시킬 수 있다.
①② 확장 재정 정책으로 경기 과열을 부추긴다.
④ 확장 통화 정책으로 경기 과열을 부추긴다.

11 ④

A : 가계, B : 기업, (가) 생산물
④ 정부의 흑자 재정 정책은 세율 인상이나 정부 지출 감소의 형태로 나타나 가계의 소득을 감소시키는 요인으로 작용한다.
① ㉠은 가계에서 생산물 시장으로 흐르는 화폐의 흐름이므로 가계의 소비에 해당한다. 임금, 이자, 지대 등은 생산 요소 시장에서 가계로 들어오는 화폐의 흐름에 해당한다.
② ㉡은 가계 혹은 기업에서 정부로 흐르는 화폐의 흐름으로 세금에 해당한다. 경기가 불황일 경우 정부는 세율을 인하하여 ㉡의 크기가 작아질 것이다.
③ 기업은 생산물 시장의 공급자로 이윤 극대화를 추구한다. 효용 극대화를 추구하는 하는 것은 가계이다.

12 ②

(가) 낙인 이론, (나) 차별적 접촉이론, (다) 아노미 이론
① 사회의 지배적 가치와 규범을 사회화하지 못해서 일탈 행동이 발생한다고 보는 것은 아노미 이론이다. 낙인 이론은 사회의 부정적인 반응에 의해 일탈 행동이 발생한다고 본다.
③ 지배 집단의 기득권 보호를 위한 사회 제도 때문에 일탈 행동이 발생한다고 보는 것은 갈등론적 관점이다.
④ 낙인 이론과 차별적 접촉이론은 미시적 관점에서, 아노미 이론은 거시적 관점에서 일탈 행동을 설명한다.

13 ②

△△도 의회 의원 선거는 광역의회 의원 선거, ㅁㅁ군 의회 의원 선거는 기초의회 의원 선거이다.
② 각 정당의 총 득표율에 따라서 당선자가 결정되는 것은 비례 대표제이다. 가선거구는 득표율 1, 2위에 해당하는 2명의 후보가 모두 당선자로 선출되었으므로 소수 대표제에 해당한다.

① △△도 선거에서 가장 많은 득표를 한 1명만 당선되었음을 알 수 있다. 득표율이 40.3%로 유효 투표 총수의 과반수 혹은 일정 수 이상을 넘지 않음에도 당선된 것으로 보아 '절대 다수 대표제'가 아닌 '단순 다수 대표제(유효 투표를 상대적으로 더 많이 얻은 후보자가 당선인으로 결정됨)'를 채택하였다.

③ 다수 대표제는 한 선거구에서 1인의 당선만 허용하는 '소선거구제'와 함께 한다. 가장 많은 득표율을 보인 1명만 당선되므로 표에 제시된 B당 후보자의 경우처럼 득표율에서 D당 후보자와 많은 차이를 보이고 있지 않음에도 의석을 차지하지 못하는 경우가 발생한다. 따라서 득표율과 의석률의 불일치가 심할 수 있다.

④ 1위와 2위 모두 당선되므로 이 둘 간에 득표율 차이 크다면 투표 가치의 차등 문제가 불거진다.

14 ②

② 각 나라가 재화 1개를 생산하는 데 드는 기회비용을 정리하면 다음과 같다.

구분	甲국	乙국
X재 1개 생산의 기회비용	Y재 1/3개	Y재 1/2개
Y재 1개 생산의 기회비용	X재 3개	X재 2개

따라서 甲국와 乙국이 X재를 교환할 경우 교환 비율은 양국의 기회비용 사이인 Y재 1/3에서 Y재 1/2 사이에서 결정된다.

① 甲국은 X재만 생산할 경우 60개, Y재만 생산할 경우 20개를 생산할 수 있다. 즉, Y재 하나를 생산하기 위한 기회비용으로 X재 3개가 드는 것이다. 따라서 Y재를 15개 생산하려면 X재 45개가 기회비용으로 들게 되고, X재를 최대로 생산할 수 있는 개수는 60개이므로, X재는 15개만 생산이 가능하다.

③ Y재 1개 생산의 기회비용은 甲국이 더 크다.

④ 무역 발생 시 甲국은 비교 우위에 있는 X재를 수출하고, 그렇지 않은 Y재를 수입한다.

15 ③

③ 2016년 甲국은 경제 성장률과 물가 상승률이 모두 +값이다. 물가가 상승하고 실질 GDP(경제성장률)가 증가했으므로 甲국은 전년보다 총수요가 증가하였음을 알 수 있다.

① 2015년 甲국의 경제 성장률이 −값이므로 2014년에 비해 실질 GDP는 감소하였다.

② '명목 GDP 증가율 = 경제 성장률(실질 GDP 성장률) + 물가 상승률'이므로 2015년 乙국의 명목 GDP 증가율은 5.5%이다. 실질 GDP 증가율이 3%이므로 명목 GDP 증가율이 실질 GDP 증가율보다 높다.

④ 2017년 甲국와 乙국은 모두 경제 성장률과 물가 상승률에 +값을 보인다. 따라서 두 나라 모두 총수요가 증가했다.

16 ④

④ 「근로기준법」 제69조(근로시간)에 따르면 15세 이상 18세 미만인 자의 근로시간은 1일에 7시간, 1주에 35시간을 초과하지 못한다. 다만, 당사자 사이의 합의에 따라 1일에 1시간, 1주에 5시간을 한도로 연장할 수 있다. 따라서 이 계약은 근로 시간과 관련하여 「근로기준법」을 위반하였다.

① 「근로기준법」 제60조(연차 유급휴가) 제1항에 따르면 사용자는 1년간 80퍼센트 이상 출근한 근로자에게 15일의 유급휴가를 주어야 한다. B의 근로 기간이 1년 미만이라고 하여도 제2항에 따라 사용자는 계속하여 근로한 기간이 1년 미만인 근로자 또는 1년간 80퍼센트 미만 출근한 근로자에게 1개월 개근 시 1일의 유급휴가를 주어야 한다.

② 「근로기준법」 제16조(계약기간)에는 '근로계약은 기간을 정하지 아니한 것과 일정한 사업의 완료에 필요한 기간을 정한 것 외에는 그 기간은 1년을 초과하지 못한다.'고 명시되어 있지만, 부칙에 의하여 이 조는 2007년 6월 30일까지 유효하다. 따라서 현행 「근로기준법」에서는 계약기간에 대해서는 별도의 제한을 두고 있지 않다고 판단할 수 있다.

③ 「최저임금법」 제6조(최저임금의 효력) 제3항에 따르면 최저임금의 적용을 받는 근로자와 사용자 사이의 근로계약 중 최저임금액에 미치지 못하는 금액을 임금으로 정한 부분은 무효로 하며, 이 경우 무효로 된 부분은 이 법으로 정한 최저임금액과 동일한 임금을 지급하기로 한 것으로 본다. 따라서 B가 임금에 대해 A와 합의했더라도 이는 무효이며, 최저 임금을 요구할 수 있다.

17 ②

(가)는 국제 연합의 안전보장이사회이다. 안전보장이사회는 국제 평화와 안전 유지에 일차적 책임을 진다.

① 국제 연합의 최고 의결 기관은 총회이다.

③ 안전보장이사회는 국제 분쟁에 개입할 때 군사력을 사용할 수 있다.

④ 국제 연합의 사법 기관은 국제사법재판소(ICJ)이다.

18 ③

③④ 甲국의 15세 이상 인구는 변하지 않는데 2016년 고용률은 증가하였으므로 취업자 수가 증가했음을 알 수 있다. 2016년 실업률이 2015년과 동일하므로 취업률 역시 동일한 상황에서(∵ 실업률 + 취업률 = 100%이므로) 취업자 수가 증가했는데 취업률이 그대로인 것은 경제 활동 인구가 증가했음을 의미한다.

'실업률 = $\dfrac{\text{실업자 수}}{\text{경제 활동 인구}} \times 100$'이므로 경제 활동 인구가 증가했는데 실업률이 그대로라면 실업자 수 역시 증가했다고 볼 수 있다. 따라서 2016년 실업자 수는 2015년보다 더 많다.

① 고용률 = $\dfrac{\text{취업자 수}}{\text{15세 이상 인구}} \times 100$이므로 15세 이상 인구가 변하지 않는 상황에서 2014년과 2015년 고용률이 동일하므로 취업자 수 역시 동일하다.

② 2015년 실업률은 전년 대비 낮아졌다. 실업률이 낮아지면 취업률이 높아지는데(∵ 실업률 + 취업률 = 100%이므로), 2014년과 2015년 취업자 수가 동일한 상황에서 취업률이 높아졌다면 경제 활동 인구가 감소한 것이고, 이는 비경제 활동 인구가 증가한 것이라고 볼 수 있다.

19 ③

㉠ 한 개인의 사회적 지위에 대하여 사회적으로 기대되는 행동양식을 역할이라 하는데, 이때 개인이 자신에게 주어진 역할을 수행하는 구체적인 행동을 역할행동이라 한다. 보상은 역할 행동에 따르는 것이다.

㉡ 甲은 자동차 회사 직원이므로 2차적 사회화 기관의 구성원이다.

㉢ 甲은 자동차 회사 직원, 丙의 남편이라는 성취 지위를 갖고 있다.

㉣ 역할 갈등이란 한 사람이 동시에 여러 지위를 갖거나, 한 가지 지위에 대하여 동시에 여러 가지 역할이 기대될 때 나타나는 역할 모순이나 긴장 상태를 이른다. 〈보기 1〉에서는 의견 충돌은 나타나지만 심리적 갈등은 없으므로 역할 갈등 경험은 나타나지 않는다.

20 ①

㈎ 방향의 이동은 수요 감소, ㈏ 방향의 이동은 수요 증가이다. X재가 정상재일 때, 수요 증가의 요인으로는 소득 증가, 인구 증가, 기호 증가, 대체재 가격 상승, 보완재 가격 하락이 있으며, 수요 감소 요인으로는 소득 감소, 인구 감소, 기호 감소, 대체재 가격 하락, 보완재 가격 상승이 있다.

1 ④

조작적 정의란 연구하고자 하는 행동의 구체적인 범위와 한계를 관찰 가능하고 측정 가능한 용어로 기술하는 것이다. 조작적 정의는 실증적 연구방법에서 주로 쓰며 따라서 A와 C는 자료수집방법 중 질문지법과 실험법 중 하나이다. 나머지 B와 D는 면접법과 참여관찰법 중 하나이다.

④ '언어적 상호 작용에 의한 자료 수집이 필수적인가?'라고 할 경우 '예'라고 한 B는 면접법이고 '아니오'라고 한 D는 참여관찰법이다. 참여관찰법은 일상생활에서 나타나는 연구대상의 행동을 관찰하는 자료수집방법이다.

① 인위적으로 통제된 상황에서 변수의 효과를 관찰하는 자료수집방법은 실험법이다.

② '연구자가 현상이 실제로 발생한 현지에서 가서 연구해야 하는가'에 '예'라고 할 경우 A는 참여관찰법이다. 그러나 A는 질문지법과 실험법 중 하나에 해당하므로 참여관찰법이 될 수 없다. 또, 보기 지문의 '대규모 집단을 대상으로 계량화된 자료를 수집하는 자료수집 방법'은 질문지법이다.

③ '시·공간의 제약을 극복할 수 있는가?'에 '예'라고 할 경우 B는 문헌연구법이 된다. 그러나 B는 면접법과 참여관찰법 중 하나이므로 문헌연구법이 될 수 없다.

2 ②

㉠ 기초노령연금 : 공공부조, ㉡ 국민연금 : 사회보험

② 국민연금은 사회보험에 속하는 사회보장 제도로 부담 능력에 따라 납부하는 금액이 달라진다.

① 기초노령연금은 공공부조에 해당하는 사회보장 제도로 소득재분배 효과가 있다. 그러나 보편적 복지가 아닌 선별적 복지에 해당한다.

③ 공공부조는 사후 처방적 성격을 가지며 사회보험은 사전 예방적 성격을 갖는다.

④ 사회보험은 사전 예방적 성격이 강하며 수혜자 부담의 원칙에 따라, 재원을 부담하는 자와 수혜자가 일치한다.

3 ④

보기는 성인들이 학교 부적응 학생들을 문제아로 규정하는 것에 문제의식을 갖고 있는데, 이는 낙인이론에 해당한다.

ⓒ 낙인이론에서는 어떤 한 사람 또는 그의 행위가 다른 사람들에 의해서 '일탈'이라는 낙인 혹은 딱지가 붙으면, 그는 곧 '일탈자'가 된다고 주장한다. 이를 해결하기 위해서는 타인에 대한 신중한 낙인이 필요하다.

ⓔ 낙인이론은 제도·관습·규범·법규 등 사회를 유지하기 위한 기본적인 제도적 장치들이 범죄를 유발한다는 이론이다. 행위 자체의 절대적 속성보다는 일탈자로 규정되는 과정과 일탈의 상대성을 강조한다.

ⓐ 사회적 규범의 통제력 회복은 뒤르켐의 아노미 이론 관점의 해결책에 해당한다.

ⓑ 정상적인 집단과의 교류 추진은 차별적 교제 이론 관점의 해결책에 해당한다.

4 ①

(가)는 안정성이 높은 사회조직으로 관료제고, (나)는 유연성이 높은 사회조직인 탈관료제다.

① 조직의 안정성과 유연성으로 구분하면 두 조직은 확연히 구분되나 공통적으로 효율성을 중요시 여긴다.

② 조직 내 지위가 권한과 책임에 따라 서열화되어 있는 것은 관료제이다.

③ 관료제는 소품종 대량생산 체제에 적합한 사회조직이고, 탈관료제는 다품종 소량생산 체제에 적합한 사회조직이다.

④ 연공서열에 따른 보상체계는 탈관료제보다는 관료제와 밀접하다.

5 ①

(가)는 개별 후보자보다 정당이라는 집단의 결정이 우선한다는 것으로 사회 실재론의 관점이다. (나)는 소속 정당보다는 개인의 능력이나 품성이 중요하다는 것으로 사회 명목론의 관점이다.

① 사회 실재론의 관점은 사회의 합은 개인의 합보다 크다고 본다.

② 사회는 실재하며 개인에게 지속적인 영향력을 미친다고 보는 것은 사회 실재론의 관점이다.

③ 사회문제를 해결하기 위해서 개인의 의식개혁에 중점을 두는 것은 사회 명목론의 관점이다.

④ 사회를 생물유기체에 비유하는 것은 사회 실재론의 관점이고, 개인의 자율성을 중시하는 것은 사회 명목론의 관점이다.

6 ①

이븐 칼둔은 아랍의 베두인족을 중심으로 이슬람 문명의 흥망성쇠를 연구한 결과 유목민과 정착민의 교체가 반복된 것을 증명하였다. 이는 사회변동에 관한 순환론에 해당한다.

① 순환론은 과거 역사 속에서 반복되는 사회 변동을 설명하고 해석하는 데 유리하다. 그러나 미래의 사회 변동을 예측하는 데는 한계가 있다는 비판이 제기된다.

② 문화 상대주의를 부정하고 서구 사회의 지배를 정당화한다는 비판은 사회진화론에 대한 것이다.

③ 변동은 곧 진보를 의미한다고 보는 것은 사회진화론이다.

④ 사회 발전은 변동 속도의 차이는 있지만 일정한 방향으로 변화한다고 주장하는 것은 사회진화론이다.

7 ②

② 을구에는 소유권 이외의 권리인 저당권, 근저당권 등이 기재된다. B은행과 C은행에 근저당을 설정하였으므로 을구에 기재된다.

① 전입신고 기록은 등기부에 기록되지 않으며 등기부 등본 갑구에는 소유권에 관한 사항이 기재된다.

③ 주택이 경매될 경우 을(乙)은 선순위 저당권자인 B은행에 우선할 수 없고, 후순위 저당권자인 C은행에 우선한다.

④ 채무를 변제하지 못한다면 B은행은 A주택을 경매 신청하여 경매대금으로 채무 변제를 할 수 있을 뿐이다. B은행이 A주택을 직접 사용, 수익할 수 없다.

8 ④

④ 지방자치에 관한 사항은 헌법 제117조와 제118조에 규정되어 있으나 보기에는 제시되어 있지 않다.

① 국민주권의 원리는 헌법 제1조 제2항에 나타나 있다.

② 대의제의 원리는 헌법 제41조 제1항에 나타나 있다.

③ 권력분립의 원리는 헌법 제40조, 제66조 제4항, 제101조 제1항에 나타나 있다.

9 ②

(가)는 외화의 공급 감소 요인으로, 환율은 상승한다.

(나)는 외화의 수요 증가 요인으로, 환율은 상승한다.

(다)는 외화의 공급 증가 요인으로, 환율은 하락한다.

(라)는 외화의 수요 감소 요인으로, 환율은 하락한다.

② 환율이 상승하면 외채 상환 부담은 증가하나, (나)는 환율 상승 요인이고, (다)는 환율 하락 요인이다. 따라서, 동시에 상승할 경우에 어떤 효과가 더 큰지에 따라 외채 상환 부담 여부는 달라진다.

① ㉮, ㉯는 환율 상승 요인으로 우리나라의 수출은 증가하고 외국상품의 수입은 감소한다. 이에 따라 경상수지는 개선된다.

③ ㉰, ㉱는 환율 하락 요인이다. 이는 우리나라 수출 상품의 달러 표시 가격이 상승하므로 미국으로의 수출품의 가격 경쟁력은 낮아진다.

④ ㉮는 외환의 공급을 감소시키며 ㉰는 외환의 공급을 증가시킨다. ㉯는 외환의 수요를 증가시키고 ㉱는 외환의 수요를 감소시킨다.

10 ③

국제 사회에서 오래도록 관행이 지속되고 이러한 관행이 국제사회에서의 규범으로 자리 잡혀 비록 성문의 법으로는 제정되지 않았더라도 국제사회의 법규범으로 승인되고 준수될 때, 국제관습법이 된다. 외교관 면책 특권, 국내 문제 불간섭 원칙 등이 대표적이다.

㉠신법 우선의 원칙과 ㉣권리 남용 금지의 원칙은 법의 일반 원칙에 해당한다.

11 ④

㉮에는 인간다운 생활을 할 권리, 행복추구권, 평등권이 결부되어 있고, ㉯는 선거권과 평등권이 쟁점이 되며 ㉰는 평등선거를 나타낸다. 따라서, 보기의 제도는 공통적으로 평등권을 보장하고자 한다. 평등권은 신분, 성별, 재산 등의 이유로 차별받지 않을 권리이다.

① 다른 기본권 보장을 위한 수단적 권리는 청구권적 기본권이다.

② 인간다운 생활을 보장하기 위한 기본권은 사회적 기본권이다.

③ 가장 고전적인 권리로서 방어적 성격의 권리는 자유권적 기본권이다.

12 ②

② 근로자 갑(甲)은 지방노동위원회와 중앙노동위원회의 구제절차를 거치지 않고도 곧바로 해고 무효 확인의 소를 제기할 수 있다.

① 근로기준법 제27조에 따라 사용자가 근로자를 해고하려면 해고사유와 해고시기를 서면으로 통지하여야 한다. 문자메시지로 해고 통보를 하였으므로 절차상의 하자가 있다.

③ 근로기준법 제28조 제1항에 따라 사용자가 근로자에게 부당해고 등을 하면 근로자는 노동위원회에 구제를 신청할 수 있다. 즉, 노동조합이 주체가 될 수 없다.

④ 갑(甲)이 부당해고에 대한 노동위원회의 결정에 이의가 있을 경우 노동위원회의 결정에 대하여 민사소송이 아

닌 행정소송을 제기할 수 있다.

13 ③

③ 본회의에 상정된 법률안은 재적의원 과반수 출석과 출석의원 과반수의 찬성으로 의결된다.

① 법률안은 국회재적의원 과반수가 아닌 국회의원 10명 이상의 찬성으로 발의할 수 있다.

② 발의된 법률안은 국회의장에게 제출되어 소관 상임위원회에서 검토한다. 상임위원회에서 통과된 법률안은 법제사법위원회에서 자구, 체계 등을 심사하여 본회의에 상정된다.

④ 국회 본회의에서 의결된 법률안은 대통령이 거부할 수 있으나, 환부 거부(전부 거부)만 가능하다. 또, 거부된 법률안이 반드시 이의서를 반영하여 수정되어야 하는 것은 아니다.

14 ③

③ ㉢이 생산요소이면, ㉮는 생산요소의 수요자인 기업이므로 이윤의 극대화를 추구한다.

① (가)가 가계이면, ㉠은 노동·토지·자본·경영과 같은 생산요소다.

② (나)가 기업이면, ㉡은 노동·토지·자본·경영의 대가인 임금·지대·이자·이윤이다.

④ ㉣이 생산요소의 대가이면, ㉯는 생산물 시장의 수요자인 가계다.

15 ④

사회적 최적 생산량(80)보다 시장 균형 생산량(50)이 더 작으므로 생산 측면에서 외부경제가 나타나고 있다.

④ 외부 경제의 경우 정부가 보조금을 지급하면 생산자의 생산 비용을 낮출 수 있다. 생산 비용 감소는 공급을 증가시키게 되어 상황을 개선시키게 된다.

① 생산 측면에서 외부 경제가 나타날 경우 사회적 최적 기격(100)보다 시장 균형 가격(㉠)은 더 크다.

② 생산 측면에 있어서 외부 경제가 일어나고 있는 상황이다.

③ 생산 측면에 있어서 외부 경제가 나타날 경우 사적 비용이 사회적 비용보다 크다.

16 ③

필수재로 인식하는 소비자의 비율이 높을수록, 가계의 소비 예산에서 차지하는 비중이 작을수록 수요의 가격탄력성은 비탄력적이다. 따라서 A제품에 대한 갑국 수요의 가격 탄력성은 비탄력적이고 을국은 탄력적이다.

③ 갑(甲)국에서 A제품의 수요의 가격탄력성은 비탄력적이 므로 A제품의 가격이 변화할 때 갑(甲)국의 수요량은 을 (乙)국의 수요량보다 덜 민감하게 나타난다.

① 수요의 가격탄력성이 비탄력적일 경우 가격을 인상하는 것이 기업의 총판매수입을 증가시킨다. 따라서 A제품을 판매하는 기업은 갑(甲)국에서는 가격을 올리는 전략을 통해 기업의 판매 수입을 극대화할 것이다.

② 을(乙)국에서 A제품의 수요의 가격탄력성은 탄력적이다. 따라서 을(乙)국에서 A제품의 수요의 가격탄력성은 1보 다 클 것이다.

④ A제품을 필수재로 인식하는 소비자의 비율이 낮은 을 (乙)국에서 대체재가 더 많을 것이다.

17 ①

A는 위헌정당해산심판, B는 위헌법률심판, C는 탄핵심판, D는 헌법 소원, E는 권한쟁의심판이다.

① 헌법 소원은 권리구제형 헌법소원과 위헌심사형 헌법 소 원이 있다. 권리구제형 헌법소원은 공권력의 행사 또는 불행사로 헌법상 보장된 기본권을 침해당한 자가 청구 하는 헌법소원이다. 위헌심사형 헌법소원은 위헌법률심 판의 제청신청이 법원에 의해 기각된 경우 제청 신청을 한 당사자가 청구하는 헌법소원이다.

② 탄핵심판 결정의 효력은 피소추자는 공직으로부터 파면 되며 민·형사상 책임이 면제되는 것은 아니다.

③ 위헌 정당 해산 심판과 위헌 법률 심판의 경우 헌법 재 판관 7명 이상의 출석과 6명 이상의 찬성이 있어야 한 다. 권한쟁의심판은 헌법 재판관 7명 이상의 출석과 과 반수 이상의 찬성을 요한다.

④ E에 해당하는 것은 권한쟁의심판이다.

18 ④

④ 2018년 갑(甲)국의 경상수지는 적자로 통화량의 감소를 의미한다. 따라서 화폐가치는 상승하게 되고 물가는 하 락한다. 2018년 을(乙)국의 경상수지는 흑자다. 갑(甲)국 과는 반대로 통화량 증가로 인해 화폐가치는 하락하며 물가는 상승한다.

① 상품수지의 경우 2017년은 30억 달러이고 2018년은 20억 달러로 흑자폭이 감소하였다. 그러나 이를 갖고 수출액 이 감소했다고 단정할 수 없다.

② 갑(甲)국의 2018년 경상수지 적자는 외화 유입보다 외화 유출이 더 크다. 이는 을(乙)국 화폐 대비 갑(甲)국의 화 폐 가치를 하락시키는 요인이다.

③ 2017년과 달리 2018년 갑(甲)국의 경상수지는 적자이므 로 외환 보유액이 감소하는 요인이다.

19 ③

ⓒ 경기 침체 시 중앙은행은 국·공채를 매입하여 통화량을 증가시킨다. 통화량의 증가는 이자율을 하락시키므로 가 계 소비와 기업 투자를 증가시키게 된다.

ⓒ 경기 침체 시 정부의 확장 재정 정책과 중앙은행의 확장 통화 정책을 통해 총수요를 증가시킨다.

① 경기 침체 시 정부는 경기 부양을 위해 세율을 인하하는 정책을 시행한다. 세율이 인하될 경우 가계의 가처분 소 득이 증가하여 소비 활성화에 따른 경기 부양 효과가 생 긴다.

② 정부는 지출과 세율을 조절하는 재정 정책을 시행하고 중앙은행은 통화량을 조절하는 통화(금융) 정책으로 경 기 안정화에 나선다.

20 ①

경제적 유인이란 사람들이 특정한 방식으로 행동하도록 동 기를 부여하는 요인이나 제도 등을 의미한다. 이익으로 작 용하여 어떤 행위를 유도하는 것을 긍정적 유인이라고 하 며, 비용으로 작용하여 어떤 행위를 덜 하게 하는 유인을 부정적 유인이라고 한다. 제시문은 호송 도중 죄수들이 사 망하는 문제를 줄일 수 있도록 유도하는 긍정적 유인의 사 례이다. 특허권은 기술 발명을 유도하는 긍정적 유인의 사 례이며 환경 오염세, 쓰레기 종량제, 전력 요금 누진제는 부정적 유인의 사례이다.

2019. 4. 6.
인사혁신처 시행

---

1 ③

직접민주제는 모든 국민이 국정을 논의하고 결정하는 형태 로 국민투표, 국민발안, 국민소환이 대표적이며 우리나라는 국민투표만 인정되고 있다. 한편, 지방자치법은 주민 투표, 주민 소환, 주민 발안제를 규정하고 있다.

① 국민의 대표기관인 국회가 제정한 법률에 기초하여 국가 권력이 행사되는 것은 직접민주제가 아닌 간접민주제(대 의제)에 해당한다.

② 국민소환제란 국민이 대통령이나 국회의원을 임기 만료 전에 투표로 해임할 수 있는 제도로 우리나라에서는 채 택하고 있지 않다.

④ 국회의원 선거권자인 국민 일정 수의 찬성으로 법률 제·개정안을 발의하는 것은 국민발안제로 우리나라에서는 채택하고 있지 않다.

2 ①

선거공영제는 공정한 선거를 위하여 선거에 소요되는 선거비용의 일부를 국가가 부담하고 정부가 선거를 관리하는 제도이다. 선거운동의 과열을 방지하고 후보자 간 선거 운동의 기회 균등을 보장함으로써 선거가 공정하게 치러질 수 있도록 한다. 헌법에서는 선거에 들어가는 경비는 법률이 정하는 바를 제외하고는 정당이나 후보자에게 부담시킬 수 없으며 선거관리위원회의 관리하에 균등한 기회가 보장되어야 한다고 명시하고 있다.

3 ④

사회계약론은 국가권력의 원천을 국민의 동의에 두고 있다. 즉, 국민의 계약에 의해 국가가 성립됐다고 보는 것으로 이는 국가 자체를 목적으로 간주하지 않으며 시민(인민)의 자연권을 보장하기 위한 수단으로 보는 것이다.
④ 홉스는 전부양도설의 입장에서 국민 스스로가 생존을 위해 지배자에게 자연권을 모두 양도했다는 군주 주권론을 주장했다. 루소는 양도 불가설의 입장에서 주권에 대한 양도나 위임이 불가능하고 보는 국민 주권론(직접 민주주의)을 주장했다. 한편, 로크는 부분 양도설의 입장에서 입헌 군주국가(대의 민주정치)를 주장하였다.

4 ②

(가)는 국제사회가 힘을 추구하며 보편적 윤리는 중요한 관심의 대상이 아니라고 보는 현실주의 관점이다. (나)는 국제사회가 인간의 이성과 윤리가 작동하는 사회라고 보는 이상주의(자유주의) 관점이다.
② 현실주의와 이상주의는 국제사회를 바라보는 관점이 다를 뿐, 경제·환경·인권 문제는 두 입장 모두에서 중시한다.
① 현실주의 관점은 국제사회를 무정부 상태에 가깝다고 이해하고 세력균형 전략을 통한 국가안보의 중요성을 강조한다.
③ 이상주의 관점은 국제사회가 보편적인 선이나 국제규범에 의해 지배되고 있다고 주장한다.
④ 국제법과 국제기구를 통해 평화적이고 협력적인 국제사회를 건설할 수 있다고 주장하는 것은 이상주의 관점이다.

5 ④

갑국은 지역구의 경우에 한 표라도 많이 얻은 최고 득표자가 당선되는 소선구거제 다수대표제를 적용하고 있다. 비례대표의 경우, 별도로 정당에 투표하지 않고 지역구 선거 결과에 따라 의석을 배분하고 있다.
④ 갑국은 정당에 투표하지 않고 지역구 선거결과에 따라 의석을 배분하므로, 유권자의 선택권이 제한되는 측면이 있다.
① 지역구 국회의원 선거방식은 소선구거제이며, 이는 군소정당에게 불리한 선거제도다.
② 자신의 지지정당이 후보를 공천하지 않아 어쩔 수 없이 무소속 후보자에게 투표한 사람의 경우, 지역구 선거에서 나타난 표심을 정당에 대한 지지 의사로 의제하여 비례대표 의석을 배분한다고 했으므로 비례대표 국회의원의 선출에 기여하지 못한다는 문제가 발생한다. 이는 보통 선거 원칙이 아니라 평등 선거 원칙에 위배된다.
③ 지역구 국회의원 선거방식은 다수대표제(한 선거구에서 최고 득표자 한 명만 선출)이며, 소수대표제와 비교하여 선거비용이 적게 들며 당선자 결정 방식이 단순하다.

6 ②

② 우리나라의 조약 체결권은 대통령에게 있다. 다만 헌법 제60조 제1항에 따라 상호원조 또는 안전보장에 관한 조약, 중요한 국제조직에 관한 조약, 우호통상항해조약, 주권의 제약에 관한 조약, 강화조약, 국가나 국민에게 중대한 재정적 부담을 지우는 조약 또는 입법사항에 관한 조약의 체결·비준에 대해서는 국회의 동의를 필요로 한다.
① 헌법 제6조 제2항에 따라 외국인은 국제법과 조약이 정하는 바에 의하여 그 지위가 보장된다.
③ 헌법 제73조에 따라 대통령은 조약에 대한 체결·비준권을 가진다.
④ 헌법 제6조 제1항에 따라 헌법에 의하여 체결·공포된 조약은 국내법과 같은 효력을 가진다.

7 ①

유추 해석 금지의 원칙은 형벌과 관련하여 법률에 규정이 없는 상황에 대해 그것과 유사한 성질을 갖는 사항에 관한 법률을 적용해서는 안 되며, 수사기관, 재판기관의 자의적 해석을 금지하는 원칙이다. 제시문에서 사기업체의 대표이사가 아닌 실제 경영자를 고용주로 해석하는 것은 죄형법정주의의 내용 중 하나인 유추 해석 금지 원칙에 어긋난다.

② 적정성의 원칙은 범죄행위와 형벌 간에는 적당한 균형이 맞아야 한다는 원칙이다.

③ 관습 형법 금지 원칙은 법관이 적용할 형벌에 관한 법은 국회에서 제정한 성문의 법률뿐이고 관습법과 같은 불문법에 적용해서는 안 된다는 원칙이다.

④ 소급효 금지 원칙은 형벌 법규는 그 시행 이후에 이루어진 행위에 대해서만 적용되고, 시행 이전의 행위에까지 소급하여 적용할 수 없다는 원칙이다.

8 ③

부당노동행위란 사용자가 정상적인 근로자의 노동조합 운동이나 운영을 방해하는 행위를 의미한다. 부당노동행위 유형에는 불이익대우, 황견계약(비열계약), 단체교섭 거부, 노동조합 조직ㆍ운영에 대한 지배ㆍ개입 및 노동조합 운영비 원조 등이 있다.

① 근로자가 노동조합에 가입한 것을 이유로 사용자가 해고한 것은 불이익대우로 부당노동행위에 해당한다.

② 노동조합 대표자가 사용자에게 단체 교섭을 요구했지만 사용자는 정당한 이유 없이 이를 거부할 경우 단체교섭 거부로 부당노동행위에 해당한다.

④ 근로자가 노동조합에 가입하지 않을 것을 고용 조건으로 회사에 입사하도록 한 것은 황견계약(비열계약)으로, 부당노동행위에 해당한다.

9 ③

③ 과잉금지원칙이란 침해가 적절한 수준에서 이루어져야 한다는 것으로 침해하는 목적의 정당성, 수단의 적합성, 피해의 최소성, 법익의 균형성을 심사하여 결정하게 된다.

① 참정권은 국정에 참여할 수 있는 능동적 권리로 선거권, 공무담임권(피선거권, 공직 취임권) 등이 이에 속한다.

② 헌법 제37조 제1항에 따라 국민의 자유와 권리는 헌법에 열거되지 아니한 이유로 경시되지 아니한다.

④ 헌법 제37조 제2항에 따라, 국민의 모든 자유와 권리는 국가안전보장ㆍ질서유지 또는 공공복리를 위하여 필요한 경우에 한하여 법률로써 제한할 수 있으며, 제한하는 경우에도 자유와 권리의 본질적인 내용을 침해할 수 없다.

10 ④

④ 계약 만료 전 임대인은 6개월에서 1개월까지, 임차인은 1개월 전까지 별도의 의사표시를 하지 않는다면 종전의 임대차계약과 동일한 조건으로 갱신되는데, 이를 묵시적 갱신이라 한다.

① 임차인이 대항력을 갖추기 위해서는 임차인이 주택을 인도받아(점유) 주민등록을 마치거나 전입신고를 해야 한다. 갑은 주민등록이 되어있지 않으므로 자신의 임차권으로 제3자에게 대항할 수 없다.

② 임차인의 보증금 우선 변제권은, '점유+주민등록+확정일자'를 필요로 한다. 을은 확정일자를 받지 않았으므로 우선 변제를 받을 수 없다.

③ 주택임대차보호법에 따라 임대차 기간을 정하지 않았거나 2년 미만으로 정한 경우 2년 계약한 것으로 보아 최소 2년 이상 거주할 수 있도록 하고 있다.

11 ②

근대화 과정을 설명하는 주요 이론으로 종속 이론과 근대화론이 있다. A이론은 세계 자본주의 체제가 중심부와 주변부로 구성된다고 가정하는 '종속이론'이다. 1960년대에 들어 라틴 아메리카 대륙의 학자들이 라틴 아메리카의 발전 문제를 다루면서 제시한 이론이다. B이론은 '근대화론'으로 밑줄 친 나의 관점은 곧 근대화론이다.

㉠ 근대화론에서 전통은 발전에 대한 장애 요인이므로 이를 철폐해야 함을 주장한다.

㉢ 근대화론은 사회진화론에 바탕을 두고 모든 사회가 일정한 단계를 거쳐 발전한다고 주장한다.

㉡ 근대화론에서 근대화는 곧 서구화다. 즉, 서구 사회가 동양 사회보다 우월한 사회임을 간주한다.

㉣ 종속이론에서는 자국 산업을 중심으로 독자적인 발전을 도모해야 함을 주장한다.

12 ④

사회 계층화 현상을 설명하는 이론 중 A이론은 지위 불일치의 가능성을 인정하는 '계층 이론'이다. 내부 구성원 간의 귀속 의식을 강조하는 B 이론은 '계급 이론'이다.

④ 계급 이론은 경제적 요인만으로 사회계층을 구분하므로 정치적 불평등이 경제적 불평등에 종속되는 것으로 본다.

① 계층이 불연속적으로 구분되어 있다고 보는 것은 계급 이론이다.

② 사회 불평등 현상을 계급(경제적인 부), 사회적 지위, 정치적 권력의 다원적 관점에서 이해하는 것은 계층 이론이다.

③ 사회 불평등 현상으로 계층 이론은 경제적 요인 외에도 다른 요인을 고려한다. 계급 이론은 생산 수단의 소유 유무라는 경제적 요인만으로 사회계층을 구분한다. 따라서 두 이론 모두 경제적 요인이 작용한다.

13 ④

일탈 행동은 학습의 결과이며, 기존의 일탈자와의 의사소통을 통해 발생한다고 보는 이론은 '차별적 교제 이론'이다. 차별적 교제 이론에서는 일탈자와의 접촉을 차단하고, 정상적인 집단과의 교류를 통해 일탈 행동을 억제할 수 있다고 본다.

① 문화적 목표를 달성할 수 있는 제도화된 수단의 제공을 강조하는 것은 머튼의 아노미 이론이다.

② 급격한 사회변동에 따라 지배적인 규범의 부재로 일탈 행동이 발생한다고 보는 것은 뒤르켐의 아노미 이론이다.

③ 일탈 행동의 해결 방안으로 사회구조의 근본적인 변혁을 강조하는 것은 갈등 이론이다.

14 ③

제시문은 서구 자본주의의 발전을 프로테스탄티즘 윤리에서 찾는 것으로(사회이념이 개인행동에 영향을 미침), 개인과 사회의 관계를 바라보는 관점 중 사회 실재론의 관점에 해당한다.

③ 개인은 자유의지에 따라 행동하며 사회는 개인의 목표를 증진시켜 주는 도구에 불과하다고 보는 것은 사회 명목론적 관점이다.

① 사회는 개인들로 환원될 수 없는 독자적인 특성을 가진 실체라고 보는 것은 사회 실재론의 관점이다.

② 한 사회의 제도나 이념 등이 개별 구성원의 의식과 행동을 구속한다고 보는 것은 사회 실재론의 관점이다.

④ 사회의 구조적 특성을 강조하면서 사회 구성원은 전체를 구성하는 부분으로 이해하는 것은 사회 실재론적 관점이다.

15 ②

② 조작적 정의란 행동 발생에 대한 관찰자 간의 불일치를 최소화시키기 위하여 연구하고자 하는 행동의 구체적인 범위와 한계를 관찰 가능하고 측정 가능한 용어로 기술하는 것이다. '○대학 내 사회적 관계의 정도'는 추상적 개념이므로 이를 측정할 수 있는 형태인 '◎과거 6개월 간 동아리 활동 참여 횟수'로 정의한 것이다.

① '대학 내 사회적 관계의 정도(○)'가 독립변수, '대학 생활에 대한 만족도(㉠)'가 종속변수이다.

③ 모집단은 우리나라 대학생 전체다. ㉣, ㉥은 모집단 중에서 표본 집단을 선정한 것이다.

④ 실험법에서는 실험 처치가 가해지는 실험집단과 그렇지 않는 통제집단으로 구분하여 실험결과를 비교한다. 제시된 사례는 질문지법이므로 실험집단과 통제집단의 개념이 존재하지 않는다.

16 ①

① 화살표가 화폐의 흐름이라면 (가)는 생산물 시장에 대가를 지불하고 재화와 서비스를 구매하는 '가계'로, 생산물 시장의 수요자다.

② 화살표가 실물의 흐름이라면 (나)는 생산요소인 노동, 토지, 자본 등을 생산요소 시장에 제공하는 '가계'다. 가계는 소비 활동의 주체다.

③ (나)가 생산물 시장의 공급자라면 이는 '기업'이고 (가)는 '가계'가 된다. ㉠은 재화와 서비스를 구매하기 위한 소비 지출이다.

④ (가)가 소비활동의 주체라면 이는 '가계'이고, (나)는 '기업'이며 기업은 이윤 극대화를 추구한다.

17 ③

③ Y재는 공급의 가격 탄력성이 0이므로 완전 비탄력적인 수직 형태다. Y재의 공급이 증가하면 거래량은 증가하게 되고 가격은 하락한다.

① X재 공급의 가격 탄력성은 무한대의 값으로 완전 탄력적이라는 것을 의미한다.

② X재 공급의 가격 탄력성이 완전 탄력적이므로 공급 곡선은 수평이다. 따라서 수요가 증가하면 가격의 변화는 없고 거래량만 증가하게 된다.

④ X재는 수요가 증가할 경우 가격 변화는 없고 거래량만 증가한다. Y재의 경우 수요가 증가할 경우 거래량은 변화가 없고 가격만 상승하게 된다.

18 ②

② 총공급이 감소하면 물가는 상승하고 실질 GDP는 감소한다. 총공급이 증가하면 물가는 하락하고 실질 GDP는 증가한다. 즉, 물가와 실질 GDP는 서로 반대 방향으로 움직인다.

① 스태그플레이션은 경기 침체에도 불구하고 물가가 오히려 오르는 현상으로 총공급이 감소할 때 나타난다.

③ 원자재의 가격이 상승할 경우 생산비 증가로 총공급은 감소한다. 이 때, 총공급 곡선은 왼쪽으로 이동한다.

④ 총수요와 총공급이 모두 증가할 경우 실질 GDP는 증가한다.

19 ①

정부나 중앙은행이 경제 안정화나 경제 성장을 위하여 통화량과 이자율을 조절하는 정책을 통화 정책이라 한다. 경기 과열 시에는 통화량을 감소시켜 이자율을 높여야 한다. 이를 위해서는 국·공채를 매각하거나, 재할인율 및 지급준비율을 인상하는 방법 등이 있다.

20 ③

T기는 국제무역이 이루어지기 전의 시장 상황을 나타내고, T+1기는 국제 가격인 P_1에서 자유무역이 이루어지는 상황을 나타낸다. T+2기는 국제 가격에 관세를 붙인 P_2에서 무역이 이루어지는 상황이다.

ⓛ 갑국 정부의 관세 수입은 수입물량인 $Q_2 Q_3 \times P_1 P_2$로 'g+h'다.

ⓒ 자유무역이 이루어지던 T+1기에 비해 T+2기에는 f+i만큼의 사회적 후생 손실이 발생한다.

ⓐ T기는 시장을 개방하지 않았던 시기로 사회적 잉여는 'a+b+e+j'다. T+1기는 사회적 잉여가 'a+b+c+d+e+f+g+h+i+j'로 증가한다. 따라서, T기에 비해 T+1기에 증가된 갑국의 사회적 잉여는 'c+d+f+g+h+i'이다.

ⓔ T+2기의 갑국의 생산자 잉여는 e+j로 과거 T+1기의 j에 비해 e만큼 증가한다.

2019. 6. 15.
제1회 지방직 시행

1 ④

④ 현행 국회의원 선거에서는 최다 득표자를 당선인으로 결정하는 상대 다수 대표제를 채택하고 있다.

① 선거구 법정주의란 특정 정당이나 인물이 유리하도록 선거구가 정해지는 것을 방지하기 위해 선거구를 법률로 정한 것을 말한다. 헌법 제41조 제3항에서 이를 규정하고 있다.

② 공직선거법 제38조에 따라 선상에서 FAX를 사용하여 투표지를 선거관리위원회에 전송하여 투표하는 방식인 선상투표 제도를 시행하고 있다.

③ 비례대표 의석은 비례대표 국회 의원선거에서 유효 투표 총수의 3% 이상을 득표하였거나 지역구 국회 의원선거에서 5석 이상의 의석을 차지한 정당에 대하여 각 정당의 득표율에 따라 배분한다.

2 ②

(가)는 자연 상태를 투쟁과 죽음의 공포로 보고 있는 홉스의 사회계약론이다. (나)는 일반 의지를 형성하고 국가를 만들어야 함을 주장한 루소의 사회계약론이다. (다)는 불안정한 상태를 예방하고 자유와 평등을 안전하게 보장하기 위해 국가를 만들었다고 보는 로크의 사회계약론이다.

② 루소는 개인의 직접적인 정치 참여형태인 직접 민주 정치를 옹호하였다.

① 홉스는 절대군주제를 주장하였다.

③ 로크는 자연권을 침해한 정부에 대한 저항권을 인정하였다.

④ 국민주권론은 루소(직접 민주 정치)와 로크(대의 민주정치)가 주장하였다.

3 ①

① 유럽연합은 유럽의 정치·경제 통합을 실현하기 위한 공동체로 기능적 범위가 제한적이지 않고 포괄적인 국제기구다.

② 국제연합은 국가를 구성원으로 하여 창설된 정부 간 국제기구이나 국제사면위원회는 개인 또는 민간단체를 가입 대상으로 하는 비정부 간 국제기구다.

③ 여러 나라에 계열회사를 두고 국제적 생산·판매 활동을 하는 다국적 기업은 국제사회의 행위주체다.

④ 전직 국가원수나 저명 예술가의 경우 개인이더라도 국제사회에 영향을 미칠 경우 국제사회의 행위주체가 될 수 있다.

4 ④

④ 국회에서 탄핵 소추를 의결하면 헌법재판소가 심판한다.

① 정부에 이송된 법률안에 대해 대통령은 15일 이내에 이의서를 붙여 환부하고 재의를 요구할 수 있다.

② 재의 요구된 법률안은 국회 재적의원 과반수의 출석과 출석의원 3분의 2 이상의 찬성으로 의결하면 법률로써 확정된다.

③ 일반사면은 대통령령으로 죄의 종류를 정하여 행하며, 국무회의의 심의를 거쳐 국회의 동의를 얻어야 한다.

5 ②

② 헌법 제5조 제1항에 따라 대한민국은 국제평화의 유지에 노력하고 침략적 전쟁을 부인한다.

① 국민은 항구적인 세계평화와 인류공영에 이바지함을 헌법 전문에 규정하고 있다.

③ 헌법 제6조 제2항에 따라 외국인은 국제법과 조약이 정하는 바에 의하여 그 지위가 보장된다.

④ 헌법 제6조 제1항에 따라 헌법에 의하여 체결·공포된 조약과 일반적으로 승인된 국제법규는 국내법과 같은 효력을 가진다.

6 ②

② 갑에게는 재산 분할 청구권이 인정되므로 결혼 생활 중 공동으로 마련한 재산에 대해 분할을 청구할 수 있다.

① 이혼숙려기간은 협의 이혼의 경우에만 적용되며 재판상 이혼에는 적용되지 않는다.

③ 을은 혼인관계의 파탄에 책임이 있는 갑에 대해 손해배상을 청구할 수 있다.

④ 이혼 시 자녀를 양육하지 않는 부 또는 모는 면접교섭권을 가진다.

7 ③

(가)는 '사회법'으로, 자본주의 사회의 폐단을 시정하기 위해 국가가 개인 또는 집단관계에 적극적으로 개입하여 국민의 생활과 기업의 노사 관계를 규제하고 조정하는 일련의 작용을 법에 규정하게 되었는데 이러한 법을 사회법이라 한다. 노동법(근로기준법), 경제법(독점규제 및 공정거래에 관한 법률, 소비자기본법), 사회보장법(사회보장기본법)이 대표적인 사회법이다.

8 ②

② 위헌심사형 헌법소원이란 위헌법률심판의 제청신청이 법원에 의해 기각된 경우 제청신청을 한 당사자가 청구하는 헌법소원이다. 만약 법원에서 위헌법률심판제청 신청이 기각될 경우 홍길동은 헌법재판소에 위헌심사형 헌법소원심판을 제기할 수 있다.

① 위헌법률심판제청은 재판 당사자(홍길동)가 법원에 신청한다.

③ 헌법재판소법 제47조에 따라 위헌으로 결정된 법률 또는 법률조항은 결정이 있는 날로부터 효력을 상실한다.

④ 권리구제형 헌법소원은 공권력의 행사 또는 불행사로 헌법상 보장된 기본권을 침해 당한 자가 청구하는 헌법소원이다. 홍길동이 권리구제형 헌법소원을 거친 후에 위헌법률심판제청 신청서를 제출해야 하는 것은 아니다.

9 ④

배상명령이란 형사재판 과정에서 민사소송절차를 접목시킨 것으로 형사사건의 피해자에게 손해가 발생한 경우 법원의 직권 또는 피해자의 신청에 의해 신속하고 간편한 방법으로 피고인에게 민사적 손해배상을 명하는 절차로서 「소송촉진 등에 관한 특례법」에 따라 규율된다.

① 범죄피해자구조제도는 타인의 범죄행위로 생명·신체에 피해를 받은 국민이 국가로부터 구조를 받을 수 있는 제도다.

② 형사보상제도는 국가의 형사절차상의 과오로 형사피의자 또는 형사피고인이 입은 정신적, 물질적 피해를 국가가 보상하는 제도를 의미한다.

③ 국가배상제도는 국민이 공무원의 직무상 불법 행위로 피해를 입었을 때에 국가 또는 공공단체에 그 피해에 대한 배상을 청구할 수 있는 제도다.

10 ③

(가)는 직업선택의 자유로 자유권에 해당한다.

(나)의 공무담임권은 참정권에 해당한다.

(다)의 청원권은 청구권에 해당한다.

③ 청구권은 다른 기본권이 침해되었을 때 또는 침해될 우려가 있을 때 이를 구제 또는 보상받을 수 있는 권리이기 때문에 '기본권 보장을 위한 기본권' 또는 '절차적 기본권'으로서 수단적 성격이 강하다.

① 자유권은 국민이 자유로운 생활을 영위할 권리이며 소극적이고 방어적인 권리이다.

② 현대 복지국가 헌법에서 등장한 권리는 사회권이다.

④ 헌법 제37조 제2항에 따라 국민의 모든 자유와 권리는 국가안전보장·질서유지 또는 공공복리를 위하여 필요한

경우에 한하여 법률로써 제한할 수 있으며, 제한하는 경우에도 자유와 권리의 본질적인 내용을 침해할 수 없다.

11 ④

A는 '전체문화'로, 한 사회의 구성원 대부분이 공유하는 문화이다. 그 사회의 가장 기본이 되는 가치와 이념이 행동이나 상징으로 표현되는 것이기 때문에 그 사회 구성원들에게 대체로 이질감이나 거부감 없이 받아들여지는 문화이다. B는 '하위문화'로, 특정집단에서 독특하게 나타나는 문화, 즉 한 사회 내의 여러 집단이 각각 자기집단 구성원들끼리만 공유하는 문화를 말하며 부분문화라고도 한다.

ⓒ 사회 변화에 따라 하위문화가 한 사회의 구성원 대부분이 공유하는 문화인 전체 문화가 될 수 있다.

ⓔ 하위문화는 전체문화가 추구하는 가치와 다른 가치를 추구하기도 하는데 반문화가 대표적인 예다. 반문화란 어떤 집단의 문화가 그 사회의 지배적인 문화에 정면으로 반대하거나 가치가 대립될 때 일반적으로 쓰는 하위문화와 구분하기 위해 쓰는 개념이다.

ⓐ 하위문화는 전체문화에 포함되어 전체문화의 영향을 받게 된다. 그러나 한 사회 내에 존재하는 하위문화의 총합이 전체문화인 것은 아니다.

ⓑ 하위문화가 있음으로 인해 제도의 융통성과 사회생활에 유연성을 주며, 개인에게 선택의 기회를 넓혀 준다. 즉, 문화적 다양성을 형성한다. 그러나 하위문화가 너무 많으면 전체 사회의 규범이 약화될 수 있다.

12 ④

사회보험과 공공부조는 금전적 지원을 원칙으로 하고 사회 서비스는 재활, 사회복지시설 이용 등을 제공한다. 따라서 '금전적 지원을 원칙으로 하는가'에 '아니오'로 답한 A는 사회 서비스다. '강제 가입을 원칙으로 하는가'에 '예'로 답한 C는 사회보험이고 '아니오'라고 답한 B는 공공부조다.

④ 국가와 지방자치단체가 비용을 전액 부담하는 사회 보장 제도는 공공부조다.

① 사회 서비스는 상담, 재활, 돌봄 등을 통하여 국민의 삶의 질이 향상되도록 지원한다.

② 공공부조는 생활 유지 능력이 없거나 생활이 어려운 국민들을 대상으로 한다. 사회보험은 근로자를 포함하여 일정 조건의 모든 국민을 대상으로 한다. 따라서 공공부조는 사회보험에 비해 수혜 대상자의 범위가 좁다.

③ 공공부조는 국가나 공공기관이 비용을 전액 부담하여 저소득층에게 혜택을 주기 때문에 사회보험에 비해 소득 재분배 효과가 크다.

13 ①

B는 소품종 소량 생산은 농업사회를 나타낸다. 정보 확산의 시간·공간적 제약 정도가 낮고 사회의 다원화 정도가 가장 높은 C는 정보 사회에 해당한다. 나머지 하나인 A는 산업 사회가 된다.

① 산업 사회에서는 노동력과 자본이 생산의 중심이 되고, 농업 사회에서는 토지와 노동력이 생산의 중심이 된다.

② 산업 사회에서는 제조업이 차지하는 비중이 가장 크다.

③ 인간관계에서 면대면 접촉이 차지하는 비중은 '농업 사회(B) 〉 산업 사회(A) 〉 정보 사회(C)' 순으로 나타난다.

④ 산업 사회에서는 소품종 대량 생산방식이 일반화되고, 정보 사회에서는 다품종 소량 생산방식이 보편화된다.

14 ③

사회·문화 현상의 일반적인 경향성이나 이론을 발견하려는 입장인 (가)는 실증적(양적) 연구 방법이다. 사회·문화 현상에서 행위자의 의미와 동기를 파악하려는 입장인 (나)는 해석적(질적) 연구 방법이다.

③ 인과관계를 통한 법칙 발견이 용이한 것은 실증적 연구 방법이다.

① 일기나 편지 등 비공식적 자료를 주로 활용하는 것은 해석적 연구 방법이다.

② 방법론적 일원론은 사회·문화 현상의 탐구와 자연 현상의 탐구가 비슷하다고 보는 관점으로 실증적 연구방법의 관점이다. 방법론적 이원론은 사회·문화 현상의 탐구와 자연 현상의 탐구가 서로 다르다고 보는 관점으로 해석적 연구방법의 관점이다.

④ 개념의 조작적 정의는 연구하고자 하는 행동의 구체적인 범위와 한계를 관찰 가능하고 측정 가능한 용어로 기술하는 것이다. 이는 실증적 연구 방법에서 중시한다.

15 ①

(가)는 다른 사람들의 부정적 시선으로 일탈자가 될 수 있다고 보는 '낙인 이론'이다. (나)는 문화적 목표와 이를 달성하기 위한 수단과의 괴리로 일탈 행동이 일어난다고 보는 '머튼의 아노미 이론'이다. (다)는 범죄 기술을 학습하고 일탈자가 된다고 보는 '차별적 교제 이론'이다.

① 낙인 이론은 제도·관습·규범·법규 등 사회를 유지하기 위한 기본적인 제도적 장치들이 범죄를 유발한다는 본다. 이는 일탈을 규정하는 절대적 기준이 없다고 보는 것으로 일탈 행동의 상대성을 강조한다.

② 낙인 이론은 사회 구성원들의 상호 작용을 분석하는 미시적 관점을 취한다. 머튼의 아노미 이론은 기능론적 관점에 입각한 거시적 관점을 취한다.

③ 개인의 욕구와 행동을 조정하는 기준이 되는 지배적 규율이 없기 때문에 일탈이 발생한다고 보는 것은 뒤르켐의 아노미 이론이다.

④ 일탈 행동이 어떠한 과정을 거쳐 학습되고 반복되는지에 주목하는 것은 차별적 교제 이론이다.

16 ②

② 수평축은 수요량을, 수직축은 가격을 각각 나타낸다고 할 때 수요의 가격 탄력성이 무한대이면 수요 곡선은 수평이 된다. 수요 곡선이 수직인 것은 수요의 가격 탄력성이 0인 경우다.

① 수요의 가격 탄력성이 0이면, 가격이 변화할 때 수요량의 변화율이 0%이므로 수요량은 변하지 않는다.

③ 공급의 가격 탄력성은 공급량의 변화율을 가격의 변화율로 나눈 값이다.

④ 공급의 가격 탄력성이 탄력적이면 가격 변화율보다 공급량의 변화율이 크다는 것을 나타낸다. 따라서 가격이 1% 상승할 때 공급량은 1%보다 더 크게 상승한다.

17 ③

갑국과 을국에서 각 재화 1개 생산의 기회비용은 다음과 같다.

구분	X재 1개 생산의 기회비용	Y재 1개 생산의 기회비용
갑국	Y재 80/100개($=\frac{4}{5}$개)	X재 100/80개($=\frac{5}{4}$개)
을국	Y재 60/90개($=\frac{2}{3}$개)	X재 90/60개($=\frac{3}{2}$개)

③ 갑국이 교역 이익을 얻기 위해서는 비교우위에 있는 Y재 1개를 생산해서 얻는 이익이 그 기회비용 X재 $\frac{5}{4}$개보다 커야 한다(Y재 1개 > X재 $\frac{5}{4}$개).

또, 을국의 입장에서는 특화 상품 X재 1개를 생산해서 얻는 이익이 Y재 $\frac{2}{3}$개보다 커야 한다(X재 1개 > Y재 $\frac{2}{3}$개). X개 1개를 기준으로 양국이 모두 이익을 얻을 수 있는 교역 범위를 나타내 보면, 'Y재 $\frac{2}{3}$개 < X재 1개 < Y재 $\frac{4}{5}$개'이다. X재 1개당 Y재 $\frac{11}{15}$개는 교역 범위 안에 있으므로 교역이 가능하다.

① X재 생산의 기회비용은 을국(2/3개)이 갑국(4/5개)보다 작다.

② 갑국은 Y재 생산에 비교 우위가 있고, 을국은 X재 생산에 비교 우위가 있다.

④ 양국이 비교 우위를 가진 재화에 특화할 경우 갑국은 Y재를, 을국은 X재를 각각 생산한다.

18 ②

• GDP 디플레이터 $= \dfrac{\text{명목}GDP}{\text{실질}GDP} \times 100$

GDP 디플레이터는 물가 수준을 나타내는 지표로서 GDP 디플레이터를 연도별로 구해보면 2016년 100, 2017년 100, 2018년 110이다.

② 2016년에 비해서 2017년의 실질GDP가 증가하였으므로 생산량은 증가하였다.

① 2016년과 2017년의 GDP디플레이터가 동일하므로 물가는 같다.

③ 2018년의 물가 수준은 2016년에 비해서 GDP디플레이터가 크므로 물가는 상승하였다.

④ 2018년에는 2017년에 비해서 실질GDP가 감소했으므로 2018년의 생산량은 2017년에 비해 감소하였다.

19 ④

• 경제활동참가율 $= \dfrac{\text{경제활동인구}}{15\text{세 이상 인구}} \times 100$

• 고용률 $= \dfrac{\text{취업자 수}}{15\text{세 이상 인구}} \times 100$

• 실업률 $= \dfrac{\text{실업자 수}}{\text{경제활동 인구}} \times 100$

15세 이상 인구를 100명으로 가정하고, 고용률이 60%라는 의미는 취업자가 60명이라는 의미와 같다. 경제활동참가율은 15세 이상 인구 중에서 차지하는 취업자와 실업자의 비율이므로 실업자는 20명이다. 실업률은 취업자와 실업자(80명)에서 차지하는 실업자(20명)의 비율로 25%다.

20 ③

③ 연간 소득이 3,000만 원인 사람의 2017년의 소득세액은 350만 원(2,000만 원×5%+1,000만 원×25%)이다. 2018년의 소득세액은 400만 원(2,000만 원×10%+1,000만 원×20%)으로 2017년에 비해서 증가하였다.

① 소득세의 부과 방식은 2017년과 2018년 모두 소득이 증가함에 따라 세율이 높아지는 누진세가 적용되었다.

② 연간 소득이 2,000만 원인 사람의 2017년의 소득세액은 100만 원이고, 2018년의 소득 세액은 200만 원이다. 2018년에는 2017년에 비해 100% 증가하였다.

④ 연간 소득이 6,000만 원인 사람의 소득세액이 2,000만 원인 사람의 소득 세액의 3배가 되려면 비례세가 적용된 경우여야 한다. 누진세가 부과된 경우에는 3배보다 더 커지게 된다.

2019. 6. 15.
제2회 서울특별시 시행

---

1 ②

(가)에서 수기 내용을 분석하는 것은 자료수집방법 중 문헌연구법에 해당한다. (나)에서 근로자들과의 대화를 통해 깊이 있게 조사한 것은 면접법이다. (다)에서 근로자들과 함께 생활하면서 관찰한 것은 참여관찰법에 해당한다. (라)의 질문지를 통한 조사는 질문지법이다.

② 면접법은 '대화'를 통해, 참여관찰법은 '참여와 관찰'을 통해 정보를 수집하기 때문에 문맹자에게 사용할 수 있다.

① 문헌연구법은 양적 자료와 질적 자료 모두를 분석대상으로 한다.

③ (나)의 면접법은 상황에 따라 질문의 순서 및 내용을 달리 할 수 있고, 추가 질문을 하는 등 유연성을 높일 수 있다.

④ (나)의 면접법은 대화가 매개가 되며, (라)의 질문지법은 질문지가 매개가 된다. 두 방법 모두 언어의 의미 이해가 바탕이 된다.

2 ④

낙후된 국가의 빈곤 문제를 종속에 의한 저발전의 심화로 설명하는 '갑의 이론'은 종속이론이다. 따라서 근대화를 설명하는 또 다른 이론 ㉠은 근대화론이다. ㉡은 서구 선진국에 의해 주도된 이론(근대화론)에 대한 비판으로 주목을 받으며 등장했다. 이는 낙후된 빈곤 문제를 종속에 의한 저발전의 심화로 보는 종속 이론에 해당한다.

④ 근대화론은 서구화를 이상적인 모습으로 제시함으로써 각 국가가 다양한 경로를 거쳐 발전할 수 있음을 부정한다.

① 근대화론은 사회 변동 방향과 관련하여 진화론을 기초로 한다.

② 종속이론은 낙후된 국가의 저발전의 원인을 중심부와 주변부라는 외부(국제)의 관점에서 밝히고 있다.

③ 종속이론은 중심부 국가인 선진국과의 종속 관계에서 벗어나 주체적 발전을 해야 함을 강조한다.

3 ③

③ 경쟁보다 형평성을 중시하는 것은 계획 경제 체제다. B가 시장 경제 체제라면 '아니요'가 옳은 설명이다.

① 기본적인 경제 문제는 시장 경제 체제와 계획 경제 체제 모두에서 발생할 수 있다.

② 정부의 계획에 의한 자원 배분을 강조하는 것은 계획 경제 체제다. 따라서, A가 시장 경제 체제라면 '예'가 아니라 '아니요'가 되어야 한다. 시장 경제 체제는 경쟁 원리에 입각한 시장의 가격 기구에 의한 자원 배분을 강조한다.

④ 시장 가격의 자원 배분 기능을 중시하는 것은 시장 경제 체제다. 이렇게 될 경우 A는 계획 경제 체제, B는 시장 경제 체제가 된다. 이때 경제적 유인체계를 강조하는 것은 B의 시장 경제 체제다.

4 ①

(가)는 주권자인 국민이 선거를 통해 그들이 선출한 대표에게 국가 의사 및 정책의 결정권을 위임하는 간접 민주 정치(대의제)다. (나)는 대의제의 한계를 보완하기 위해 국민투표, 국민발안, 국민소환 등의 직접 민주 정치 제도를 도입하자는 주장이다.

① 대의제와 직접 민주 정치는 주권 행사의 방법이 다를 뿐 모두 민주주의에 해당한다.

② 직접 민주 정치는 국민의 의사를 정치과정에 투입할 수 있으므로 대의제에 비해 정책결정의 정당성이 증진될 수 있다.

③ 인구의 증가와 넓은 영토 등 지리적 한계에 따라 모든 국민이 국가의 의사결정에 참여하는 데는 한계가 있다. 이에 대다수 국가는 대의제를 도입하고 있다.

④ 선거 참여의 저조 및 투표율의 하락 등 대의제에서는 정치적 무관심이 나타날 수 있다. 국민투표, 국민발안, 국민 소환 제도와 같은 직접 민주 정치적 제도를 통해 이를 극복하고자 한다.

5 ③

③ 갑과 을은 A를 친양자로 입양하였으므로 A와 병과의 친족 관계는 소멸한다. 따라서 병이 사망할 경우 법정 상속인은 B만 해당된다.

① 갑과 을은 재판상 이혼을 하였으므로, 협의 이혼 시 적용되는 숙려 기간은 거치지 않는다.

② A는 갑의 직계 비속으로 3억 원의 재산(적극 재산)과 1억 원의 빚(소극 재산)을 단독 상속받으므로 2억 원이 된다.

④ 친양자는 법률상 양부모의 친생자이므로 입양 사실이 공개되지 않는다.

6 ④

A는 과세 대상 금액에 따라 '세율'이 증가하는 누진세이고, B는 과세 대상 금액에 따라 '세액'이 증가하는 비례세다. ㉠은 납세자와 담세자가 일치하는 직접세, ㉡은 납세자와 담세자가 일치하지 않는 간접세다.

④ 직접세는 누진세가 적용되므로 비례세가 적용되는 간접세보다 소득 재분배 효과가 크다.

① 비례세는 조세 부담의 역진성으로 저소득층에게 불리하다.

② 누진세는 소득에 따라 세율이 결정된다. 경기 침체로 소득이 감소할 경우 낮은 세율이 적용되어(가처분 소득 증가) 경기 부양을 기대할 수 있다. 반대로 경기가 과열되어 소득이 증가할 경우 높은 세율이 적용되어(가처분 소득 감소) 경기 과열을 억제하는 효과를 기대할 수 있다.

③ 직접세는 간접세 징수에 비해 조세 저항이 크므로, 조세 징수 비용이 크다.

7 ④

① 헌법 개정은 국회재적의원 과반수 또는 대통령의 발의로 제안된다. 즉, 국회에서 제안할 경우에는 국회재적의원 과반수의 찬성만 있으면 된다.

② 제안된 헌법개정안은 국회의장이 아닌 대통령이 20일 이상의 기간 동안 공고한다.

③ 국회는 헌법개정안이 공고된 날로부터 60일 이내에 의결하여야 하며, 국회재적의원 2/3 이상의 찬성을 얻어야 한다.

8 ②

② 국내 총생산은 생산활동으로 창출된 재화와 서비스의 가치를 모두 포함한다.

① 국내 총생산은 시장 거래를 통한 경제 활동만을 반영하므로 지하 경제처럼 시장에서 거래되지 않는 활동은 포함되지 않는다.

③ 국내 총생산은 국내에서 생산된 모든 최종 생산물 가치의 합인 총량의 개념이다. 따라서 개인별 소득 분배 상태를 정확하게 측정하지 못한다.

④ 국내 총생산은 물질적 생산만을 포함하고 있으므로 공해나 교통 체증 등의 부작용으로 인한 비용은 포함되지 않는다. 즉, 국내 총생산이 높다고 해서 복지 수준이 높은 것은 아니다.

9 ①

제시문은 올림픽이 개인들을 하나의 공동체로 응집해 사회적 연대의식을 고취하는 기능을 수행한다고 보고 있으므로 기능론적 관점에 해당한다.

① 기능론은 사회는 살아 있는 유기체와 같이 각각의 구성요소들이 사회의 유지와 존속에 필요한 기능을 수행하고 있다고 보는 이론이다. 사회존속에 필요한 기능적 요건이 충족되지 않을 때 사회갈등이 발생한다고 본다.

② 행위자에게서 파악될 수 없는 사회적 속성을 경시한다는 비판을 받는 것은 미시적 관점이다. 기능론은 사회 구조나 제도와 같은 거시적 관점에서 사회·문화 현상을 바라본다.

③ 사회적 관계가 기본적으로 지배, 피지배의 관계라고 전제하는 것은 갈등론이다.

④ 상징적 상호 작용론은 사람들이 주어진 상황에 어떤 의미를 부여하는지에 대한 상황정의를 중시한다.

10 ③

㉠은 위계를 바탕으로 표준화된 업무 처리 지침을 갖춘 '관료제'를, ㉡은 급변하는 기업 환경에 유연하게 대처할 수 있는 '탈관료제'를 나타낸다.

③ 과업 수행 과정에서 예측 가능성이 상대적으로 높은 것은 관료제다.

① 관료제는 위계적 구조를 갖추고 있으므로 중간 관리층의 역할이 크다. 반면, 탈관료제는 계층을 축소하거나 수평적 형태를 지향하므로 중간 관리층의 역할이 크지 않다.

② 관료제는 표준화된 업무 처리 지침에 따라 구성원이 교체되어도 상대적으로 안정적인 과업 수행이 가능하다.

④ 관료제는 승진에서 연공서열이 차지하는 비중이 높다. 반면 탈관료제는 구성원 각자의 역할과 책임을 중시하므로 연공서열보다는 성과와 능력이 차지하는 비중이 크다.

11 ③

〈보기〉에서 A군은 엔화를 구입하고 B군은 달러화를 구입한다. 표에 따라 A군은 변동 전보다 변동 후에 엔화를 구입하기 위해 지불해야 하는 원화의 양이 많아지고 있다. 이는 원/엔 환율이 상승(㉠)한다는 것을 나타낸다. B군의 경우 변동 전보다 변동 후에 달러화를 구입하기 위해 지불해야 하는 원화의 양이 적어졌다. 이는 원/달러 환율이 하락(㉡)함을 나타낸다.

③ 원/엔 환율의 상승으로, 우리나라 상품의 가격은 하락하여 일본으로의 수출이 증가한다. 반면, 일본 상품의 가격은 상승하여 일본 상품의 수입은 감소한다. 이는 우리나라 대일상품 수지를 개선시키는 요인이 된다.

① 엔화의 수요 감소는 원/엔 환율을 하락시킨다.

② 달러화의 공급 감소는 원/달러 환율을 상승시킨다.

④ 원/달러 환율의 하락으로 더 적은 원화로 같은 금액의 달러를 구입할 수 있게 되므로 우리나라 국민의 미국 유학 경비 부담은 감소한다.

12 ②

한 선거구에서 1명의 대표자를 선출하는 A는 소선거구제에 해당하고, 한 선거구에서 2명 이상의 대표자를 선출하는 B는 중·대 선거구제에 해당한다.

㉠ 중·대 선거구제에서는 최다 득표를 하지 않은 후보자에게도 당선의 기회가 부여되므로 국민의 다양한 의사가 선거에 반영될 수 있다.

㉡ 소선거구제의 경우 당선된 1명을 제외하고 사표(死票)가 되므로 사표가 많이 발생한다.

㉢ 소선거구제는 최다 득표자 1명만이 당선되므로 거대 정당 후보에게 유리하다. 즉, 군소 정당이나 신인보다는 다수당에 유리하므로 양당제를 촉진하는 경향이 있다.

㉣ 중·대 선거구제는 한 선거구에서 두 명 이상의 대표자를 선출하므로 선거 비용이 증가한다.

13 ④

④ t기에는 과반 의석을 점유한 정당이 존재하지 않으므로 t+1기와 비교하여 국민의 다양한 의견이 국정에 반영될 가능성이 크다.

① t기와 비교하여 t+1기에는 A당이 과반 의석 이상인 60%의 의석을 점하고 있다. 따라서 다수당의 횡포가 나타날 가능성이 있다.

② 의원내각제 국가에서는 과반 의석을 확보한 정당이 없을 경우 둘 이상의 정당이 연립하여 정부를 구성한다. 갑국은 전형적인 대통령제 국가이므로 국민이 선출한 대통령이 정부(내각)를 구성한다.

③ 전형적인 대통령제 국가에서는 대통령이 행정부 수반이면서 국가 원수로서의 막강한 권한을 보유한다. 따라서 여당이 다수당이라고 하여, 혹은 시기에 따라 대통령의 법적 권한이 많아지는 것은 아니다.

14 ④

A는 정치적 책임을 지는 정치참여집단으로 '정당'이다. B는 공익을 사익보다 우선시하는 '시민 단체'고 C는 '이익 집단'이다.

④ 정당, 시민 단체, 이익 집단은 정책을 결정할 권한은 없으나 정책 결정 과정에 영향력을 행사한다.

① 정치사회화란 사회구성원들이 정치적 태도와 신념, 가치관, 규범을 습득해 나가는 과정을 의미한다. 정치사회화 기능은 시민 단체, 이익 집단, 정당 모두가 수행한다.

② 시민 단체, 이익 집단, 정당 모두는 자발적으로 결성된 집단이며 정치과정에서 투입 기능을 한다.

③ 시민 단체와 이익 집단 모두 대의제의 한계를 보완하여 국민의 다양한 의견과 이해관계를 대변하기 위해 등장한 집단이다.

15 ①

① A는 보일러 가격이 10% 인상될 때 판매 수입도 10% 증가할 것이라 예상하고 있다. 이 경우는 보일러 가격이 오름에도 수요량은 변하지 않는 것으로 보일러의 수요가 가격에 대해 완전비탄력적이라고 보는 것이다.

② B는 보일러 가격이 10% 인상될 때 판매 수입 변화율은 10% 감소할 것이라 예상하고 있다. 이 경우는 가격이 상승한 비율보다 수요량의 감소 비율이 더 큰 것으로, 보일러 수요의 가격 탄력성은 탄력적이다.

③ C는 보일러 가격이 10% 인상될 때 판매 수입 변화율은 5% 증가할 것이라 예상하고 있다. 이 경우는 가격이 상승한 비율보다 수요량의 감소 비율이 더 작은 것으로, 보일러 수요의 가격 탄력성은 비탄력적이다.

④ D는 보일러 가격이 10% 인상될 때 판매 수입 변화율은 변화가 없을 것이라고 예상한다. 이 경우는 가격이 오른 만큼 수요량이 감소하는 것으로 보일러 수요의 가격 탄력성은 단위탄력적이다.

16 ②

제시된 사례는 문화의 속성 중 공유성을 나타낸다. 이는 사회구성원들의 언어, 예술, 식생활 등 여러 면에서 공통적으로 나타나는 행동 및 사고방식이다.

② 같은 문화를 공유하는 구성원들에게는 원활한 사회생활을 위한 공동의 장을 제공해 준다. 문화를 공유함에 따라 구성원들이 특정한 상황에서 상대방이 어떻게 행동할 것인지, 또 서로에게 무엇을 할 수 있는지를 예측할 수 있다.

① 문화의 변동성에 대한 설명이다.

③ 문화의 축적성에 대한 설명이다.

④ 문화의 총체성에 대한 설명이다.

17 ②

사례에서 갑(甲)은 취업자였지만 일자리가 없어져 일자리를 탐색하고 있는 실업자가 되었다. 을(乙)은 취업자였으나 대학원에 진학하면서 비경제활동 인구가 되었다.

② 을은 취업자인 상태에서 비경제활동 인구가 되었으므로, 실업률은 증가하고, 고용률은 하락한다.

① 실업률은 경제활동 인구에서 차지하는 실업자의 비율로 갑은 실업자가 되었으므로 실업률은 상승한다. 고용률은 노동 가능 인구에서 차지하는 취업자의 비율로 고용률은 하락한다.

③ 갑은 취업자에서 실업자가 되었고, 을은 취업자에서 비경제활동 인구가 되었다.

④ ㈎의 경우 갑이 취업자에서 실업자가 된 것으로, 취업자와 실업자 모두 경제활동 인구에 속하므로 경제활동참가율에는 변화가 없다. ㈏의 경우는 경제활동 인구인 취업자에서 비경제활동 인구가 된 것으로 경제활동 참가율은 하락한다.

18 ①

〈보기〉는 국민 참여 재판의 절차이다.

① 국민참여재판은 특수공무집행방해치사, 뇌물, 특수강도강간, 살인사건 등 1심에 해당하는 형사 재판이다. 판결에 불복할 경우 2심 법원에 항소할 수 있다.

② 배심원 자격은 만 20세 이상의 국민이면 누구나 대상이된다. 다만 일정한 전과자, 변호사, 경찰관 등 특정한 직업을 가진 사람은 제외된다.

③ 배심원은 사실 인정, 법령 적용 및 형의 양정에 관한 의견을 제시하며 배심원의 평결과 의견은 법원을 기속하지 않는다.

④ 국민참여재판은 형사 재판만을 대상으로 한다. 이때, 피고인이 원하지 않을 경우 또는 법원이 배제결정을 할 경우는 국민참여재판을 하지 않는다.

19 ④

제시문은 루소의 사회계약론으로 인간은 원래 자유로우며, 따라서 국가의 성립도 인간의 자유의지에 의한 것이어야만 하는 것으로 규정하고 있다. 그는 로크를 비롯한 일반 계약론자들이 계약을 피치자와 통치자 내지 통치집단 간의 계약이라고 본 것과 달리, 계약은 사회 구성원 전체의 개별적인 의지의 집약인 동시에 그것을 넘어선 일반의지에 따를 것을 약속함으로써 각각 성립하는 것이며 이 약속이 바로 사회계약이라 하였다.

④ 사회계약설은 공통적으로 국민의 계약에 의해 국가가 성립됐다고 본다. 이는 곧 국가 자체를 목적으로 간주하지않으며 국가를 시민(인민)의 자연권을 보장하기 위한 수단으로 보는 것이다.

① ㉠은 루소가 제시한 공익의 핵심적 개념인 '일반 의지'이다. 보편의지 또는 총의(總意)라고도 한다.

② 루소의 사상은 프랑스 혁명의 영향을 받은 게 아니라 반대로 프랑스 혁명의 바탕이 되었다.

③ 자연 상태를 '만인에 대한 만인의 투쟁'으로 본 것은 홉스다.

20 ③

사회보험과 공공부조는 소득 재분배 효과가 있고 사회 서비스는 소득 재분배 효과가 없으므로 '소득 재분배 효과가 있는가?'에 '아니요'로 답한 A는 사회 서비스이다. '상호부조의 성격이 강한가?'에 '예'로 답한 B는 사회보험, '아니요'로 답한 C는 공공부조이다.

③ 공공부조는 국가 및 지방자치단체의 책임하에 생활 유지능력이 없거나 생활이 어려운 국민들을 대상으로 이들의최저 생활을 보장하고 자립을 지원하는 제도이다. 대상자선정 과정에서 부정적 낙인이 발생할 수 있다.

① 강제 가입을 원칙으로 하는 사회보장 제도는 사회보험이다.

② 사회보험은 수혜 정도가 아니라 소득 수준에 따라 부과된다.

④ 사회보장 제도 중 사회 서비스는 장애인 활동 지원, 실업 및 무직자 대상 직업 훈련 등 비금전적 지원을 원칙으로 한다.

2020. 5. 30.
제1차 경찰공무원(순경) 시행

---

1 ④

공작물 등 점유자·소유자의 책임은 「민법」상 특수한 불법 행위 중 하나다. 공작물 등의 설치 또는 보존상의 하자로 타인에게 손해가 발생한 경우 점유자가 1차적 책임을 진다. 이때 점유자가 손해 방지를 위한 주의를 다하였음을 증명하면 책임이 면제된다. 점유자의 책임이 면제되면 공작물 등의 소유자가 배상 책임을 진다. 소유자의 책임은 면책이 인정되지 않는 무과실 책임이다.

① 책임 능력 없는 미성년자나 심신상실자가 타인에게 손해를 가한 경우에 이를 감독할 법정 의무 있는 자가 손해 배상을 지는데 이를 책임무능력자의 감독자 책임이라 한다. 이때, 감독 의무를 게을리하지 않았음을 감독자가 스스로 증명하면 면책된다.

② 피용자(종업원)가 사무 집행에 관하여 타인에게 손해를 가한 경우에 사용자(고용주)는 피용자의 선임 및 사무 감독상의 과실에 대해 배상 책임을 지는데 이를 사용자 배상 책임이라 한다. 사용자가 피용자의 선임 및 그 사무 감독에 상당한 주의를 하였음을 증명하면 책임이 면제되나 이를 증명하지 못할 경우 무과실 책임이 성립한다.

③ 점유하고 있는 동물이 타인에게 손해를 가한 경우 동물의 점유자가 배상 책임을 지는데 이를 동물 점유자의 책임이라고 한다. 점유자를 대신하여 동물을 보관한 자도 동일한 책임을 지운다. 만약 점유자가 동물의 종류와 성질에 따라 그 보관에 상당한 주의를 기울였음을 증명하면 책임이 면제된다.

※ 공작물 : 공작물이란 인위적으로 땅위에 설치한 물건을 말한다. 광의로는 건축물을 포함하며 일반적으로는 건축물을 제외한 옹벽 · 광고탑 · 굴뚝 등을 이르는 용어.

2 ②
공정증서에 의한 유언은 민법 제1068조에 따라 유언자가 증인 1인이 아닌 2인이 참여한 공증인의 면전에서 유언의 취지를 구수하고 공증인이 이를 필기낭독하여 유언자와 증인이 그 정확함을 승인한 후 각자 서명 또는 기명날인해야 한다.

① 유언은 법에서 정하는 일정한 방식을 갖추어야 유언의 효력이 발생하는 요식행위다.

③ 비밀증서에 의한 유언은 민법 제1069조 제1항에 따라 유언자가 필자의 성명을 기입한 증서를 엄봉날인하고 이를 2인 이상의 증인의 면전에 제출하여 자기의 유언서임을 표시한다. 그 봉서 표면에 제출연월일을 기재하고 유언자와 증인이 각자 서명 또는 기명날인하여야 한다.

④ 녹음에 의한 유언은 민법 제1067조에 따라 유언자가 유언의 취지, 그 성명과 연월일을 구술하고 이에 참여한 증인이 유언의 정확함과 그 성명을 구술하여야 한다.

※ 자필증서에 의한 유언 : 유언자가 유언의 전문과 연월일 · 주소 · 성명을 자서하고 날인하는 방식에 의한 유언이다 (민법 제1066조 1항). 자필증서에 의한 유언을 집행하기 위하여는 반드시 가정법원에 의한 검인절차를 받도록 되어 있다(민법 제1091조 · 가사소송법 제2조 1항). 그리고 자필증서에서 문자를 삽입하거나 유언문을 삭제 또는 변경하는 경우에는 유언자가 이를 자서하고 날인하도록 되어 있다(제1066조 2항).

3 ③
국제 사회를 바라보는 두 관점은 이상주의(자유주의)와 현실주의다. 국제사회를 보편적인 선이나 국제 규범에 의해 지배되고 있으며 국제적으로 발생하는 다양한 문제들에 대응하기 위해 국가 간 연합과 협력이 이루어지고 있다고 보는 것은 이상주의(자유주의) 관점이다. 국제 관계에서 자국의 이익을 최우선해야 한다고 강조하는 관점은 현실주의다.

① 국제법과 국제기구의 중요성을 강조하는 관점은 이상주의다.

② 국제 사회에도 도덕 및 윤리 규범이 적용된다고 주장하는 관점은 이상주의다.

④ 국가 간의 협력을 중시하며 집단 안보 체제를 강조하는 관점은 이상주의다.

※ 이상주의와 현실주의의 비교

구분	자유주의(이상주의)	현실주의
전제	국제 사회는 윤리와 도덕규범에 따라 상호의존하고 공존	국제 사회는 힘의 논리에 따라 결정
문제 해결	국제법, 국제기구, 국제 여론등	군사력, 경제력 등
평화유지 및 안보	집단 안보 체제 : 국가의 안전을 군비증강이나 동맹에서 구하지 않고, 국제사회의 다수 국가가 연대해 조직적으로 상호 보완하는 제도	군사 동맹을 통한 세력 균형 : 다수의 국가군들 간에 세력의 균형 관계를 유지함으로써 관계 국가들의 국가적 이익 추구를 용이하게 하려는 원리
한계	국제사회에 적용되는 힘의 논리 및 자국의 이익을 우선시하는 현실을 간과	복잡한 국제 관계를 정치적 권력관계로 한정하며 국제 사회의 상호 의존성 경시

4 ③
A는 다수 대표제와 결합 하지 않으며 사표의 발생 정도가 적으므로 중 · 대선거구 제도다. B는 다수 대표제와 결합 하며 사표의 발생 정도가 많음으로 소선거구 제도다. 소선거구 제도는 한 개의 지역구에서 1명만 선출하므로 지역에서 영향력 있는 유력한 후보자가 당선되기 쉽다. 따라서, 신진 인사의 정계 진출이 상대적으로 어렵다.

① 선거비용은 중 · 대 선거구 제도(A)가 소선거구 제도(B)에 비해 많이 든다.

② 중 · 대 선거구 제도(A)는 한 개 지역구에서 2명 이상의 후보가 선출하므로 다수가 입후보하게 될 경우 소선거구 제도(B) 보다 후보자의 난립 가능성이 높다.

④ 소선거구 제도(B)는 한 개 지역구에서 한명만을 선출하므로 군소 정당에 불리하다. 반면 중·대 선거구 제도(A)는 2명 이상의 후보자가 선출되므로 군소 정당에서도 당선자를 배출할 가능성이 높아진다.

5 ①

국회는 대통령 및 국무위원 등에 대하여 탄핵소추를 의결할 수 있다. 이는 의원내각제적 요소가 아니라 견제 및 국정을 통제하는 대통령제적 요소에 해당한다.
② 국회는 국무총리 또는 국무위원의 해임을 대통령에게 건의할 수 있는데 이는 의원내각제적 요소에 해당한다.
③ 국회의 임시회는 대통령 또는 국회 재적의원 4분의 1 이상의 요구에 의하여 집회되는데 이는 의원내각제적 요소에 해당한다.
④ 국무총리를 두고 있는 것과, 국무회의에서 정책을 심의하는 것은 의원내각제적 요소에 해당한다.
※ 탄핵 소추권 : 탄핵이란 일반적인 사법절차에 의해서는 책임을 추궁하기 어려운 고위공무원을 의회가 소추하는 제도로 탄핵대상자는 대통령, 국무총리, 행정각부의 장, 헌법재판소 재판관, 중앙선거관리위원회위원, 감사원장, 감사위원 기타 법률이 정하는 공무원 등이다.

6 ②

국가의 존재를 전제로 하지 않으며 국민이 국가에 인간다운 생활의 보장을 요구할 권리가 아닌 A는 자유권이다. 반대로 국가의 존재를 전제로 하며 국민이 국가에 인간다운 생활을 보장을 요구할 수 있는 C는 사회권이다. 국가의 존재를 전제로 하는 B는 참정권이다.
참정권은 국민이 정치적 의사형성이나 정책결정에 참여할 수 있는 권리를 핵심으로 한다. 다른 기본권을 보장하기 위한 수단적·절차적 권리는 청구권이다.
① 자유권(A)은 역사가 가장 오래된 기본권 유형으로 소극적·방어적 권리다.
③ 사회권(C)은 복지 국가 실현과 밀접한 연관이 있는 적극적 권리다.
④ 자유권에 관한 헌법 제37조 제1항의 규정에 따라 국민의 자유와 권리는 헌법에 열거되지 아니한 이유로 경시되지 않는다.
※ 청구권 : 청구권은 다른 기본권이 침해되었을 때 또는 침해될 우려가 있을 때 이를 구제 또는 보상받을 수 있는 권리이기 때문에 기본권 보장을 위한 기본권 또는 절차적 기본권으로서 수단적 성격이 강하다. 헌법에서는 청구권의 종류로 청원권, 재판청구권, 국가배상청구권, 형사보상청구권, 범죄피해자구조청구권, 손실보상청구권을 규정하고 있다.

7 ④

시장은 불완전 경쟁시장과 완전 경쟁시장(A)으로 구분한다. 불완전 경쟁시장 중 공급자가 다수인 B는 독점적 경쟁시장이다. 공급자가 소수인 C는 과점시장이며 공급자가 하나인 D는 독점시장이다. 이때 독점시장은 상품을 공급하는 기업이 유일한 경우로 시장 가격을 기업이 결정할 수 있게 된다. 또한 규모의 경제를 실현함으로써 시장에서 지배력을 강화하고 그 외 기업은 진입이 불가(어렵게)하게 된다.
① 완전 경쟁시장은 기업의 시장에 대한 자유로운 진입과 탈퇴가 허용된다.
② 독점적 경쟁시장은 상품의 성격이 다소 다르기 때문에 상품 차별화가 존재하며 어느 정도의 독점력이 존재한다.
③ 과점시장은 기업들이 경우에 따라 담합 등을 통해 경쟁을 제한할 수 있는 위치에 있다.
※ 시장의 유형과 특징

구분	경쟁시장	불완전 경쟁시장		
	완전 경쟁시장	독점적 경쟁시장	과점시장	독점시장
기업 수	다수	다수	소수 (2~3개)	하나
상품의 질	동질	이질-차별화	동질, 이질	동질
가격 결정	시장	기업	기업	기업
진입 장벽	완전 자유 (없음)	자유 (거의 없음)	제한	차단
특징	가격 수용자	가격경쟁+비가격경쟁(서비스)	비가격 경쟁(광고)	가격 결정자
사례	주식 시장	주유소, 미용실	이동통신, 정유사	담배, 전력

8 ①

기회비용은 어떤 선택을 위해 고려해야 할 비용으로 명시적 비용과 암묵적 비용을 모두 고려해야 한다. 사례에서 직장인 A씨가 커피숍 개업을 위해 포기하게 되는 연봉 4,000만 원은 암묵적 비용에 해당한다. 명시적 비용은 특정 선택에 따라 실제로 지출된 비용으로 개업에 따른 1억(인건비)+5000만 원(재료비)+3000만 원(임차료)+1000만 원(대출 이자)+1000만 원(기타 경비)이다. 암묵적 비용과 명시적 비용을 합친 2억 4000만 원이 기회비용이다.
① 커피숍 개업에 따른 예상 수입은 2억 5000만 원이고 기회비용은 2억 4000만 원이다. 차액 1000만 원이 이윤이다.
② 커피숍 개업에 따른 명시적 비용은 인건비, 재료비, 임차료 등을 합친 2억이다.

③ 시장 조사 비용 1000만 원은 매몰비용으로 기회비용에 반영하지 않는다.

④ 커피숍 개업에 따른 암묵적 비용은 직장인이었다면 받을 수 있던 연봉 4000만 원이다.

※ 매몰비용 : 지출된 후에는 회수가 불가능한 비용을 매몰비용이라고 한다. 이는, 의사결정을 하고 실행한 이후에 발생하는 비용 중 보전이 되지 않는 비용으로 함몰비용이라고도 한다. 어떤 선택에 있어서 비용(기회 비용)으로 고려하지 않아야 함에도 고려할 경우 비합리적 선택을 하게 된다.

9 ②

수요의 가격 탄력성이란 시장 가격이 변할 때 수요량이 얼마나 민감하게 변하는지를 나타낸다. 수요의 가격 탄력성이 완전 비탄력적인 경우 상품 가격 인상 시 가격 상승률이 판매 수입증가율보다 크므로 판매 수입은 증가한다.

① 수요의 가격 탄력성이 단위 탄력적인 경우 가격 변화율과 수요량의 변화율이 똑같이 변한다. 이 경우 상품의 가격 변동과 관계없이 기업의 판매 수입은 일정하다.

③ 수요의 가격 탄력성이 탄력적인 경우 가격 변화에 민감하게 반응하는 형태다. 상품 가격을 인상할 경우 수요량이 많이 줄어들어 기업의 판매 수입은 감소한다.

④ 수요의 가격 탄력성이 비탄력적인 경우는 가격 변화에 수요가 민감하게 반응하지 않는 형태다. 상품 가격 인하 시 수요량이 적게 늘어나 기업의 판매 수입은 감소한다.

※ 수요의 가격 탄력성과 판매 수입

가격변화 / 탄력성	가격 상승 시	가격 하락 시
완전 탄력적 수요	판매 수입 없음 (가격 상승 시 거래량 0)	판매 수입 무한대로 증가 (가격 하락 시 거래량 무한대)
탄력적 수요	판매 수입 감소	판매 수입 증가
단위 탄력적 수요	판매 수입 변화 없음	판매 수입 변화 없음
비탄력적 수요	판매 수입 증가 (가격 상승률이 판매 수입 증가율보다 큼)	판매 수입 감소 (가격 하락률이 판매 수입 감소율보다 큼)
완전 비탄력적 수요 (수요 법칙 적용 안 됨)	판매 수입 증가 (가격 상승률과 판매 수입 증가율이 같음)	판매 수입 감소 (가격 하락률과 판매 수입 감소율이 같음)

10 ①

경제 안정화 정책은 정부나 중앙은행이 물가와 실업 문제를 해결하기 위해 정부 지출이나 조세의 변동을 통해 경기를 조절하는 정책을 의미한다. 재할인율을 인상할 경우 중앙은행이 기업과 가계에 대한 은행의 이자율을 인상하도록 유도하여 통화량이 감소하게 된다. 또한 이자율이 상승함에 따라 소비, 투자가 저조하여 총수요는 감소하고 생산이 줄어들어 실업이 증가하게 된다.

② 지급준비율이란 은행이 예금으로 받은 보유자금을 모두 대출해 주지 않고 남겨 두는 일정 비율이다. 지급준비율을 인하할 경우 통화량은 증가하게 되고 이자율이 하락하여 가계의 소비와 기업의 투자가 증가한다.

③ 세율을 인하하면 가계의 가처분소득이 증가하고, 기업의 투자 수익이 증가한다. 가계의 소비와 기업의 투자가 증가함에 따라 총수요가 증가하고 경기 부양 효과가 나타난다.

④ 공개 시장 조작 정책은 중앙은행이 국·공채 등의 매각 및 매입을 통해 통화량이나 이자율을 조절하는 정책을 의미한다. 중앙은행이 공개시장에서 국공채를 매각(판매)하면 통화량이 증가하여 이자율이 낮아지며, 가계의 소비와 기업의 투자가 증가한다.

※ 재정 정책과 금융(통화) 정책

구분	재정 정책	금융(통화) 정책
주체	정부	중앙은행
내용	조세, 정부 지출의 조절→총수요 조절	통화량, 이자율의 조절→총수요 조절
유형	확대 재정 정책, 긴축 재정 정책	확대 금융 정책, 긴축 금융 정책

11 ③

환율 상승은 원화의 평가 절차 및 원화 가치 하락을 의미하며 수출 상품의 외화 표시 가격이 하락한다. 수출품의 가격 경쟁력이 상승함에 따라 수출이 증가하게 된다.

① 환율 상승 시 외채의 원화 표시 가격이 상승함에 따라 국내 기업의 외채 상환 부담이 증가한다.

② 환율 상승 시 내국인의 해외여행 경비 부담이 증가하므로 해외로의 여행이나 유학은 감소한다. 반대로 외국인의 국내 여행 경비 부담은 감소하여 국내 여행이 증가한다.

④ 수출 증가와 수입 감소에 따라 외화의 순유입액이 증가하면서 통화량은 증가하고 물가는 상승한다.

※ 환율 변동과 수 · 출입의 관계

㉠ 수 · 출입 요인

구분	내용	결과
수출 증가(감소)	수출의 대가로 얻게 되는 외화의 공급 증가(감소)	환율 하락 (상승)
수입 증가(감소)	수입의 대가로 지불해야 하는 외화의 수요 증가(감소)	환율 상승 (하락)

㉡ 환율 요인

구분	내용	결과
환율 상승	자국 화폐 가치의 하락으로 수출 증가, 수입 감소	경상 수지 개선
환율 하락	자국 화폐 가치의 상승으로 수출 감소, 수입 증가	경상 수지 악화

12 ③

조세는 세율 적용 또는 세율 기준에 따라 비례세와 누진세로 구분하며 조세 전가 여부에 따라 직접세와 간접세로 구분된다.

비례세는 과세 대상 금액과는 상관없이 일정한 세율이 적용된다. 반면, 누진세는 과세 대상 금액이 높을수록 높은 세율이 적용된다.

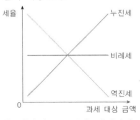

① 비례세는 소득과 관계없이 저소득층과 고소득층에게 동일한 세율이 적용되므로 저초득층에게 불리하다. 누진세는 과세 대상 금액(소득)이 많을수록 높은 세율이 적용되므로 고소득층에게 불리하다.

② 부가가치세, 개별소비세, 주세, 인지세 등은 비례세에 해당하고, 소득세, 법인세, 상속 · 증여세, 종합부동산세 등은 누진세에 해당한다.

④ 직접세는 납세자와 담세자가 일치하는 조세로 누진세가 적용된다. 간접세는 납세자와 담세자가 불일치하는 조세로 비례세가 적용된다.

13 ④

A국와 B국의 생산가능 곡선은 다음과 같다.

구분	신발	쌀
A국	100켤레	60kg
B국	40켤레	80kg

같은 생산 요소로 보유한 상황에서 A국은 신발 생산에 절대우위가 있고, B국은 쌀 생산에 절대우위가 있다. 양국은 비교 우위 재화에 특화하여 무역한다는 단서가 있으므로 비교 우위를 다음과 같이 구할 수 있다.

구분	신발	쌀
A국	쌀 $\frac{60}{100}=\frac{3}{5}=0.6$ kg	신발 $\frac{100}{60}=\frac{5}{3}≒1.7$ 켤레
B국	쌀 $\frac{80}{40}=2$ kg	신발 $\frac{40}{80}=0.5$ 켤레

A국은 기회비용이 작은 신발 생산에 비교우위가 있고, B국은 쌀 생산에 비교우위가 있다.

㉠ 신발 1켤레 생산의 기회비용은 A국의 경우 쌀 0.6kg이고 B국은 2kg으로 옳은 설명이다.

㉣ A국은 신발 생산에 절대우위와 비교우위를 갖고, B국은 쌀 생산에 절대우위와 비교우위를 가지므로 옳은 설명이다.

㉡ 신발과 쌀의 교환 비율이 1:2 일 경우 A국은 이득을 얻을 수 있으나 B국은 손해를 본다.

㉢ A국은 신발 생산에, B국은 쌀 생산에 절대 우위를 가진다.

14 ①

(가)는 문맹자에게 적용 가능하며 대화를 통해 심층적인 자료 수집이 가능한 장점을 지닌 면접법이다. 다만, 면접법은 조사자의 주관이 개입할 가능성이 있고 시간과 비용이 많이 드는 단점이 있다. (나)는 다량의 자료 수집이 가능하며 응답자 간의 비교 분석이 용이한 장점을 지닌 질문지법이다. 단점으로는 문맹자에게는 적용이 불가능하며 응답자가 조사 내용을 잘못 이해할 가능성이 존재한다.

※ 기타 자료 수집방법

㉠ 참여관찰법 : 연구자가 조사 영역에 직접 참여하여 연구 대상의 행동을 관찰하며 주어진 과제에 대한 자료를 수집하는 방법이다.

㉡ 실험법 : 가상적인 상황을 만들어 놓고, 어떤 변수를 조작 · 개입시킴으로써 다른 변수에 대한 조작 · 개입의 효과를 관찰 및 측정하는 방법이다.

㉢ 문헌연구법 : 과거의 일 또는 여러 가지 현실적 제약으로 쉽게 접근하기 어려운 경우에 자료를 얻는 방법으로 신문, 잡지에서 보도된 기록이나 통계 자료, 역사적 문헌, 유명인사의 연설문이나 전기를 분석하는 방법이다.

15 ②

ⓒ 2050년 부양 인구 대비 유소년 인구 비율은 계산식의 유소년 부양비에 해당한다. 주어진 표에 따라 1970년에는 78%에서 2050년 18%로 급격히 감소하였다. 유소년 인구 비율이 급격히 감소한다는 것은 곧 저출산 문제에 직면하고 있음을 유추할 수 있는 단서가 된다.

ⓒ 1970년 노년 인구와 유소년 인구의 비율을 알 수 있는 계산식은 고령화 지수로 7%로 나타난다. 즉, 유소년 인구를 100명이라고 보면 노년 인구는 7명이라는 의미다. 따라서 1970년 노년 인구는 유소년 인구의 10분의 1만 이다. 같은 원리에 따라 2010의 고령화 지수는 68%인데, 유소년 인구를 100으로 봤을 때 3분의 2(66.6%) 이상이다.

ⓐ 2010년 피부양 인구와 부양 인구의 관계를 알 수 있는 계산식은 총부양비다. 2010년은 총부양비가 37%인데 부양 인구가 100명이라면 피부양 인구가 37명이라는 의미다. 같은 원리로 2050년 총부양비는 89%인데 부양 인구가 100명이라면 피부양인구는 89명이라는 의미다. 따라서 2010년과 2050년 모두 피부양인구가 부양인구보다 적은 것이다.

16 ④

개인과 사회의 관계를 보는 입장은 사회 명목론과 사회 실재론으로 구분된다. 이때 사회 실재론에 따르면 사회란 개인으로 환원될 수 없는 고유한 성격을 갖는다는 관점이다. 사회는 사회를 구성하는 개인들의 속성과 구별되는 독립적인 실체이다.

① 사회 실재론은 사회의 우월성을 강조하는 입장으로 개인의 특성보다는 사회 구조를 탐구해야 한다고 설명한다.

② 사회 실재론에 따르면 사회는 개인들의 모임과는 구별되는 독자적 특성과 구속력을 갖는다.

③ 사회 명목론은 개인만이 참다운 실재이고 사회는 개인의 집합체에 붙여진 이름에 불과하다는 입장을 취한다.

17 ④

(가) 김치가 구전을 통해 지역별로 계승된 것은 문화의 축적성에 해당한다. 즉, 인간의 문화적 특성들은 한 세대에서 다음 세대로 전해지며, 그러한 과정에서 인간의 지식은 축적을 거듭해 온다.

(나) 우리나라 사람들이 명절에 특정 음식을 먹는 것은 문화의 공유성에 해당한다. 이는 한 사회구성원들의 언어, 예술, 식생활 등 여러 면에서 공통적인 경향으로 나타나는 행동 및 사고방식이다.

(다) 중앙아시아 유목민이 돼지고기를 먹지 않는 이유는 여러 가지 이유와 연관되어 있는데 이는 문화의 총체성에 해당한다. 즉, 전체로서의 한 사회의 생활양식은 수없이 많은 부분으로 이루어져, 전체적으로 수많은 영역들이 교차한다.

※ 기타 문화의 속성

ⓐ 학습성 : 문화의 특성은 체질적 특성처럼 타고나는 것이 아니라, 후천적인 학습에 의해 얻어진다.

ⓑ 변동성 : 문화적 특성들은 어느 정도 규칙성이 있으나, 고정불변한 것은 아니다. 인류문명의 발달사는 문화 변동의 역사라고도 할 수 있다.

ⓒ 보편성 : 세계적으로 어느 사회나 문화가 있고 사회구성원 모두에게 영향을 미치는 요소들이 있다.

ⓓ 다양성 : 세계 각국의 문화는 매우 다양하다. 윤리적, 도덕적 가치규범이 다양하며 종교제도와 가족제도 및 일상적인 행동표현이 다양하다.

18 ②

외국 상품에 대한 절대적이고 맹목적인 선호, 국악보다는 서양의 클래식 음악을 잘 알아야 교양 있는 사람으로 여기는 풍조는 문화 사대주의의 예다. 이는 과거에 우리나라가 중국의 문자나 제도, 학문 등을 우월한 것으로 여기며 숭상하고 모방했던 태도와 유사하다.

① 과거에 유럽 강대국이 식민지의 문화를 미개한 것으로 보고 자신의 문화를 식민지에 이식하려고 했던 행동은 유럽 강대국의 자문화 중심주의다.

③ 일제 강점기 때 일본이 우리 고유의 문화를 무시하면서 신사참배나 일본식 성명 사용을 강요한 것은 일본의 자문화 중심주의다.

④ 종교의식과 관련하여 문화를 평가하는 절대적 기준은 존재할 수 없다는 태도는 문화 상대주의에 해당한다.

※ 문화의 상대성을 인정하는 관점

ⓐ 상대론적 관점 : 모든 문화는 그 사회 나름대로의 독특한 역사와 환경, 가치가 있기 때문에 특정 문화를 논할 때 그 문화의 역사적 · 사회적 관점에서 보고 가치를 인정한다는 태도다.

ⓑ 총체론적 관점 : 문화는 모든 사회 구성 요소와 긴밀하게 연결되어 있다고 보는 관점이다. 특정 문화를 정확하게 이해하기 위해서는 다각적으로 해석해야 한다는 관점을 보인다.

ⓒ 비교론적 관점 : 문화의 특징을 뚜렷하게 이해하기 위해서는 다른 문화와의 비교가 필요하다는 입장이다.

19 ③

A는 노비의 아들로 태어난 A가 공무원이 된 것은 세대 간 이동에 해당한다. 또한 공무원 시험에 합격하여 하급 공무원에서 고위직 공무원이 된 것은 세대 내 이동이며 개인적 이동이자 수직(상승) 이동이다. 한편, 사회 혁명으로 평민이 된 것은 구조적 이동에 해당한다.

B는 귀족의 딸로 태어나 노예 신분으로 강등되었는데, 이는 세대 간 이동이자 수직 이동(하강)이며 세대 내 이동에도 해당한다. 개인의 사치와 향락으로 신분이 바뀌었으므로 개인적 이동이다. 공통적으로 나타나는 사회 이동의 유형은 개인적 이동, 수직 이동, 세대 내 이동이다.

※ 사회이동의 유형

구분	종류	의미
이동 방향	수평이동	동일한 계층 내에서의 위치 변화
	수직이동	계층적 위치가 상승 또는 하강
세대 범위	세대 간 이동	한 세대와 다음 세대 간의 위치 변화
	세대 내 이동	한 개인의 생애에 걸친 계층적 위치 변화
이동 원인	개인적 이동	주어진 계층 체계 내에서의 개인의 위치 변화
	구조적 이동	기존의 계층구조가 변화됨으로써 나타나는 위치 변화

20 ①

사회 복지는 질병, 장애, 노령, 실업, 사망 등의 사회적 위험으로부터 모든 국민을 보호하고 빈곤을 해소하고자 마련된 제도다. 대표적으로 사회보험, 공공부조, 사회서비스가 있다.

사회보험으로 산업 재해 보상 보험 제도, 고용 보험 제도, 국민 건강 보험 제도는 해당하나 기초 연금 제도는 공공부조에 해당한다.

② 사회서비스는 국가 및 지방 자치 단체나 민간 부문의 도움이 필요한 모든 국민이 대상이 되며 재활, 돌봄, 역량 개발 등을 내용으로 한다.

③ 사회보험은 가입자의 수혜 정도가 아닌 부담 능력에 따라 보험료 수준이 결정되며 일정한 자격을 갖춘 사람은 강제 가입이 원칙이다.

④ 공공부조는 국가 및 지방 자치 단체의 책임하에 세금을 통해 재원을 마련하여 저소득층에게 무상으로 지원한다. 이런 이유로 부유층의 소득을 빈곤층에 재분배하는 효과(소득재분배)가 크다.

1 ②

국제연맹은 승전국을 주축으로 국제 평화와 안전을 유지하고 경제적·사회적 국제협력을 증진시킨다는 목적으로 창설하였다. 그러나 미국의 불참과, 일본과 독일, 이탈리아의 탈퇴, 전쟁 방지 기능의 취약으로 실효를 거두지 못하였다.

① 독일의 30년 종교전쟁을 끝마치기 위해 1648년 베스트팔렌 조약이 체결되면서 교황 세력은 후퇴하게 되었다. 이를 배경으로 유럽 국가들은 영토, 국민, 주권을 지닌 국민국가로써 국제사회의 주체로 등장하는 계기가 되었다.

③ 미국 중심의 자유주의 진영과 소련 중심의 공산주의 진영으로 양극체제가 형성된 시점에 미국은 트루먼 독트린을 발표하였다. 이는 공산주의 세력의 위협을 받는 국가에 대한 군사 및 경제 원조를 담고 있다.

④ 닉슨 독트린과 데탕트 와해, 소련의 개혁과 개방으로 탈냉전의 분위기가 형성되었고, 냉전체제를 종식하는 몰타선언이 이어졌다. 냉전이 종식되면서 1990년대에는 민족, 종교, 영토, 자원 등으로 인한 분쟁이 증가하고 있다.

※ 몰타선언: 1898년 12월 2일과 3일 지중해의 몰타에서 미국 대통령 부시와 소련 서기장 고르바초프 사이에 이루어진 회담으로 제2차 세계대전 이후의 냉전체제를 종식하고 평화를 지향하는 새로운 세계질서를 수립한다는 역사적 선언을 의미한다.

2 ④

ⓒ 민주국가의 구성 요소인 주권은 국민주권주의에 따라 그 소재가 국민에게 있다.

ⓔ 주권은 대내적으로 최고성, 대외적으로는 독립성을 갖는다.

⊙ 주권은 국가를 구성하는 요소이므로 일반 사회 집단이 소유할 수 없다.

ⓛ 국가 원수로서의 대통령은 삼권을 통합하고 국가를 대표하는 권한은 있다. 다만, 주권을 대통령이 독점하는 것은 아니다.

3 ①

우리나라는 헌법적 차원에서 국민 발안은 인정되지 않으나 지방자치적 차원에서 주민들의 조례 제정 및 개폐 청구권을 보유한다. 이때, 일정 수 이상의 주민은 조례 제정안, 개정안이나 폐지안을 지방자치단체장을 거쳐 지방의회에 발의할 수 있다.

② 지방의회는 광역의회(서울특별시, 광역시, 도)와 기초의회(일반시, 군, 자치구)가 있으며 국회의원 선거와 동일하게 지역구 의원과 비례대표 의원을 선출한다.

※ 우리나라에서 시행하고 있는 직접 민주 정치 제도 : 우리나라에서 시행하고 있는 직접 민주 정치 제도는 헌법 규정에 따른 국민투표가 있다. 지방자치적 차원에서는 법률에 근거를 두고 주민 투표제, 주민 발안제, 주민 소환제를 시행하고 있다.

4 ②

법률안은 국회 본회의에서 심의·의결하여 정부에 이송되면 대통령은 15일 이내에 공포해야 한다. 만약 법률안에 이의가 있을 때에는 정부 이송 후 15일 이내에 이의서를 붙여 국회로 환부하고, 그 재의를 요구할 수 있다.

① 법률안은 국회의원 10인 이상 또는 정부가 발의할 수 있다.

③ 정부는 법률안을 제출하기 전에 국무회의의 심의를 거쳐야 한다. 국회 상임위원회는 법률안 발의 후에 국회의장이 회부 함으로써 각 소관별로 심사를 하게 된다.

④ 법률안은 국회의원 임기 만료의 경우를 제외하고는 회기 중에 의결되지 못한 이유로 폐기되지 않는다.

※ **법률의 제·개정 절차**

법률의 제·개정 절차

1. 제안 : 제안권자는 국회의원·정부, 국회의원은 10인 이상의 찬성 필요, 정부는 국무회의 심의를 거쳐 대통령이 서명하고, 국무총리·관계 국무위원이 부서
2. 회부 : 국회의장은 법률안이 제출되면 이를 인쇄하여 의원에게 배부하고 본회의에 보고한 후 소관 상임위원회에 회부하여 심사
3. 상임위원회 심사
4. 법제사법위원회의 체계·지구 심사
5. 전원위원회 심사
6. 본회의 심의·의결
7. 정부이송 : 국회에서 의결된 법률안은 정부에 이송되어 15일 이내에 대통령이 공포
8. 대통령의 거부권 행사 : 법률안에 이의가 있을 때에는 대통령은 정부 이송 후 15일 이내에 이의서를 붙여 국회로 환부하고, 그 재의를 요구할 수 있음. 재의 요구된 법률안에 대하여 국회가 재적의원 과반수의 출석과 출석 의원 3분의 2 이상의 찬성으로 전과 같은 의결을 하면 그 법률안은 법률로서 확정, 정부이송 후 15일 이내에 대통령이 공포하지 않거나 재의요구를 하지 않은 경우 그 법률안은 법률로서 확정

9. 공포 : 대통령은 법률안이 정부에 이송된 지 15일 이내에 공포하여야 함, 재의결에 의해 법률로 확정된 후 5일 이내에 대통령이 이를 공포하지 않을 경우 국회의장이 공포, 법률은 특별한 규정이 없으면 공포한 날로부터 20일을 경과함으로써 효력 발생

5 ④

(가)는 정권 획득과 정치적 쟁점을 다루는 정당에 해당한다. (나)는 공동체의 이익과 사회적 쟁점과 관련된 분야에서 활동하는 시민단체이다. (다)는 단체의 특수이익과 특수 분야의 쟁점에서 활동하는 이익집단이다. 정당은 선거에 후보자 및 당선자를 배출하므로 선거과정을 통해 정치적 책임을 부담하게 된다. 이는 정당만의 고유한 특징이다.

① 정당은 정치적 충원과 여론 형성 및 조직화 기능을 수행한다.

② 시민단체는 시민들에 의해 자발적으로 구성된 집단이다.

③ 이익집단은 소속집단의 특수이익을 과도하게 추구할 경우 사회 전체의 보편적 이익과 충돌하는 활동을 할 우려가 있다.

6 ②

피선거권은 선거에 출마하여 당선되어 선거직 공무원이 될 수 있는 권리다. 대통령의 피선거권은 만 40세 이상이어야 하고, 국회의원, 지방의회 의원 및 지방자치단체 장의 피선거권은 25세 이상의 국민에게 인정된다.

① 민법 제807조에 따라 만18세가 된 사람은 혼인할 수 있다.

③ 민법 제4조에 따라 사람은 19세로 성년에 이르게 된다.

④ 공직선거법 제15조 제1항에 따라 국민은 대통령 및 국회의원의 선거권이 있다.

※ **외국인의 참정권**

인정 여부	법령	내용
권리 인정 ○	주민투표법 (제5조 제1항 제2호)	출입국관리 관계 법령에 따라 대한민국에 계속 거주할 수 있는 자격(체류자격변경허가 또는 체류기간 연장허가를 통하여 계속 거주할 수 있는 경우를 포함한다)을 갖춘 외국인으로서 지방자치단체의 조례를 정한 사람은 주민투표권이 인정됨
권리 인정 ×	정당법(제22조 제2항)	대한민국 국민이 아닌 자는 당원이 될 수 없음
	정치자금법 (제31조 제1항)	외국인, 국내·외의 법인 또는 단체는 정치자금을 기부할 수 없음
	공직선거법 (제16조 제3항)	"주민으로서 25세 이상의 국민은 그 지방의회의원 및 지방자치단체의 장의 피선거권이 있다."고 명시하여 국민에게만 피선거권이 인정하고 있음

7 ④

'을'은 10세 이상의 소년이 아니면서 기소할 수 있는 연령도 아니므로 10세 미만의 자다. '정'은 10세 이상의 소년이면서 기소할 수 있는 연령이므로 범죄소년이다. '갑'은 10세 이상의 소년이 아니면서 기소할 수 있는 연령이므로 소년법을 적용받지 않은 19세 이상의 성인이다. '병'은 10세 이상의 소년이면서 기소할 수 없는 연령으로 촉법소년이다.

ⓛ 정은 범죄소년으로 14세 이상~19세 미만이다. 을은 10세 미만이고, 병은 촉법소년으로 10세 이상~14세 미만이다. 갑은 19세 이상의 성인이므로 옳은 진술이다.

ⓒ 형사미성년자는 형법에 따라 14세가 되지 않은 자로 10세 미만인 을과, 10세 이상~14세 미만인 병이 해당된다.

ⓔ 소년 사건의 경우 중죄를 저지른 경우가 아니라면 검사는 사건 및 소년에 대한 조사를 하여 가정 법원 소년부로 송치하며 선도 조건부 기소 유예 처분을 내릴 수 있다.

ⓝ 정은 소년법의 적용 대상으로 선도조건부 기소유예 처분을 받을 수 있으나 갑은 19세 이상의 성인이므로 보통의 형사재판을 받게 된다.

8 ②

인사청문회는 인사청문회법에 따라 국회의 입장에서 대통령의 인사권을 통제하고, 정부의 입장에서는 인사권 행사를 신중하게 하는 데 그 목적이 있다. 인사청문회의 대상이 되는 공직후보자 가운데 국무총리, 감사원장, 대법원장 및 대법관, 헌법재판소장, 국회에서 선출하는 헌법재판소 재판관 및 중앙선거관리위원회 위원은 국회의 임명동의를 필요로 한다. 그 외 국무위원 및 국가정보원장, 검찰총장, 국세청장, 경찰청장, 합동참모의장 등은 국회 인준 절차가 없다.

※ 인사청문회 대상

국회의 임명 동의 필요	• 대법원장 및 대법관, 헌법재판소장, 국무총리, 감사원장 • 국회에서 선출하는 헌법재판소 재판관 및 중앙선거관리위원회 위원
국회 인준 절차 없음	• 대통령이 임명하는 직책의 후보자 : 헌법재판소 재판관, 중앙선거관리위원회 위원, 국무위원, 방송통신위원회 위원장, 국가정보원장, 공정거래위원회 위원장, 금융위원회 위원장, 국가인권위원회 위원장, 국세청장, 검찰총장, 경찰청장, 합동참모의장, 한국은행 총재, 특별감찰관 또는 한국방송공사 사장 • 대통령 당선인이 「대통령직 인수에 관한 법률」에 따라 지명하는 국무위원 후보자 • 대법원장이 지명하는 직책의 후보자 : 헌법 재판관 또는 중앙선거관리위원회 위원

9 ②

사례에서 갑은 만 18세로 민법상으로는 미성년자이나 근로기준법에서는 일반 근로자와 동일하다. 근로기준법은 만 18세 미만의 자를 연소자로 규정하고 있는데, 갑은 만 18세이기 때문이다. 유급휴일과 관련하여 근로기준법 제55조 제1항에서는 1주에 평균 1회 이상의 유급휴일을 보장할 것을 규정하고 있다.

① 갑이 연소자일 경우는 근로 시간은 1일 7시간을 초과할 없으나 연소자가 아니므로 해당되지 않는다.

③ 갑은 민사상 미성년자이나 대리계약 체결, 임금강취를 막기 위해 법정대리인의 동의하에 직접 근로 계약을 체결하고 임금을 받을 수 있도록 하고 있다.

④ 근로기준법에는 근로시간이 4시간인 경우에는 30분 이상, 8시간인 경우에는 1시간 이상의 휴게시간을 근로시간 도중에 주어야 한다고만 규정하고 있다.

※ 연소자의 근로기준법상 보호

ⓝ 최저 고용 연령 : 고용할 수 있는 근로자의 최저 연령을 만15세로 정하고 있다.

ⓛ 근로 계약 체결권, 임금청구권

ⓒ 유해노동 사용 금지 : 만 18세 미만의 자는 도덕상 또는 보건상 유해, 위험한 노동을 시킬 수 없다.

ⓔ 근로시간 제한 : 1일 최대 7시간, 1주 최대 35시간까지로 제한한다. 합의하에 근로 시간을 연장하는 경우에도 1일 최대 1시간, 1주 최대 5시간으로 제한하고 있다.

10 ④

(가)는 소유권 공공의 원칙(소유권 행사의 공공복리 적합의무)으로 개인의 재산권은 공공복리에 적합하도록 행사되어야 한다는 현대 민법의 원칙이다. (나)는 사적 자치의 원칙(계약 자유의 원칙)으로 개인의 자유로운 의사에 기초하여 타인과 법률관계를 형성할 수 있는 근대민법의 원칙이다. (다)는 무과실책임의 원칙으로 가해자의 직접적인 고의나 과실이 없는 경우에도 일정한 요건에 따라 손해 배상 책임을 질 수 있다는 현대 민법의 원칙이다.

ⓒ 현대 과학기술의 발달에 따라 소비자가 제조업자의 과실을 입증하는 것이 쉽지 않으므로 제조물 책임법이 제정되었다. 입증책임을 전환시킴으로써 소비자가 제조업자의 과실을 입증하지 않고도 피해를 보상받을 수 있도록 함으로써 무과실책임의 원칙을 실현하고자 한다.

ⓔ 소유권 공공의 원칙에 따라 소유권의 행사는 사회 전체의 이익(공공복리)을 위해서 그 권리의 행사가 제한될 수 있다. 또한 무과실책임의 원칙은 고의 혹은 과실이 없는 데도 일정한 상황에서는 관련자에게 책임을 물을 수 있도록 한다. 두 원칙은 모두 개인이나 기업의 사회적 책임을 강조하는 것과 관련된다.

ⓒ 소유권 공공의 원칙은 개인 소유의 재산에 대한 사적 지배를 인정하지 않는게 아니라 일정한 경우 제한을 가할 수 있다는 의미다.

ⓒ 사적 자체의 원칙은 개인의 자유로운 의사에 기초하여 계약 체결, 상대방 선택, 계약 내용 결정, 방식의 자유를 인정한다.

※ 근대민법의 원칙과 현대민법의 수정 원칙

구분	소유권 절대 원칙	계약 자유 원칙	과실 책임 원칙
폐단	경제적 약자에 대한 유산계급의 지배와 횡포	경제적 강자에게 유리한 계약을 약자에게 일방적 강요	기술과 자본을 통해 고의·과실 없음을 증명하여 책임 회피
수정 (현대민법 원리)	소유권 행사의 공공복리 적합의무(원칙)	계약공정의 원칙	무과실 책임의 원칙

11 ③

⑰는 자료 분석 단계로 수집한 자료를 통계 처리하고 인과 관계를 분석하는 단계다. ⑭는 문제의 인식 및 연구 주제 선정 단계에 해당한다. ⒟는 가설 설정 단계에 해당한다. ⒠는 자료 수집 단계에 해당한다. ⑭는 연구 설계 단계에 해당한다. 연구를 함에 있어서 가치 중립적 태도를 유지하는 게 중요하지만 막스 베버는 가치중립과 가치 개입이 반드시 배타적 개념이 아니라고 주장하였다. 이에 ⑭ 단계인 연구 주제를 선정하고, ⑭ 단계인 연구를 설계하는 과정에서 가치 개입이 허용된다.

① 자료 분석 단계에서는 철저히 가치 중립이 요구된다. 연구 주제를 선정하는 단계에서는 가치 개입이 허용된다.

② 제시문은 양적 연구에 해당된다. 연구자의 직관적 통찰은 질적(해석적) 연구에서 필요로 한다.

④ 연구의 과정은 ⑭→⒟→⑭→⒠→⑰ 순으로 진행되어야 한다.

※ 양적 연구와 질적 연구

구분	양적 연구	질적 연구
연구의 목적	인과 법칙 발견	현상의 의미 해석
자료	수치화된 양적 자료	언어와 행동, 동기나 의도
사례 수	다수	소수
경험적 증거	객관적으로 관찰 가능	주관적으로 이해 가능
탐구방법	통계적 방법	참여관찰, 심층면접
연구자와 연구대상자의 관계	연구 대상과의 거리 유지	연구 대상에 개입

12 ④

퇴니스는 결합의지를 기준으로 사회집단으로 공동사회(게마인샤프트)와 이익사회(게젤샤프트)로 구분하였다. 회사 내 노동조합, 직장 내 등산 동호회, 환경 정책을 감시하는 시민단체는 모두 구성원의 이해관계에 따른 계약과 규칙에 따라 인위적으로 결합한 이익사회에 해당한다.

① 회사 내 노동조합은 자발적 결사체이면서 구성원들의 지위와 역할 분담 및 업무 수행의 절차가 명시적으로 규정되어 있는 공식 조직이다.

② 직장 내 등산 동호회는 비공식 조직이면서 친밀한 대면적 관계를 맺는 1차 집단의 성격이 강하다.

③ 회사 내 노동조합과 환경 정책을 감시하는 시민단체는 자발적 결사체로 이익 사회에 해당한다. 자연 발생적으로 형성된 집단은 공동 사회다.

※ 퇴니스의 사회집단

구분	공동사회	이익사회
결합의지	본질의지에 의한 결합	선택의지에 의한 결합
집단의 형성	구성원의 상호이해와 공동의 신념 및 관습에 의하여 자연적으로 발생	구성원의 이해관계에 따른 계약과 규칙에 따라 인위적으로 결합
집단의 목적	결합을 통한 집단의 존속 자체를 목적으로 함	특수한 목적 달성을 위한 하나의 수단임
인간관계	애정적, 인격적, 감정적, 영속적, 포괄적, 비공식적 관계	형식적, 계약적, 합리적, 공식적, 일시적, 현실적. 비인격적 관계
가입·탈퇴의 자유	가입과 탈퇴를 자유롭게 할 수 없음	자유의사에 따라 가입과 탈퇴를 마음대로 할 수 있음
사례	가족, 친족, 촌락공동체 등	회사, 정당, 조합, 협회 등

13 ①

(가)는 비교적 짧은 시간에 다수의 대상으로부터 자료를 얻는 데 용이한 질문지법이다. (나)는 문맹자에게도 사용할 수 있으며 심층적인 정보를 얻을 수 있는 면접법이다. (다)는 의사소통이 어려운 집단을 대상으로 생동감 있고 깊이 있는 정보를 직접 파악할 수 있는 참여관찰법이다.

질문지법은 질문 응답 결과를 분석하여 계량화, 수치화하는 양적 연구에서 주로 활용되는 자료 수집 방법이다.

② 시간과 비용 측면에서 효율적인 것은 질문지법(가)의 장점이다. 면접(나)은 시간과 비용이 많이 든다는 단점이 있다.

③ 인위적인 상황을 만들어 변수 간의 인과관계를 파악하는 방법은 실험법이다.

④ 질문지법(가)은 양적 연구에서 활용되며, 면접법(나), 참여관찰법(다)은 질적(해석적) 연구에서 활용된다.

14 ③

갑과 을은 모두 상징적 상호작용론의 관점에서 사회화를 바라보고 있다. 상징적 상호작용론은 개인과 개인 간의 일상적인 상호작용에서 나타나는 다양한 사회·문화 현상을 탐구하는 관점이다. 상호작용이 발생하는 상황과 맥락에 대한 주관적 동기와 의미를 해석하는 상황 정의를 중요시한다.

① 한 사회의 보편적인 가치나 규범은 사회의 지배 집단에 의하여 규정된다고 보는 것은 갈등론적 관점이다.

② 사회화를 거시적 관점에서 바라보며, 사회화는 사회구조의 안정과 질서를 유지하는 데 반드시 필요한 과정이라고 보는 관점은 기능론적 관점이다.

④ 사회화는 기존의 불평등한 사회구조를 정당화하려는 것이며, 기득권층에 유리한 가치와 행동을 학습시키는 과정이라고 보는 것은 갈등론적 관점이다.

15 ④

표의 부모 계층에서 중층의 총 비율은 30%이다. 이중 세대 간 상승(상층) 이동 비율은 8%이고, 하강(하층) 이동 비율 역시 8%로 비율은 같다.

① 자녀 세대의 계층 구조는 상층 20%, 중층 60%, 하층 20%로 피라미드형이 아니라 다이아몬드형이다.

② 부모 세대 상층의 비율은 총 10%다. 이 중 중층 6%, 하층 2%, 총 8%가 세대 간 이동을 하였다.

③ 주어진 표는 부모 세대와 자녀 세대의 계층적 위치를 통해 세대 간 이동을 나타내고 있다. 따라서 세대 내 이동 여부는 알 수 없다.

16 ①

인플레이션이라는 물가가 높은 수준으로 지속적으로 상승하는 현상을 의미한다. (가)는 총수요의 증가로 발생하는 수요 견인 인플레이션이고, (나)는 생산비의 상승으로 발생하는 비용 인상 인플레이션이다. 이때, (나)의 비용 인상 인플레이션은 물가 상승과 경기 침체가 함께 발생하는 스태그플레이션을 발생시킬 수 있다.

※ 인플레이션의 유형과 대책

구분	수요 견인 인플레이션	비용 인상 인플레이션
의미	• 총수요 증가로 인한 물가 상승 • 주로 경기 호황기에 발생 • 총수요곡선은 우측 이동하여 물가 상승, 실질 GDP 증가	• 비용 인상 또는 총공급 감소로 인한 물가 상승 • 주로 경기 침체기에 발생하며 스태그플레이션 현상이 발생할 수 있음 • 총공급곡선은 좌측 이동하여 물가 상승, 실질 GDP 감소
원인	• 소비 증가, 투자 증가 • 정부 지출 증가, 통화량 증대 • 순수출 증가	• 원자재 가격, 원유 가격 등의 생산비 상승 • 노동조합의 과도한 임금 인상 • 기업의 이윤 인상
대책	• 총수요 억제 • 긴축(흑자) 재정 정책, 긴축 금융 정책(조세 징수 증대, 정부 지출 축소, 통화량 감축) • 기업의 불필요한 투자 억제 • 가계의 과소비 억제	• 총공급 증가 • 기술 혁신, 경영 혁신을 통한 기업의 비용 절감 • 생산성을 초과하는 과도한 임금 인상 요구 억제 • 에너지 가격, 부동산 임대료 등의 상승억제

17 ③

(가)는 사회적 최적 가격보다 시장 균형 가격이 낮은 생산 측면의 외부 불경제를 나타낸다.

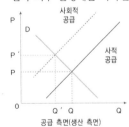

공급 측면(생산 측면)

(나)는 사회적 최적 가격보다 시장 균형 가격이 낮은 소비 측면의 외부 경제를 나타낸다.

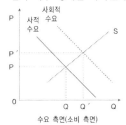

① (가)는 외부 불경제, (나)는 외부 경제를 나타낸다.
② 생산 측면의 외부 불경제는 사회적 최적 거래량에서 사회적 비용이 사적 비용보다 크다. 소비 측면의 외부 경제는 사회적 최적 거래량에서 사회적 편익이 사적 편익보다 크다. 즉 ㉠과 ㉡ 모두 크다.
③ 생산 측면의 외부 불경제는 사회적 최적 수준보다 과다하게 생산·소비된다. 소비 측면의 외부 경제는 사회적 최적 수준보다 과소하게 생산·소비된다.
④ ㉤은 외부 불경제이므로 세금 부과가 개선책이고, ㉥은 외부 경제이므로 보조금 지급이 개선책이다.

18 ③
정부의 가격 규제 정책이란 시장에서 거래되는 상품의 가격을 수요·공급의 원리에 맡기지 않고 정부가 일정한 수준에서 인위적으로 규제하는 것을 의미한다.
(가)는 최저 가격제로 균형 가격이 너무 낮다고 판단될 때, 정부가 균형 가격보다 높은 수준에서 가격 하한선을 정하는 것이다. (나)는 최고 가격제로 균형 가격이 너무 높다고 판단될 때, 정부가 균형 가격보다 낮은 수준에서 가격 상한선을 정하는 것이다.
(가)와 (나), 두 경우 모두 거래량은 Q1이므로 균형거래량보다 감소하게 된다. 따라서 사회적 잉여 ㉢+㉤이 감소한다.
① (가)를 시행하면 Q1~Q2만큼 초과공급이 발생한다.

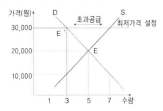

② (나)를 시행하면 생산자 잉여였던 ㉣+㉤ 중에서 ㉣은 소비자 잉여가 되고 ㉤은 사회적 잉여 ㉢과 함께 감소한다.
④ (가)를 시행하면 소비자 잉여는 ㉠+㉡+㉢에서 ㉠으로 감소한다. (나)를 시행하면 생산자 잉여는 ㉣+㉤+㉥에서 ㉥으로 감소한다.

19 ②
미국 달러화 대비 통화 가치에 대하여 원화는 상승하였고 엔화는 하락하였다. 다시 말해, 원화의 가치는 상승하였고, 엔화의 가치는 하락하였으므로 일본 유학 중인 자녀에게 송금하는 한국 학부모의 학비 부담은 감소하게 된다.
① 미국 달러화 대비 원화의 통화 가치는 상승하였으므로 한국 기업의 달러 표시 외채 상환 부담은 감소한다.
③ 미국 달러화 대비 원화의 가치는 상승하였으므로 한국으로 여행을 오는 미국 사람들의 여행 경비 부담은 증가한다. 반대로 미국으로 여행가는 한국 사람의 경비 부담은 감소한다.
④ 미국 달러화 대비 원화의 가치가 상승하였으므로 한국 상품의 가격은 상승한 것이다. 반면, 엔화 가치는 하락하였으므로 일본 상품의 가격은 하락하게 된다. 따라서 미국 시장에서 일본산 제품과 경쟁하는 한국산 제품의 가격 경쟁력은 약화된다.

20 ④
GDP 디플레이터는 물가 수준의 지표로서 명목 GDP를 실질 GDP로 나눈 수치에 100을 곱한 값이다.

$$\text{GDP 디플레이터} = \frac{\text{명목}\,GDP}{\text{실질}\,GDP} \times 100$$

자료에서 T년 물가는 0, T+1년 물가는 3%, T+2년 물가는 1% 증가한 것으로 나타난다. 물가 상승은 누적의 개념으로 계속해서 증가하였으므로 T+2년의 GDP 디플레이터가 가장 큰 것이다.
① 단서에서 기준연도는 T-1로 주어졌으며 물가지수는 100이 기준이 된다. T년의 물가상승률은 0%이므로 GDP디플레이터 지수는 동일하게 100이다.
② 실질 GDP의 증가율은 주어진 표에 따라 명목 GDP 증가율에서 물가 상승률을 뺀 값이다. 이에 따라 T년과 T+1년 모두 0%이므로 실질 GDP 증가율은 변화가 없다.
③ 실질 GDP의 증가율은 T년과 T+1년은 0%이고, T+2년에는 -2%(-1-1)이므로 T+2년이 가장 작다.

2020. 6. 13.
제2회 서울특별시 시행

1 ②

㉠의 멸종 위기 양생 생물 지정과 ㉢의 열목어 복원 사업 추진은 사회·문화 현상이다. ㉡의 산란기가 되면 온몸이 짙은 홍색으로 변하는 것은 자연 현상이다. 자연 현상은 사회·문화 현상과 달리 확실성의 원리가 적용된다.

① ㉠, ㉢과 같은 사회·문화 현상은 가치 함축적이고 ㉡과 같은 자연 현상은 몰가치적이다.

③ ㉢과 같은 사회·문화 현상은 당위 법칙의 지배를 받고 ㉡과 자연 현상은 존재 법칙의 지배를 받는다.

④ ㉠, ㉢과 같은 사회·문화 현상은 보편성과 특수성이 공존하며 ㉡과 같은 자연 현상은 보편성이 적용된다.

※ 자연현상과 사회·문화 현상의 비교

구분	자연 현상	사회·문화 현상
의미	• 인간의 의지와 무관한 보편적 현상 • 자연의 법칙 그 자체를 인간의 힘으로 변경할 수 없음 예 봄이 가면 여름이 옴, 가뭄, 태풍 등의 자연 현상	• 인간에 의하여 창조된 모든 현상 • 인간의 의지로 현상을 바꿀 수 있음 예 정치, 경제, 예술, 종교, 집단 등의 사회 제도
성격	• 사실법칙이 지배 • 존재법칙(Sein의 법칙) • 인과법칙 • 필연법칙 예 물은 위에서 아래로 흐른다.	• 규범법칙이 지배 • 당위법칙(Sollen의 법칙) • 목적법칙 • 자유법칙 예 사람을 살해해서는 안 된다.
가치	몰가치적이고 보편성을 지님	가치 함축적이고 가치 판단적임
예측	• 고정성과 불변성 • 규칙발견과 예측 용이	• 유동성과 가변성 • 규칙발견과 예측이 곤란
인식방법	관찰과 실험	통제된 실험이 용이하지 않고 사례연구, 참여 관찰, 설문조사 등 병행
관련학문	자연과학→ 확실성의 원리	사회과학→ 확률의 원리

2 ④

죄형법정주의란 어떤 행위가 범죄가 되는지, 그러한 범죄를 저지르면 어떤 처벌을 받는지가 미리 성문의 법률에 규정되어 있어야 한다는 원칙이다. 파생원칙 또는 구체적 내용으로 관습 형법 금지의 원칙, 명확성의 원칙, 유추 해석 금지의 원칙, 형벌 불소급의 원칙, 적정성의 원칙이 있다. 이 중 소급효 금지의 원칙(형벌 불소급의 원칙)은 형법 법규는 그 시행 이후에 이루어진 행위에 대해서만 적용되고, 시행 이전의 행위에까지 소급하여 적용할 수 없다는 원칙이다.

※ **죄형법정주의와 유리한 소급효 적용**

> 형법 제1조 ① 범죄의 성립과 처벌은 행위 시의 법률에 의한다.
> ② 범죄 후 법률의 변경에 의하여 그 행위가 범죄를 구성하지 아니하거나 형이 구법보다 경한 때에는 신법에 의한다.
> ③ 제3항 재판확정 후 법률의 변경에 의하여 그 행위가 범죄를 구성하지 아니하는 때에는 형의 집행을 면제한다.

3 ②

개인의 대인접촉 관계, 집회 또는 집회 참가 활동의 자유로운 영역인 A는 자유권이다. 갑은 국가를 상대로 소송을 제기하였는데, 이는 재판청구권을 행사한 것이므로 B는 청구권이다. 환경 공해와 소음 공해는 환경권을 침해 받은 것으로 이는 사회권에 해당한다.

① 자유권(A)은 국민이 자유로운 생활을 영위할 권리이며 소극적이고 방어적 성격의 권리이다. 다만, 헌법 제37조 제1항에 따라 "국민의 자유와 권리는 헌법에 열거되지 아니한 이유로 경시되지 아니한다."라는 규정을 둠으로써 자유권의 다양성과 포괄성을 규정하고 있다.

③④ 다른 기본권 보장의 전제 조건이 되는 수단적, 절차적 기본권이자, 기본권 보장을 위한 기본권은 청구권(B)이다.

※ **자유권의 성격** : 자유권은 소극적이고 방어적 공권의 성격을 갖는데 이는 개인이 국가권력의 간섭이나 침해를 받지 아니하는 권리라는 의미다. 자유권은 절대군주권에 항의하여 최초로 획득한 권리로 천부인권성을 내포한다.

4 ③

(가)는 직원 개개인의 능력을 중시하는 사회명목론의 관점이다. 개인의 우월성을 강조하는 입장으로 개인만이 참다운 실재라고 본다. (나)는 조직 문화라는 전체를 강조하는 사회실재론의 관점이다. 전체 또는 사회의 우월성을 강조하며 실제로 존재하는 것은 전체로서의 사회뿐이고 개인은 단지 사회의 구성원에 불과하다고 본다.

① 사회를 개인의 외부에 존재하는 실체로 보는 것은 사회실재론(나)이다.

② (가)는 사회명목론이고 (나)는 사회실재론이다.

④ (나)의 사회실재론에서는 사회의 독자적 특성이 존재한다고 본다.

5 ①

관료제는 조직을 효율적, 합리적으로 관리하기 위한 하나의 방식으로 업무의 세분화와 전문화를 강조한다. 탈관료제란 관료제의 역기능을 극복하기 위해 등장한 것으로 팀제 조직, 네트워크 조직, 아메바형 조직, 오케스트라형 조직 등으로 세분화된다.

② 관료제는 탈관료제에 비해 연공서열에 따른 보상을 중시한다.

③ 관료제와 탈관료제 모두 조직 운영의 효율성을 추구한다. 다만, 탈관료제는 보다 유연하고 빠른 적응력을 강조한다.

④ 업무 수행 방식의 표준화를 중시하는 것은 관료제다.

※ 관료제의 역기능

ⓐ 수단과 목적의 전도(목적 전치) : 본래 목표보다 과업 전문화, 위계 서열화, 규약과 절차 등의 수단을 지키는 데에 더 주력하는 현상이다.

ⓑ 인간소외 현상의 증대 : 공식적 과업수행을 위해 개인의 사적인 의사나 욕구가 허용되지 않으므로 소외감이 증대된다.

ⓒ 창의성 발휘 곤란 : 구성원들로 하여금 규격화, 표준화된 행동만을 요구함으로써 진취적이고 독창적인 사고를 하기 힘든 경우가 생긴다.

6 ③

사회·문화 현상의 연구 방법 중 계량화된 자료 수집과 통계 분석을 중시하는 A는 실증적 연구(양적 연구) 방법이다. 그렇지 않은 B는 해석적(질적) 연구 방법이다. 실증적 연구는 방법론적 일원론, 해석적 연구는 방법론적 이원론에 기초한다.

① 연구자의 직관적 통찰을 통한 이해를 강조하는 연구 방법은 해석적 연구(B)다.

② 변인 간 관계에 대한 법칙 발견을 목적으로 하는 연구 방법은 실증적 연구(A)다.

④ 두 연구 방법은 구체적 방법이 다를 뿐 모두 경험적 관찰을 통해 자료를 수집한다.

※ 방법론적 일원론과 이원론

구분	방법론적 일원론	방법론적 이원론
주장자	콩트(Comte, A)	베버(Weber, M)
의미	사회·문화 현상의 탐구와 자연현상의 탐구가 비슷하다고 보는 관점	사회·문화 현상의 탐구와 자연 현상의 탐구가 서로 다르다고 보는 관점
전제	사회·문화 현상에도 자연 현상과 마찬가지로 인과법칙이 존재하고 있어 본질적으로 측정이나 실험과 같은 실증적 방법을 통하여 법칙을 발견할 수 있다.	사회·문화 현상은 인간의 의식과 의지를 바탕으로 일어나고, 인간의 행위에는 주어진 환경과 조건, 자신의 행위에 담긴 해석과 의미가 담겨 있기 때문에 자연과학적 방법과는 다른 방법으로 탐구해야 한다.
연구목적	인과관계 및 일반적 법칙 발견	인간 행동의 동기 및 의미 파악
특징	사회 현상은 연구자와 독립된 객체에 있기 때문에 분리가 가능하다.	사회 현상은 연구자 자신까지 포함하고 있어서 연구자의 가치와 관점이 개입될 수 있기 때문에 분리가 불가능하다.
연구방법	실증적 연구방법으로 발전	해석적 연구방법으로 발전

7 ②

갑은 자연 상태는 일종의 전쟁 상태이고 인간은 계약을 맺어 자연권을 포기하고 국가를 만들었다고 본다. 이는 홉스의 사회계약론이다. 을은 자연 상태에서 누구나 집행권을 갖고 있다고 보는데, 계약을 통해 통치권을 위임했다는 입장이다. 이는 로크의 사회계약론이다. 로크는 이권분립론을 제시하여 권력을 입법권과 집행권으로 구분하였다.

① 국가가 사회 계약을 위반한다면 국민은 국가를 부정할 권리를 저항권이라고 하는데 이는 로크가 제시하였다.

③ 일반의지에 의한 통치는 루소가 강조하였다.

④ 사회계약론은 공통적으로 국가를 목적이 아닌 수단으로 간주한다.

※ 루소의 일반의지 : 루소의 저서 「사회계약론」에 나타나 있는 공익의 핵심적 개념으로 보편의지 또는 총의라고도 한다. 이기적인 개인으로서의 독립성과 사익성을 버리고 공동의 힘을 통해 자신과 재산을 지키고 옹호하는 결합 형식에 기반한다. 이 속에서 자유로운 계약으로 성립하는 국가가 가지는 단일한 의지를 일반의지라 불렀다.

8 ②

혼인은 가족을 구성하고 사회 질서 속에 편입되는 사회적 제도로써 적법한 혼인은 법이 규율하는 법률관계를 구성하며 법의 보호를 받는다. 민법 제830조 제1항에 따라 부부의 일방이 혼인 중 자기의 명의로 취득한 재산을 그 특유재산으로 한다. 따라서, 혼인 중 부부가 협력하여 취득한 재산은 명의가 어느 쪽으로 되어 있는지에 따라 부부 각자의 재산으로 한다. 즉, 간주의 의미로써 '본다'가 아니라 추정의 의미로써 '한다'가 옳은 설명이다.

① 민법 제830조 제1항에 따라 부부가 각자의 재산을 따로 소유·관리·처분하는 부부 별산제를 원칙으로 한다.

③ 민법 제827조 제1항의 일상가사 대리권에 따라 부부는 일상의 가사에 대해 상대방을 대리할 수 있다.

④ 민법 제832조에 따라 일상의 가사에 대해 부부 중 어느 한쪽이 지는 채무는 별도의 의사 표시가 없는 한 부부에게 연대 책임이 있다.

9 ③

의회에서 어떤 특정한 법안을 통과시킬 때는 그 법안이 헌법이 정한 테두리를 벗어나지 않는지를 먼저 확인하여야 하는데 이는 위헌 법률 심판과 관련 있다. 헌법 제107조 제1항에 따라 법률이 헌법에 위반되는 여부가 재판의 전제가 된 경우에는 법원은 헌법재판소에 제청하여 그 심판에 의하여 재판한다는 규정을 두고 있다.

① 탄핵 심판이란 고위 공무원의 직무집행에 있어서 헌법이

나 법률을 위반한 이유로 국회의 탄핵 소추 의결을 거쳐 헌법재판소에서 심판하는 절차이다.

② 권한 쟁의 심판은 국가기관 상호 간, 국가기관과 지방자치단체 간 및 지방자치단체 상호 간에 권한의 유무 또는 범위에 관하여 다툼이 있을 때에 청구하는 심판이다.

④ 정당 해산 심판은 정당의 목적이나 활동이 민주적 기본 질서에 위배될 경우 정부는 국무회의의 심의를 거쳐 헌법재판소에 정당해산심판을 청구하면 그 해산여부를 심판한다.

※ 위헌법률심판의 요건과 효과

구 분		개념 요소
심판의 대상		법률이 헌법에 위반되는 여부
제청권자		국민이 아닌 법원이 헌법재판소에 제청하며 위헌 여부 심판의 제청에 관한 결정에 대하여는 항고할 수 없음
재판의 전제성		침해하고 있는 법률이 재판 중에 적용되는 법률이어야 하고, 그러한 법률 때문에 다른 내용의 재판을 하게 될 수 있는 경우
결정 유형	각하결정	청구의 요건을 갖추지 못하여 심사를 하지 않는 경우
	합헌결정	헌법재판소 재판관의 위헌의견이 6인을 넘지 못하는 경우
	위헌결정	헌법재판소 재판관 6인 이상의 위헌이라고 판단한 경우
	헌법 불합치결정	국회의 입법권을 존중하고 법적 공백상태를 방지하기 위해 특정시기까지만 효력이 있고 이후에 새로운 법을 제정 또는 개정하라는 입법촉구결정을 함께 함
위헌 결정 효력		헌법재판소법 제47조에 따라 위헌으로 결정된 법률 또는 법률조항은 결정이 있는 날로부터 효력을 상실함

10 ④

단체교섭권은 근로자들이 단결권을 기초로 결성한 단체가 사용자 또는 사용자 단체와 자주적으로 교섭하는 권리다. 노동조합과 사용자 단체가 임금, 근로시간 등 근로조건에 관한 협약의 체결을 위하여 대표자를 통해 집단적으로 합의점을 찾아가게 된다. 사례에서 사업 영역을 확장하겠다는 회사의 경영 방침은 경영권에 관한 사항으로 근로조건과 직접적 연관성이 없으므로 노동 관련법 위반에 해당하지 않는다.

① 근로기준법 제43조에 제1항에 따라 임금은 매월 1회 이상 일정한 날짜를 정하여 지급해야 한다. 따라서 갑의 사례는 노동 관련법 위반에 해당한다.

② 근로기준법 제50조에 따라 1일의 근로 시간은 휴게시간을 제외하고 8시간을 초과할 수 없고, 동법 제53조에 따라 당사자간에 합의하면 1주간에 12시간을 한도로 근로시간을 연장할 수 있다. 아울러 동법 제55조 제1항에 따라 사용자는 근로자에게 1주에 평균 1회 이상의 유급 휴일을 보장해야 하므로 을의 사례는 동법 관련법 위반에 해당한다.

③ 근로기준법 제24조 제1항에 따라 경영상의 필요에 따라 해고를 하는 경우, 합리적이고 공정한 해고의 기준을 정하고 그 대상자를 선정하여야 한다. 동조 제2항에서는 그 대상자를 선정하는데 있어서 남녀의 성을 이유로 차별하여서는 안됨을 규정하고 있다. 따라서 병의 사례는 노동 관련법 위반에 해당한다.

※ **노동법** : 노동법은 근로자의 생존권 확보와 사회적 지위 향상을 도모하고, 사용자와 근로자 간 대립과 이해관계를 조정하는 법의 총체다.

헌법규정	근로의 권리와 근로 3권
근로기준법	• 근로자 개인을 보호하기 위한 규정 • 근로조건의 최저기준, 사용자와 근로자 간 동등한 위치에서의 자유의사에 의한 계약, 근로 계약 준수와 성실 이행의무, 사용자의 차별금지, 사용자의 폭행 · 구타금지 등
노동조합 및 노동관계 조정법	노동조합을 조직하고, 단체교섭을 행하며 단체행동, 분쟁의 조정 등 단체로서의 권리 · 의무 관계를 규정

11 ②

(가)는 가구 소득 인정액이 기준액 이하인 가구의 최저 생활을 보장하는 것을 골자로 하는 기초 생활 보장 제도로 공공 부조에 해당한다. (나)는 가입자와 고용주 등이 분담해서 소득 상실을 보전하고 기본 생활을 지원하기 위한 국민연금 제도로 사회 보험에 해당한다. 사회 보험은 국민에게 발생하는 사회적 위험에 대비하여 보험에 가입하도록 하는 것으로 사전 예방적 성격이 강하다.

① 비금전적 지원으로 원칙으로 하는 사회보장 제도는 사회 서비스다. 공공 부조는 금전적 지원을 원칙으로 한다.

③ 공공 부조와 사회 보험 모두 소득 재분배 효과가 나타난다. 다만, 공공 부조가 사회 보험보다 소득 재분배 효과가 크게 나타난다.

④ 사회 보험은 수혜의 정도가 아니라 부담 능력(소득)에 따라 비용을 부담한다. 또한 공공 부조는 국가나 지방 자치 단체가 비용을 부담한다.

12 ④

경제 안정화 정책이란 정부나 중앙은행이 물가와 실업 문제를 해결하기 위해 정부 지출이나 조세의 변동을 통해 경기를 조절하는 정책을 의미한다. 정부의 소득세율 인상 시 가계가 지출할 수 있는 소득이 줄어들기 때문에 소비가 감소하게 된다. 중앙은행이 지급 준비율을 인상할 경우 통화량이 감소하고 이자율이 상승한다. 따라서 두 정책 모두 총수요 감소 정책에 해당한다.

① 세율 조절과 정부 지출 조절은 재정 정책에 해당한다.

② 소득세율 인상 시 가계의 가처분 소득은 감소한다.

③ 지급준비율을 인하할 경우 통화량이 증가하고 이자율이 하락한다.

13 ③

만기와 배당수익이 없는 A는 요구불 예금이다. 만기가 있고, 배당 수익을 얻을 수 없는 B는 채권이다. 만기가 없고, 만기가 없고, 배당 수익을 얻을 수 있는 C는 주식이다.

채권과 주식은 모두 시세 차익을 얻을 수 있다는 점에서 공통점이 있다.

① 요구불 예금은 재산 증식의 용도보다는 생활 자금이나 회사 운영 자금 등을 금융기관에 안전하게 보관하는 용도로 사용된다. 또한 예금자 보호 제도의 적용을 받는다.

② 채권은 정부나 기업이 투자자로부터 돈을 빌리면서 만기와 이자, 이자 지급일을 약속한 증서다. 자본의 성격은 타인 자본으로 이는 곧 부채다.

④ 요구불 예금과 채권은 이자수익을 받을 수 있고 주식은 해당 사항이 없다.

구분	채권	주식
개념	정부나 기업이 투자자로부터 돈을 빌리면서 만기와 이자, 그리고 이자 지급일에 대해 약속한 증서	기업이 사업 자금 조달을 위해 투자자로부터 자금을 받고 그 대가로 회사 소유권의 일부를 주는 증표
수익	• 약속한 이자 수익 • 시세 차익(이자율과 회사의 신용 등급이 주된 가격 차이 요소)	• 배 당 • 시세 차익(회사의 경영 실적이나 전망의 변화가 주된 가격 차이 요소)
투자 시 중시하는 부분	투자 대상의 안전성(파산하지 않는 한 원리금 상환 가능)	투자 대상의 성장 가능성(시세 차익 및 배당에 대한 기대와 일부의 경우 경영에 대한 참여)
위험성	상대적으로 낮음	높음
발행 주체	정부, 주식회사, 지방자치단체	주식회사
자본 성격(발행자 입장)	타인 자본(부채)	자기자본
증권의 존속기간	만기 있음	만기 없음
원금 상환	만기 시 상환	의무 아님

14 ①

우리나라 헌법 개정 과정은 제안, 공고, 국회의결, 국민투표, 공포의 과정을 거친다. 헌법 개정안은 헌법 제128조 제1항에 따라 국회 재적 의원 과반수 또는 대통령의 발의로 제안된다.

② 헌법 제129조에 따라 헌법 개정안은 대통령이 20일 이상의 기간 동안 이를 공고하여야 한다.

③④ 헌법 제130조 제1항에 따라 국회는 헌법 개정안이 공고된 날로부터 60일 이내에 의결하여야 하며, 국회의 의결은 재적의원 3분의 2 이상의 찬성을 얻어야 한다.

구분	헌법 조항	내용
제안	제128조 제1항	국회 재적의원 과반수 또는 대통령의 발의로 제안된다.
공고	제129조	제안된 헌법 개정안은 대통령이 20일 이상의 기간 동안 이를 공고하여야 한다.
의결	제130조 제1항	국회는 헌법 개정안이 공고된 날로부터 60일 이내에 의결하여야 하며, 국회의 의결은 재적의원 3분의 2 이상의 찬성을 얻어야 한다.
국민투표	제130조 제2항	국회가 의결한 후 30일 이내에 국민투표에 붙여 국회의원 선거권자 과반수의 투표와 투표자 과반수의 찬성을 얻어야 한다.
공포	제130조 제3항	국민투표에 의하여 찬성을 얻을 때에는 헌법 개정은 확정되며, 대통령은 즉시 공포하여야 한다.

15 ②

생산 수단의 사적 소유를 인정하는 경제체제인 A는 시장 경제 체제고, 그렇지 않은 B는 계획 경제 체제다. 시장 경제 체제는 사적 재산권과 이윤 추구 활동의 이익을 극대화하기 위해 최선을 다하게 된다. 따라서 계획 경제 체제와 비교하여 경제적 유인 체계가 중시된다.

① 시장 경제 체제는 기본적인 경제 문제의 해결에 있어서 효율적인 자원 배분을 강조한다. 형평성을 강조하는 것은 계획 경제 체제다.

③ "개별 경제 주체들의 자유로운 경제 활동을 보장하는가?"에 대한 응답으로 ㉠은 '예', ㉡은 '아니요'가 들어간다.

④ 보이지 않은 손을 중시하는 것은 시장 경제 체제로 A가 '예', B는 '아니요'가 되어야 한다.

16 ④

직접세는 납세자와 담세자가 일치하며 소득의 원천(수입)에 세금을 부과한다. 간접세는 납세자와 담세자가 불일치하며 소득의 지출(소비)에 세금을 부과한다. 직접세는 누진세를 적용함으로 비례세를 적용하는 간접세에 비하여 소득 재분배 효과가 크게 나타난다.

① ㉠ 간접세는 납세자와 담세자가 불일치한다.

② ㉡ 직접세는 소득(수입)에 부과되는 조세이다.

③ ㉡ 직접세는 소득세, 법인세, 상속·증여세, 종합부동산세가 있으며 조세 저항이 나타난다.

17 ③

사례에서 갑(甲)은 미성년자로 제한능력자에 해당한다. 제한능력자가 맺은 계약은 추인이 있을 때까지 상대방인 을(乙)이 그 의사표시를 철회할 수 있다. 다만, 상대방이 계약 당시에 제한능력자임을 알았을 경우에는 철회할 수 없다. 다시 말해서, 을(乙)은 갑(甲)과 계약을 체결할 당시에 갑(甲)이 미성년자임을 몰랐을 경우에는 철회권을 행사할 수 있다.

① 제한능력자의 법률행위는 취소할 수 있는 법률행위로 법률행위가 유효하게 성립하지만 취소라는 의사표시를 통해 소급적으로 무효가 된다.

② 제한능력자의 상대방(을)은 제한능력자(갑)가 능력자가 된 후에 그에게 1개월 이상의 기간을 정하여 그 취소할 수 있는 행위를 추인할 것인지 여부의 확답을 촉구할 수 있다.

④ 계약이 성립하려면 당사자들의 의사표시가 합치되어야 하며 청약과 승낙이라는 과정을 거치게 된다. 청약이란 계약을 청하는 의사 표시이고, 승낙이란 이러한 청약에 대해 동의를 하는 의사표시다. 사례에서 매매 대금을 지불하지 않았다고 하더라도 계약서를 작성하였다면 매매 계약은 성립한 것이다.

18 ①

〈보기 1〉의 공연장, 박물관, 미술관, 문화재 등의 시설을 이용하는 것과 관련된 우리나라 헌법의 기본원리는 문화 국가의 원리다. 문화 국가의 원리는 헌법 전문의 "유구한 역사와 전통에 빛나는" 부분과 헌법 제9조에서 규정하고 있는 문화의 보호 및 발전을 위한 국가의 노력, 헌법 제31조 제5항에서 규정하는 국가의 평생 교육 진흥이 해당한다.

19 ④

갑(甲)국과 을(乙)국의 X재와 Y재 생산에 필요한 노동량을 통해 을(乙) 국에 두 재화 모두 절대 우위가 있음을 알 수 있다. 기회비용을 통해 비교 우위를 살펴보면 다음과 같다.

구 분	갑국	을국
X재 1개 생산의 기회비용	Y재 4/5개=0.8개	Y재 2/4개=0.5개
Y재 1개 생산의 기회비용	X재 5/4개=1.25개	X재 4/2개=2개

이때, 양국이 보유한 노동자 수는 각각 100명이므로 을(乙)국은 X재 10개(20명)와 Y재 20개(80명)를 동시에 생산할 수 있다.

① 갑(甲)국은 Y재 1개를 생산하기 위해 5명이 필요하므로 최대 20개를 생산할 수 있다.

② 갑(甲)국의 X재 1개 생산에 따른 기회비용은 Y재 4/5개이다.

③ 갑(甲)국은 기회비용이 작은 Y재 생산에, 을(乙)국은 기회비용이 작은 X재 생산에 비교우위를 가진다.

20 ①

X재와 대체재 관계에 있는 Y재의 가격이 상승하였으므로 X재의 수요는 증가하여 수요 곡선은 우측으로 이동한다. 시설 설비의 첨단화로 X재의 생산 기술이 향상되었으므로 공급 역시 증가하여 공급 곡선 또한 우측으로 이동한다. 한편, 수요 곡선이 더 크게 증가하였으므로 균형 가격과 균형 거래량 모두 증가한다.

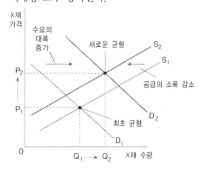

※ 대체재와 보완재

구분	대체재	보완재
의미	두 재화의 용도가 서로 비슷하여 한 재화 대신 다른 재화를 사용해도 만족감(효용)에 큰 차이가 없는 관계	두 재화를 서로 함께 사용(소비)할 때 만족감(효용)이 커지는 관계
특징	A재 가격 ↑ / B재 수요 (우상향 그래프)	A재 가격 ↑ / B재 수요 (우하향 그래프)
	한 재화의 가격이 상승(하락)할 때 다른 재화의 수요가 증가(감소)	한 재화의 가격이 상승(하락)할 때 다른 재화의 수요가 감소(증가)
사례	커피와 홍차, 쇠고기와 돼지고기, 밥과 빵 등	피자와 콜라, 프린트와 잉크, 자동차와 휘발유 등

2020. 7. 11.
인사혁신처 시행

---

1 ③

정치 과정은 사회의 다양한 요구가 표출되는 투입(가)과 정책 결정 기구가 정책을 수립하고 집행하는 산출(나), 환류 과정을 거친다. 정치효능감이란 정치적 행위가 정치과정에 영향을 미치거나 미칠 수 있다는 신념이다. 투입이 산출에 잘 반영될수록 시민들의 정치적 효능감은 높아진다.

① 정부가 국회에 법률안을 제출하는 것은 정책 결정 기구의 결정이 흘러가는 과정이므로 산출에 해당한다.

② 정당은 정책 결정에 영향력을 행사하지만 정책 정당이 결정 기구는 아니다. 따라서 정당이 공직 선거에 후보자를 공천하는 것은 산출과는 무관하다.

④ 향리형 정치 문화는 전근대적인 전통 사회에서 나타나는 정치 문화로 투입과 산출에 대해 무관심하다

※ 데이비드 이스턴(D. Easton)의 정치 과정 모형

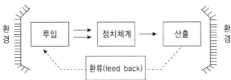

2 ②

A는 정부의 권한에 속하는 중요한 정책을 심의하는 국무회의의 의장인 대통령이다. B는 국가의 세입·세출의 결산, 국가 및 법률이 정한 단체의 회계검사와 행정기관 및 공무원의 직무에 관한 감찰 등을 담당하는 감사원이다. 대통령은 국민의 직접 선거로 선출되며, 임기는 5년이다.

① 대통령은 헌법 제67조 제1항에 따라 국민의 보통·평등·직접·비밀 선거로 선출한다.

③ 권한 쟁의 심판은 헌법재판소가 담당한다.

④ 감사원은 대통령 소속 기관이며 직무상 기능 면에서는 독립적으로 활동한다.

※ 국무회의 : 국무회의는 정부의 권한에 속하는 중요한 정책을 심의하는 헌법상 필수적 최고정책 심의기관으로 대통령·국무총리와 15인 이상 30인 이하의 국무위원으로 구성된다. 대통령은 국무회의의 의장이 되고 국무총리는 대통령을 보좌, 국무회의의 부의장이 된다.

3 ④

지방의회의 의결이 월권이거나 법령에 위반되거나 공익을 현저히 해친다고 인정되면 주민이 아닌 지방자치단체장은 그 의결사항에 대해 재의를 요구할 수 있다.

① 주민은 법령으로 정하는 바에 따라 지방자치단체의 장 및 지방의회의원(비례대표 지방의회의원은 제외)을 소환할 수 있는데, 이를 주민소환이라고 한다.

② 19세 이상의 주민은 지방자치단체와 그 장의 권한에 속하는 사무의 처리가 법령에 위반된다고 인정되면 「지방자치법」이 정하는 바에 따라 감사를 청구할 수 있는데 이를 주민 감사 청구라고 한다.

③ 지방자치법 제13조 제2항에 따라 국민인 주민은 법령으로 정하는 바에 따라 그 지방자치단체에서 실시하는 지방의회의원과 지방자치단체의 장의 선거에 참여할 수 있다.

4 ④

국회는 국정을 감사하거나 특정한 국정사안에 대하여 조사할 수 있으며, 이에 필요한 서류의 제출 또는 증인의 출석과 증언이나 의견의 진술을 요구할 수 있다.

① 국회는 헌법 또는 법률에 특별한 규정이 없는 한 재적의원 과반수의 출석과 출석의원 과반수의 찬성으로 의결한다.

② 헌법재판소장은 헌법재판관 중에서 국회의 동의를 얻어 대통령이 임명한다. 중앙선거관리위원회 위원장은 위원 중에서 호선한다.

③ 국회는 정부의 동의 없이 정부가 제출한 지출예산 각 항의 금액을 증가하거나 새 비목을 설치할 수 없다.

※ **국정감사와 국정조사** : 국정감사는 국회가 정기회 회기 중의 법정 기간 동안, 행정부의 국정 수행이나 예산 집행 등 국정 전반에 관한 상임위원회별로 법정된 기관에 대해 실시하는 감사다. 여기서 법정 기간은 정기국회 개회일 다음 날부터 20일 간이다. 국정 조사는 특별한 사안이나 특정 문제가 이슈 될 경우 국회 의결에 따라 수시로 실시하게 되는 점에서 구별된다.

5 ②

"모든 구성원의 정치 참여가 보장되는가?"에 '예'로 답한 ㈎는 현대 민주정치다. "대의 민주제를 기본으로 하는가?"에 '예'로 답한 ㈏는 근대 민주정치, '아니요'로 답한 ㈐는 고대 아테네 민주정치다.
근대 민주정치의 사상적 배경은 계몽사상과 사회계약설이며 시민 혁명을 통해 근대 사회가 도래하였다.
① 시민이 직접 국가를 운영하는 정치형태는 고대 아테네의 직접 민주정치다.
③④ 시민혁명의 한계를 극복하여 보통선거제를 확립하기 위한 차티스트 운동이 전개되었는데, 1832년부터 1928년까지 약 100년이라는 세월이 흘러 보통선거제도가 정착되었다. 이는 현대 민주정치의 특징이다.

6 ②

㈎는 국제 관습법으로 국제 사회의 반복적 관행이 국제 사회에서 묵시적으로 승인되어 법적 효력을 지닌 규범을 의미한다. ㈏는 법의 일반 원칙으로 문명국들이 공통으로 승인하여 국내법에서 수용하고 있는 법의 보편적인 원칙을 의미한다. ㈐는 조약으로 국가 상호 간, 국제기구와 국가 간, 국제기구 상호 간에 체결하는 법적 구속력을 지닌 문서 형식의 합의 또는 약정이다.
① 국제 행위 주체 간의 합의가 명시적 문서로 작성된 것은 조약이다.
③ 국제 사회의 관행이 국제 사회에서 법으로 승인된 것은 국제 관습법이다.
④ 헌법 제6조 제1항에 따라 헌법에 의하여 체결·공포된 조약과 일반적으로 승인된 국내 법규는 국내법과 같은 효력을 지니므로 법적 절차가 필요하다. 다만, 국제 관습법과 법의 일반원칙은 별도의 법적 절차 없이 국내법과 같은 효력을 갖는다.

※ **국내법과 국제법**

구분	국제법	국내법
제정 주체	당사국 간의 합의 또는 승인에 의해 제정	권위를 가진 입법부에 의해 제정
적용	다수 국가 사이에 적용되며 국가 상호 관계 또는 국제기구 등을 규율	한 나라의 주권이 미치는 범위
효력	중앙 정부가 없으므로 강제 집행 곤란, 구속력이 약하고 위반 시 제재에 한계	원칙적으로 국가 내의 모든 국민에게 효력을 미치며 구속력이 강하고 위반 시 제재 가능

7 ③

법원은 ㅁㅁ법 일부 조항이 기본권 침해의 소지가 크다며 A에 ㉠을 제청하였다. 여기서 ㉠은 위헌법률심판이다. △△법 위반으로 기소된 갑은 1심 재판 중 해당 법 조항에 대해 법원에 ㉡ 을 신청한 후, 기각되자 A에 ㉢을 청구하였다. 이때 ㉡은 위헌법률심판 제청이고 ㉢은 위헌심사형 헌법소원이다.
① A의 종국심리에 관여한 재판관 과반수가 아닌 재판관 6인 이상이 찬성하면 해당 법률조항은 위헌으로 결정된다.
② 법원이 ㉠을 제청하기 위해서는 소송 당사자의 제청 신청이 있을 경우에는 물론 직권으로 헌법재판소에 위헌법률심판을 제청할 수 있다.
④ ㉠은 위헌법률심판이고, ㉢은 위헌심사형 헌법소원이다.

8 ③

㉠의 협의상 이혼은 이유나 원인, 동기는 법적으로 규정되어 있지 않으며 이혼의사에 대한 합의를 필요로 한다. ㉡의 재판상 이혼은 민법 제840조에 규정된 사유가 있어야 한다. 협의상 이혼은 부부가 판사 앞에 출석하여 협의이혼의사를 확인받아야 하며, 재판상 이혼은 조정 또는 이혼소송 절차를 통해 확정된다. ㉠, ㉡ 모두 법원을 거쳐야만 혼인 관계를 해소할 수 있다.
① ㉠의 효력은 법원에서 이혼 의사 확인 및 이혼 숙려 기간 진행, 가정법원의 협의이혼의사 확인, 행정관청에 이혼신고를 해야 효력이 발생한다.
② 재산 분할은 협의상 이혼, 재판상 이혼 모두 행사할 수 있다.
④ 재판상 이혼은 법률로 정한 이혼의 사유나 원인을 필요로 한다.

※ 재판상 이혼

구분	내용	비고
의의	법이 정한 사유가 있는 경우 법원의 판결로써 강제로 이루어지는 이혼	
이혼 사유	배우자의 부정행위, 배우자의 악의의 유기, 배우자 또는 직계존속의 심히 부당한 대우, 자기의 직계존속에 대한 배우자의 심히 부당한 대우, 배우자의 생사가 3년 이상 불분명한 경우, 그 밖에 혼인을 계속하기 어려운 중대한 사유	민법 제840조에 규정
이혼 절차	1. 재판상 이혼을 하려면 먼저 가정법원에 조정을 신청해서 조정절차를 거쳐야 함 2. 조정이 성립되지 않을 경우 이혼소송 절차로 이행 3. 이혼소송이 진행되면 변론절차를 거쳐 이혼여부에 대해 법원이 판결함 4. 조정이 성립되거나 판결이 선고되면 1개월 내 행정관청에 이혼 신고	조정이 성립되면 이혼 판결을 받은 것과 동일효과 발생

9 ③

사례에서 ⓒ의 1심 법원은 국민 참여 재판으로 열렸음이 나타난다. 국민 참여 재판은 특수 공무집행 방해 치사, 뇌물, 특수강도강간, 살인사건 등의 형사 재판만을 대상으로 한다. 또한 1심 사건 및 합의 관할 사건을 대상으로 한다. 이에 ⓒ은 지방 법원 본원 합의부다.

① 영장 실질심사제도는 형사소송법에 규정된 피의자의 권리로 구속영장의 청구가 있으면 판사는 지체 없이 피의자를 심문하여 적부를 결정해야 한다.

② 구속적부 심사제는 구속의 이유가 부당하거나 적법하지 못할 경우 법관이 심사하여 이를 석방하는 제도로 피의자에게 인정되며 공소가 세기(기소)된 피고인에게는 인정되지 않는다. 만약 공소가 제기된 피고인이라면 보석 제도를 활용해야 한다.

④ 집행유예는 유죄를 인정하여 형을 선고하되 일정한 요건 아래 형의 집행을 유예하고 문제없이 유예기간을 경과한 때에는 형 선고의 효력을 상실시키는 제도다.

10 ①

사례에서 갑은 노동조합 가입을 이유로, 을은 잦은 결근을 이유로 A회사로부터 해고를 당한 상황이다. 둘은 B지방 노동 위원회에 구제신청을 하였는데 갑의 구제신청만 받아들여졌다.

ⓐ 갑과 을은 모두 해고를 당한 상태이므로 노동 위원회를 통한 구제 신청과 별개로 해고 무효 확인 소송(민사소송)을 제기할 수 있다.

ⓒ 갑은 노동조합에 가입하였다는 이유로 해고를 당했다. B지방 노동 위원회는 갑의 해고에 대해 부당노동행위가 성립한다고 판정한 때에는 A 회사 사용자에게 구제명령을 발하여야 한다.

ⓑ 지방노동위원회의 기각결정에 불복하는 경우 기각결정서를 통지받은 날부터 10일 이내에 중앙노동위원회에 재심을 신청할 수 있다.

ⓓ 부당노동행위에 대해서는 노동조합이 지방 노동 위원회에 구제 신청을 할 수 있으나 부당 해고의 경우에는 근로자만이 구제신청을 할 수 있다.

11 ①

개인과 사회를 바라보는 관점으로써 갑은 직원 개개인의 능력을 강조하는데 이는 사회 명목론에 해당한다. 을은 회사의 실적을 올리기 위해 조직 문화를 개선하자고 하므로 사회 실재론에 해당한다.

사회명목론에 따르면 개인만이 참다운 실재고 사회는 개인의 집합체에 붙여진 이름에 불과하다고 본다. 또한 집단의 속성은 개인의 속성의 총합과 같다고 본다.

② 사회명목론은 개인주의와 자유주의를 토대로 하나, 사회유기체설이 아닌 사회계약설에 기반을 두고 있다.

③ 사회가 개인들 간의 합의에 따라 움직인다고 보는 것은 개인의 속성을 강조한 것이므로 사회 명목론의 입장이다.

④ 사회를 개인의 행복과 자유를 추구하기 위한 단순한 수단으로 보는 것은 사회계약설의 입장으로 이는 사회명목론에 해당한다.

구분	사회명목론	사회실재론
내용	개인만이 참다운 실재이고 사회는 한낱 개인의 집합체에 붙여진 이름에 불과함	실재로 존재하는 것은 전체로서의 사회뿐이고 개인은 단지 사회의 구성원에 불과함
관점	개인의 우월성을 강조 (개인주의적 사회관)	사회의 우월성을 강조 (전체주의적 사회관)
특징	• 개인 이외에 전체사회의 존재나 구조적 특성은 인정치 않음 • 개인주의와 자유주의가 사상적 토대	• 개인보다 사회가 더 근원적인 실재자 • 전체는 개인들의 모임과는 구별되는 독자적 특성과 구속력을 가짐
관련분야	• 사회계약설 • 홉스(Hobbes, T), 로크(Locke, J), 루소(Rousseau, J,J)	• 사회 유기체설 • 콩트(Comte, A), 스펜서(Spencer, H), 뒤르켐(Durkheim, E)

12 ②

ⓒ 문화의 외재적 변동이란 서로 다른 문화가 장기간에 걸쳐 접촉하게 됨에 따라 문화 요소간에 변동이 생기는 것으로 문화접변이 가장 대표적이다. 미군으로부터 청바지가 우리나라에 소개된 것은 외재적 변동에 해당한다.

ⓔ 아프리카 고유의 토속신앙이 사라지고 서양 종교인 기독교로 종교가 대체(흡수)된 것은 문화접변의 양상 중 문화동화의 사례.

ⓐ 텐트용으로 생산된 두꺼운 천으로 바지를 만든 것은 알려지지 않았던 문화 요소를 찾아낸 발견이 아니라 새로운 문화 요소를 발명한 것이다.

ⓑ 간접 전파는 매개체를 통한 전파인데 선교사들이 아프리카로 건너가 기독교를 전파한 것은 접촉에 따른 직접 전파다.

※ 문화접변의 양상

ⓐ 문화병존 : 두 개의 이질적인 문화가 접촉을 하면서도 각각 자체 문화의 가치관과 특성을 그대로 유지하면서 한 사회 내에서 공존하는 문화현상을 의미한다.

ⓑ 문화동화 : 여러 가지 독특한 하위문화를 가진 집단이 그 사회의 지배문화로 통합되는 문화현상을 의미한다.

ⓒ 문화융합 : 두 개의 이질적인 문화가 오랜 기간 접촉하는 동안 각각 본래의 문화유형을 잃어가고 새로운 문화를 창조해 내는 문화현상, 즉 A문화와 B문화가 접촉하는 동안 C문화가 나타나는 현상을 말한다.

13 ②

ⓔ은 생활이 어려운 사람에게 생계급여, 주거급여, 의료급여, 교육급여 등 필요한 급여를 제공하여 이들의 최저생활을 보장하고 자활을 돕는 국민 기초 생활 보장 제도다. 이는 공공 부조에 해당하므로 ⓐ은 공공부조다. ⓜ은 업무와 관련하여 질병이나 장애를 얻거나 사망할 경우, 본인의 치료비와 가족에게 생계비를 보장해 주는 산업 재해 보상 보험이다. 따라서 ⓑ은 사회 보험이다. 마지막으로 ⓒ은 사회서비스다.

(나) 공공 부조와 사회서비스는 서로 다른 제도이므로 공공 부조의 수혜자가 사회서비스의 수혜자가 될 수 있다.

(라) ⓔ은 국민기초생활보장제도이고, ⓜ은 산업재해보상보험이다.

(가) ⓐ의 공공 부조와 ⓑ의 사회 보험은 모두 소득재분배 효과가 있다. 다만, 재원을 100% 정부나 지자체에서 마련하는 공공 부조의 소득재분배 효과가 더 크게 나타난다.

(다) 기초연금제도는 사회보험이 아닌 공공부조에 해당하는 제도다.

14 ②

자료수집 방법의 구조화·표준화 정도가 높은 C는 질문지법이다. 조사대상자들의 상호작용 파악이 용이성이 가장 높은 A는 참여관찰법이다. 오랜 시간이 경과되어 접근이 어려운 사회·문화 현상 탐구 용이성 정도가 가장 높은 B는 문헌 연구법이다.

문헌연구법은 시간 및 비용 효율성이 높고 시간과 공간의 제약으로부터 자유로운 장점이 있는 반면, 문헌 해석 시 연구자의 주관적 가치가 개입될 수 있다. 또한 문헌의 정확성과 신뢰성이 확보되지 않을 경우 연구 전반의 신뢰도에 문제가 발생한다.

① 참여관찰법은 언어소통이 어려운 상황에서 자료를 수집하고자 할 때 유용하다. 조사대상자와 연구자의 의사소통을 전제로 하는 것은 면접법이다.

③ 질문지법은 자료를 수집하여 통계 분석할 때 쓰이며 개인적 태도나 의식을 조사하는 경우에도 활용된다.

④ 질문지법은 문맹자를 대상으로 자료를 수집하기가 어려운 반면, 참여관찰법은 문맹자를 대상으로도 자료를 수집할 수 있다.

15 ④

2005년은 상층 인구가 10%, 중층 인구는 40%, 하층 인구는 50%를 구성하고 있다. 총인구가 1000만 명이므로 순서대로 100만 명, 400만 명, 500만 명이다.

2010년은 2005년에 비해 상층 인구는 2배 증가했고, 하층 인구는 1/2로 감소하였다.

2015년에는 2005년에 비해 중층 인구는 1/2로 감소했고, 하층 인구는 동일하다.

2005년~2015년의 인구 구성 변화를 표로 정리하면 다음과 같다.

(단위 : 만 명)

구분	2005년	2010년	2015년
상층	100	200	300
중층	400	550	200
하층	500	250	500

①④ 2010년은 중층이 가장 많은 다이아몬드형 계층구조를 보이며 2005년의 피라미드형과 2015년의 모래시계형 구조와 비교하여 안정적인 구조를 보이고 있다.

② 2005년의 하층 인구는 500만 명으로 같은 해 상층(100만 명)과 중층(400만 명) 인구를 합한 500만 명과 같다.

16 ③

물가가 지속적으로 상승하는 현상은 인플레이션이다.

ⓒ 물가가 상승함에 따라 상품가격이 오를 경우 수출이 감소하게 된다. 반면 값싼 수입품을 들여옴에 따라 경상수지는 악화된다.

ⓒ 상승하는 물가에 대비하여 임금이 고정되어 있을 경우 가계의 실질소득은 감소하게 된다.

⊙ 인플레이션이 발생할 경우 채무자가 유리해지고 채권자는 불리해진다.

ⓔ 물가가 상승할 경우 실물 자산의 가격은 상승한다. 화폐 자산을 보유한 사람보다 실물 자산을 보유한 사람이 유리해신다.

※ 인플레이션의 유형과 대책

구분	수요 견인 인플레이션	비용 인상 인플레이션
의미	• 총수요 증가로 인한 물가 상승 • 주로 경기 호황기에 발생 • 총수요곡선은 우측 이동하여 물가 상승, 실질 GDP 증가	• 비용 인상 또는 총공급 감소로 인한 물가 상승 • 주로 경기 침체기에 발생하며 스태그플레이션 현상이 발생할 수 있음 • 총공급곡선은 좌측 이동하여 물가 상승, 실질 GDP 감소
원인	• 소비 증가, 투자 증가 • 정부 지출 증가, 통화량 증대 • 순수출 증가	• 원자재 가격, 원유 가격 등의 생산비 상승 • 노동조합의 과도한 임금 인상 • 기업의 이윤 인상
대책	• 총수요 억제 • 긴축(흑자) 재정 정책, 긴축 금융 정책(조세 징수 증대, 정부 지출 축소, 통화량 감축) • 기업의 불필요한 투자 억제 • 가계의 과소비 억제	• 총공급 증가 • 기술 혁신, 경영 혁신을 통한 기업의 비용 절감 • 생산성을 초과하는 과도한 임금 인상 요구 억제 • 에너지 가격, 부동산 임대료 등의 상승억제

17 ②

X재의 생산 기술이 발전하면 공급은 증가하게 된다. 또한 X재 수요자의 소득이 증가할 경우 수요가 증가하는데, 만약 수요와 공급 증가의 폭이 같다면 E에서 B로 이동할 수 있다.

① 균형점이 E에서 A로 이동하려면 수요는 증가하고, 공급은 감소해야 한다.

③ 균형점이 E에서 C로 이동하려면 수요는 감소하고, 공급은 증가해야 한다.

④ 균형점이 E에서 D로 이동하려면 수요는 감소하고, 공급도 감소해야 한다.

18 ④

A는 과세 대상 금액에 따라 높은 세율이 적용되는 누진세다. B는 과세 대상 금액에 상관없이 일정한 세율이 적용되는 비례세다. 소득 재분배 효과는 비례세보다 누진세에서 크게 나타난다.

① 부가 가치세에는 비례세가 적용된다.
② 법인세와 개인소득세는 누진세가 적용된다.
③ 직접세는 납세자와 담세자가 일치하는 조세로 소득의 원천(수입)에 세금을 부과하는데 누진세를 적용한다.

19 ③

총공급은 변화가 없고 총수요만 증가할 경우 균형 물가는 상승하므로 A는 총수요다. 총수요는 변화가 없고 총공급만 감소할 경우에도 균형 물가는 상승하므로 B는 총공급이다. 총수요는 변화가 없고 총공급만 증가할 경우 균형 물가는 하락하고 균형 실질 GDP는 증가하므로 (가)에는 'B만 증가'가 들어갈 수 있다.

① A는 총수요, B는 총공급이다.
② A만 증가할 경우 균형 실질 GDP는 증가하고, B만 증가할 경우 균형 실질 GDP는 감소한다.
④ 정부 지출은 총수요를 구성하며 정부 지출이 증가할 경우 총수요는 증가한다. 이 경우 물가는 상승하고, 실질 GDP도 상승하므로 (가)의 원인으로서 부적절하다.

20 ①

가격이 2% 상승했을 때 감자의 수요량 변화율은 -1%이므로 수요의 가격 탄력성은 비탄력적이다. 비탄력적 수요를 보이는 상품의 경우 가격을 올릴 경우 판매수입은 증가한다. 호박의 경우 가격이 2%올랐음에도 수요량이 2%올랐으므로 판매 수입은 증가하며 수요 법칙이 적용되지 않은 상품이다.

② 당근은 가격이 2% 상승했음에도 수요량의 변화율이 변화가 없으므로 수요의 가격 탄력성은 완전 비탄력적이다.
③④ 가격이 2% 상승했을 때 상추의 수요량의 변동률은 -2%로 수요의 가격 탄력성은 단위 탄력적이다. 이 경우 판매 수입의 변화는 없다. 당근의 경우는 완전 비탄력적 수요를 보임에 따라 판매량의 변화가 없다.

기출지문

하루 10분! key word로 보는 기출지문 O/X

2016. 3. 19. 사회복지직 시행

1 key word : 일탈이론
머튼의 아노미 이론은 기능론적 관점에서 일탈행동을 파악하고 있다. (O/X)

2 key word : 사회·문화 현상을 탐구하는 연구방법
양적연구는 사회·문화 현상의 객관적 관찰 가능성을 전제한다. (O/X)

3 key word : 사례
직업학교는 인간의 자연적·본질적 의지에 따라 형성된다. (O/X)

4 key word : 사회변동
갈등론적 관점은 사회적으로 합의된 가치 규범에 의한 구성원들의 재사회화를 중시한다. (O/X)

5 key word : 문화변동의 요인
훈민정음은 발명에 해당한다. (O/X)

6 key word : 헌법 개정 절차
헌법개정안에 대한 국회의 의결은 국회 재적 의원 과반수의 출석과 출석 의원 3분의 2 이상의 찬성을 얻어야 한다. (O/X)

7 key word : 권리
국민이 국가의 성치 과성에 적극적으로 참여할 수 있는 권리는 자유권이다. (O/X)

8 key word : 국회의원의 면책특권
국회의원이 직무상 행한 표결은 면책특권의 대상이 되지 않는다. (O/X)

9 key word : 상속
갑(甲)에게는 홀어머니 을(乙), 남동생 병(丙), 부인 정(丁)과 아들 무(戊)가 있다. 갑(甲)이 유언 없이 사망하였을 때, 1순위 상속인은 홀어머니 을(乙)이다. (O/X)

10 key word : 형사 절차
판결이 무죄로 확정된 경우 피고인은 법률이 정하는 바에 의하여 형사보상청구권을 행사할 수 있다. (O/X)

11 key word : 사회계약론
로크와 루소는 국민이 주권을 가져야 한다고 주장하였다. (O/X)

12 key word : 국제 사회의 변화
드골의 독자외교, 제3세계의 등장, 중·소 분쟁, 닉슨 독트린 등의 사건들로 인해 자본주의 진영과 사회주의 진영이 다원화되고 냉전이 완화되었다. (O/X)

13 key word : 정부 형태
의원내각제에서 행정부의 수반은 의회에 대한 정치적 책임을 지지 않는다. (O/X)

14 key word : 헌법재판소의 결정
헌법재판소는 "지역구별 인구 편차는 2대 1을 넘지 않게 변경하는 것이 타당하다"라고 밝혔는데 이는 유권자 표의 등가성 원리를 확보하고자 한 것이다. (O/X)

15 key word : 시민혁명
미국의 독립선언서와 프랑스의 인권 선언문은 근대 시민혁명의 결과물로 입헌군주제의 확립에 기여하였다. (O/X)

16 key word : 비교 우위
비교 우위는 기회비용과 관련이 없다. (O/X)

17 key word : 최고가격제
최고가격제는 최고가격을 설정하고 그 이하로 가격이 내려가지 못하도록 규제하는 제도이다. (O/X)

18 key word : GDP 디플레이터
GDP 디플레이터는 명목 GDP, 실질 GDP와 관련이 없다. (O/X)

19 key word : 외부효과
외부불경제 상황에서는 재화가 사회적 최적 생산 수준보다 과소 생산된다. (O/X)

20 key word : 환율
원/달러 환율이 상승할 경우 국내 원자재만을 사용하여 만든 상품을 미국에 수출하는 기업은 유리해진다. (O/X)

1 O

일탈행동은 일시적 현상이며, 사회가 정상을 회복하면 일탈 행동은 사라진다고 보는 거시적인 관점이다.

2 O

양적연구는 실제 현실 속에서 관찰되는 경험적 자료의 계량화에 기반한 통계적 상관의 검증을 중시한다.

3 X

직업학교는 특정 목적을 달성하기 위해 수단적 만남이 이루어지는 집단이며, 자연적·본질적 의지가 아니라 선택적·의도적 의자에 따라 형성되는 이익사회이다.

4 X

사회적으로 합의된 규범에 의한 구성원들의 재사회화를 중시하는 입장은 기능론에 대한 설명이다.

5 O

훈민정음은 문화 변동의 요인이 내부에 있고, 기존의 문화 요소를 조합하거나 변형하여 이전에 없던 새로운 문화 요소를 만들어내는 발명에 해당한다.

6 X

헌법개정안에 대한 국회의 의결은 국회 재적 의원 2/3 이상의 찬성을 얻어야 한다.

7 X

제시된 내용은 참정권에 대한 설명이다.

8 X

면책특권 : 국회의원은 국회에서 직무상 행한 발언과 표결에 관하여 국회 외에서 책임을 지지 아니한다〈헌법 제45조〉.

9 X

갑의 경우 배우자 정(丁), 직계 비속인 무(戊)가 1순위 상속인이다.

10 O

「형사소송법」에 따른 일반 절차 또는 재심(再審)이나 비상상고(非常上告) 절차에서 무죄재판을 받아 확정된 사건의 피고인이 미결구금(未決拘禁)을 당하였을 때에는 이 법에

따라 국가에 대하여 그 구금에 대한 보상을 청구할 수 있다 〈형사보상 및 명예회복에 관한 법률 제2조 제1항〉.

11 O

로크와 루소는 '국민 주권론'을 주장하였다.

12 O

네 가지 역사적 사건들 모두 자본주의 진영과 사회주의 진영의 다원화 및 냉전의 완화(데탕트)에 영향을 미친 사건들이다.

13 X

의원내각제에서 의회가 의결하여 내각을 신임하지 않는다는 의사 표시를 하면, 내각은 총사퇴하고 새로운 내각이 구성되는 등 정치적 책임을 진다.

14 O

선거구에 따라 인구수의 차이가 많이 나는 경우, 선거구간 유권자 표의 가치 역시 차이가 많이 나게 된다. 이 경우 인구 편차를 엄격하게 설정하면, 그만큼 유권자 표의 등가성의 원리를 확보할 수 있게 된다.

15 X

미국은 독립 혁명으로 최초의 민주공화국이 탄생했고, 프랑스는 대혁명으로 공화정이 세워졌다.

16 X

비교 우위는 기회비용과 관련이 있다.

17 X

최고가격제는 최고가격을 설정하고 그 이상으로 가격이 올라가지 못하도록 규제하는 제도이다.

18 X

GDP 디플레이터는 명목 GDP, 실질 GDP와 관련이 있다.

19 X

외부불경제 상황에서는 재화가 사회적 최적 생산 수준보다 과다 소비 또는 과다 생산된다.

20 O

수출 상품의 달러 표시 가격이 하락하기 때문에 수출이 증가하여 유리해진다.

1 key word : 산업사회와 정보사회
정보사회에서 중간 관리층의 역할 비중이 높다. (O/X)

2 key word : 문화
인터넷이 발달하면서 강제적 문화접변 현상이 증가하고 있다. (O/X)

3 key word : 자료수집 방법
참여관찰법은 시간과 공간의 제약을 적게 받으면서 폭넓은 연구가 가능하다. (O/X)

4 key word : 사회집단
공동사회는 이익사회에 비해 가입과 탈퇴가 어렵다. (O/X)

5 key word : 빈곤율
절대적 빈곤율은 전체 가구 중 가구 소득이 중위소득의 50% 미만인 가구의 비율이다. (O/X)

6 key word : 권리능력
미성년자는 권리능력이 있다. (O/X)

7 key word : 대통령의 권한 행사에 대한 통제수단
대통령이 직무집행에 있어서 헌법이나 법률을 위반한 경우에 헌법재판소는 탄핵의 소추를 의결할 수 있다. (O/X)

8 key word : 국제법의 법원
조약은 2개 이상의 국가 사이에 맺은 법적 구속력을 갖는 문서 형식의 합의로서, 우리나라의 경우 대통령이 안전보장에 관한 조약을 체결할 경우 국회의 동의를 필요로 하지 않는다. (O/X)

9 key word : 특수 불법행위
일반적인 불법행위와 달리, 우리 「민법」은 일정한 경우에 특수 불법행위의 유형을 정하여 손해배상책임을 지우고 있다. (O/X)

10 key word : 즉결심판
피고인의 불출석 심판청구를 법원이 허가한 경우, 법원은 피고인이 출석하지 않더라도 심판할 수 있다. (O/X)

11 key word : 사회계약설
로크는 정치권력을 입법권, 집행권, 사법권으로 분립시키는 삼권분립론을 주장하였다. (O/X)

12 key word : 선거구 제도
소선거구제는 대표 결정방식 중 다수 대표제와 결합하여 시행되는 것이 일반적이다. (O/X)

13 key word : 법치주의
전체주의 국가는 형식적 법치주의보다 실질적 법치주의로 법치주의를 받아들이고 있다. (O/X)

14 key word : 정부 형태
의원내각제는 입법부와 행정부가 유기적 관계에 있다. (O/X)

15 key word : 국제연합(UN)
UN은 국제사회의 평화와 안전을 보장하기 위하여 집단안보를 채택하고 있다. (O/X)

16 key word : 시장
자원배분의 비효율성은 완전경쟁시장보다 독점시장이 높다. (O/X)

17 key word : 경제안정화 정책
경기과열 시 세율을 인하하여 총수요를 감소시킨다. (O/X)

18 key word : 국제 수지
외국인으로부터 벌어들인 관광 수입 10억 달러는 서비스 수지에 해당한다. (O/X)

19 key word : 고용
노동가능 인구는 취업자 수와 실업자 수를 더한 값이다. (O/X)

20 key word : 자유무역
자유무역은 국가가 외국의 무역에 간섭해 국내산업을 보호할 목적으로 하는 무역정책이다. (O/X)

1 X

중간 관리층의 역할은 관료제 조직에서 중시된다. 관료제는 산업사회의 조직형태이다.

2 X

인터넷이 발달하면서 자발적 문화접변 현상이 증가하고 있다.

3 X

시간과 공간의 제약을 적게 받으면서 폭넓은 연구가 가능한 것은 문헌연구법이다.

4 O

가족, 친족, 민족은 공동사회에 해당한다.

5 X

제시된 내용은 상대적 빈곤율에 대한 설명이다.

6 O

권리능력은 권리와 의무의 주체가 될 수 있는 능력을 의미한다.

7 X

탄핵 소추 의결권은 국회의 권한이다. 헌법재판소는 탄핵 심판권을 가진다.

8 X

안전보장, 주권제약, 중대한 재정적 부담 등과 관련된 조약의 경우 국회의 동의를 필요로 한다.

9 O

특수 불법행위란 타인의 가해 행위에 대해 책임을 지는 경우를 말하는데, 민법에서 '책임 무능력자의 감독자 책임', '사용자의 배상 책임', '공작물 점유자 및 소유자의 책임', '동물 점유자의 책임', '공동불법행위자의 책임' 등을 규정하고 있다.

10 O

즉결심판은 경미한 형사사건에 대하여 경찰서장의 서면청구가 있을 경우 순회판사(巡廻判事)가 즉시 심판하는 절차이다.

11 X

로크는 행정부에 대하여 입법부의 우위를 보장하는 2권분립을 주장하였다.

12 O

다수대표제는 당해 선거구에서 가장 많은 표를 얻은 후보자가 당선되는 제도이고, 소선거구제는 한 선거구에서 한 명의 대표를 뽑는 제도이다. 한 명만 선출되기 때문에 일반적으로 다수대표제와 결합하여 시행된다.

13 X

전체주의 국가는 실질적 법치주의보다 형식적 법치주의로 법치주의를 받아들이고 있다.

14 O

의원내각제는 정부의 성립과 존립이 국회의 신임을 필수조건으로 하는 정부 형태이다.

15 O

UN은 전쟁 방지와 평화 유지를 위해 설립된 국제기구이다.

16 O

독점시장은 한 상품의 공급이 하나의 기업에 의해서만 이루어지는 시장 형태이다.

17 X

경기과열 시 세율을 인상하는 긴축재정 정책이 요구된다.

18 O

서비스 수지는 외국과의 서비스거래 결과 벌어들인 돈과 지급한 돈의 수지차를 말한다.

19 X

노동가능 인구는 경제활동 인구와 비경제활동 인구를 더한 값이다.

20 X

제시된 내용은 보호무역에 관한 설명이다. 자유무역은 국가가 외국무역에 아무런 제한을 가하지 않고, 보호·장려도 하지 않는 무역을 의미한다.

1 key word : 사례

혼인의사가 있는 병과 정은 결혼식을 올리고 공동생활을 하고 있지만 아직 혼인신고는 하지 않았다. 만약 병이 정의 이혼요구에 동의하지 않는 경우, 병은 법원의 판결을 통해 이혼할 수 있다. (O/X)

2 key word : 형사보상

병은 절도혐의로 10일 동안 구속되었으나 초범인 점이 참작되어 기소유예 처분을 받았다. 병은 형사보상을 받을 수 있다. (O/X)

3 key word : 손해배상 책임

초등학생인 갑(만 8세)은 자신의 어머니 을이 이웃과 대화를 나누는 사이에 장난감 권총으로 지나가던 행인 병의 눈을 맞혀 상해를 입혔다. 을의 손해배상 책임을 인정하기 위해 병에게 책임능력이 있는지 여부를 고려해야 한다. (O/X)

4 key word : 사례

갑은 불법체포를 면하기 위해 반항하는 과정에서 경찰관에게 상해를 입혔다. 갑의 행위는 위법성조각사유에 해당한다. (O/X)

5 key word : 헌법재판소의 심판절차

법률이 헌법에 위반되는지 여부가 재판의 전제가 된 경우에는 당해 사건의 당사자는 헌법재판소에 위헌법률심판을 제청할 수 있다. (O/X)

6 key word : 사회계약론

로크의 주장에 의하면 계약으로 탄생한 정부는 개인의 이익이 아니라 공동선과 공공 이익을 추구해야 한다. (O/X)

7 key word : 1933년 수권법

1933년 독일에서 나치 주도로 제정된 수권법은 실질적 법치주의를 지키지 않았다. (O/X)

8 key word : 우리나라 국회와 대통령의 관계

국회는 대통령의 대한 탄핵을 심판할 수 있다. (O/X)

9 key word : 국회의원 선거

소선거구제에서 인구 수가 선거구 간에 크게 다르다면 표 등가성 원리에 어긋날 수 있다. (O/X)

10 key word : 국제 사회

온실가스의 배출을 줄이려는 교토의정서(1997년) 합의가 있었지만 온실가스 배출은 크게 줄지 않았다. (O/X)

11 key word : 소형 주택 시장에 생긴 변화

갑국에서는 소형 주택에 대한 선호가 높아져서 소형 주택 가격이 상승하였고, 소형 주택의 가격 상승에 따라 건설사들은 공급량을 늘리고 있다. 이 때 소형 주택의 수요곡선은 오른쪽으로 이동한다. (O/X)

12 key word : 특정 조치

막히지 않는 무료 도로가 정부의 특정 조치로 인해 유료화가 되었다. 이 때 이 도로는 요금재가 된다. (O/X)

13 key word : 상황

배추 재배 농가들이 수확량의 1/3을 폐기 처분하였더니, 배추 가격이 상승하고 총수입이 증가하였다. 이 상황을 통해 배추 수요의 가격 탄력성이 비탄력적인 것을 알 수 있다. (O/X)

14 key word : 물가와 실업률 간의 관계

확대 재정 정책을 시행한다면 총수요가 증가하므로 물가가 상승한다. (O/X)

15 key word : 환율

미국 달러에 대한 원화 환율이 하락하는 경우, 미국으로 어학연수를 떠나는 우리나라 학생은 혜택을 본다. (O/X)

16 key word : 사례

성과급은 역할에 대한 보상 수단에 해당한다. (O/X)

17 key word : 연구방법

자료의 분석 과정에서 감정이입과 직관적 통찰을 통한 이해를 중시하는 것은 실증적 연구방법이다. (O/X)

18 key word : 문화

문화 동화와 문화 융합은 내재적 요인에 의해서 발생한 문화 접변 사례에 해당된다. (O/X)

19 key word : 교육의 기능

갈등론은 교육 제도가 기존의 사회적 불평등을 재생산하는 수단으로 작용한다고 본다. (O/X)

20 key word : 정보 사회

정보 사회에서는 정보 전달 과정에서 시간과 공간의 제약이 커진다. (O/X)

1 X

병과 정은 혼인신고를 하지 않은 사실혼 관계이다. 따라서 병과 정은 법원의 판결을 통해 이혼할 수 없다.

2 X

기소유예는 유죄 판결이므로 형사보상을 받을 수 없다.

3 X

책임능력이란 자기의 행위가 불법행위로서 법률상의 책임을 발생하게 한다는 것을 지각할 수 있는 정신능력이다. 따라서 가해자에게 적용되는 것이지, 피해자(병)에게 요구되는 능력이 아니다.

4 O

갑의 사례는 정당방위이다. 그러므로 갑의 행위는 위법성조각사유에 해당한다.

5 X

법률이 헌법에 위반되는지 여부가 재판의 전제가 된 경우에는 당해 사건의 법원만이 헌법재판소에 위헌법률심판을 제청할 수 있다. 당사자는 법원에 위헌법률심판을 제청할 수 있다.

6 X

로크는 계약으로 탄생한 정부는 개인의 이익을 추구해야 한다고 주장한다.

7 O

수권법은 형식적 법치주의에 해당한다.

8 X

국회는 대통령에 대한 탄핵소추권을 갖는다. 탄핵심판권은 헌법재판소의 권한이다.

9 O

표 등가성 원리 : 모든 투표는 1표로서의 동등한 가치를 가져야 한다.

10 O

국제 사회는 국제 협력이 잘 성사되지 않는 특징이 있다.

11 O

소형 주택에 대한 선호도가 높아지면 수요곡선은 오른쪽으로 이동한다.

12 O

막히지 않는 무료 도로는 경합성과 배제성이 없는 공공재였다. 그러나 정부의 특정 조치로 인해 이 도로는 경합성은 없는데 배제성이 발생하는 요금재가 된다.

13 O

• 총수입=가격×거래량

• 수요의 가격 탄력성=$\dfrac{\text{수요량의 변화율}(\%)}{\text{가격의 변화율}(\%)}$

수요의 가격 탄력성이 1보다 작은 값을 가지면 비탄력적이다.

14 O

확대 재정 정책을 시행한다면 총수요가 증가하므로 물가가 상승하며, 국민소득의 증대, 실업률 감소 등의 현상이 나타난다.

15 O

원/달러 환율이 하락하면 달러를 교환하기 위해 더 적은 원화가 필요하므로, 미국으로 어학연수를 떠나는 우리나라 학생은 혜택을 본다.

16 X

성과급은 역할이 아니라 역할 행동에 대한 보상 수단에 해당한다.

17 X

제시된 내용은 해석적 연구방법에 대한 설명이다.

18 X

문화 동화와 문화 융합은 외재적 요인에 의해서 발생한 문화 접변 사례에 해당된다.

19 O

갈등론에서는 교육 제도가 지배 계급의 지배를 정당화하기 위한 수단이라고 본다.

20 X

정보 전달 과정에서 시간과 공간의 제약이 줄어든다.

1　key word : 일탈 이론

아노미 이론은 일탈 행위가 특정행동에 대한 사회문화적 평가와 소외의 결과로 규정된다고 보는 관점이다. (O/X)

2　key word : 사회·문화 현상의 연구방법

실증적 연구는 방법론적 이원론, 해석적 연구는 방법론적 일원론을 주장한다. (O/X)

3　key word : 문화 접변

재즈는 문화 융합의 사례이다. (O/X)

4　key word : 종속 이론

종속 이론은 사회 발전을 국제적인 힘의 관계 속에서 조명한다. (O/X)

5　key word : 사회 보장 제도

기초 연금은 사회 보험의 성격을 가진 제도이다. (O/X)

6　key word : 위법성 조각 사유

효은이는 길거리에서 불량배들에게 폭행을 당하는 동생을 보고, 이를 제지하는 과정에서 불량배들에게 상해를 입혔다. 이는 정당방위에 해당한다. (O/X)

7　key word : 계약의 효력 발생 요건

계약은 당사자가 합의한 것이므로 그 내용이 강행 법규에 반하더라도 효력이 있다. (O/X)

8　key word : 헌법재판소 결정문

사생활의 비밀과 자유는 국가에 의한 자유를 주된 내용으로 하는 기본권이다. (O/X)

9　key word : 사상

루소의 사회계약설은 천부인권 사상을 부정한다. (O/X)

10　key word : 선거 제도

비례대표제보다 상대 다수 대표제에서 사표 발생 가능성이 더 높다. (O/X)

11　key word : 죄형 법정주의의 원칙

A법에서는 공중도덕상 유해한 업무에 취직하게 할 목적으로 직업소개나 근로자 모집을 한 사람을 처벌하도록 하였다. 이 사례는 명확성의 원칙을 위반하였다. (O/X)

12　key word : 법률 개정 과정

국회에서 재의결된 법률안은 즉시 국회의장이 공포를 행한다. (O/X)

13　key word : 국제 사회를 바라보는 관점

현실주의적 관점은 이상주의적 관점보다 국제 관습법과 같은 국제법의 중요성을 강조한다. (O/X)

14　key word : 가처분 소득

가처분 소득이 많으면 소비도 증가하게 된다. (O/X)

15　key word : 경기 상황과 정책

경기 침체기에 효과적인 정책은 중앙은행이 국공채를 매각하는 것이다. (O/X)

16　key word : 수요의 가격 탄력성

수요의 가격 탄력성은 가격의 변화라는 외부의 충격에 반응해서 수요량이 변하는 정도를 말한다. (O/X)

17　key word : 외부경제/외부불경제

공장 가동으로 인한 환경오염은 사적 효용을 위해 더 큰 사회적 비용을 발생시킨 생산의 외부경제에 해당한다. (O/X)

18　key word : 정부의 가격 규제 정책

분양가 상한 제도는 최저 가격제보다 최고 가격제이다. (O/X)

19　kcy word : 환율의 변동

원/달러 환율과 원/유로 환율이 모두 상승할 때 미국과 EU에 대한 한국 기업들의 수출이 감소한다. (O/X)

20　key word : 금융 상품

채권은 돈이 필요한 우리나라 사람이라면 누구나 발행할 수 있다. (O/X)

1 X

제시된 내용은 낙인 이론에 대한 설명이다.

2 X

실증적 연구는 방법론적 일원론, 해석적 연구는 방법론적 이원론을 주장한다.

3 O

문화 융합의 또 다른 사례로는 간다라 불상이 있다.

4 O

종속 이론은 선진국과의 종속 관계에서 벗어난 주체적인 경제 발전을 강조한다.

5 X

기초 연금은 공공부조의 성격을 가진 제도이다.

6 O

정당방위 : 자기 또는 타인의 법익에 대한 현재의 부당한 침해를 방위하기 위한 행위는 상당한 이유가 있는 때에는 벌하지 아니한다〈형법 제21조 제1항〉.

7 X

강행 법규란 당사자의 의사 여부와 관계없이 강제적으로 적용되는 법규로 강행 법규에 반하는 계약은 무효이다.

8 X

사생활의 비밀과 자유는 자유권적 기본권에 해당한다. 자유권적 기본권은 '국가로부터의 자유'이다. 국가에 의한 자유는 사회권적 기본권이다.

9 X

루소의 사회계약설은 천부인권 사상을 긍정한다.

10 O

상대 다수 대표제에서는 최다 득표를 한 후보자 이외의 후보에게 투표를 한 표는 모두 사표가 된다.

11 O

'공중도덕상 유해한 업무'가 무엇인지에 대한 명확한 정의가 없어 '명확성의 원칙'을 위반하였다고 할 수 있다.

12 X

대통령은 국회에서 재의결된 법률안을 지체 없이 공포하여야 한다. 다만 확정법률이 정부에 이송된 후 5일 이내에 대통령이 공포하지 아니하면 국회의장이 이를 공포한다.

13 X

국제 관습법과 같은 국제법의 중요성을 강조하는 것은 이상주의적 관점이다.

14 O

가처분 소득은 개인소득 가운데 소비 또는 저축을 자유롭게 할 수 있는 소득이다.

15 X

중앙은행이 국공채를 매각할 경우 통화량이 감소하고 이는 이자율 상승으로 이어져 경기가 더 침체되게 만들기 때문에 적절하지 않다.

16 O

$$수요의\ 가격\ 탄력성 = \frac{수요량변화율}{가격변화율}$$

17 X

공장 가동으로 인한 환경오염은 사적 효용을 위해 더 큰 사회적 비용을 발생시킨 생산의 외부불경제에 해당한다.

18 O

분양가 상한 제도는 주택을 분양할 때 규제 가격보다 높은 가격으로 거래하지 못하도록 하는 제도이다. 따라서 최고 가격제에 해당한다.

19 X

원/달러 환율과 원/유로 환율이 모두 상승할 때 수출품의 달러 및 유로화 표시 가격이 모두 하락하여 미국과 EU에 대한 한국 기업들의 수출이 증가한다.

20 X

채권은 정부, 지방자치단체, 특수법인, 금융기관, 주식회사 등이 발행할 수 있으며 발행 주체에 따라 국채, 지방채, 특수채, 금융채, 회사채로 구분한다.

1 key word : 국제법의 법원
국제관습법은 원칙적으로 이를 승인한 국가에만 법적 구속력이 발생한다. (O/X)

2 key word : 대표 선출 방식
다수 대표제는 소수 대표제와 달리 다당제를 촉진한다. (O/X)

3 key word : 독일의 수권법
수권법은 통치의 합법성만을 강조하였고, 독재자의 전제를 견제할 수 없었다. (O/X)

4 key word : 사례에 대한 법적 판단
갑이 운영하는 커피 전문점에서 아르바이트를 하던 을은 실수로 뜨거운 음료를 쏟아 손님에게 화상을 입혔다. 이 경우 을의 행위에 고의가 없었으므로 불법 행위가 성립하지 않는다. (O/X)

5 key word : 우리나라 헌법의 기본 원리
사회적 기본권은 '국가로부터의 자유'를 실현하기 위한 원리이다. (O/X)

6 key word : 헌법 기관
헌법재판소는 국가기관 상호 간의 권한에 대한 다툼을 심판한다. (O/X)

7 key word : 사례에 대한 법적 판단
제조물 책임법에 따르면 제조사의 제조물 책임은 과실책임이다. (O/X)

8 key word : 우리나라 대통령과 행정부
감사원장은 국회의 동의를 얻어 대통령이 임명한다. (O/X)

9 key word : 부동산 매매 절차
계약 체결 단계에서 계약금을 지급해야만 계약이 성립한다. (O/X)

10 key word : 의원 내각제
의원 내각제에서 의회는 내각 불신임권을 가지고 있고, 내각도 의회 해산권이 있다. (O/X)

11 key word : 문화 이해의 태도
자문화 중심주의는 그 집단 내에 일체감을 높여주는 등 사회 통합에 기여하기도 한다. (O/X)

12 key word : 우리나라 사회 보장 제도
사회보험은 대상자의 수혜 정도에 따라 비용을 부담하게 한다. (O/X)

13 key word : 사회 집단
연극 동아리는 이익 사회이다. (O/X)

14 key word : 자료 수집 방법
참여 관찰법은 면접법에 비해 조사 대상자의 깊이 있는 답변을 유도하기에 용이하다. (O/X)

15 key word : 현상의 일반적인 특징
개연성은 자연 현상의 특징이다. (O/X)

16 key word : 환율 변동의 효과
원/달러 환율이 상승할 때 한국 시장에서 미국 제품의 가격 경쟁력은 낮아질 것이다. (O/X)

17 key word : 민간 경제의 순환
가계는 생산 활동의 주체이다. (O/X)

18 key word : 수요의 가격 탄력성
수요의 가격 탄력성이 1보다 크면 비탄력적이다. (O/X)

19 key word : 기회비용
기회비용은 의사결정을 하고 실행을 한 이후에 발생하는 비용 중 회수할 수 없는 비용을 말한다. (O/X)

20 key word : 최고 가격제
최고 가격제의 예시는 정부가 시행하는 아파트분양가상한제, 이자율상한제 등을 들 수 있다. (O/X)

1 X

국제관습법은 국제사회의 모든 국가에 대하여 법적 구속력이 발생한다.

2 X

다수 대표제는 양당제를, 소수 대표제는 다당제를 촉진한다.

3 O

히틀러와 나치는 이 법을 통과시켜 실질적으로 국가의 모든 권력을 장악하였다.

4 X

과실에 의한 경우도 불법 행위가 성립한다.

5 X

사회적 기본권은 국가에 의한 자유이다. 국가로부터의 자유는 자유권과 연결된다.

6 O

헌법재판소는 위헌법률심판, 탄핵심판, 정당해산심판, 권한쟁의심판, 헌법소원심판 등 다섯 가지 헌법재판 권한을 행사한다.

7 X

제조물 책임법에 따르면 제조사의 제조물 책임은 무과실책임이다.

8 O

감사원장은 국회의 동의를 얻어 대통령이 임명하고 그 임기는 4년이다.

9 X

부동산 매매의 계약 체결은 매도인과 매수인의 의사 합치로 성립한다.

10 O

의원 내각제는 정부의 성립과 존립이 국회의 신임을 필수조건으로 하는 정부형태이다.

11 O

자문화 중심주의는 자기 문화의 우수성을 내세워 타 문화를 평가절하 하려는 태도이다.

12 X

사회보험의 대상자는 부담능력에 따라 비용을 부담하게 된다.

13 O

연극 동아리는 이익 사회이며, 가입과 탈퇴가 자유로운 집단이다.

14 X

조사 대상자의 깊이 있는 답변을 유도하기에 용이한 것은 면접법이다.

15 X

개연성은 사회·문화 현상의 특징이다.

16 O

원/달러 환율이 상승하면 미국 제품의 원화 표시 가격이 높아지게 되므로 미국 제품의 가격 경쟁력이 낮아진다.

17 X

가계는 소비 활동의 주체이다. 생산 활동의 주체는 기업이다.

18 X

수요의 가격 탄력성이 1보다 크면 탄력적이다.

19 X

제시된 내용은 매몰비용에 대한 설명이다. 기회비용은 여러 가능성 중 하나를 선택했을 때 그 선택으로 인해 포기해야 하는 가치로써 표시한 비용을 말한다.

20 O

최고 가격제는 물가상승이 강하게 나타날 때 물가를 일정 가격이상 올라가지 않도록 하는 정부 정책이다.

1 key word : 국제 사회의 변천 과정

트루먼 독트린은 제국주의와 식민주의의 확산 방지를 위해 미국이 동맹국에 군사·경제 원조를 약속한 것으로, 냉전체제 성립의 계기가 되었다. (O/X)

2 key word : 자유

참정권에는 환경권과 보건권이 포함된다. (O/X)

3 key word : 국제 사회를 바라보는 관점

이상주의적 관점은 현실주의적 관점과 달리 국가 안보를 가장 중시한다. (O/X)

4 key word : 권리장전

권리장전은 전제 군주제에서 입헌 군주제로 변화하는 기틀을 마련하였다. (O/X)

5 key word : 양당제와 다당제

양당제는 다당제보다 소수집단의 의사가 더 잘 반영된다. (O/X)

6 key word : 도시와 농촌의 일반적 특성

농촌에 비해 도시에서는 주로 비공식적 수단에 의해 사회 통제가 이루어진다. (O/X)

7 key word : 일탈 이론

차별적 교제이론에서는 인간의 상호 작용을 통한 문화와 행동의 학습을 강조한다. (O/X)

8 key word : 사회 집단

가족은 외집단이다. (O/X)

9 key word : 사회 변동을 바라보는 관점

진화론은 단선적 방향성으로 사회 변동 과정에서 문명이 퇴보할 수 없다고 본다. (O/X)

10 key word : 법률의 제정 및 개정 과정

환부거부된 법률안이 국회에서 재의결된 경우 대통령이 공포하는 즉시 법률로서 확정된다. (O/X)

11 key word : 위법성 조각 사유

현행 범인으로서의 요건을 갖추었다고 인정되지 않는 부당한 상황에서 경찰관의 강제연행에 저항하다가 상해를 가했으면 이는 정당방위에 해당한다. (O/X)

12 key word : 변수

교사 甲은 "교사의 학생에 대한 기대가 학생들의 학업 성취에 긍정적인 영향을 미친다"라는 가설을 세웠다. 여기서 '교사의 학생에 대한 기대'는 종속 변수에 해당한다. (O/X)

13 key word : 사법절차

행정소송은 행정심판이 1심의 역할을 하므로 2심제가 적용된다. (O/X)

14 key word : 대통령과 행정부

대통령이 일반사면을 명하려면 국회의 동의를 얻어야 한다. (O/X)

15 key word : 사례

만 18세인 갑은 을이 운영하는 편의점에서 아르바이트를 하며 지내고 있다. 이 경우 갑은 을에게 독자적으로 임금을 청구할 수 있다. (O/X)

16 key word : 채권과 주식

정부와 지방자치단체는 주식을 발행할 수 없다. (O/X)

17 key word : 수요의 가격 탄력성

$$수요의 \ 가격 \ 탄력성 = \frac{가격의 \ 변화율}{수요량의 \ 변화율}$$ (O/X)

18 key word : 대체재/보완재

대체재는 같은 효용을 주는 서로 다른 재화를 의미한다. (O/X)

19 key word : GDP

GDP 디플레이터를 구하기 위해서는 명목 GDP와 실질 GDP를 알아야 한다. (O/X)

20 key word : 실질 GDP

실질 GDP는 국내에서 생산된 최종생산물의 수량에 기준년도(현재 2000년)의 가격을 곱하여 산출한 물량측정치이다. (O/X)

✓ **정답과 해설**

1 X

트루먼 독트린은 1947년 3월 미국 대통령 트루먼이 의회에서 선언한 미국외교정책에 관한 원칙으로, 공산주의 세력의 확대를 저지하기 위하여 자유와 독립의 유지에 노력하며, 소수자의 정부지배를 거부하는 의사를 가진 여러 나라에 대하여 군사적 · 경제적 원조를 제공한다는 것이었다.

2 X

환경권과 보건권은 사회권에 포함된다.

3 X

국가 안보를 가장 중시하는 것은 현실주의적 관점이다.

4 O

권리장전은 의회의 동의 없이 법을 제정하거나 법의 효력을 정지시킬 수 없도록 하여, 왕의 권력도 헌법에 의하여 제한받는 '입헌 군주제'로 변화하는 기틀을 마련하였다.

5 X

다당제가 양당제보다 소수집단의 의사가 더 잘 반영된다.

6 X

도시에 비해 농촌에서는 비공식적 수단에 의해 사회 통제가 이루어진다.

7 O

차별적 교제이론은 일탈 행위자와의 접촉을 통해 범죄를 학습하여 일탈이 발생한다는 이론이다.

8 X

가족은 내집단이다.

9 O

진화론은 제국주의를 정당화하는 근거로 사용되기도 했다.

10 X

환부거부된 법률안이 국회에서 재의결된 경우 대통령의 공포와 상관없이 법률로서 확정되고 공포 후 20일이 지나면 효력이 발생한다.

11 O

위법성 조각 사유
• 정당방위 : 법령에 의한 행위 또는 업무로 인한 행위 기타 사회상규에 위배되지 아니하는 행위는 벌하지 아니한다.

12 X

'교사의 학생에 대한 기대'는 독립 변수에 해당한다.

13 X

행정소송은 행정법원, 고등법원, 대법원의 3심제가 적용된다.

14 O

일반사면은 범죄의 종류를 지정하여 해당하는 모든 범죄인을 대상으로 하는 사면이며, 국회의 동의가 필요하다.

15 O

근로기준법은 미성년자도 독자적으로 임금을 청구할 수 있다고 규정하고 있다.

16 O

주식은 주식회사가 발행하고, 정부와 지방자치단체는 발행할 수 없다.

17 X

$$수요의 \ 가격 \ 탄력성 = \frac{수요량의 \ 변화율}{가격의 \ 변화율}$$

18 O

대체재의 예로는 버터와 마가린, 쇠고기와 돼지고기 등이 있다.

19 O

$$GDP \ 디플레이터 = \frac{명목 GDP}{실질 GDP} \times 100$$

20 O

실질 GDP의 변동분은 가격 변화분을 제거한 순수한 생산수량의 변동분만을 나타낸다.

1 key word : 오늘날 국제문제

온실가스 배출량 감축을 위한 '교토 의정서'에 대해 미국은 비준을 거부하였다. (O/X)

2 key word : 우리나라의 정당 제도

정당의 목적이나 활동이 민주적 기본 질서에 위배될 때에는 국회는 헌법재판소에 정당의 해산을 제소할 수 있다. (O/X)

3 key word : 근대 정치 사상가들의 주장

루소와 로크는 군주제의 필요성을 강조하였다. (O/X)

4 key word : 시대별 민주 정치의 일반적인 특징

근대 민주 정치에서는 공직자를 추첨이나 윤번제 등으로 충원하였다. (O/X)

5 key word : 선거 및 정당 제도

단순 다수 대표제에서는 정치 신인의 당선 가능성이 높다. (O/X)

6 key word : 사회 · 문화 현상의 연구 방법

양적연구는 측정이나 실험을 통한 구체적 가설 검증을 중시한다. (O/X)

7 key word : 문화

한국에 등장한 햄버거는 문화 변동의 내재적 요인 중 발견에 해당한다. (O/X)

8 key word : 사회 집단과 조직

대학교는 2차 집단이며 이익 사회에 해당한다. (O/X)

9 key word : 사회보험과 공공부조

기초연금제도는 사회보험이다. (O/X)

10 key word : 계층 구조

다이아몬드형 계층 구조는 중간 계층의 비율이 가장 높고 상층과 하층의 비율이 낮은 사회 계층 구조이다. (O/X)

11 key word : 수요의 가격 탄력성

가격 변동율과 수요량의 변동율이 같으면 단위탄력적 재화이다. (O/X)

12 key word : 경상 수지

정부가 외국에서 채권을 발행하고 지급한 이자는 본원 소득 수지에 포함된다. (O/X)

13 key word : 외환시장

미국 상품에 대한 한국의 수입이 증가하면 외화의 유출이 감소하여 외화의 수요가 감소하게 된다. (O/X)

14 key word : 비용

묵시적 비용은 어떤 대안을 선택할 때 실제 지출하는 비용을 의미한다. (O/X)

15 key word : 고용 지표

고용률은 15세 이상 생산가능인구 중 취업자가 차지하는 비율이다. (O/X)

16 key word : 「민법」상의 제한 능력자

갑은 미성년자이다. 갑이 단독으로 거래한 상대방은 갑의 법정대리인에게 그 거래행위를 추인할 것인지 여부의 확답을 촉구할 권리가 있다. (O/X)

17 key word : 우리나라 재판제도

피고인이 국민참여재판 절차를 희망하지 않으면 진행될 수 없다. (O/X)

18 key word : 사례

부당 노동 행위에 대한 행정적 구제절차에서 '초심'은 중앙 노동위원회가, '재심'은 지방노동위원회가 담당한다. (O/X)

19 key word : 범죄 성립요건

강요된 행위와 정당방위는 모두 책임성이 조각되어 범죄가 성립되지 않는다. (O/X)

20 key word : 헌법의 기본 원리

헌법 제1조는 국민 주권의 원리에 대한 것이다. (O/X)

1 O

2001년 3월 전세계 이산화탄소 배출량의 28%를 차지하고 있는 미국이 자국의 산업보호를 위해 탈퇴하였다.

2 X

정당의 목적이나 활동이 민주적 기본 질서에 위배될 때에는 정부는 국무회의의 심의를 거쳐 헌법재판소에 정당의 해산을 제소할 수 있다.

3 X

루소는 직접 민주주의, 로크는 입헌군주제를 주장하였다.

4 X

공직자를 추첨이나 윤번제 등으로 충원한 것은 고대 아테네 정치이다.

5 X

단순 다수 대표제에서는 정치 신인의 당선 가능성이 낮다.

6 O

양적연구는 계량화된 경험적 자료에 대한 분석을 통해 변수들 간의 관계를 설명한다.

7 X

발견은 이미 존재하였으나 알려지지 않은 문화 요소를 찾아내는 것이다. 한국에 등장한 햄버거는 문화 변동의 외재적 요인 중 전파에 해당한다.

8 O

2차 집단 : 집단 구성원 간의 간접적 접촉과 특정한 목적 달성을 위한 수단적인 만남을 바탕으로 하여 인위적으로 결합되고, 구성원들이 극히 부분적 관계로 이루어진 집단

9 X

기초연금제도는 공공부조이다.

10 O

다이아몬드형 계층 구조는 부분 평등형 계층 구조라고도 불린다.

11 O

$$수요의\ 가격\ 탄력성 = \frac{수요량의\ 변화율(\%)}{가격의\ 변화율(\%)}$$

12 O

본원 소득 수지는 경상 수지 구성요소 중 하나로, 우리나라 국민이 해외에서 받은 급료, 임금 및 투자소득과 외국인이 국내에서 받은 급료, 임금 및 투자소득의 차액을 말한다.

13 X

미국 상품에 대한 한국의 수입이 증가하면 외화의 유출이 증가하여 외화의 수요가 증가하게 된다.

14 X

제시된 내용은 명시적 비용에 대한 설명이다.

15 O

고용률은 15세 이상 생산가능인구 중 취업자가 차지하는 비율로 실질적인 고용 창출 능력을 나타낸다.

16 O

미성년자와 단독으로 거래한 상대방은 1개월 이상의 기간을 정하여 갑의 법정대리인에게 그 거래 행위를 추인할 것인지 여부의 확답을 촉구할 권리가 있다.

17 O

피고인의 신청이 없는 경우 국민참여재판을 진행할 수 없다.

18 X

부당 노동 행위에 대한 행정적 구제절차에서 '초심'은 지방 노동위원회가, '재심'은 중앙노동위원회가 담당한다.

19 X

강요된 행위는 책임성이 조각되고, 정당방위는 위법성이 조각되어 범죄가 성립되지 않는다.

20 O

선거권과 공무 담임권의 보장, 언론 · 출판 · 집회 · 결사의 자유 보장, 대의제의 채택은 모두 '국민 주권의 원리'에 대한 것이다.

1 key word : 법치주의
형식적 법치주의의 논리는 독재 정부의 지배를 정당화할 수 있다. (O/X)

2 key word : 우리나라 헌법 조항
대통령은 국가적 위기 상황에서 비상 조치권과 국회 해산권을 갖는다. (O/X)

3 key word : 소선거구제
소선거구제는 입후보자의 인물 파악이 쉽다. (O/X)

4 key word : 정치적 쟁점
헌법 개헌안 발의는 국회 재적의원 10명 이상이 동의하면 가능하다. (O/X)

5 key word : 형사절차
기소는 수사관이 할 수 있다. (O/X)

6 key word : 자료 수집 방법
참여관찰법은 통제의 정도가 가장 높아 신뢰도가 높은 연구 방법이다. (O/X)

7 key word : 지위
담임선생님, 아버지, 수험생은 성취지위이다. (O/X)

8 key word : 문화 접변
문화 동화는 외부로부터 유입된 문화에 의해서 수용하는 측의 문화가 상당한 정도로 변질된 결과 수용자의 문화가 제공자의 문화를 닮아 가는 현상을 말한다. (O/X)

9 key word : 자료해석
2000년 한부모 가구 비율은 6.09%, 2010년 한부모 가구 비율은 6.81%이다. 비율은 전체 가구 수에서 차지하는 %를 의미하며, 전체 가구는 매년 증가하고 있다. 이 경우 한부모 가구 수보다 전체 가구 수가 더 큰 비율로 증가하였다. (O/X)

10 key word : 행위 능력
자연인은 출생으로 행위 능력을 취득한다. (O/X)

11 key word : 우리나라 사회 보장 제도
공공부조는 사회보험보다 소득 재분배 효과가 크다. (O/X)

12 key word : 빈곤율
상대적 빈곤율은 전체 가구 중 소득이 최저생계비 미만인 가구의 비율이다. (O/X)

13 key word : 균형 거래량
어떤 상품의 시장 수요량이 15개이고, 시장 공급량이 15개이면 균형 거래량은 15개이다. (O/X)

14 key word : 희소성
희소성이 큰 재화일수록 높은 가격에 거래된다. (O/X)

15 key word : 평균 비용
평균 비용은 총비용을 생산량으로 나눈 값이다. (O/X)

16 key word : 비교우위
비교우위는 다른 생산자에 비하여 더 적은 생산 요소를 투입하여 상품을 만들어 냄으로써 얻는 우위를 말한다. (O/X)

17 key word : 수요의 가격 탄력성
수요의 가격 탄력성이 1보다 작으면 비탄력적이다. (O/X)

18 key word : 경상 수지
지속적인 경상 수지의 흑자 발생은 원-달러 환율 상승을 압박하는 요인이 된다. (O/X)

19 key word : 열등재
열등재는 소득이 증가할 때 소비가 감소한다. (O/X)

20 key word : 명목 GDP
명목 GDP는 당해 연도의 가격과 당해 연도의 생산량으로 계산한다. (O/X)

1 O

형식적 법치주의는 '법에 의한 지배'로 독재를 합리화하는 수단으로 악용되기도 한다.

2 X

현행 헌법은 지난 1980년 헌법에 규정됐던 국회해산권과 비상조치권 등 대통령의 '대권적 권한'들을 삭제했다.

3 O

소선거구제는 중·대선거구제에 비해 후보자가 난립할 가능성이 낮아 입후보자의 인물 파악이 쉽다.

4 X

헌법개정은 국회재적의원 과반수 또는 대통령의 발의로 제안된다.

5 X

기소는 검사만 할 수 있다.

6 X

통제의 정도가 가장 높아 신뢰도가 높은 연구 방법은 실험법이다.

7 O

성취지위는 사회적 지위 중 개인의 능력이나 노력에 의해 얻게 되는 후천적인 지위이다.

8 O

문화 동화의 예로는 아메리카 원주민들이 유럽 문화와 접촉하게 되면서 그들 고유의 문화를 잃어버리게 된 것을 들 수 있다.

9 X

전체 가구 수보다 한부모 가구 수가 더 큰 비율로 증가하였다.

10 X

자연인은 출생으로 권리 능력을 취득한다. 19세 성년이 되어야 행위 능력을 취득한다.

11 O

세금을 재원으로 하는 공공부조는 수혜자 부담의 원칙이 적용되는 사회보험에 비해 소득 재분배 효과가 크다.

12 X

제시된 내용은 절대적 빈곤율에 대한 설명이다.

13 O

균형 거래량은 수요량과 공급량이 일치하는 지점에서 거래되는 양이다.

14 O

희소성은 재화의 존재량과 인간의 욕구와의 관계에서 상대적으로 결정된다.

15 O

평균 비용은 평균고정비용과 평균가변비용의 합이다.

16 X

제시된 내용은 절대우위에 대한 설명이다. 비교우위는 다른 생산자 보다 더 작은 기회비용으로 생산할 수 있는 능력을 말한다.

17 O

$$수요의\ 가격\ 탄력성 = \frac{수요량의\ 변화율(\%)}{가격의\ 변화율(\%)}$$

18 X

지속적인 경상 수지의 흑자 발생은 외환 시장에서의 초과 공급을 의미하므로 원-달러 환율 하락을 압박하는 요인이 된다.

19 O

열등재는 실질소득의 증가에 따라 수요가 감소하는 재화이다.

20 O

명목 GDP는 경상 GDP로 불리기도 한다.

1 key word : 의원내각제적 특징

우리나라 대통령제에서 나타나는 의원내각제적 특징 중 하나는 대통령이 국회에서 의결된 법률안의 공포를 거부할 수 있다는 것이다. (O/X)

2 key word : 근대 정치사상가

루소는 입헌군주정을 이상적인 정치형태로 보았다. (O/X)

3 key word : 선거

소선거구제는 중선거구제에 비해 군소정당이 의석을 확보하는 데 더 유리하다. (O/X)

4 key word : 권력분산 효과

권력분산 효과를 기대하기 위해서는 소수대표제에서 다수대표제로 대표결정방식을 바꾸어야 한다. (O/X)

5 key word : 헌법재판소의 결정

헌법재판소는 최대 선거구와 최소 선거구 간의 인구편차가 3대 1에 달하는 것은 위헌이라고 판단했다. 이는 최대 선거구 유권자의 표 가치가 과소대표 되었다고 인식한 것이다. (O/X)

6 key word : 물권변동

물권의 득실변경은 등기에 필요한 서류를 받은 시점에 효력이 생긴다. (O/X)

7 key word : 사례

갑은 을을 폭행하였다. 갑의 폭행으로 을은 전치 6주의 상해를 입었다. 갑과 을이 폭행에 대한 민사상 손해배상에 합의하면 갑의 형사책임이 면제된다. (O/X)

8 key word : 제조물 책임법

제조업자가 해당 제조물을 공급한 당시의 과학·기술 수준으로는 결함의 존재를 발견할 수 없었다는 사실을 입증하면 손해배상책임을 면한다. (O/X)

9 key word : 형사소송법

피의자에 대한 수사는 불구속 상태에서 하는 것이 원칙이다. (O/X)

10 key word : 헌법재판소

명령·규칙 또는 처분이 헌법이나 법률에 위반되는 여부가 재판의 전제가 된 경우에는 헌법재판소는 이를 최종적으로 심사할 권한을 가진다. (O/X)

11 key word : 문화의 속성

서유럽에서 발달한 목축업은 유럽인들의 식생활, 의복, 주거문화, 예술활동 등 생활 전체에 영향을 미쳤다. 이는 문화의 총체성이다. (O/X)

12 key word : 개인과 사회의 관계를 바라보는 관점

사회 실재론은 행위의 능동성보다 구조의 영향력을 강조한다. (O/X)

13 key word : 일탈이론

'모로 가도 서울만 가면 된다.'는 아노미 이론에 적합한 표현이다. (O/X)

14 key word : 사회 변동 방향에 대한 관점

진화론은 사회 변동을 순환과정으로 설명하고 있다. (O/X)

15 key word : 계층 구조

피라미드형 계층 구조는 하층계급 구성원 비율이 상층계급에 비해 높은 계층 구조이다. (O/X)

16 key word : 스태그플레이션

스태그플레이션은 물가상승과 경기침체가 동시에 일어나는 불황 속의 인플레이션을 말한다. (O/X)

17 key word : 절대우위

구분	A국	B국
신발(1단위)	7명	6명
전화기(1단위)	9명	5명

위 표는 A국과 B국이 각각 신발과 전화기를 1단위씩 생산하는데 투입한 노동량을 비교한 것이다. 절대우위론에 따르면 두 국가 간의 무역은 이루어지지 않는다. (O/X)

18 key word : 조세제도

비례세는 과세대상 금액에 관계없이 세율은 일정하다. (O/X)

19 key word : 정상재

정상재는 소득이 증가하면 수요가 감소하는 재화이다. (O/X)

20 key word : 고용 지표

$$실업률 = \frac{실업자수}{생산가능인구} \times 100$$ (O/X)

1 X

법률안 거부권은 대통령제적 특징이다.

2 X

루소는 직접 민주주의를 이상적인 정치형태로 보았다.

3 X

중선거구제가 소선거구제에 비해 군소정당이 의석을 확보하는 데 더 유리하다.

4 X

소수대표제에서 다수대표제로 대표결정방식을 바꿀 경우 특정 거대정당에 권력이 집중될 수 있다.

5 O

최대 선거구의 경우 최소 선거구에 비해 유권자 수가 3배나 많음에도 불구하고, 최소 선거구와 동일하게 1인의 대표자만을 선출할 수 있으므로 이는 최대 선거구 유권자의 표 가치가 과소대표 된 것이라고 볼 수 있다.

6 X

물권의 득실변경은 등기하여야 그 효력이 생긴다.

7 X

민사상 손해배상에 합의하였다고 하여 폭행에 대한 형사책임이 면제되는 것은 아니다.

8 O

제시된 내용은 제조물 책임법 제4조 제1항 제2호에 대한 설명이다.

9 O

형사소송법 제198조(준수사항) 제1항

10 X

헌법 제107조 제2항에 따르면 명령·규칙 또는 처분이 헌법이나 법률에 위반되는 여부가 재판의 전제가 된 경우에는 대법원이 이를 최종적으로 심사할 권한을 가진다.

11 O

문화의 총체성(전체성) : 문화의 각 요소는 서로 긴밀한 관계를 유지하면서 총체적 체계를 형성

12 O

사회 실재론은 행위의 능동성보다 구조의 영향력을 강조하여 개인이 사회로부터 자유로울 수 없다고 본다.

13 O

아노미 이론 : 목표 달성을 위한 적절한 제도적 수단이 강구되지 못할 때 일탈이 발생할 가능성이 크다고 본다.

14 X

사회 변동을 순환과정으로 설명하는 관점은 순환론이다.

15 O

전근대적인 봉건 사회가 피라미드형 계층 구조에 해당한다.

16 O

스태그플레이션은 스태그네이션과 인플레이션을 합성한 신조어이다.

17 O

절대우위론에 따르면 B국은 A국에 대해 신발과 전화기 모두에서 우위에 있다.

18 O

비례세는 과세대상 금액이 증가함에 따라 과세액이 일정한 비율로 증가한다.

19 X

정상재는 소득이 증가하면 수요가 증가하는 재화이다.

20 X

$$실업률 = \frac{실업자수}{경제활동인구} \times 100$$

1 key word : 국제연합

국제연합은 사법기관으로 국제형사재판소를 운영하고 있다. (O/X)

2 key word : 선거 방식

하나의 선거구에서 한 명의 당선자를 뽑는 선거 방식은 중·대선거구제이다. (O/X)

3 key word : 정치 참여 집단

이익집단은 정권 획득을 목적으로 한다. (O/X)

4 key word : 시민 정치 참여 확대

정당 설립 요건을 완화한다면 시민의 정치적 의사 반영 기회가 확대될 것이다. (O/X)

5 key word : 게리맨더링

우리나라의 경우 대통령 선거보다 국회의원 선거에서 게리맨더링이 나타날 가능성이 높다. (O/X)

6 key word : 민사분쟁 해결제도

내용증명우편에는 우편에 기재된 내용 그대로 사실 관계가 법적으로 확정되는 효력이 있다. (O/X)

7 key word : 사례에 대한 법적 판단

갑은 자신의 아들을 빌미로 협박해 오는 을에게 회사 신기술 정보를 빼내 알려주었다. 갑의 행위는 구성요건에 해당하지만 책임이 조각된다. (O/X)

8 key word : 소비자의 권리 보호

제조물의 결함으로 생명·신체 또는 재산에 손해를 입은 사람이 구제를 받으려면 제조물의 제조과정에서 제조업자의 과실이 있었고, 그 과실로 인한 제조물의 결함으로 피해가 발생하였음을 입증하여야 한다. (O/X)

9 key word : 자기 권리 구제

사인(私人)인 갑의 발언으로 자신의 명예를 훼손당한 을이 자기 권리를 구제받기 위하여 취할 수 있는 행위는 「형법」상 명예훼손죄로 고소를 하는 것이다. (O/X)

10 key word : 사례에 대한 법적 판단

만 17세인 갑은 무면허로 아버지의 차를 운전하는 일탈 행위를 일삼고 있다. 갑은 결국 길가에 정차된 타인의 차를 파손시켰다. 이때 갑은 형사미성년자이므로 형벌을 부과받지 않는다. (O/X)

11 key word : 근대화를 바라보는 이론적 시각

종속 이론은 주변부가 미(未)발전 상태에 머물 수밖에 없다고 주장한다. (O/X)

12 key word : 계층 구조

폐쇄적 계층 구조는 수직이동의 가능성이 극히 제한된다. (O/X)

13 key word : 실험설계

통제 집단은 실험설계에서 처치를 받은 집단이다. (O/X)

14 key word : 개인과 사회의 관계를 바라보는 관점

사회 실재론은 사회를 구성하는 개인의 주체성과 능동성을 간과한다. (O/X)

15 key word : 관료제 조직

관료제 조직은 비공식 조직의 중요성을 인정하고 강조한다. (O/X)

16 key word : 시장의 경쟁 정도

독점적 경쟁 시장에서 개별 기업은 시장 가격에 전혀 영향을 미칠 수 없다. (O/X)

17 key word : 금융 시장의 유형

직접 금융 시장에서 거래되는 대표적인 금융 상품으로 정기적금이 있다. (O/X)

18 key word : 중앙은행의 이자율

중앙은행이 이자율을 인하하면 국내보다는 해외 금융 상품에 대한 선호도가 높아져 외화 유출이 발생한다. (O/X)

19 key word : 국제 수지

본원 소득 수지는 아무런 대가없이 제공되는 무상 원조, 교포 송금 등의 결과이다. (O/X)

20 key word : 균형 가격

균형 가격은 시장에서 수요량과 공급량이 일치하는 선에서 성립하는 가격이다. (O/X)

✔ 정답과 해설

1 X

국제연합은 사법기관으로 국제사법재판소를 운영하고 있다.

2 X

하나의 선거구에서 한 명의 당선자를 뽑는 선거 방식은 소선거구제이다.

3 X

정권 획득을 목적으로 하는 집단은 정당이다.

4 O

정당 설립 요건 완화 외에도 투표시간 연장, 사전 투표 제도 도입 등은 시민들의 정치 참여를 확대하기 위한 방안에 속한다.

5 O

게리맨더링은 특정 정당이나 특정 후보자에게 유리하도록 불공평하게 선거구를 책정하는 것을 말한다.

6 X

내용증명우편이란 보내는 사람이 받는 사람에게 어떤 내용의 문서를 언제 발송하였다는 사실을 우편관서가 공적으로 증명하는 제도로, 우편에 기재된 내용에 대한 사실 관계를 법적으로 확정하는 것은 아니다.

7 O

갑의 행위는 「형법」 제12조에 규정된 강요된 행위로, 책임이 조각되어 범죄가 성립하지 않는다.

8 X

제조물 책임(제조물 책임법 제3조)은 그 하자에 대해 제조업자의 과실을 요하지 않는 무과실 책임이다. 따라서 과실 입증의 책임이 없다.

9 O

갑의 행위는 「민법」상 불법행위, 「형법」상 명예훼손에 해당한다.

10 X

형사미성년자는 만 14세 미만이다.

11 X

종속 이론은 주변부가 중심부에 종속되어 있다고 보는 이론으로, 주변부는 미발전 상태가 아니라, 저발전 상태에 머물 수밖에 없다고 주장한다.

12 O

출생과 동시에 갖는 귀속 요인에 의해 계층이 결정되고 평생 이동이 불가능한 것이 폐쇄적 계층 구조이다.

13 통제 집단은 실험설계에서 처치를 받은 실험 집단의 효과를 비교하기 위한 대상으로, 처치를 받지 않은 집단이다.

14 O

사회 실재론은 사회적 사실이 행위자들의 외부에 존재하며 그들에게 강제적인 영향력을 행사한다고 본다.

15 X

관료제 조직은 공식적 절차와 규범을 강조하는 조직으로, 비공식 조직의 중요성을 인정하지 않는다.

16 X

독점적 경쟁 시장에서 독점력을 가진 개별 기업은 시장 가격에 어느 정도 영향을 미칠 수 있다.

17 X

정기적금은 간접 금융 시장에서 거래되는 대표적인 금융 상품이다.

18 O

그에 따라 환율이 상승하여 수출이 증가하고 수입이 감소하므로, 순수출은 증가한다.

19 X

제시된 내용은 이전 소득 수지에 대한 설명이다.

20 O

가격이 수요와 공급에 의해 상승 또는 하락의 압력을 받지 않아 더 이상 움직이지 않는 상태를 시장이 균형 상태에 있다고 하고, 이 가격 수준을 균형 가격이라고 부른다.

1 key word : 정부 형태

대통령제에서 행정부 수반의 임기는 예외적이고 특별한 경우를 제외하면 엄격히 보장된다. (O/X)

2 key word : 기본권

사회적 기본권은 인간다운 생활을 보장하기 위한 권리이다. (O/X)

3 key word : 연구 방법

해석적 연구 방법에서는 비공식적 자료가 중시된다. (O/X)

4 key word : 정치 참여 집단

이익 집단은 다양한 사회 문제를 해결하기 위해 자발적으로 결성된 집단이다. (O/X)

5 key word : 헌법재판소의 권한

정당해산심판은 국회가 본회의의 의결을 거쳐 제소한다. (O/X)

6 key word : 팀제

팀제는 분권화된 조직 운영 체계를 가지고 있다. (O/X)

7 key word : 사회 불평등 현상을 바라보는 관점

갈등론적 관점은 사회 불평등을 능력의 차이에 따른 서열화로 본다. (O/X)

8 key word : 인구 변천 단계

노인층의 비율은 소산소사형 단계에서 제일 높다. (O/X)

9 key word : 계층 구조

을국은 하층 20%, 중층 60%, 상층 20%로, 피라미드형 계층 구조이다. (O/X)

10 key word : 경제 안정화 정책

과열된 경기를 안정시킬 수 있는 방법은 재할인율을 인상하는 것이다. (O/X)

11 key word : 국민 경제 주체

정부의 흑자 재정 정책은 가계의 소득을 감소시키는 요인이다. (O/X)

12 key word : 일탈 이론

아노미 이론은 낙인 이론, 차별적 접촉이론과 달리 미시적 관점에서 일탈 행동을 설명한다. (O/X)

13 key word : 선거 제도

각 정당의 총 득표율에 따라서 당선자가 결정되는 것은 다수 대표제이다. (O/X)

14 key word : 기회비용

구분	갑국	을국
X재 1개 생산의 기회비용	Y재 1/3개	Y재 1/2개
Y재 1개 생산의 기회비용	X재 3개	X재 2개

위 표는 각 나라가 재화 1개를 생산하는 데 드는 기회비용이다. Y재 1개 생산의 기회비용은 을국이 더 크다. (O/X)

15 key word : 실질GDP

갑국의 2015년 경제성장률은 -5%이다(기준연도는 2014년이다). 2014년에 비해 2015년 갑국의 실질GDP는 증가하였다. (O/X)

16 key word : 근로 계약서

사용자 A와 근로자 B(만 17세)는 근로 계약을 체결했다. 근로시간은 9시~20시까지(휴게시간 1시간 포함)로 정했다. 여기서 A는 근로시간과 관련해 근로기준법을 위반하였다. (O/X)

17 key word : 안전보장이사회

안전보장이사회는 국제 분쟁에 개입할 때 군사력을 사용할 수 없다. (O/X)

18 key word : 고용지표

$실업률 = \dfrac{실업자수}{15세이상인구} \times 100$ (O/X)

19 key word : 지위

갑은 자동차 회사 직원, 남편이라는 귀속 지위를 갖고 있다. (O/X)

20 key word : 수요의 변동

X재가 정상재일 때, 수요 감소 요인으로는 보완재 가격 하락이 있다. (O/X)

1 O

대통령제는 국가를 대표하는 사람에게 상징적인 권위와 실질적인 통치권을 함께 부여한다.

2 O

사회적 기본권은 국민이 생존을 유지하거나 생활을 향상시켜 '인간다운 생활'을 하기 위하여 국가에 대하여 적극적인 배려를 요구할 수 있는 권리이다.

3 O

해석적 연구 방법은 연구자의 주관적 가치 개입 가능성이 크다는 한계가 있다.

4 X

사회 문제를 해결하기 위해 자발적으로 결성된 집단은 시민 단체이다.

5 X

정당해산심판의 제소권은 정부에 있다.

6 O

팀제는 탈관료제 중 하나로 분권화된 조직 운영 체계를 가진다.

7 X

제시된 내용은 기능론적 관점에 대한 설명이다.

8 O

노인층의 비율은 소산소사형 인구 모형을 보이는 고도 산업 사회에서 가장 높게 나타난다.

9 X

을국은 중층의 비율이 가장 높기 때문에 다이아몬드형 계층 구조를 보인다.

10 O

재할인율 인상은 긴축 통화 정책의 일환으로 과열된 경기를 안정화시킬 수 있다.

11 O

정부의 흑자 재정 정책은 세율 인상이나 정부 지출 감소의 형태로 나타나 가계의 소득을 감소시키는 요인으로 작용한다.

12 X

낙인 이론과 차별적 접촉이론은 미시적 관점에서, 아노미 이론은 거시적 관점에서 일탈 행동을 설명한다.

13 X

제시된 내용은 비례 대표제에 대한 설명이다.

14 X

Y재 1개 생산의 기회비용은 갑국이 더 크다.

15 X

2015년 갑국의 경제성장률이 −값이므로 2014년에 비해 실질GDP는 감소하였다.

16 O

「근로기준법」 제69조(근로시간)에 따르면 15세 이상 18세 미만인 자의 근로시간은 1일에 7시간, 1주에 35시간을 초과하지 못한다. 다만, 당사자 사이의 합의에 따라 1일에 1시간, 1주에 5시간을 한도로 연장할 수 있다.

17 X

안전보장이사회는 국제 분쟁에 개입할 때 군사력을 사용할 수 있다.

18 X

$$실업률 = \frac{실업자 수}{경제 활동 인구} \times 100$$

19 X

자동차 회사 직원, 남편은 성취 지위이다.

20 X

수요 감소 요인으로는 보완재 가격 상승이 있다.

1 key word : 자료수집방법
인위적으로 통제된 상황에서 변수의 효과를 관찰하는 자료 수집방법은 질문지법이다. (O/X)

2 key word : 국민연금
국민연금은 가입자의 비용 부담 능력에 따라 납부하는 금액이 달라진다. (O/X)

3 key word : 일탈 이론
낙인이론에서 제시하는 일탈행위 해결방안 중 하나는 '타인에 대한 신중한 낙인 필요'가 있다. (O/X)

4 key word : 사회조직
관료제는 다품종 소량생산 체제에 적합한 사회조직이다. (O/X)

5 key word : 개인과 사회를 바라보는 관점
사회 명목론은 사회는 실재하며 개인에게 지속적인 영향력을 미친다고 보는 관점이다. (O/X)

6 key word : 사회 변동에 관한 관점
순환론은 과거 역사 속에서 반복되는 사회 변동을 설명하고 해석하는 데 유용하다. (O/X)

7 key word : 부동산
전입신고 기록은 등기부에 기록된다. (O/X)

8 key word : 헌법 조항과 민주 정치
대의제의 원리는 헌법 제41조 제1항에 나타나 있다. (O/X)

9 key word : 외환 시장
국민 총소득의 감소로 해외 상품에 대한 1인당 지출이 감소하였다. 이 경우는 외화의 수요 감소 요인으로, 환율은 상승한다. (O/X)

10 key word : 국제 관습법
국제 관습법은 외교관 면책 특권, 국내 문제 불간섭 원칙 등이 있다. (O/X)

11 key word : 기본권
생계 곤란 가구에 최저 생계비 지원, 집행유예 중인 자에게도 선거권 부여 등은 평등권과 관련이 있는 제도이다. (O/X)

12 key word : 근로기준법
문자 메시지로 해고 통보를 받았다면 이는 절차상의 하자가 있다. (O/X)

13 key word : 법률 개정 절차
우리나라는 국회재적의원 과반수 또는 대통령이 법률안을 발의할 수 있다. (O/X)

14 key word : 민간 경제의 흐름
생산요소의 수요자인 기업은 이윤의 극대화를 추구한다. (O/X)

15 key word : 외부효과
사회적 최적 생산량보다 시장 균형 생산량이 더 작으면 생산 측면에서 외부불경제가 나타나고 있는 것이다. (O/X)

16 key word : 수요의 가격탄력성
필수재로 인식하는 소비자의 비율이 높을수록, 가계의 소비 예산에서 차지하는 비중이 작을수록 수요의 가격탄력성은 탄력적이다. (O/X)

17 key word : 헌법재판소의 권한
탄핵심판의 결정의 효력은 당사자를 공직으로부터 파면하며, 민·형사상의 모든 책임이 면제된다. (O/X)

18 key word : 경상수지
경상수지의 적자는 통화량의 증가를 의미한다. (O/X)

19 key word : 정책
경기 침체 시 중앙은행이 채권시장에서 국·공채를 매입하는 것은 효과적인 해결방안이다. (O/X)

20 key word : 경제적 유인
특허권은 긍정적 유인의 사례이다. (O/X)

1 X

제시된 내용은 실험법에 대한 설명이다.

2 O

국민연금은 사회보험에 속하는 사회보장 제도로 부담 능력에 따라 납부하는 금액이 달라진다.

3 O

낙인이론에서는 어떤 한 사람 또는 그의 행위가 다른 사람들에 의해 '일탈'이라는 낙인 혹은 딱지가 붙으면, 그는 곧 '일탈자'가 된다고 주장한다. 이를 해결하기 위해서는 타인에 대한 신중한 낙인이 필요하다.

4 X

다품종 소량생산 체제에 적합한 사회조직은 탈관료제이다.

5 X

제시된 내용은 사회 실재론에 대한 설명이다.

6 O

순환론은 미래 사회 변동 예측에 있어서 한계가 있다는 비판을 받기도 한다.

7 X

전입신고 기록은 등기부에 기록되지 않는다.

8 O

국회는 국민의 보통·평등·직접·비밀 선거에 의하여 선출된 국회의원으로 구성한다〈헌법 제41조 제1항〉.

9 X

이 경우는 외화의 수요 감소 요인으로, 환율은 하락한다.

10 O

국제사회에서 오래도록 관행이 지속되고 이러한 관행이 국제사회에서의 규범으로 자리 잡혀 비록 성문의 법으로는 제정되지 않았더라도 국제사회의 법규범으로 승인되고 준수될 때, 국제 관습법이 된다.

11 O

평등권은 신분, 성별, 재산 등의 이유로 차별받지 않을 권리이다.

12 O

근로기준법 제27조에 따라 사용자가 근로자를 해고하려면 해고사유와 해고시기를 서면으로 통지하여야 한다.

13 X

법률안은 국회재적의원 과반수가 아닌 국회의원 10명 이상의 찬성으로 발의할 수 있다.

14 O

노동·토지·자본·경영 등은 생산요소에 해당한다.

15 X

사회적 최적 생산량보다 시장 균형 생산량이 더 작으면 생산 측면에서 외부경제가 나타나고 있는 것이다.

16 X

필수재로 인식하는 소비자의 비율이 높을수록, 가계의 소비 예산에서 차지하는 비중이 작을수록 수요의 가격탄력성은 비탄력적이다.

17 X

탄핵심판 결정의 효력은 피소추자는 공직으로부터 파면되며 민·형사상 책임이 편제되는 것은 아니다.

18 X

경상수지의 적자는 통화량의 감소를 의미한다.

19 O

경기 침체 시 중앙은행은 국·공채를 매입하여 통화량을 증가시킨다. 통화량의 증가는 이자율을 하락시키므로 가계 소비와 기업 투자를 증가시키게 된다.

20 O

이익으로 작용하여 어떤 행위를 유도하는 것을 긍정적 유인이라고 한다.

1 key word : 직접 민주제적 요소

대통령은 필요하다고 인정할 때에는 외교·국방·통일 기타 국가안위에 관한 중요 정책을 국민투표에 부의할 수 있다. (O/X)

2 key word : 선거 공영제

선거 공영제는 국가나 지방자치단체가 선거비용의 일부를 부담한다. (O/X)

3 key word : 사회계약론

사회계약론은 국가권력의 원천을 국민의 동의에 두고 있다. (O/X)

4 key word : 국제사회를 바라보는 관점

현실주의 관점은 이상주의 관점과 달리 경제, 환경, 인권 문제도 중시한다. (O/X)

5 key word : 선거제도

소선거구제는 군소정당에게 유리한 선거제도이다. (O/X)

6 key word : 헌법상 조약

외국인은 국제법과 조약이 정하는 바에 의하여 그 지위가 보장된다. (O/X)

7 key word : 원칙

유추 해석 금지의 원칙은 수사기관, 재판기관의 자의적 해석을 금지하는 원칙이다. (O/X)

8 key word : 부당노동행위

사용자는 근로자에게 최저임금보다 낮은 임금을 지급하였다. 이는 「노동조합 및 노동관계조정법」상 부당노동행위에 해당한다. (O/X)

9 key word : 헌법상 기본권

국민의 자유와 권리는 헌법에 열거되지 아니한 이유로 경시되지 아니한다. (O/X)

10 key word : 주택 임대차 계약

계약 만료 전 임대인은 6개월에서 1개월까지, 임차인은 1개월 전까지 별도의 의사표시를 하지 않는다면 종전의 임대차 계약과 동일한 조건으로 갱신된다. (O/X)

11 key word : 근대화 과정

근대화론에 따르면 모든 사회는 일정한 단계를 거쳐 발전한다. (O/X)

12 key word : 사회 계층화 현상

계층 이론은 계층이 불연속적으로 구분되어 있다고 본다. (O/X)

13 key word : 일탈 이론

차별적 교제 이론에서는 정상적인 집단과의 교류를 통해 일탈 행동을 억제할 수 있다고 본다. (O/X)

14 key word : 개인과 사회의 관계를 바라보는 관점

사회 실재론에 따르면 개인은 자유의지에 따라 행동하며 사회는 개인의 목표를 증진시켜 주는 도구에 불과하다. (O/X)

15 key word : 조작적 정의

연구자 갑은 '대학 내 사회적 관계의 정도'를 '과거 6개월 간 동아리 활동 참여 횟수'로 정의하였다. 이는 조작적 정의에 해당한다. (O/X)

16 key word : 민간 경제의 순환

생산물 시장의 공급자는 가계이다. (O/X)

17 key word : 공급의 가격 탄력성

Y재는 수요 법칙이 적용되며, 공급의 가격 탄력성은 0의 값을 갖는다. Y재의 공급이 증가하면 Y재 균형 거래량은 증가한다. (O/X)

18 key word : 경기 변동

총공급이 변동할 경우 물가와 실질 GDP는 서로 반대 방향으로 움직인다. (O/X)

19 key word : 통화정책

경기과열 시 총수요를 줄이기 위한 통화정책으로는 재할인율 인상이 있다. (O/X)

20 key word : 잉여

사회적 잉여는 소비자 잉여에서 생산자 잉여를 뺀 것이다. (O/X)

1 O

직접민주제는 모든 국민이 국정을 논의하고 결정하는 형태로 국민투표, 국민발안, 국민소환이 대표적이며 우리나라는 국민투표만 인정되고 있다.

2 O

선거 공영제는 공정한 선거를 위하여 선거에 소요되는 선거비용의 일부를 국가가 부담하고 정부가 선거를 관리하는 제도이다.

3 O

사회계약론은 국가 자체를 목적으로 간주하지 않으며 시민(인민)의 자연권을 보장하기 위한 수단으로 보는 것이다.

4 X

현실주의와 이상주의는 국제사회를 바라보는 관점이 다를 뿐, 경제·환경·인권 문제는 두 입장 모두에서 중시한다.

5 X

소선거구제는 군소정당에게 불리한 선거제도이다.

6 O

헌법 제6조 제2항에 따라 외국인은 국제법과 조약이 정하는 바에 의하여 그 지위가 보장된다.

7 O

유추 해석 금지의 원칙은 형벌과 관련하여 법률에 규정이 없는 상황에 대해 그것과 유사한 성질을 갖는 사항에 관한 법률을 적용해서는 안 된다는 원칙이다.

8 X

부당노동행위란 사용자가 정상적인 근로자의 노동조합 운동이나 운영을 방해하는 행위를 의미한다.

9 O

헌법 제37조 제1항

10 O

이를 묵시적 갱신이라 한다.

11 O

근대화론은 사회진화론에 바탕을 두고 모든 사회가 일정한 단계를 거쳐 발전한다고 주장한다.

12 X

계층이 불연속적으로 구분되어 있다고 보는 것은 계급 이론이다.

13 O

차별적 교제 이론은 일탈 행동은 학습의 결과이며, 기존의 일탈자와의 의사소통을 통해 발생한다고 보는 이론이다.

14 X

제시된 내용은 사회 명목론에 대한 설명이다.

15 O

조작적 정의란 행동 발생에 대한 관찰자 간의 불일치를 최소화시키기 위하여 연구하고자 하는 행동의 구체적인 범위와 한계를 관찰 가능하고 측정 가능한 용어로 기술하는 것이다.

16 X

생산물 시장의 공급자는 기업이다.

17 O

Y재는 공급의 가격 탄력성이 0이므로 완전 비탄력적인 수직 형태이다. Y재의 공급이 증가하면 거래량은 증가하게 되고 가격은 하락한다.

18 O

총공급이 감소하면 물가는 상승하고 실질 GDP는 감소한다. 총공급이 증가하면 물가는 하락하고 실질 GDP는 증가한다.

19 O

경기과열 시에는 통화량을 감소시켜 이자율을 높여야 한다. 이를 위해서는 국·공채를 매각하거나, 재할인율 및 지급준비율을 인상하는 방법 등이 있다.

20 X

사회적 잉여는 소비자 잉여와 생산자 잉여를 더한 것이다.

1 key word : 국회의원 선거

우리나라 현행 국회의원 선거는 유효투표수의 과반수를 얻어야 당선되는 절대다수대표제를 채택하고 있다. (O/X)

2 key word : 근대 정치사상

루소는 개인의 직접적인 정치 참여를 옹호한다. (O/X)

3 key word : 국제사회의 행위주체

유럽연합은 기능적 범위가 제한적이지 않고 포괄적인 국제기구이다. (O/X)

4 key word : 우리나라 국가기관 간의 견제

국회는 대통령에 대한 탄핵 심판권을 가진다. (O/X)

5 key word : 국제평화주의

대한민국은 국제평화의 유지에 노력하고 일체의 전쟁을 부인한다. (O/X)

6 key word : 이혼

이혼숙려기간은 재판상 이혼에 적용되지 않는다. (O/X)

7 key word : 사회법

근로기준법과 소비자기본법은 사회법에 해당한다. (O/X)

8 key word : 위헌법률심판제청신청

위헌법률심판제청신청이 기각될 경우 당사자는 헌법재판소에 위헌심사형 헌법소원심판을 제기할 수 있다. (O/X)

9 key word : 배상명령제도

배상명령제도는 형사재판 과정에서 민사소송절차를 접목시킨 것이다. (O/X)

10 key word : 기본권

청구권은 다른 기본권을 보장하기 위한 수단적 권리이다. (O/X)

11 key word : 문화

한 사회 구성원 대부분이 누리는 문화를 하위문화라고 한다면, 한 사회 내의 일부 구성원들이 공유하는 문화를 전체문화라고 한다. (O/X)

12 key word : 사회 보장 제도

사회보험은 국가와 지방자치단체가 비용을 전액 부담한다. (O/X)

13 key word : 각 사회의 특성

농업 사회에서는 노동력과 자본이 생산의 중심이 되고, 산업 사회에서는 토지와 노동력이 생산의 중심이 된다. (O/X)

14 key word : 사회·문화 현상의 연구 방법

실증적 연구 방법은 해석적 연구 방법보다 인과관계의 설명에 유리하다. (O/X)

15 key word : 일탈 이론

낙인 이론은 일탈 행동의 상대성을 강조한다. (O/X)

16 key word : 가격탄력성

수평축은 수요량을, 수직축은 가격을 각각 나타낸다고 할 때 수요의 가격탄력성이 무한대이면 수요곡선은 수직이 된다. (O/X)

17 key word : 비교우위

어떤 재화(Y) 한 단위를 생산하기 위한 C국의 기회비용이 D국의 기회비용보다 더 높을 경우, Y재에 대해 C국이 D국 대비 '비교우위'를 갖는다고 말한다. (O/X)

18 key word : GDP 디플레이터

$$\text{GDP 디플레이터} = \frac{\text{실질 } GDP}{\text{명목 } GDP} \times 100 \text{ (O/X)}$$

19 key word : 실업률

경제활동참가율은 80%이고 고용률이 60%인 국가의 실업률은 25%이다. (O/X)

20 key word : 소득세

누진세는 모든 과세 대상의 크기에 관계없이 같은 세율로 매기는 세이다. (O/X)

1 X

현행 국회의원 선거에서는 최대 득표자를 당선인으로 결정하는 상대다수대표제를 채택하고 있다.

2 O

루소는 개인의 직접적인 정치 참여형태인 직접 민주 정치를 옹호하였다.

3 O

유럽연합은 유럽의 정치·경제 통합을 실현하기 위한 공동체이다.

4 X

국회에서 탄핵 소추를 의결하면 헌법재판소가 심판한다.

5 X

헌법 제5조 제1항에 따라 대한민국은 국제평화의 유지에 노력하고 침략적 전쟁을 부인한다.

6 O

이혼숙려기간은 협의 이혼의 경우에만 적용되며 재판상 이혼에는 적용되지 않는다.

7 O

사회법은 국민의 사적 영역에 국가가 개입하여 공법적 규제를 가할 수 있도록 제정된 법이다.

8 O

위헌심사형 헌법소원이란 위헌법률심판의 제청신청이 법원에 의해 기각된 경우 제청신청을 한 당사자가 청구하는 헌법소원이다.

9 O

배상명령제도는 형사사건의 피해자에게 손해가 발생한 경우 법원의 직권 또는 피해자의 신청에 의해 신속하고 간편한 방법으로 피고인에게 민사적 손해배상을 명하는 절차이다.

10 O

청구권은 '기본적 보장을 위한 기본권' 또는 '절차적 기본권'으로서 수단적 성격이 강하다.

11 X

한 사회 구성원 대부분이 누리는 문화를 전체문화라고 한다면, 한 사회 내의 일부 구성원들이 공유하는 문화를 하위문화라고 한다.

12 X

국가와 지방자치단체가 비용을 전액 부담하는 사회 보장 제도는 공공부조이다.

13 X

산업 사회에서는 노동력과 자본이 생산의 중심이 되고, 농업 사회에서는 토지와 노동력이 생산의 중심이 된다.

14 O

인과관계를 통한 법칙 발견이 용이한 것은 실증적 연구 방법이다.

15 O

낙인 이론은 일탈을 규정하는 절대적 기준이 없다고 보는 것으로 일탈 행동의 상대성을 강조한다.

16 X

수평축은 수요량을, 수직축은 가격을 각각 나타낸다고 할 때 수요의 가격탄력성이 무한대이면 수요곡선은 수평이 된다.

17 X

어떤 재화(Y) 한 단위를 생산하기 위한 C국의 기회비용이 D국의 기회비용보다 더 낮을 경우, Y재에 대해 C국이 D국 대비 '비교우위'를 갖는다고 말한다.

18 X

$$GDP\ 디플레이터 = \frac{명목\ GDP}{실질\ GDP} \times 100$$

19 O

15세 이상 인구를 100명으로 가정하고, 고용률이 60%라는 의미는 취업자가 60명이라는 의미와 같다. 경제활동참가율은 15세 이상 인구 중에서 차지하는 취업자와 실업자의 비율이므로 실업자는 20명이다. 실업률은 취업자와 실업자(80명)에서 차지하는 실업자(20명)의 비율로 25%다.

20 X

모든 과세 대상의 크기에 관계없이 같은 세율로 매기는 세는 비례세이다.

1 key word : 자료수집방법

면접법과 참여관찰법은 문맹자에게 사용하기 어렵다. (O/X)

2 key word : 근대화를 설명하는 이론

근대화론은 종속 이론과 달리 각 국가는 다양한 경로를 거쳐 발전할 수 있다고 본다. (O/X)

3 key word : 경제 체제

경쟁보다 형평성을 중시하는 것은 계획 경제 체제이다. (O/X)

4 key word : 민주정치의 참여방식

대의제는 모든 국민이 국가의 의사결정에 참여하는 것은 비현실적이라고 생각한다. (O/X)

5 key word : 사례에 대한 법적 판단

친양자는 가족 관계 등록부에 양자로 기재된다. (O/X)

6 key word : 과세 제도

간접세는 직접세에 비해 소득 재분배 효과가 크다. (O/X)

7 key word : 헌법 개정 절차

공고는 20일 이상의 기간 동안 국회의장이 한다. (O/X)

8 key word : 국내 총생산(GDP)

지하 경제에서 거래되는 부분은 국내 총생산에 포함되지 않는다. (O/X)

9 key word : 기능론적 관점

기능론적 관점에서 사회갈등은 사회존속에 필요한 기능적 요건이 충족되지 않았기에 발생한다. (O/X)

10 key word : 관료제/탈관료제

탈관료제는 관료제와 달리 과업 수행 과정에서 예측 가능성이 상대적으로 높다. (O/X)

11 key word : 환율

원/엔 환율의 상승은 우리나라 대일상품 수지를 개선시키는 요인이다. (O/X)

12 key word : 선거구제

중·대 선거구제 방식이 소선거구제 방식에 비해 선거 비용이 적게 든다. (O/X)

13 key word : 정부 형태

의원내각제 국가에서는 국민이 선출한 대통령이 정부(내각)를 구성한다. (O/X)

14 key word : 정치참여집단

이익집단은 시민단체와 달리 대의제의 한계를 보완하기 위해 등장한 집단이다. (O/X)

15 key word : 자료 분석

보일러를 독점 생산하는 K기업은 보일러 가격 10% 인상을 고려하고 있다. K기업의 사원 A가 예상한 보일러 가격 인상에 따른 판매수입 변화율은 10%이다. A는 보일러의 수요가 가격에 대해 완전비탄력적이라고 본다. (O/X)

16 key word : 문화의 속성

문화의 공유성은 상대방의 행동을 예측하고 대응할 수 있게 해준다. (O/X)

17 key word : 고용 지표

직장을 다니던 을이 학업을 위해 대학원에 진학하게 되면서 직장을 그만두게 되었다. 이 경우 실업률은 이전과 동일하고, 고용률은 이전보다 하락한다. (O/X)

18 key word : 국민참여재판의 절차

판결에 불복하는 경우 검사와 피고인 모두 2심 법원에 항소할 수 있다. (O/X)

19 key word : 근대 사상가

루소는 국가는 개인의 자유로운 계약으로 형성된다고 보았다. (O/X)

20 key word : 사회보장 제도

사회 서비스는 강제 가입을 원칙으로 한다. (O/X)

1 X

면접법은 '대화'를 통해, 참여관찰법은 '참여와 관찰'을 통해 정보를 수집하기 때문에 문맹자에게 사용할 수 있다.

2 X

근대화론은 서구화를 이상적인 모습으로 제시함으로써 각 국가가 다양한 경로를 거쳐 발전할 수 있음을 부정한다.

3 O

계획 경제 체제는 정부의 계획에 의한 자원 배분을 강조한다.

4 O

인구의 증가와 넓은 영토 등 지리적 한계에 따라 모든 국민이 국가의 의사결정에 참여하는 데는 한계가 있다. 이에 대다수 국가는 대의제를 도입하고 있다.

5 X

친양자는 법률상 양부모의 친생자이므로 입양 사실이 공개되지 않는다.

6 X

직접세는 누진세가 적용되므로 비례세가 적용되는 간접세보다 소득 재분배 효과가 크다.

7 X

제안된 헌법개정안은 국회의장이 아닌 대통령이 20일 이상의 기간 동안 공고한다.

8 O

국내 총생산은 시장 거래를 통한 경제 활동만을 반영하므로 지하 경제처럼 시장에서 거래되지 않는 활동은 포함되지 않는다.

9 O

기능론은 사회는 살아 있는 유기체와 같이 각각의 구성 요소들이 사회의 유지와 존속에 필요한 기능을 수행하고 있다고 보는 이론이다.

10 X

과업 수행 과정에서 예측 가능성이 상대적으로 높은 것은 관료제다.

11 O

원/엔 환율의 상승으로 우리나라 상품의 가격은 하락하여 일본으로의 수출이 증가한다. 반면, 일본 상품의 가격은 상승하여 일본 상품의 수입은 감소한다.

12 X

중·대 선거구제는 한 선거구에서 두 명 이상의 대표자를 선출하므로 선거 비용이 증가한다.

13 X

국민이 선출한 대통령이 정부를 구성하는 것은 대통령제이다.

14 X

시민단체와 이익집단 모두 대의제의 한계를 보완하여 국민의 다양한 의견과 이해관계를 대변하기 위해 등장한 집단이다.

15 O

이 경우는 보일러 가격이 오름에도 수요량은 변하지 않는 것으로 보일러의 수요가 가격에 대해 완전비탄력적이라고 보는 것이다.

16 O

문화의 공유성은 사회구성원들의 언어, 예술, 식생활 등 여러 면에서 공통적으로 나타나는 행동 및 사고방식이다.

17 X

을은 취업자인 상태에서 비경제활동 인구가 되었으므로, 실업률은 증가하고, 고용률은 하락한다.

18 O

국민참여재판은 특수공무집행방해치사, 뇌물, 특수강도, 강간, 살인사건 등 1심에 해당하는 형사 재판이다. 판결에 불복할 경우 2심 법원에 항소할 수 있다.

19 O

국가 자체를 목적으로 간주하지 않으며 국가를 시민의 자연권을 보장하기 위한 수단으로 보는 것이다.

20 X

강제 가입을 원칙으로 하는 사회보장 제도는 사회보험이다.

1 key word : 「민법」상 특수 불법 행위

동물의 점유자는 그 동물이 타인에게 가한 손해를 배상할 책임이 있다. 그러나 동물의 종류와 성질에 따라 그 보관에 상당한 주의를 해태하지 아니한 때에는 그러하지 아니하다. (O/X)

2 key word : 「민법」상 유언

유언은 「민법」에서 정한 방식에 의하지 아니하면 효력이 발생하지 아니한다. (O/X)

3 key word : 국제 사회를 바라보는 관점

이상주의 관점은 국제 관계에서 자국의 이익을 최우선해야 한다고 강조한다. (O/X)

4 key word : 선거구 제도

소선거구 제도는 중·대선거구 제도보다 신진 인사의 정계 진출이 불리하다. (O/X)

5 key word : 의원내각제적 요소

우리나라 대통령제에서 나타나는 의원내각제적 요소 중 하나는 국회가 대통령 및 국무위원 등에 대하여 탄핵소추를 의결할 수 있다는 것이다. (O/X)

6 key word : 기본권

참정권은 다른 기본권을 보장하기 위한 수단적·절차적 권리이다. (O/X)

7 key word : 시장

독점시장은 다른 시장에 비해 개별 기업의 생산 규모가 크게 나타나기 때문에 규모의 비경제 실현에 유리하다. (O/X)

8 key word : 기회비용

기회비용은 명시적 비용만 고려해야 한다. (O/X)

9 key word : 수요의 가격 탄력성

수요의 가격 탄력성이 완전 비탄력적인 경우 상품 가격을 인상하면 인상한 비율만큼 기업의 판매 수입이 감소한다. (O/X)

10 key word : 경제 안정화 정책

세율을 인하하면 가계의 가처분소득이 증가하고, 기업의 투자수익이 증가하여 가계의 소비와 기업의 투자가 증가한다. (O/X)

11 key word : 환율

원/달러 환율 상승 시 국내 기업의 외채 상환 부담이 증가한다. (O/X)

12 key word : 조세

비례세는 과세 대상 금액이 높을수록 높은 세율이 적용되는 반면, 누진세는 과세 대상 금액에 상관없이 동일한 세율이 적용된다. (O/X)

13 key word : 생산가능 곡선

구분	신발	쌀
A국	100켤레	60kg
B국	40켤레	80kg

A국과 B국의 생산가능 곡선은 다음과 같다. A국은 쌀 생산에, B국은 신발 생산에 절대 우위를 가진다. (O/X)

14 key word : 사회·문화 현상 연구

면접법은 조사자의 주관이 개입할 가능성이 있고 시간과 비용이 많이 드는 단점이 있다. (O/X)

15 key word : 인구 부양 및 고령화

피부양 인구는 15세 이상~65세 미만 인구를 의미한다. (O/X)

16 key word : 개인과 사회의 관계

사회 실재론에 따르면 사회는 개인의 외부에 실제로 존재하며 개인의 사고와 행위의 한계를 정하고 구속하는 특징을 갖고 있다. (O/X)

17 key word : 문화의 속성

김치가 구전을 통해 지역별로 계승된 것은 문화의 축적성에 해당한다. (O/X)

18 key word : 문화를 이해하는 태도

외국 상품에 대한 절대적이고 맹목적인 선호는 자문화 중심주의에 해당한다. (O/X)

19 key word : 사회 이동의 유형

노비의 아들로 태어난 A가 공무원이 된 것은 세대 내 이동에 해당한다. (O/X)

20 key word : 사회 복지

사회 보험은 가입자의 부담 능력에 따라 보험료 수준이 결정되며 정해진 가격 요건을 갖춘 사람은 강제로 가입해야 한다는 특징이 있다. (O/X)

1 O

만약 점유자가 동물의 종류와 성질에 따라 그 보관에 상당한 주의를 기울였음을 증명하면 책임이 면제된다.

2 O

유언은 법에서 정하는 일정한 방식을 갖추어야 유언의 효력이 발생하는 요식행위다.

3 X

국제 관계에서 자국의 이익을 최우선해야 한다고 강조하는 관점은 현실주의다.

4 O

소선거구 제도는 한 개의 지역구에서 1명만 선출하므로 지역에서 영향력 있는 유력한 후보자가 당선되기 쉽다.

5 X

국회는 대통령 및 국무의원 등에 대하여 탄핵소추를 의결할수 있다. 이는 의원내각제적 요소가 아니라 견제 및 국정을통제하는 대통령제적 요소에 해당한다.

6 X

다른 기본권을 보장하기 위한 수단적 · 절차적 권리는 청구권이다.

7 X

독점시장은 규모의 경제를 실현함으로써 시장에서 지배력을강화하고 그 외 기업은 진입이 어렵게 된다.

8 X

기회비용은 명시적 비용과 암묵적 비용을 모두 고려해야 한다.

9 X

수요의 가격 탄력성이 완전 비탄력적인 경우 상품 가격 인상 시 가격 상승률이 판매 수입증가율보다 크므로 판매 수입은 증가한다.

10 O

가계의 소비와 기업의 투자가 증가함에 따라 총수요가 증가하고 경기 부양 효과가 나타난다.

11 O

환율 상승 시 외채의 원화 표시 가격이 상승함에 따라 국내기업의 외채 상환 부담이 증가한다.

12 X

비례세는 과세 대상 금액과는 상관없이 일정한 세율이 적용된다. 반면, 누진세는 과세 대상 금액이 높을수록 높은 세율이 적용된다.

13 X

A국은 신발 생산에, B국은 쌀 생산에 절대 우위를 가진다.

14 O

면접법의 장점으로는 문맹자에게 적용 가능하며 대화를 통해 심층적인 자료 수집이 가능하다는 것이다.

15 X

피부양 인구는 0~15세 미만 인구+65세 이상 인구를 의미한다.

16 O

사회 실재론에 따르면 사회는 개인들의 모임과는 구별되는독자적 특성과 구속력을 갖는다.

17 O

인간의 문화적 특성들은 한 세대에서 다음 세대로 전해지며, 그러한 과정에서 인간의 지식은 축적을 거듭해 온다.

18 X

위 사례는 문화 사대주의에 해당한다.

19 X

노비의 아들로 태어난 A가 공무원이 된 것은 세대 간 이동에 해당한다.

20 O

사회 보험은 가입자의 수혜 정도가 아닌 부담 능력에 따라보험료 수준이 결정되며 일정한 자격을 갖춘 사람은 강제가입이 원칙이다.

1 key word : 국제사회의 변천 과정

국제연맹은 미국의 참여와 주도에도 불구하고 일본과 독일, 이탈리아의 탈퇴로 실질적인 효과를 거두지 못하였다. (O/X)

2 key word : 주권

주권은 대내적으로 최고성, 대외적으로 독립성을 갖는다. (O/X)

3 key word : 우리나라의 지방자치제도

지역 주민들은 조례 제정 및 개폐 청구권을 가진다. (O/X)

4 key word : 법률의 제 · 개정 절차

법률안은 국회의원 임기 만료의 경우를 제외하고는 회기 중에 의결되지 못하면 폐기된다. (O/X)

5 key word : 정치참여집단

정당과 이익집단은 정치적 책임을 진다는 공통점이 있다. (O/X)

6 key word : 연령기준

「민법」은 '만 18세가 된 사람은 혼인할 수 있다'고 규정하고 있다. (O/X)

7 key word : 사례에 대한 법적 판단

20살인 갑은 상점 절도를 저질렀다. 갑은 선도조건부 기소유예 처분을 받을 수 있다. (O/X)

8 key word : 국회 인사청문회

국회 인사청문회의 청문대상 공직 중에는 대법원장이 있다. (O/X)

9 key word : 법적 조언

만 18세인 갑을 고용한 사용자 을은 갑에게 1주에 평균 1회 이상의 유급 휴일을 보장하여야 한다. (O/X)

10 key word : 민법의 기본원리

소유권 공공의 원칙은 개인 소유의 재산에 대해 사적 지배를 인정하지 않는다. (O/X)

11 key word : 연구 단계

자료 분석 단계에서는 연구자의 가치가 개입된다. (O/X)

12 key word : 사회집단

회사 내 노동조합, 직장 내 등산 동호회, 환경 정책을 감시하는 시민단체는 모두 이익 사회이다. (O/X)

13 key word : 자료 수집 방법

질문지법은 양적 연구에서 주로 활용되는 자료 수집 방법이다. (O/X)

14 key word : 사회화를 바라보는 관점

상징적 상호작용론에 따르면 한 사회의 보편적인 가치나 규범은 사회의 지배 집단에 의하여 규정된다. (O/X)

15 key word : 계층 구조

상층 20%, 중층 60%, 하층 20%의 인구 구성은 피라미드형이다. (O/X)

16 key word : 인플레이션

수요 견인 인플레이션은 물가 상승과 경기 침체가 함께 발생하는 스태그플레이션을 발생시킬 수 있다. (O/X)

17 key word : 외부 효과

생산 측면의 외부 불경제는 사회적 최적 수준보다 과소하게 생산된다. (O/X)

18 key word : 가격규제 정책

최저 가격제는 균형 가격이 너무 낮다고 판단될 때, 정부가 균형 가격보다 높은 수준에서 가격 하한선을 정하는 것이다. (O/X)

19 key word : 통화 가치의 변동

미국 달러화 대비 원화의 가치가 상승하였다면 한국으로 여행을 오는 미국 사람들의 여행 경비 부담이 감소한다. (O/X)

20 key word : GDP 디플레이터

GDP 디플레이터는 명목 GDP를 실질 GDP로 나눈 수치에 100을 곱한 값이다. (O/X)

1 X

국제연맹은 미국의 불참과 일본·독일·이탈리아의 탈퇴, 전쟁 방지 기능의 취약으로 실효를 거두지 못하였다.

2 O

민주국가의 구성 요소인 주권은 그 소재가 국민에게 있다.

3 O

일정 수 이상의 주민은 조례 제정안, 개정안이나 폐지안을 지방자치단체장을 거쳐 지방의회에 발의할 수 있다.

4 X

법률안은 국회의원 임기 만료의 경우를 제외하고는 회기 중에 의결되지 못한 이유로 폐기되지 않는다.

5 X

정치적 책임을 지는 것은 정당만의 고유한 특징이다.

6 O

민법 제807조에 따라 만 18세가 된 사람은 혼인할 수 있다.

7 X

갑은 19세 이상의 성인이므로 보통의 형사재판을 받게 된다.

8 O

인사청문회의 대상이 되는 공직후보자 가운데 국무총리, 대법원장 등은 국회의 임명동의를 필요로 한다.

9 O

갑은 만 18세로 민법상으로는 미성년자이나 근로기준법에서는 일반 근로자와 동일하다.

10 X

소유권 공공의 원칙은 개인 소유의 재산에 대한 사적 지배를 인정하지 않는 게 아니라 일정한 경우 제한을 가할 수 있다는 의미다.

11 X

자료 분석 단계에서는 연구자의 가치 중립적 태도가 요구된다.

12 O

이익 사회는 구성원의 이해관계에 따른 계약과 규칙에 따라 인위적으로 결합한 사회집단이다.

13 O

질문지법은 질문 응답 결과를 분석하여 계량화, 수치화하는 양적 연구에서 주로 활용되는 자료 수집 방법이다.

14 X

한 사회의 보편적인 가치나 규범은 사회의 지배 집단에 의하여 규정된다고 보는 것은 갈등론적 관점이다.

15 X

상층 20%, 중층 60%, 하층 20%의 인구 구성은 다이아몬드형이다.

16 X

비용 인상 인플레이션이 스태그플레이션을 발생시킬 수 있다.

17 X

생산 측면의 외부 불경제는 사회적 최적 수준보다 과다하게 생산된다.

18 O

최저 가격제의 대표적인 예로는 최저임금제가 있다.

19 X

미국 달러화 대비 원화의 가치가 상승하였다면 한국으로 여행을 오는 미국 사람들의 여행 경비 부담이 증가한다.

20 O

$$\text{GDP 디플레이터} = \frac{\text{명목 } GDP}{\text{실질 } GDP} \times 100$$

1 key word : 사회·문화 현상/자연 현상

사회·문화 현상은 자연 현상과 달리 존재 법칙의 지배를 받는다. (O/X)

2 key word : 죄형 법정주의

소급효 금지의 원칙은 범죄 행위 당시 그 처벌 규정이 법률에 없었으나 범죄 행위 이후에 그 처벌 규정이 법률에 제정되었다면 반드시 소급하여 처벌해야 한다는 원칙이다. (O/X)

3 key word : 「헌법」상 기본권

자유권은 소극적·열거적 성격의 권리이다. (O/X)

4 key word : 개인과 사회의 관계

직원 개개인의 능력을 중시하는 입장은 사회명목론이다. (O/X)

5 key word : 관료제/탈관료제

관료제는 업무의 세분화와 전문화를 강조한다. (O/X)

6 key word : 사회·문화 현상 연구 방법

연구자의 직관적 통찰을 통한 이해를 강조하는 연구 방법은 실증적 연구 방법이다. (O/X)

7 key word : 근대 사회 계약론자

로크는 국가 권력은 위임 목적에 맞게 행사되도록 분립되어야 한다고 본다. (O/X)

8 key word : 혼인의 효력

일상의 가사에 대해 부부 중 어느 한쪽이 지는 채무는 별도의 의사 표시가 없는 한 부부에게 연대 책임이 있다. (O/X)

9 key word : 헌법

의회에서 어떤 특정한 법안을 통과시킬 때는 그 법안이 헌법이 정한 테두리를 벗어나지 않는지를 먼저 확인하여야 하는데 이는 권한 쟁의 심판과 관련 있다. (O/X)

10 key word : 노동 관련법 위반

갑의 회사는 임금을 주는 날짜가 정해져 있지 않다. 이는 노동 관련법 위반에 해당한다. (O/X)

11 key word : 사회 보장 제도

사회 보험은 사전 예방적 성격이 강하다. (O/X)

12 key word : 경기 안정화 정책

소득세율·지급 준비율 인상은 총수요 감소 정책에 해당한다. (O/X)

13 key word : 금융상품

채권과 달리 주식은 시세 차익을 얻을 수 있다. (O/X)

14 key word : 헌법 개정 과정

헌법 개정안은 국회 재적 의원 3분의 1 이상 또는 대통령의 발의로 제안된다. (O/X)

15 key word : 경제 체제

계획 경제 체제보다 시장 경제 체제에서 경제적 유인 체계를 더 중시한다. (O/X)

16 key word : 조세

직접세가 간접세보다 소득 재분배 효과가 더 크다. (O/X)

17 key word : 「민법」상 판단

갑은 판매자 을과 스마트폰 매매 계약서를 작성하였지만 아직 매매 대금은 지불하지 않았다. 여기서 매매 계약이 성립되는 시기는 매매 대금이 완납되는 시점부터이다. (O/X)

18 key word : 문화 국가의 원리

문화 국가의 원리에 따르면 국가는 평생 교육을 진흥하여야 한다. (O/X)

19 key word : 절대우위

X재 1개를 생산하는 데 필요한 노동자 수가 갑국은 4명, 을국은 2명이다. 이 경우 을국이 X재에 대한 절대우위를 가진다. (O/X)

20 key word : 대체재

대체재의 한 예로는 피자와 콜라가 있다. (O/X)

✔ 정답과 해설

1 X

사회 · 문화 현상은 당위 법칙의 지배를 받고 자연 현상은 존재 법칙의 지배를 받는다.

2 X

소급효 금지의 원칙은 형법 법규는 그 시행 이후에 이루어진 행위에 대해서만 적용되고, 시행 이전의 행위에까지 소급하여 적용할 수 없다는 원칙이다.

3 X

자유권은 소극적 · 방어적 성격의 권리이다.

4 O

사회명목론은 개인의 우월성을 강조하는 입장으로 개인만이 참다운 실재라고 본다.

5 O

관료제는 조직을 효율적, 합리적으로 관리하기 위한 하나의 방식으로 업무의 세분화와 전문화를 강조한다.

6 X

연구자의 직관적 통찰을 통한 이해를 강조하는 연구 방법은 해석적 연구 방법이다.

7 O

로크는 이권분립론을 제시하여 권력을 입법권과 집행권으로 구분하였다.

8 O

민법 제832조

9 X

이는 위헌 법률 심판과 관련 있다.

10 O

근로기준법 제43조 제1항에 따라 임금은 매월 1회 이상 일정한 날짜를 정하여 지급해야 한다. 따라서 갑의 사례는 노동 관련법 위반에 해당한다.

11 O

사회 보험은 국민에게 발생하는 사회적 위험에 대비하여 보험에 가입하도록 하는 것으로 사전 예방적 성격이 강하다.

12 O

정부의 소득세율 인상 시 가계가 지출할 수 있는 소득이 줄어들기 때문에 소비가 감소하게 된다. 중앙은행이 지급 준비율을 인상할 경우 통화량이 감소하고 이자율이 상승한다.

13 X

채권과 주식은 모두 시세 차익을 얻을 수 있다는 점에서 공통점이 있다.

14 X

헌법 개정안은 헌법 제128조 제1항에 따라 국회 재적 의원 과반수 또는 대통령의 발의로 제안된다.

15 O

시장 경제 체제는 사적 재산권과 이윤 추구 활동의 이익을 극대화하기 위해 최선을 다하게 된다.

16 O

직접세는 누진세를 적용함으로 비례세를 적용하는 간접세에 비하여 소득 재분배 효과가 크게 나타난다.

17 X

매매 대금을 지불하지 않았다고 하더라도 계약서를 작성하였다면 매매 계약은 성립한 것이다.

18 O

문화 국가의 원리는 문화의 보호 및 발전을 위한 국가의 노력, 국가의 평생 교육 진흥이 해당한다.

19 O

절대우위는 다른 생산자에 비하여 더 적은 생산 요소를 투입하여 상품을 만들어 냄으로써 얻는 우위이다.

20 X

피자와 콜라는 보완재의 예시이다. 대체재의 예로는 커피와 홍차, 밥과 빵 등이 있다.

1 key word : 정치 과정
투입이 산출에 잘 반영될수록 시민들의 정치적 효능감이 높아진다. (O/X)

2 key word : 헌법상의 국가 기관
감사원은 권한 쟁의 심판을 담당한다. (O/X)

3 key word : 지방 자치 참여
주민은 지방의회의 의결이 월권이거나 법령에 위반되거나 공익을 현저히 해친다고 인정되면 그 의결사항에 대해 재의를 요구할 수 있다. (O/X)

4 key word : 국회의 권한
국회는 국가 기관 구성과 관련하여 헌법재판소장 임명권 및 중앙선거관리위원회 위원장 선출권을 가진다. (O/X)

5 key word : 민주정치
근대 민주정치의 사상적 배경은 계몽사상과 사회계약설이다. (O/X)

6 key word : 국제법의 법원
법의 일반 원칙은 문명국들이 공통적으로 승인하여 따르는 법의 보편적인 원칙이다. (O/X)

7 key word : 위헌법률심판
법원이 위헌법률심판을 제청하기 위해서는 소송 당사자의 제청 신청이 있어야 한다. (O/X)

8 key word : 이혼
협의상 이혼, 재판상 이혼 모두 법원을 거쳐야만 혼인 관계를 해소할 수 있다. (O/X)

9 key word : 사례
갑은 징역 1년 집행 유예 2년을 선고받았다. 선고 후 2년이 지나면 형의 선고가 없었던 것으로 된다. (O/X)

10 key word : 사례에 대한 법적 판단
갑은 노동조합에 가입하였다는 이유로, 을은 잦은 결근을 하였다는 이유로 모두 A회사로부터 해고를 당하였다. 갑, 을 모두 지방 법원에 해고 무효 확인 소송을 제기할 수 있다. (O/X)

11 key word : 개인과 사회를 바라보는 관점
사회 명목론은 집단의 속성을 개인 속성의 총합과 같다고 본다. (O/X)

12 key word : 문화
미군으로부터 청바지가 우리나라에 소개된 것은 외재적 변동에 해당한다. (O/X)

13 key word : 사회보장제도
공공 부조는 소득 재분배 효과가 있지만 사회 보험은 소득 재분배 효과가 없다. (O/X)

14 key word : 자료수집 방법
문헌연구법은 수집된 자료를 해석하는 과정에서 연구자의 주관이 개입될 여지가 있다. (O/X)

15 key word : 계층 구조
갑국의 인구 구성은 상층 300만 명, 중층 200만 명, 하층이 500만 명이다. 이는 다이아몬드 계층 구조에 해당한다. (O/X)

16 key word : 인플레이션
물가가 지속적으로 상승하는 현상이 발생할 경우, 고정된 임금을 받는 가계의 실질소득이 감소하게 된다. (O/X)

17 key word : 수요와 공급
Y재의 생산 기술이 발달하면 공급은 감소하게 된다. (O/X)

18 key word : 조세
부가 가치세에는 주로 누진세가 적용된다. (O/X)

19 key word : 국민 경제 균형
총공급은 변화가 없고 총수요만 증가할 경우 균형 물가는 하락한다. (O/X)

20 key word : 수요의 가격 탄력성
당근의 가격이 2% 상승했을 때 수요량의 변화율에 변화가 없다면 수요의 가격 탄력성은 탄력적이다. (O/X)

1 O

정치적 효능감이란 정치적 행위가 정치 과정에 영향을 미치거나 미칠 수 있다는 신념이다.

2 X

권한 쟁의 심판은 헌법재판소가 담당한다.

3 X

지방의회의 의결이 월권이거나 법령에 위반되거나 공익을 현저히 해친다고 인정되면 주민이 아닌 지방자치단체장은 그 의결사항에 대해 재의를 요구할 수 있다.

4 X

헌법재판소장은 헌법재판관 중에서 국회의 동의를 얻어 대통령이 임명한다. 중앙선거관리위원회 위원장은 위원 중에서 호선한다.

5 O

근대 민주정치의 사상적 배경은 계몽사상과 사회계약설이며 시민 혁명을 통해 근대 사회가 도래하였다.

6 O

법의 일반 원칙에는 신의 성실의 원칙, 권리 남용 금지의 원칙 등이 있다.

7 X

법원은 소송 당사자의 제청 신청이 있거나 또는 직권으로 헌법재판소에 위헌법률심판을 제청할 수 있다.

8 O

협의상 이혼은 부부가 판사 앞에 출석하여 협의이혼의사를 확인받아야 하며, 재판상 이혼은 조정 또는 이혼소송 절차를 통해 확정된다.

9 X

집행유예는 유죄를 인정하여 형을 선고하되 일정한 요건 아래 형의 집행을 유예하고 문제없이 유예기간을 경과한 때에는 형 선고의 효력을 상실시키는 제도이다.

10 O

갑과 을은 모두 해고를 당한 상태이므로 노동 위원회를 통한 구제 신청과 별개로 해고 무효 확인 소송(민사소송)을 제기할 수 있다.

11 O

사회 명목론은 개인만이 참다운 실재이고 사회는 개인의 집합체에 붙여진 이름에 불과하다고 본다.

12 O

문화의 외재적 변동이란 서로 다른 문화가 장기간에 걸쳐 접촉하게 됨에 따라 문화 요소 간에 변동이 생기는 것으로 문화접변이 가장 대표적이다.

13 X

공공 부조와 사회 보험 모두 소득 재분배 효과가 있다. 다만, 공공 부조의 소득 재분배 효과가 더 크게 나타난다.

14 O

문헌연구법은 시간 및 비용 효율성이 높고 시간과 공간의 제약으로부터 자유로운 장점이 있는 반면, 문헌 해석 시 연구자의 주관적 가치가 개입될 수 있다.

15 X

모래시계형 계층 구조이다.

16 O

상승하는 물가에 대비하여 임금이 고정되어 있을 경우 가계의 실질소득은 감소하게 된다.

17 X

Y재의 생산 기술이 발달하면 공급은 증가하게 된다.

18 X

부가 가치세에는 비례세가 적용된다.

19 X

총공급은 변화가 없고 총수요만 증가할 경우 균형 물가는 상승한다.

20 X

당근의 가격이 2% 상승했을 때 수요량의 변화율에 변화가 없다면 수요의 가격 탄력성은 완전 비탄력적이다.

MEMO

MEMO

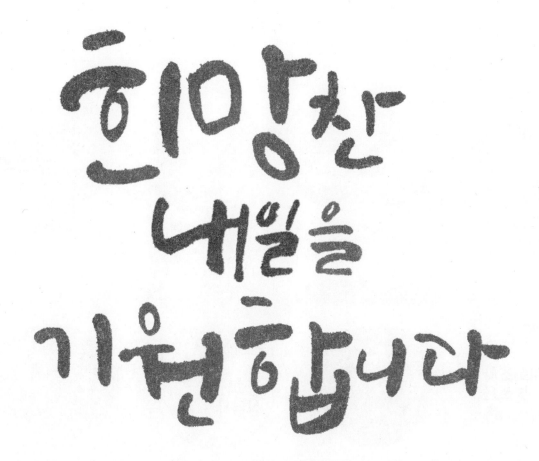

수험서 전문출판사 서원각

목표를 위해 나아가는 수험생 여러분을 성심껏 돕기 위해서 서원각에서는 최고의 수험서 개발에 심혈을 기울이고 있습 니다. 희망찬 미래를 위해서 노력하는 모든 수험생 여러분을 응원합니다.

공무원 대비서   취업 대비서   군 관련 시리즈   자격증 시리즈   동영상 강의

수험서 BEST SELLER

공무원

9급 공무원 파워특강 시리즈
국어, 영어, 한국사, 행정법총론, 행정학개론, 교육학개론, 사회복지학개론, 국제법개론

5, 6개년 기출문제
영어, 한국사, 행정법총론, 행정학개론, 회계학 교육학개론, 사회복지학개론, 사회, 수학, 과학

10개년 기출문제
국어, 영어, 한국사, 행정법총론, 행정학개론, 교육학개론, 사회복지학개론, 사회

소방공무원
필수과목, 소방학개론, 소방관계법규, 인·적성검사, 생활영어 등

자격증

사회조사분석사 2급 1차 필기

생활정보탐정사

청소년상담사 3급(자격증 한 번에 따기)

임상심리사 2급 기출문제

NCS기본서

공공기관 통합채용